Públicos em movimento

Comunicação, colaboração e influência
na formação de públicos

COMUNICAÇÃO E MOBILIZAÇÃO SOCIAL

Daniel Reis Silva
Márcio Simeone Henriques
(Orgs.)

Públicos em movimento

Comunicação, colaboração e influência na formação de públicos

Copyright © 2022 Daniel Reis Silva e Márcio Simeone Henriques

Todos os direitos reservados pela Autêntica Editora Ltda. Nenhuma parte desta publicação poderá ser reproduzida, seja por meios mecânicos, eletrônicos, seja via cópia xerográfica, sem a autorização prévia da Editora.

EDITORAS RESPONSÁVEIS
Rejane Dias
Cecília Martins

COORDENADOR DA COLEÇÃO
Márcio Simeone Henriques

CONSELHO EDITORIAL
Cicilia Maria Krohling Peruzzo; Desirée Cipriano Rabelo; Márcio Simeone Henriques; Nísia Maria Duarte Werneck; Rennan Lanna Martins Mafra

REVISÃO
Bruni Emanuele Fernandes

CAPA
Alberto Bittencourt (sobre ilustração de Bruna Lubambo)

DIAGRAMAÇÃO
Waldênia Alvarenga

Dados Internacionais de Catalogação na Publicação (CIP)
(Câmara Brasileira do Livro, SP, Brasil)

Públicos em movimento : comunicação, colaboração e influência na formação de públicos / organização Daniel Reis Silva , Márcio Simeone Henriques. Ilustração de capa Bruna Lubambo -- 1. ed. -- Belo Horizonte, MG : Autêntica Editora : Agência de Iniciativas Cidadãs - AIC, 2022. (Comunicação e Mobilização Social, 10)

ISBN 978-65-5928-186-2 (Autêntica)
ISBN 978-65-87808-38-3 (AIC)

1. Comunicação 2. Democracia 3. Movimentos sociais I. Silva, Daniel Reis. II. Henriques, Márcio Simeone. III. Lubambo, Bruna. IV. Título. V. Série.

22-114233   CDD-300

Índices para catálogo sistemático:
1. Ciências sociais 300

Aline Graziele Benitez - Bibliotecária - CRB-1/3129

Associação de Iniciativas Cidadãs (AIC)
Rua Monte Carmelo, 20 . Floresta . 31.015-230 . Belo Horioznte . MG . Tel.: (55 31) 32177601
aic@aic.org.br

Belo Horizonte
Rua Carlos Turner, 420
Silveira . 31140-520
Belo Horizonte . MG
Tel.: (55 31) 3465 4500

São Paulo
Av. Paulista, 2.073, Conjunto Nacional
Horsa I . Sala 309 . Cerqueira César
01311-940 . São Paulo . SP
Tel.: (55 11) 3034 4468

www.grupoautentica.com.br
SAC: atendimentoleitor@grupoautentica.com.br

Apresentação

Públicos: pluralidade, tensões, movimentos e influências 7
Márcio Simeone Henriques

PARTE I

Elementos teóricos e interfaces conceituais acerca dos públicos

Capítulo I. Os públicos e sua abordagem comunicacional:
bases conceituais 25
Márcio Simeone Henriques e Daniel Reis Silva

Capítulo II. Por uma perspectiva afetiva e experiencial
da formação e da mobilização dos públicos 49
Leandro Augusto Borges Lima

PARTE II

Os públicos em público: condições e elementos de publicidade

Capítulo III. Condições de publicidade
e a construção do caráter público 77
Jessica Antunes Caldeira

Capítulo IV. O mútuo controle enquanto estratégia para
avaliação do relacionamento entre organizações e comunidades 103
Martha Nogueira Domingues

Capítulo V. Ser público em público: a necessidade de ser visto
para a legitimação de um grupo mobilizado 127
Ana Cláudia de Souza Inez

PARTE III

Potências e vulnerabilidades nas dinâmicas dos públicos

Capítulo VI. Acontecimento e estratégia: o processo de mobilização dos atingidos pela Copa em Belo Horizonte 151
Clara Soares Braga

Capítulo VII. Semeando agroecologia e feminismo nas redes virtuais de interação: dinâmicas da ação pública de agricultoras no Facebook 175
Angélica Almeida

Capítulo VIII. Corra para sua agência bancária: vai haver um novo confisco da poupança! Não é boato, acabei de receber no WhatsApp 209
Iasminny Cruz

Capítulo IX. Sobre públicos, elefantes e situações embaraçosas 235
Laura Nayara Pimenta

Capítulo X. Dinâmicas da desmobilização: entraves aos processos de formação e movimentação de públicos 261
Daniel Reis Silva

PARTE IV

Agência de Comunicação Solidária: colaboração e experimentação

Capítulo XI. Agência de Comunicação Solidária: uma busca por inéditos possíveis 289
Rafaela Pereira Lima, Emanuela de Avelar São Pedro e Raissa Fernandes Faria

Capítulo XII. Propósitos, princípios e desafios da Agência de Comunicação Solidária 319
Rafaela Pereira Lima; Eveline Xavier; Nathália Vargens

Capítulo XIII. Campanhas colaborativas da Agência de Comunicação Solidária: a comunicação estratégica em ação 343
Raissa Fernandes Faria e Isabelle Chagas

Capítulo XIV. Design participativo para o fortalecimento da sociedade civil 371
Brenda Leite, Bruna Lubambo, Camila Barone, Jéssica Kawaguiski, Marco Chagas e Priscila Justina

Sobre os organizadores, os autores e as autoras 387

APRESENTAÇÃO

Públicos: pluralidade, tensões, movimentos e influências

Márcio Simeone Henriques

Este livro é resultado de um trabalho coletivo de cerca de uma década de estudos – período que abrange os trabalhos de pesquisa que empreendemos com os autores aqui reunidos no âmbito do Mobiliza – Grupo de Pesquisa em Comunicação, Mobilização Social e Opinião Pública, mas que, na verdade, abarca um período bem mais longo de reflexão, investigação e produção de pouco mais de vinte anos. É bom que primeiro contemos brevemente essa história, para que depois possamos situar melhor nossas preocupações de estudo e apresentar do que se compõe este livro.

A origem remota de estudos mais sistemáticos acerca da comunicação em processos de mobilização social remonta a 1999 e se deu por estímulo de projetos de extensão nos quais estivemos envolvidos. O maior deles foi um grande programa extensionista, de iniciativa do Departamento de Medicina Social da Faculdade de Medicina da Universidade Federal de Minas Gerais (UFMG), mas com amplos laços interdisciplinares: o Projeto Manuelzão. Uma causa complexa de promoção da saúde, mas centralizada na revitalização da bacia hidrográfica do Rio das Velhas, um dos principais afluentes mineiros do Rio São Francisco e que corta a região central do estado de Minas Gerais, inclusive a Região Metropolitana de Belo Horizonte. Àquela altura, o grande compromisso assumido foi o de planejar a comunicação para dar suporte à ampla mobilização em 51 municípios que fazem parte dessa bacia, para o que voltamos nossos conhecimentos na área de Relações Públicas.

O desafio, como sempre fazíamos, foi cumprido a partir de um estreito vínculo entre extensão e ensino, envolvendo os estudantes do curso de Comunicação Social – não apenas de RP, mas também das demais habilitações que então compunham este curso. As primeiras demandas foram inseridas em trabalhos de disciplinas práticas do curso. Em seguida, com bolsas e recursos da extensão, pudemos trabalhar intensamente junto a esse e a outros projetos/programas, merecendo destaque também os programas Polo de Integração da UFMG no Vale do Jequitinhonha e Polos de Cidadania. Tudo isso criou condições propícias para a reflexão e para abrir todo um campo de pesquisa voltado, de um lado, para a compreensão das dinâmicas de formação e movimentação de públicos nesses processos (e projetos) de mobiliza-ção social e, de outro, para subsidiar os modos de fazer comunicação, ou melhor, de planejar e de dar suporte para que os públicos e suas causas apareçam, ganhem voz, instiguem a participação social, criem e mantenham as suas condições de ação em público.

A singularidade, a abrangência e a complexidade do projeto mobilizador do Manuelzão e dos demais possibilitou o mergulho em conceitos e a busca, no próprio campo de origem deste trabalho – o da comunicação – um caminho que pudesse dar conta de olhar para essa realidade e a indicar respostas que não fossem apenas pontuais, trazendo o perigo de uma visão redutora, mas que permitissem uma visão do processo de mobilização social – que, por natureza, é um processo comunicativo – por inteiro. Nesta aventura de desvendar um tema novo e instigante, nos valemos, desde o nascimento dos primeiros estudos, da opinião e das considerações da comunidade científica, que puderam indicar os direcionamentos dos trabalhos e os requisitos necessários para seus crescimento e profundidade. Este trabalho, em seu sentido prático, ganhou metodologias próprias que foram sendo aplicadas no entendimento dos processos comunicati-vos da mobilização social de uma forma geral, buscando posicionar o tema "Comunicação e Mobilização Social" como um "objeto da comunicação" e, mais ainda, como algo de importância fundamental para a área de relações públicas.

Essa própria história demonstra o quanto reconhecemos o papel da Extensão Universitária como ambiente de produção de conhecimento. Podemos afirmar que toda a produção, da mais antiga à mais recente, esteve de algum modo envolvida na *práxis* extensionista. Ela não apenas forneceu temas e oportunidades, mas também modos de percepção e de compartilhamento de saberes – a ponto de talvez podermos nos referir à extensão não apenas como *prática*, mas como *método*. Numa trajetória de duas décadas podemos vislumbrar, portanto, a almejada articulação entre ensino, extensão e pesquisa manifestada de forma integral.

Os primeiros movimentos, bem como as maiores curiosidades que compunham essa agenda, fizeram logo aparecer um grupo de estudos, formalizado por um projeto de extensão específico, ao qual demos o nome de Mobiliza – Grupo de Estudos em Comunicação para a Mobilização Social, em 2001. Os resultados dessas reflexões, com a decisiva participação de alunos de graduação dispostos a mergulhar no tema, foram reunidos, em 2002, em uma primeira edição do livro *Comunicação e estratégias de mobilização social* (HENRIQUES *et al.*, 2002).[1] Esta seguiu sendo uma obra básica de referência, mas muitas e muitas outras produções se sucederam, principalmente com a inserção das pesquisas no âmbito do Programa de Pós-Graduação em Comunicação da UFMG (PPGCOM-UFMG) a partir de 2010.

O presente livro reúne e consolida especialmente trabalhos desse período, desde então de uma década de investigação que se materializou em dissertações e teses, abordando, como se verá, vários ângulos e vários objetos que viriam enriquecer aquelas perspectivas iniciais. Esta nova fase, a que se inaugura em 2010, fez com que o grupo de estudos, ainda apoiado em um projeto de extensão, se transformasse, em 2014, num grupo de pesquisa oficializado no Departamento de

---

[1] Seguiu-se uma segunda edição, de maior circulação (HENRIQUES *et.al.*, 2004). Este primeiro livro tratou-se de uma obra não apenas organizada, mas de coautoria com os alunos de graduação Clara Soares Braga, Daniela Brandão do Couto e Silva e Rennan Lanna Martins Mafra.

Comunicação Social e na Pró-Reitoria de Pesquisa da UFMG, bem como no Conselho Nacional de Desenvolvimento Científico e Tecnológico (CNPq), passando a denominar-se Grupo de Pesquisa em Comunicação, Mobilização Social e Opinião Pública – Mobiliza. Para além da pesquisa propriamente dita, procuramos também registrar parte da contínua produção de conhecimento aplicada a processos de mobilização, voltada para a cooperação e a solidariedade na ação dos públicos que se materializou ao longo desses anos numa parceria tão intensa quanto fértil que estabelecemos com a Agência de Iniciativas Cidadãs (AIC),[2] uma ONG de Belo Horizonte. Tal trabalho abriu um enorme campo de experiências altamente motivadoras.

Ao longo de sua existência, o Mobiliza vem solidificando o propósito de realizar investigações acerca da formação e da movimentação de públicos na sociedade, bem como das dinâmicas de opinião pública implicadas nos processos de comunicação pública e da comunicação para mobilização social, que se dá em coletivos mobilizados, comunidades, fóruns participativos, projetos de mobilização social diversos, movimentos sociais e entre os públicos e as organizações públicas, privadas ou da sociedade civil. Compreender os públicos em suas dinâmicas é uma empreitada arriscada e não tão simples quanto parece. Arriscada porque o termo é de uso corrente e trivial, e não é redutível a um conceito simples que abarque uma totalidade de fenômenos que vemos quando vislumbramos sua formação e captamos os seus movimentos. Complexa porque tudo que é relativo a público ou a públicos possui um já extenso rol de teorizações e explicações que avançam mais que um século e meio no pensamento ocidental para ficarmos num recorte mais razoável onde os problemas envolvidos tomam uma forma mais consistente nas especulações sociopolíticas.

Ainda há mais, pois tais especulações foram formando um estatuto denso e emaranhado na Filosofia, na Sociologia e, pouco mais adiante, na Psicologia Social. Deles se ocuparam, de modo central e

---

[2] A AIC, anteriormente denominada Associação Imagem Comunitária, é uma organização sem fins lucrativos que trabalha com comunicação, educação e mobilização social para o fortalecimento da cidadania de sujeitos, grupos e organizações da sociedade civil, com sede em Belo Horizonte (Minas Gerais).

direto, muitos autores importantes, mas, também, ainda que indireta ou lateralmente, uma grande parte dos maiores pensadores modernos e contemporâneos. Isto afirma a sua importância para a compreensão dos processos sociais, particularmente no que se refere à política. E também traz desafios adicionais para a aventura intelectual de conhecer essas explicações e com elas dialogar, tanto quanto de reuni-las numa espécie de teoria geral ou mesmo didatizá-las.

Nosso empreendimento nem é tão audacioso ao ponto de uma teoria geral e unificadora, mas também não é tão modesto que se limite a capturar o mínimo de todo esse corpus. Por isso é bom declararmos de onde vêm e que propósito têm as nossas preocupações de investigação. Diante de todo o edifício já construído pelas áreas que mencionei, que contribuição poderia caber à área da Comunicação? A primeira pergunta a fazer seria, evidentemente, por que bebemos dessas fontes. O caminho mais longo de resposta envolve toda uma discussão epistemológica da própria comunicação, da sua constituição como campo de produção de conhecimento e da evolução de um pensamento propriamente comunicacional. São questões cruciais, sem dúvida, mas que aqui deixo provisoriamente de lado para formular algo mais singelo e tentar explicar o que nos vincula a esse corpus.

Os públicos nas suas relações

Como se nota, investigar a que o grupo se propõe corresponde a perscrutar a "vida pública", ou seja, olhar para o espaço público como o lócus onde essa vida se desenrola, visível e disponível, e onde se organiza segundo as lógicas das condições de publicidade, dos seus dispositivos e dos seus regimes. Envolve várias modalidades possíveis de associação, comportamentos específicos, formação e aglutinação de interesses, disputas de sentido. E acarreta, basicamente, os dilemas entre o que pertence a esse espaço, em contraposição ao que é próprio do espaço privado ou doméstico, e entre individualidades e coletividades. Desta forma, tratar da comunicação nos processos de mobilização social significa, fundamentalmente, compreender como se formam e se movimentam os públicos na sociedade, em sua relação com as instituições e com as organizações.

Este é o ponto central de ligação com o fenômeno e com as práticas de relações públicas e o que, desde o início, tem nos movido em direção a estas preocupações de estudo. Mas para isso, é preciso advertir, há que se superar uma visão muito limitada das relações públicas, tal como preconiza o seu estatuto como profissão, e também deixar de lado seu viés corporativo, que as separam do jornalismo e da publicidade e de outras áreas do fazer profissional da Comunicação. Nossa empreitada consistiu em tomar as RP como fenômeno comunicacional. As visões reducionistas e tecnicistas costumam tratar de forma instrumental as relações que se dão entre as organizações e os públicos, nas quais as primeiras têm a centralidade na formulação de estratégias, na emissão de mensagens, nas iniciativas de persuasão e construção de influência e na formação da opinião pública. Assim, vários dos estudos sobre as relações públicas envolvem uma compreensão da organização, de suas estruturas, seus funcionamentos, processos e interesses, e pouco se considera a complexidade da formação dos públicos e de sua dinâmica na sociedade.

Ora, os públicos são a contraparte relacional daquilo que, no espaço público, envolve as organizações e instituições. Um olhar para as formas de mobilização social, em sua lógica de coordenação de ações em público, tem nos ajudado a situar os públicos nessa rede de relações que, de algum modo, os inserem no campo da ação, ou seja, ajudam a evidenciar a agência e o poder de influência desses entes, além de responder à questão de por que eles importam e como interferem no complexo institucional da sociedade e na vida das organizações, na formação da opinião pública, do interesse público e na formulação de políticas públicas. Nesta perspectiva, a visão de relações públicas é essencialmente política.

Tudo isto é dito para que se compreenda que, para além de entender como se mobilizam grupos menos ou mais organizados em torno de uma causa e de que recursos estratégicos eles lançam mão, trata-se de olhar para uma lógica dos públicos, ou seja, como eles se formam e se movimentam na sociedade. Assim, consideramos que as pesquisas empreendidas no grupo observam mais especialmente as relações intersubjetivas e os vínculos na formação dos públicos, as controvérsias e conflitos de interesse com suas manifestações públicas, as conversações cotidianas, a formação do interesse público, a constituição de causas sociais e as relações entre cidadãos e poder público. Para isso, estes estudos analisam as diversas manifestações de opinião, os discursos dos diversos atores na cena pública, os conteúdos veiculados por diversos meios de comunicação, as interações em mídias sociais digitais e as dinâmicas das conexões em redes de conversação.

Uma casuística diversificada

Além da multiplicidade de temas e formas de entrada para a abordagem dos públicos acima nomeadas, devemos a elas juntar a grande diversidade de casos para os quais o nosso interesse e a nossa curiosidade se voltam. Digo isto para ressaltar que a construção desse tipo de conhecimento, em boa parte das vezes, recorre a estudos de caso para constituir a sua empiria. Em cada caso escolhido, é possível compreender aspectos importantes e problemáticos da lógica e da dinâmica dos públicos, da opinião pública e da mobilização social. O que vale ressaltar aqui é que, ao longo de todo esse tempo de estudos, cada um de nós, componentes do grupo, trouxe aspectos intrigantes para o desenvolvimento teórico e casos bem diferentes, todos muito relevantes e que, por si só, puxam interpretações e problemas que estão nas pautas dos estudos sobre a sociedade, a política e a cultura. O que é uma vantagem ao estudar a sociedade pela perspectiva dos públicos e da comunicação traz importantes e relevantes contribuições à compreensão das inúmeras causas e controvérsias que nos ocupam. Refaz-se, assim, com naturalidade, o laço extensionista, quando nos ocupamos em interagir com coletivos, entidades, projetos mobilizadores, movimentos sociais.

Além disso, essa proposta de investigação propicia uma visão crítica dos processos e das relações que se dão no espaço público. É desta maneira que, seguindo por esse caminho, acabamos por nos embrenhar em novas sendas, que em vários pontos se entrecruzam. Uma delas é a de colocar em perspectiva crítica as atividades de relações públicas das organizações e instituições. Outra é a de perceber a potência dos públicos para exercer vigilância sobre as práticas abusivas do Estado e das organizações, particularmente as práticas de comunicação, através dos processos que denominamos de "vigilância civil". Ainda outra é a de compreender não apenas as potências dos públicos, mas também as suas vulnerabilidades. Para além do empreendimento teórico, são essas, portanto, questões específicas que estão expostas nesta obra. Por fim, todo um campo de experiências dá origem a uma reflexão teórico-metodológica que também se imprime aqui, dá a ver a riqueza dessa dinâmica na prática cotidiana da solidariedade e da cooperação por dentro das formas de grupalização dos públicos e como, por meio delas, desenvolve-se visões estratégicas.

***

Na primeira parte deste livro, sentimos a necessidade de declarar e aprofundar os fundamentos teórico-conceituais. Junto com Daniel Reis Silva, desenvolvo no primeiro capítulo algumas das principais bases teóricas das quais lançamos mão em nossos estudos. Trata-se, na verdade, de apontar os caminhos que percorremos em nossas especulações, tanto quanto de refazer alguns caminhos tantas vezes trilhados em buscas de pistas sobre a dinâmica da formação dos públicos. Também podemos dizer, com modéstia, que buscamos colocar algumas peças na montagem do grande quebra-cabeças lógico da ação e da influência dos públicos nos processos sociais.

Ainda nesta parte inicial, contamos com uma valiosa colaboração de Leandro Augusto Borges Lima. Seu trabalho junto ao Mobiliza precede, por via da extensão, ainda o seu ingresso no mestrado, materializou-se na sua dissertação por mim orientada e ganhou enorme amadurecimento quando de seu doutoramento em Media and Game Studies na King's College, em Londres. Sendo membro contínuo do Mobiliza, Leandro vem desenvolvendo conexões entre vários interesses de pesquisa que ligam jogos digitais, cultura pop, redes sociais, gênero e sexualidade com as questões de mobilização social e de relações públicas. Para esta obra, traz especificamente suas reflexões, fortemente embasadas, sobre as emoções e os afetos na formação, na mobilização e na desmobilização dos públicos. Tais conexões estão ancoradas na visão experiencial dos públicos e carrega todo um conjunto bem vasto de indagações que, de algum modo, já orientam boa parte de nossas pesquisas atuais e podem contribuir ainda mais para novas propostas teórico-metodológicas e empíricas.

***

Na segunda parte, escolhemos abordar as condições e os elementos de publicidade que dão existência e forma aos públicos. A noção central de que os públicos só se efetivam em condições de publicidade levanta a importância da visibilidade, bem como os fatores que estão implicados no "dar a ver-se" dos públicos. Não se trata de toda e qualquer visibilidade, mas de como públicos mobilizados manejam, de algum modo, essas condições. No primeiro capítulo da seção, Jessica Antunes Caldeira apresenta, a partir de sua pesquisa, como o poder público, em processos participativos, lida com essas condições de publicidade. Ao examinar um fórum específico, ela mostra como os desenhos das instâncias participativas institui um certo regime do visível, mas, de outro lado, como os públicos envolvidos precisam lidar com essas condições todo o tempo, de modo a efetivar sua participação.

O estudo realizado por Martha Nogueira Domingues também aborda as condições de publicidade dos públicos e dos fóruns abertos a eles. Trata da constituição dos públicos por meio da projeção das instituições e organizações sobre esses agrupamentos, e, neste caso, o que entra em jogo são as formas pelas quais as organizações avaliam as suas relações com esses públicos e como fatores importantes desta avaliação delineiam a relação. Ao tratar em profundidade um desses fatores, o mútuo controle, ela mostra como se regulam os vínculos e como eles entram como fator constituinte numa espécie de públicos a que se dá o nome de "comunidades". A base dessa constituição e, por conseguinte, da influência, por este viés, se dá nas condições de legitimidade, que são constantemente desenhadas (e desafiadas) no jogo estratégico dessas relações, observadas em momentos de interação institucionalizados como as audiências públicas para licenciamento de empreendimentos.

Na sequência, o trabalho de Ana Cláudia Inez expõe como grupos mobilizados vão a espaços de visibilidade em ações coletivas de protesto munidos de vários elementos que orientam uma performance em público. Considerando que os públicos mobilizados neste nível de enfrentamento operam ao máximo na sua dimensão performática e que a efetiva existência como público se dá na criação, recriação e manejo de suas condições de "ser e estar em público", ela traça um panorama dos repertórios de ação/comunicação que dão sentido a essa visibilidade e de que modo isso compõe uma dramaturgia, uma poética da ação coletiva na sua relação sempre questionadora dos próprios espaços públicos. Sua pesquisa se dá, não sem razão, no momento em que, na década passada, um interesse renovado pelas ações coletivas emergiu a partir de intensas manifestações de protesto que ocuparam as ruas e os meios digitais.

***

Ainda que todos os trabalhos aqui publicados tenham inúmeros pontos em comum, na tarefa de organizá-los em certas linhas de abordagem buscamos, na terceira seção, fornecer uma boa amostra daqueles que discutem tanto as potências quanto as vulnerabilidades nas dinâmicas dos públicos. Temos sempre procurado não somente descrever o potencial transformador dos públicos em processos de mobilização social, como também colocar a sua própria ação numa perspectiva crítica, principalmente olhando para a ação estratégica das instituições/organizações. Assim, procuramos evidenciar que essas dinâmicas são bastante complexas, tanto abertas à inovação e aos aspectos de empoderamento dos públicos quanto frágeis e suscetíveis a diversas influências e até mesmo a intervenções desmobilizadoras.

A ação dos públicos em situações críticas e de intensa mobilização, como aquelas que foram vividas na primeira metade da década de 2010, inspirou o trabalho de Clara Soares Braga. Em sua pesquisa, ela tratou de compreender a emergência da ação dos públicos frente a um acontecimento que, de um lado, gerou potência de ação coletiva e, de outro, trouxe outras fragilidades e suscetibilidades: a realização no Brasil, em especial em Belo Horizonte (Minas Gerais) como uma das sedes, da Copa do Mundo de Futebol da Federação Internacional de Futebol (FIFA) em 2014. Voltou seu olhar especificamente para o movimento dos atingidos pela Copa e como se deram as suas condições de mobilização, em meio a muitas ambiguidades que perpassaram públicos e opinião pública. Ali se pode ver o quanto essas condições são dinâmicas e fluidas, de que maneira o próprio movimento viu serem alteradas essas condições, exigindo adaptar-se a novas situações e encarando novos dilemas – assim como o movimento, por si, também mudou essas condições ao longo do seu curso.

Mirando as potências, Angélica Almeida discorre sobre seu trabalho, que focaliza as mulheres que participam de movimentos agroecológicos no Brasil e como elas configuram uma experiência coletiva agroecológica e feminista no ambiente on-line. Ela vê a formação desse público pela construção de laços intersubjetivos que se dão na apropriação das redes sociais – o Facebook, no caso, mas também, e principalmente, numa teia coletiva experiencial que engloba as vivências comuns do cotidiano e que preexiste aos seus perfis nessa mídia social. Percebe, ainda, como essa presença dá vida e coesão à sua luta comum, mesmo expondo suas inúmeras diferenças, como a criatividade se expressa até mesmo em pequenos gestos subversivos. Isto não a impede de evidenciar também alguns dilemas e vulnerabilidades que as mulheres agricultoras agroecológicas enfrentam.

Iasminny Cruz apresenta uma reflexão sobre um dos fenômenos mais comuns e de alto impacto nas nossas relações de sociabilidade tanto quanto na política e que compõem o espectro de compreensão das lógicas da opinião pública: os boatos. A aventura de tratar dos rumores e boatos, em sua dinâmica, é sempre difícil, pois nossos maiores impulsos são os de cuidar deles para desvendar se são verdadeiros ou falsos, quem os produziu, quem os disseminou ou mesmo que efeitos tiveram. O que tem nos movido, no entanto, é ver como essa lógica é intrínseca à conversação e, portanto, à opinião pública. Isto significa incorporá-la à comunicação e à sociabilidade cotidiana. Porém, isoladamente, isso poderia nos trazer uma visão ingênua dos boatos. O mais difícil é escapar tanto a uma visão reducionista quanto a uma visão estratégica catastrofista e conspiratória. Tal desafio é superado na investigação registrada neste capítulo acerca de um boato (recorrente) de confisco da caderneta de poupança no Brasil. O que pode nos mostrar como a sua emergência desencadeia experiências, quase sempre ambíguas, nos públicos e como eles se aproveitam de nossos desejos, interesses e paixões.

O capítulo seguinte é um trabalho de Laura Nayara Pimenta que reflete o seu amplo estudo de doutoramento, durante o qual ela investigou a mobilização social em torno do enfrentamento à exploração sexual de crianças e adolescentes (ESCA). Embora sua pesquisa tenha abordado especificamente as interações no âmbito territorial dos chamados agentes implementadores (os burocratas a nível de rua), psicólogos e assistentes sociais, no caso, neste texto ela aborda uma questão abrangente que permeia e orienta toda a análise, que é o fenômeno do silenciamento frente ao problema, criando obstáculos à sua coletivização e mobilização. A pesquisa de campo foi realizada em cidades do Vale do Jequitinhonha, onde o problema é notório. Embora haja uma intensa mobilização nessas cidades, nota-se também um silenciamento. Puxando o fio das vozes e dos silêncios, somos confrontados mais uma vez com as condições de publicidade, que podem ser vistas em sua complexidade multifatorial. A reflexão tecida pela autora se dá em torno de um efeito importante do silenciamento na opinião pública inscrito na metáfora do "elefante na sala", ou seja, cuida-se daquilo que combina o silêncio à negação sem que se saiba exatamente onde há fronteiras entre um e outro em situações tipicamente embaraçosas ou que constituem tabus.

Por fim, a seção traz o trabalho de Daniel Reis Silva que, com uma análise empírica dos discursos contrários à greve dos caminhoneiros ocorrida em 2018, busca propor um enquadramento teórico para a compreensão das dinâmicas de desmobilização, o que evidencia forte-mente as vulnerabilidades dos públicos. Chamamos a atenção para a base conceitual de reflexão que o autor traz como referência, base esta que amplia os horizontes de interpretação acerca das controvérsias pú-blicas e da ação das instituições/organizações, bem como também sobre a própria inserção dos públicos nessas controvérsias. Essa abordagem tem sido muito inspiradora e é muito promissora para uma visão crítica tanto das relações públicas quanto para o questionamento acerca do potencial de influência dos públicos no processo político.

***

Como anunciado no início desta apresentação, dedicamos a últi-ma seção da obra para um grande registro de aprendizado colaborativo que se dá na prática, há mais de uma década, em processos de suporte de comunicação à mobilização de diversos coletivos, grupos culturais e comunitários e organizações sem fins lucrativos. Isso acontece na ação da Agência de Comunicação Solidária (ACS), projeto da Agência de Iniciativas Cidadás (AIC) ao qual o Mobiliza se incorporou. A ACS, com base nas reflexões e nas concepções metodológicas de comunicação para a mobilização social, passou a desenvolver processos colaborativos de planejamento e de produção de comunicação. Essa parceria gerou trocas formidáveis de ideias, desafios conjuntos, tudo isso feito através de um termo de cooperação institucional mantido entre o Departamento de Comunicação Social da UFMG e essa entidade.

Tal cooperação envolveu muito mais que o projeto da ACS, na verdade, mas foi essa iniciativa que concentrou as ideias, fez convergir as perspectivas. Assim, não somente na extensão, atividades foram trazidas para dentro dos laboratórios práticos de ensino no âmbito da graduação, e, pelas grandes interfaces com as atividades acadêmicas, também irrigou as nossas pesquisas no âmbito do grupo. Como não poderia deixar de ser, a produção dos capítulos desta seção envolveu um processo colaborativo entre profissionais da entidade, em diálogo com nossas perspectivas de pesquisadores. Aí buscamos, portanto, consolidar tais experiências em torno das ideias de vinculação, coletivização e identificação – dinâmicas que, desde cedo, concentram nossa visão pragmática da comunicação nos processos mobilizadores, numa visão estratégica. Além disso, elas desenvolvem as ideias de planejamento e de design colaborativos que vêm sendo importantes pilares nessa construção.

Abrindo um bloco de quatro artigos, Rafaela Pereira Lima, Emanuela de Avelar São Pedro e Raissa Fernandes Faria abordam as origens e premissas que embasam o projeto da ACS. Partindo da ideia do inédito-viável cunhada por Paulo Freire, as autoras remontam o desafio de superar visões instrumentais de comunicação para caminhar em direção a uma perspectiva interacional, participativa e colaborativa que se encontra no cerne da iniciativa. Tal esforço acaba se materializando no desenvolvimento de uma metodologia de planejamento própria e inédita, que une e tensiona diferentes técnicas de diagnóstico participativo, facilitação de diálogo e mapeamento de públicos, em um constante processo de reinvenção. As atividades desenvolvidas pela agência, dessa forma, propõem exercícios de pensar/agir para grupos e coletivos, construindo reflexões conjuntas acerca da própria dinâmica das interações e do contexto de mobilização dos públicos em questão.

O segundo artigo dessa seção, por sua vez, aprofunda as reflexões teóricas e empíricas acerca do papel coordenador da comunicação e das noções de colaboração e estratégia. Assinado por Rafaela Pereira Lima, Eveline Xavier e Nathália Vargens, o texto aborda como a noção colaborativa do planejamento de comunicação pode oferecer uma alternativa para as noções tradicionais, nas quais o planejar acaba sendo encarado, muitas vezes, como uma prática autoritária e verticalizada, voltada para ampliar ganhos e vantagens competitivas. Tomando cuidado para não esvaziar a dimensão política do planejamento, o argumento central das autoras é o de que as lógicas participativas e os processos de cocriação podem ser experiências de incremento dos diálogos democráticos a partir do exercício do respeito à diversidade, inclusive reconfigurando as formas de organização e de movimentação dos públicos de maneira a impulsionar a coletivização de suas causas.

Os artigos seguintes trazem relatos aprofundados e reflexões acerca de práticas desenvolvidas pela ACS a partir de sua metodologia de planejamento colaborativo. O primeiro, de Raissa Fernandes Faria e Isabelle Chagas, aborda a construção de campanhas de comunicação em suas dimensões concretas, trazendo reflexões sobre como elas se tornam, quando pensadas a partir do viés participativo, importantes oportunidades de repensar o processo e as possibilidades da mobilização social. Com grande riqueza didática, as autoras exploram a construção de uma campanha em cada um dos seus passos, para, em seguida, refletir em profundidade sobre duas experiências realizadas no âmbito da AIC: a "Faz Diferença" e a "Juntos com o Norte de Minas pela Vida". Mais do que meras ações pontuais, essas campanhas são encaradas como experiências para a organização coletiva de ações comunicativas capazes de promover o empoderamento de grupos e o fortalecimento dos vínculos entre membros daqueles coletivos.

Fechando a seção e a presente obra, o texto assinado por Brenda Leite, Bruna Lubambo, Camila Barone, Jéssica Kawaguiski, Marco Chagas e Priscila Justina explora as práticas de design colaborativo, refletindo sobre como elas podem fortalecer grupos e coletivos. Parte integrante da metodologia colaborativa da AIC, o design colaborativo é explorado aqui como uma ferramenta de diálogo capaz de auxiliar públicos a compreender problemas e construções, percepções comuns acerca de sua realidade. Mais ainda, o design colaborativo traz para o primeiro plano a importância da produção de imagens como uma construção política. O artigo explora essa metodologia em seus processos centrais, possibilidades e limitações, trazendo uma grande variedade de casos concretos como forma de ilustrar seus argumentos e salientar a importância de um desenho colaborativo calcado na constante reinvenção conjunta.

***

Tudo isso junto, posto em partilha, nos dá muita alegria e nos motiva a seguir as trilhas já abertas. Há muito o que explorar, e, numa realidade em mudanças tão vertiginosas, somos constantemente desafiados a colocar em xeque todos estes elementos. Para o que até aqui fizemos, temos que manifestar nossa enorme gratidão a cada pessoa que se envolveu em cada atividade. Por ser tanta gente, eu nem correria o risco de nomear todas. É importante afirmar, de todo modo, que os que participam desta obra são, cada qual, uma rede e um universo de relações, de pensamentos, de ações e de afeto que, em seus momentos, se cruzaram com as nossas vontades. Como símbolo de toda essa teia, nomeio com gratidão os colegas Daniel Reis Silva, na organização deste volume, e Rafaela Pereira Lima, na viabilização de sua publicação. É pela participação corresponsável de ambos que seguimos mobilizados, enredados no diálogo e na amizade.

Referências

HENRIQUES, Márcio Simeone *et al.* (Orgs.). *Comunicação e estratégias de mobilização social.* 1. ed. Pará de Minas: Fundação Gênesis, 2002.

HENRIQUES, Márcio Simeone *et al.* (Orgs.). *Comunicação e estratégias de mobilização social.* 2. ed. Belo Horizonte: Autêntica, 2004.

PARTE I

Elementos teóricos e interfaces conceituais acerca dos públicos

CAPÍTULO I

Os públicos e sua abordagem comunicacional: bases conceituais

Márcio Simeone Henriques
Daniel Reis Silva

Embora haja uma profusão de conceitos de público nos campos da comunicação e das relações públicas, acreditamos que tal fato não se reflete em uma boa compreensão acerca do tema e acaba, em última medida, contribuindo para confusões acerca das dinâmicas relacionadas ao tópico. Um primeiro aspecto a ser reconhecido é que "público" não se trata somente de um conceito e de suas consequentes derivações lógicas, mas também de um termo de largo uso trivial, cujo sentido varia conforme ele é aplicado. Para complicar um pouco mais, a palavra pode ser tanto um qualificador quanto um substantivo. No primeiro caso, seu emprego é de fundamental importância para qualificar objetos e relações que se distinguem daquilo que, nomeadamente, é "privado": interesse público, relações públicas, espaço público, esfera pública, órgão público, poder público etc. Neste âmbito, apesar de não existir uma delimitação clara das fronteiras entre público e privado, a compreensão dessa distinção tem uma orientação prática e política evidente, algo que se faz na direção de apontar e construir um sentido de público, ainda que (sempre) disputado. Para nós que nos interessamos pelo fenômeno, pela atividade e pela profissão de relações públicas isso já seria o suficiente para levantar um grande número de questões, já que assumimos que o conflito entre público e privado é aquilo que se encontra no fulcro de sua questão política.

Entretanto, o sentido substantivo de público sempre aparece atrelado a qualquer tipo de explicação que se procure tecer sobre como esse conflito se desenvolve e quais são os atores ali presentes. Ou seja, a tentativas de descrever e identificar quem está envolvido na disputa entre público e privado e como estes atores agem. Isso nos leva ao âmbito das ações. Se vemos o domínio do que é público como espaço, algo acontece nesse espaço. Na metáfora da "cena pública", o espaço público é o palco onde se desenrola a dramaturgia, onde aparecem os atores para executar os seus papéis, onde se movimentam e interferem mutuamente nas ações e discursos uns dos outros e onde podem ser vistos por uma plateia à qual se referem e com a qual interagem. Não vemos tudo o que acontece nessa cena pública, até porque também há ações nos bastidores. Além disso, não podemos ignorar a existência de efeitos e jogos cênicos acionados e disputados de diversas formas.

Sabemos que as metáforas podem ser tanto elucidativas quanto redutoras. Aqui, nos servem para conduzir o foco do olhar para os atores. As definições de relações públicas nos chamam a atenção para as relações que se dão entre "organizações" e "públicos". De modo mais simplificado, estes atores são entes que aparecem em público, executam uma performance, interagem entre si e com as instituições. As práticas e as teorias de relações públicas salientam justamente a centralidade do papel das organizações e instituições nesse processo. Se, por um lado, os atores organizacionais são bem conhecidos em suas estruturas e no seu *modus operandi*, na medida em que suas fontes de poder e seus principais padrões de ação são frequentemente estudados em tal literatura, por outro é necessário reconhecer que a maioria desses esforços reflexivos não se dedicam a explorar como os públicos se formam e por quais meios se movimentam, tratando-os como um polo relativamente estável e acionável em estratégias das mais diversas.

Em parte, tal fato pode ser explicado pela natureza abstrata desses atores, que só ganham contornos mais nítidos quando são objetificados pelas organizações, pelas instituições, por outros públicos ou por si próprios. Isso é, justamente, o que há de mais instigante e excitante acerca do tópico: o desafio de conhecer as lógicas e dinâmicas dos públicos, que invariavelmente se dão na interação cotidiana, de modo aberto e indeterminado, mas que constituem focos de ação e de influência capazes tanto de afetar o universo institucional, de organizar alguma ação política, de opor resistências e instalar dissensos quanto de deixar-se influenciar, entreter-se, alienar-se, aceitar consensos. Ora ouvintes, espectadores, ora agentes, ativistas – ou, ainda melhor, tudo isso ao mesmo tempo. A vida dos públicos é bem mais intrigante, mutável e exuberante, bem menos previsível e monótona – mas também, provavelmente, bem mais vulnerável – do que imaginamos. Não é interessante?

Em que os públicos importam?

Costumamos ouvir que os públicos recebem um tratamento instrumental nas atividades de relações públicas e propaganda. Não temos dúvidas de que estas atividades, tais como se consolidaram e codificaram, necessitam objetivar e instrumentalizar a sua visão dos públicos. Mas tal crítica à instrumentalização não nos diz o que esses públicos de fato representam, nem explica por que razão eles importam e deveriam ser tratados de outra forma. Caso as instituições e organizações possuíssem todas as condições para exercício de seus poderes e ascendência sobre os públicos, por que motivo se preocupariam com eles? Se fossem os públicos apenas entes passivos, meras audiências, capazes de apenas ouvir e reproduzir o que ouvem, não seriam fracos demais para representar qualquer ameaça à institucionalidade e aos modelos organizacionais? Se fossem simples agregados difusos de opiniões, poderiam influenciar efetivamente nas tomadas de decisão e na vida institucional? Todas essas questões não são fáceis de responder, no entanto. Para enxergar agência nos públicos é preciso compreender sua formação e seus modos de agir – o que costumamos chamar de movimentação ou mobilização.

No âmbito mais geral e simplista, a ideia de público pode corresponder ao conjunto dos indivíduos na sociedade. Nessa visão panorâmica, o público é identificado como um ente que observa e ouve, que forma uma ampla audiência com uma função espectadora que emite juízos pontuais, expressos na forma de opinião. Falar em todos os indivíduos que compõem a sociedade é a forma mais indistinta e indiscernível de referenciar o termo, a princípio. Mas, quando tomada neste nível, a heterogeneidade do público começa a tomar forma a partir

das agregações de diferentes opiniões. Diante de qualquer acontecimento e da proposição de qualquer ideia, essa visão geral e totalizante
começa a se desfazer perante a pluralidade de posições distintas que
apontam para o equívoco de tratar toda aquela variedade como um
único conjunto. E não falamos, nesse momento, apenas da redução
binária de posicionamentos contra ou a favor de determinado tópico,
mas da possibilidade de inúmeras variações nessas posições conforme
lançamos sobre elas olhares com maior profundidade.

Com isso, já podemos postular uma primeira ideia para responder
à pergunta sobre em que os públicos importam. Nessa dimensão mais
básica, temos que: (a) os membros do público são variados e reagem
de modos diferentes aos vários estímulos, posicionando-se ao expressar
suas opiniões quanto às ações, fatos, acontecimentos, decisões que os
afetam; e (b) esses membros são pessoas privadas que, pela sua rede de
conversações e interações, são vistas como público (pelas instituições,
organizações e por outras pessoas) quando são presumidas e/ou se
tornam perceptíveis agregações de suas opiniões em grupos menores
ou maiores.

Este raciocínio implica que toda vez que olhamos para algum
segmento da sociedade que se pronuncia quanto a qualquer questão
vemos ali um público que existe em relação – com outros públicos,
instituições e organizações. Saber o que pensam e como agem esses
segmentos e, além disso, especular como tendem a pensar e a agir
é algo em que todos os atores nesse complexo de comunicação no
espaço público estão vivamente empenhados. Nos jogos da política e
do consumo, podemos dizer que é mesmo fundamental. Ou seja, o
que os públicos pensam, o que fazem e o que potencialmente podem
pensar e fazer de fato importa. E se importa é porque as ações/reações
desses públicos são capazes de afetar os propósitos, interesses e destinos
de outros públicos e dos demais atores, orientando, com isso, as suas
escolhas e decisões. Não é sem razão que as teorias de *stakeholders*,
desde os anos 1980, voltaram-se à importância de grupos externos às
organizações que são capazes de influenciar as tomadas de decisão nos
seus negócios – sendo, portanto, um elemento importante a se levar
em conta nos processos de gestão (FREEMAN, 1984). Embora essa
noção reconheça os públicos contrários aos interesses da organização,

a sua ênfase é na necessidade de estabelecer um relacionamento com grupos que, sendo "partes interessadas", possam de alguma forma dar suporte às decisões organizacionais. Nesse aspecto, tal teoria dá relevo à construção de uma esfera de apoio e influência formada por um conjunto de públicos que, em sua leitura, são relevantes e com os quais se possa dialogar com base em algum interesse comum, ainda que este seja presumido.

Então, de modo preliminar, vemos que os públicos importam, porque sua ação em público, atual ou futura, pode afetar positiva ou negativamente a ação dos outros atores. Positivamente, como apoio, atribuição de credibilidade e legitimidade para existirem e agirem no espaço público; negativamente quando podem, a qualquer tempo, representar risco a essas ações, opor resistências e instalar novas controvérsias.

Público geral ou públicos específicos?

Já dissemos anteriormente que nas situações de controvérsia pública é fácil perceber a existência de grupos menos ou mais organizados, menos ou mais visíveis que se posicionam pela sua expressão em público. Mas não podemos esquecer que, não obstante, ocorre também, em simultâneo, um movimento que tende a totalizar o que pensam e como agem esses coletivos, ou seja, uma leitura de um "público geral". Quando se trata de uma percepção generalizante, quem observa "o público" tende a fechar e totalizar a posição que dali sobressai como sendo a "expressão da opinião pública". É uma extração do que o público pensa – ou que se presume que ele pensa – de modo majoritário – ou que aparenta sê-lo. A posição "do público" acerca de qualquer questão é, portanto, uma leitura que alguém faz acerca do que parece proeminente no seu sentimento e na sua expressão cotidiana, de tal forma que nos permite falar que "a opinião pública" é favorável ou desfavorável a isso ou aquilo, aprova ou desaprova tal questão.

Não é sem motivo que a existência do público, puro e simples, como uma unidade corresponda ao próprio termo opinião pública na designação desse ente/ator/agente. De fato, em várias línguas, "o público" e "a opinião pública" são usados como sinônimos ou pelo menos com equivalência. Assim, se tomamos o raciocínio até agora esboçado, podemos considerar igualmente nomear os atores como "instituições/organizações/públicos" ou "instituições/organizações/opinião pública" para esboçarmos esse complexo relacional. Até aqui, já temos também um aspecto importante a considerar, que se afirma como um paradoxo: apesar do movimento de totalização, o público jamais forma uma unidade. Concordamos com Herbert Blumer (1955), inclusive, quando ele expressa um caráter plural dos públicos ao afirmar que eles existem quando há uma controvérsia e os seus membros estão divididos em relação a ela. Portanto, daqui por diante, assumimos a ideia de que, embora a percepção possa ser – e em algum momento sempre tenderá a ser – generalizante, é importante ver os públicos como agregados mais específicos, conforme as circunstâncias apresentadas.[1]

Mais ainda, temos que considerar que aquelas especulações sobre o que pensam e fazem os públicos anteriormente aludidas trazem consigo, intuitivamente, alguma classificação dessas agregações. E não nos contentamos apenas em identificar esses agrupamentos em termos de sua posição relativa a uma questão, mas projetamos neles características que consideramos (ou presumimos) serem comuns. Ainda nesse nível intuitivo, formamos imagens dos públicos como agrupamentos relativamente homogêneos nos quais tendemos a colocar certos rótulos conforme o tipo de pensamento e ação que a eles atribuímos, conforme atitudes e comportamentos observados ou esperados. Em uma visão panorâmica, sabemos quando estamos diante de certos grupos como torcedores, fãs, ativistas, intelectuais etc. Mas é sempre possível detalhar mais os perfis reconhecíveis, segundo o modo interessado como olhamos para os agrupamentos. Nos processos profissionais de relações públicas e de marketing, essa classificação não se faz apenas de modo intuitivo, já que as bases técnico-científicas dessas atividades há muito incorporaram sondagens e coletas de opinião, segmentações demográficas e psicográficas de modo muito semelhante em seus respectivos

---

[1] Acerca da generalização totalizante da opinião pública, tal fato foi criticado por inúmeros autores no decorrer do século XX, dentre os quais podemos destacar Floyd Allport (1937) e Pierre Bourdieu (1987).

arsenais. Isso está na base da proposição de uma comunicação dirigida a públicos específicos, seja para o consumo, seja para a política.

De qualquer maneira, preferimos considerar que os públicos são menos ou mais específicos, dependendo do olhar "interessado" que se lança sobre eles. E que, na leitura e especulação que um ator faz sobre os demais, há sempre, em simultâneo, dois movimentos, em uma proporção que também varia segundo o seu interesse: de um lado, um olhar sobre a variedade e a particularidade de cada público; de outro, uma visão ampla e totalizante. Nossa mirada e nossa compreensão sobre os públicos se fazem oscilando entre a homogeneidade e a heterogeneidade. Este é um aspecto bem curioso, porém, que faz com que a formação do interesse público seja mais aberta e menos determinada, o que pode dar vigor à vida pública (em público). A ideia da busca do "comum" deve ser contextualizada e incorporar o reconhecimento tanto de semelhanças como de diferenças. O extremo desequilíbrio entre particular/geral pode conduzir a uma hipertrofia ou reificação, seja da opinião pública (da visão do público geral), seja dos públicos (em seus aspectos particulares), como também, por consequência, de que apenas uma dessas dimensões possa governar as demais.

Agências: InformAÇÃO e relAÇÃO

A explicação neste nível ainda não nos satisfaz, embora já contenha alguns fatores que sugerem algum tipo de agência dos públicos. Afinal, por que se importar com as opiniões e, mais ainda, com as opiniões que se agregam? Isso também pode parecer algo bem simples e intuitivo. De certo modo, é. Numa perspectiva microssocial das nossas relações pessoais cotidianas, intuímos facilmente como, quando e por que a opinião dos outros acerca de quem somos e o que fazemos importa. Esse juízo forma uma reputação, boa ou não, à medida que as opiniões se expressam, se alastram, se agregam e é algo que acaba por orientar nossas atitudes e comportamentos, enfim, as nossas ações, tanto nos espaços privados quanto nos públicos. Assim, introduz-se aqui mais um elemento para pensarmos as inter-relações entre os atores que estamos tratando: os juízos orientam e modulam as atitudes e comportamentos de um ator em relação aos demais.

Os públicos e sua abordagem comunicacional: bases conceituais

Pode parecer que estes aspectos relacionais estão sendo vistos e considerados nesse momento quando se trata teoricamente dos públicos, mas não é bem assim, já que o entendimento dos públicos como uma categoria propriamente relacional perpassa todo o raciocínio tecido até este momento. O que parece ter ocorrido é um pouco diferente quando nos referimos a uma abordagem informacional. Explicando melhor: podemos associar o raciocínio engendrado até agora com a crença das organizações de que é possível interferir positivamente e em seu favor na formação das opiniões, sendo a maneira mais básica dessa intervenção a tentativa de formar um "correto" juízo a partir de uma "correta" informação.

É crença difundida há muito tempo nas assessorias de comunicação que quem não fornece a informação "correta" sobre o que a organização é e faz permite que os públicos pensem de modo "equivocado" e, consequentemente, formem uma imagem "errada", que não corresponde à real identidade da organização. Mais uma vez podemos dizer que isso não é de todo um preceito falso, mas o primado da informação correta (como diria Ivy Lee, "exata" e colocada numa perspectiva de atendimento ao que seriam os interesses dos públicos) liga-se ao primado da transparência. Notamos que a prestação informacional "exata" não implica apenas uma informação "verificável", o que se expressava na histórica Carta aos Editores de Lee. Ela abrange também o *timing*", ou seja, um princípio de tempestividade, e ainda pode ser interpretada como muito mais: a informação certa, na hora certa, para as pessoas certas, no tom certo, na dose certa.

A questão que emerge aqui é: para quê? Apenas para que os públicos possam formar um "bom" e "correto" juízo, em conformidade com o desejo das instituições/organizações? Pelo raciocínio tecido até agora, a resposta é diferente, na medida em que implica em muitas outras consequências ligadas ao julgamento e à opinião dos públicos, mas, também, à sua capacidade de agir em público. A arraigada ideia nas atividades de relações públicas de que é possível e desejável uma "ação preventiva" já denota uma crença: a de que antecipar as possíveis opiniões e reações dos públicos pode evitar de algum modo que eles se articulem ou minimizar os efeitos de sua mobilização e, consequentemente, sua influência junto a outros públicos e às autoridades. Nisso, aliás, consiste a maior parte das ações de cunho estratégico em relações públicas – ideias que embasam, por exemplo, a Teoria Situacional dos Públicos de Grunig (1997). Mas se os públicos são entes capazes de exercer alguma influência sobre as tomadas de decisão privadas é porque, em cada situação, aquilo que pensam pode ser expresso na forma de opiniões que possuem o potencial de tematizar/problematizar questões no âmbito coletivo, levar à adesão de outros públicos, gerar predisposições para ação, influenciar a formação do interesse público, dar origem a acontecimentos, motivar e justificar decisões, alterar reputações e questionar legitimidades, ou seja, alterar o curso das ações. Isso não é motivo suficiente para afirmar que os públicos, para serem bem compreendidos, tenham que ser vistos como forma de ação (ação em público)? E, além disso, para que sejam encarados em sua dinâmica que é, basicamente, de ordem comunicacional, ou seja, do domínio do "tornar comum" e da "coordenação de ações"? Pensamos que é produtivo, portanto, conhecer os públicos por meio de uma abordagem praxiológica, que oferece chaves interessantes para entender as dinâmicas e as lógicas de sua formação e movimentação num complexo interacional que é a comunicação no espaço público. Como destaca Daniel Cefaï (2013, [s.p.], tradução nossa), na perspectiva praxiológica "o problema público se confunde com sua dinâmica de problematização e publicização, que gera novos mundos, dispositivos e redes, capacidades e hábitos, categorias e crenças".[2]

Pensar os públicos a partir de um entendimento praxiológico implica na aproximação com uma corrente de pensamento comunicacional (FRANÇA; SIMÕES, 2018; QUÉRÉ, 2018) que ganhou importância nas últimas décadas ao promover a revisitação às ideias de pensadores pragmatistas do início do século XX, como John Dewey, George H. Mead e Robert Park. É com essa base que Louis Quéré (2018, p. 24) propõe um modelo praxiológico no qual a comunicação é tomada "como atividade conjunta de construção de uma perspectiva comum, de um ponto de vista partilhado, como base de inferência e de ação". Ao deslocar o pensamento comunicacional para o campo pragmático, tal visão abre perspectivas para

---

[2] No original: "*le problème public se confond avec sa dynamique de problématisation et de publicisation, qui engendre de nouveaux mondes, dispositifs et réseaux, capacités et habitudes, catégories et croyances*".

trabalharmos os públicos como forma de ação, constituídos por meio de interações e processos que são, por natureza, indeterminados. Tal arcabouço teórico ancora importantes reflexões contemporâneas sobre o tema, como o pensamento dos públicos enquanto forma de experiência (QUÉRÉ, 2003), a importância dos acontecimentos em seus processos de formação e movimentação (BABO, 2013) e a recontextualização do conceito de arena pública (CEFAÏ, 2017).

Temos que considerar, contudo, que estes tratamentos pragmáticos acerca dos públicos dificilmente sistematizam uma abordagem teórica mais completa, atrelada a um empreendimento empírico. Antes, as várias concepções e as possíveis compreensões dos públicos nas dinâmicas social e comportamental têm sido tratadas por diversos autores e com motivações e objetos diferentes. Apesar disso, todas essas abordagens traçam muitas linhas comuns de raciocínio, e é delas que tentamos nos apropriar para enfeixá-las num raciocínio mais estruturado que focalize as lógicas e dinâmicas que constituem os aspectos mais intrigantes da formação e da movimentação dos públicos.

Qualquer explicação a partir dessa base, entretanto, não é fácil de apresentar, didatizar e discutir. A sua boa apreensão necessita da operação segundo uma lógica de raciocínio complexa, reflexiva e recursiva. Mesmo dentro dessas vertentes teóricas, há vários caminhos possíveis, inúmeras fontes que jorram de áreas diferentes. O esforço, portanto, é longo, ou melhor, inacabável, mas talvez seja esse mesmo o seu aspecto mais rico e interessante. Do ponto de vista do empreendimento acadêmico, os estudos dos públicos – ou focalizados neles – implicam para o pesquisador, segundo Cefaï e Pasquier (2003, p. 16), entender a matriz ou o sistema de coordenadas nos quais esse público opera e, para isso, requer que esteja "equipado com as habilidades de leitores ou ouvintes, telespectadores, moradores da cidade ou cidadãos comuns".

De todo modo, nosso percurso até agora pode reunir alguns elementos que já se mostram mais consistentes para dar conta de uma leitura de vários processos que envolvem os públicos, a opinião pública, a comunicação pública e as relações públicas, que são nossos pontos centrais de interesse. Destacamos, na sequência, algumas bases conceituais importantes acerca de uma visão dos públicos a partir do arcabouço praxiológico. Nos limitaremos, neste ensaio, a abordar dois conjuntos importantes de características: a visão situacional dos públicos e seu caráter experiencial.

Uma visão situacional

Para John Dewey (2012), um público se forma a partir da percepção de como certos atos humanos têm consequências indiretas para outras pessoas além daquelas diretamente implicadas nas transações. Tal é, em sua concepção, o germe da distinção entre privado e público, sendo que a formação do público perpassa algum grau de empenho coletivo para controlar as consequências daquelas ações, de modo a garantir consequências desejadas e evitar outras indesejadas. Um dos aspectos mais importantes nesse pensamento é o de que o princípio fundante para a existência de um público recai nas próprias ações/ transações humanas e na capacidade de problematização quanto à extensão das consequências de transações, ou seja, na possibilidade de percebemos o quanto outras pessoas, grupos e a própria sociedade são afetados por determinados atos.

Muitos elementos importantes decorrem deste raciocínio, mas destacamos, por hora, que essa percepção acerca da afetação incita um processo de formação e movimentação que se dá pelo compartilhamento de percepções como base comum. Este processo, entretanto, possui uma dinâmica menos determinada do que à primeira vista pode parecer. Isso porque as percepções individuais são drasticamente distintas e variam conforme as informações que cada indivíduo obtém e como ele as interpreta. Assim, compreender as consequências de uma ação e sua extensão perpassa a formação de um juízo complexo que varia segundo a experiência de cada indivíduo, suas referências socioculturais, suas conversações e seu diagrama relacional. A formação de tal juízo compartilhado é o fundamento do processo de problematização, no qual se poderá perceber tanto as convergências quanto as divergências de opinião na conversação ordinária. No entendimento de Cefaï (2013, [s.p.], tradução nossa), "o público não é o simples receptor das mensagens da mídia, mas um coletivo que se dá em processos de associação, cooperação e comunicação em torno de um problema".[3] Destacamos aqui, então, que as percepções, os julgamentos e a construção coletiva do problema dependem do reconhecimento de uma situação, sendo que esta ocorre de forma contextual e evolui segundo o curso das ações e transações dos diversos atores direta ou indiretamente implicados.

Os juízos que são feitos neste processo estão sujeitos a diversos fatores que conformam as percepções. Mesmo a avaliação sobre o grau de afetação e sobre o seu caráter direto ou indireto é sempre incerta, na medida em que pode ser alterada a partir das reações aos juízos dos demais sujeitos, das controvérsias acerca das diferentes visões, das particularidades da interpretação, dos diferentes engajamentos emocionais com a situação etc. Mais ainda, as posições podem variar a todo o tempo, enquanto se altera também a carga de interesse dos sujeitos por aquela situação, sua afetação e a própria força de acordos e desacordos – formais e informais – sobre a realidade. Colocando de outra forma, podemos afirmar que os públicos se envolvem em uma situação conforme uma miríade de estímulos diferentes. Também a ação dos públicos interfere na mesma situação a partir da qual eles são criados, de modo reflexivo. Desta característica situacional deriva a natureza sempre transitória dos públicos – que, apesar de central no pensamento de Walter Lippmann (2011) e Dewey (2012), acaba sendo deixada de lado em muitas das visões instrumentais sobre o tema na literatura de relações públicas. Nesses termos, se torna fundamental entender que a movimentação dos públicos e a força com que ela ocorre variam conforme a situação se desenrola, e que, em momentos diferentes e sob condições variáveis, certos públicos possuem mais visibilidade, agem mais diretamente ou são mais protagonistas do debate do que outros. Por esta razão, autores como Cefaï (2017) ressaltam o caráter "evanescente" dos públicos.

Além de transitórios, podemos afirmar que os públicos possuem também um caráter eventual, utilizando esta palavra para denotar como eles estão relacionados com a lógica dos acontecimentos.

---

[3] No original: "*ce public n'est pas le simple destinataire de messages médiatiques, mais un collectif qui se fait dans les processus d'association, de coopération et de communication qui émergent autour d'un problème*".

Trata-se, em outros termos, de pensar em como o acontecimento é fator indispensável à formação e à movimentação de públicos. Para entender tal observação, cabe retomar a perspectiva pragmatista dos acontecimentos proposta por Quéré (2005, p. 28), segundo a qual estes são "palco de encontro, interação, determinação recíproca". Os acontecimentos, assim, são tomados como um fenômeno que "convoca um passado" e "anuncia futuros possíveis" (FRANÇA, 2012, p. 47), acerca do qual sentidos são progressivamente (re)construídos a partir das interações entre atores que, de diferentes formas e graus de intencionalidade, exercem intervenções em seu curso a partir de discursos, falas e indagações.

É em meio ao processo de interações constantes acerca de um acontecimento que os públicos são constituídos e efetivamente se movimentam, assumindo não a posição de meros receptores, mas de agentes envolvidos na construção e na disputa daqueles sentidos. Como Babo (2013, p. 232) salienta, "o público não precede ou antecede a recepção, a ação ou as performances que o visam. Constitui-se em resposta ao acontecimento ou ao problema, ressente-se, revela-se, mostra-se e tem consciência de si". A aproximação entre as ideias de público e acontecimento não apenas reforça a centralidade das interações no processo de formação desses coletivos, mas também a pluralidade de fatores que entram em jogo durante sua movimentação e as limitações acerca de tentativas estratégicas de controle sobre os mesmos. Vera França (2012, p. 47) nos lembra que é da natureza do acontecimento "escapar ao controle e previsibilidade total (se ele é totalmente previsível e controlado, será uma intervenção, mas não um acontecimento)", algo fundamental e que pode ser aplicado para os públicos em decorrência lógica de sua formação em meio aos acontecimentos. Ao mesmo tempo, os públicos, na visão proposta por Dewey, se conformam como um entre os inúmeros atores que procuram exercer influência e construir sentidos ao redor de um acontecimento, intervindo em seu desenrolar de maneira sempre incerta. A alteração em uma situação/acontecimento implica mudanças nos públicos constituídos e que se movimentam ao seu redor, seja de maneira a fortalecê-los ou enfraquecê-los, a aumentar ou diminuir seu empenho e determinação, ou mesmo a alterar radicalmente seu posicionamento perante o cenário.

A experiência dos públicos

Para Louis Quéré, os públicos são uma "modalidade de experiência", que consiste, grosso modo, em sofrer e agir em conjunto, em uma dimensão coletiva.[4] Também se trata de uma "experiência pública" (CEFAÏ, 2013). Isso significa que a ação dos públicos se dá em condições de publicidade (HENRIQUES, 2012), com todas as suas consequências. Estar em público, no espaço público é uma condição básica que define os públicos e a partir da qual eles se tornam visíveis – uma experiência *de ser público em público*. Essa operação em condições de publicidade requer, a princípio, modalidades de comportamento individuais e coletivas, pactuação de regras e, em certa medida, consciência da visibilidade e de seu alcance. Cefaï (2013, [s.p], tradução nossa) chama ainda a atenção para aspectos pouco explorados acerca da experiência dos públicos nas diversas teorias praxiológicas, questionando

> [...] como as audiências emergentes moldam experiências pessoais e se transformam em problemas privados [...], como os sistemas de tipificações impessoais e anônimas da experiência pública passam para "situações biográficas" [...] e por meio de quais processos as reservas de experiência pessoal, mobilizadas no tratamento de situações problemáticas da vida cotidiana, em troca enriquecem a experiência pública.[5]

Com isso, postula a reflexividade entre vida pública e privada, entre as dimensões subjetiva e coletiva que compõem os públicos. Numa segunda dimensão, a experiência dos públicos é, por vários motivos, também de sociabilidade. Um deles está na própria raiz de conversação e compartilhamento que compõe o processo de problematização na formação de um público, a que já nos referimos. A conversação cotidiana

---

[4] Para uma exploração em profundidade sobre a visão de Louis Quéré acerca dos públicos como forma de experiência, ver o Capítulo 2 da presente obra, intitulado "Por uma perspectiva afetiva e experiencial da formação e mobilização dos públicos" e de autoria de Leandro Borges Lima.

[5] No original: "*[...] Comment les systèmes de typifications impersonnelles et anonymes de l'expérience publique passent-ils dans des 'situations biographiques' [...] et moyennant quels processus les réserves d'expérience personnelle, mobilisées dans le traitement de situations problématiques dans la vie quotidienne, enrichissent-elles en retour l'expérience publique*".

se dá ordinariamente como elemento de criação e manutenção de vínculos sociais. Outro motivo que podemos destacar é a experiência intersubjetiva, no sentido de uma partilha de sentidos entre os sujeitos (Tacussel, 1998), que nasce do sentimento de que outros pensam de forma semelhante e/ou convergente, percebem o problema e a ele reagem de forma parecida, definindo objetivos e modos de ação comuns. O que entra em jogo, nesse aspecto, é como ter consciência de participar de um público emerge como um importante fator de geração de laços sociais entre indivíduos e destes com as instituições e organizações, definindo campos relacionais.

Outra dimensão se relaciona com a forma com que os públicos podem ser tomados como entes coletivos abertos à colaboração e à experimentação. Para melhor entendermos o aspecto colaborativo/ cooperativo, precisamos primeiro compreender os vínculos que os seus sujeitos integrantes daqueles coletivos possuem entre si. Consideramos que há vários níveis possíveis de vínculos, conforme varie o engajamento individual desses membros na questão/situação controversa.[6] Mais do que isso, o nível de vínculo também depende do tipo e do grau da ação comum na qual os membros ou parte deles se empenham. Podemos dizer, de modo reflexivo, que quanto maiores e mais fortes os vínculos, mais se abrem as possibilidades de uma ação comum, deliberada e planejada, e quanto mais esses membros se dedicam a planejar e realizar ações em comum, mais reforçam os vínculos entre si. É neste sentido que a cooperação/colaboração é um requisito para a mobilização desses públicos quando pensamos em uma ação mais coordenada. Ainda que determinado público apresente ligações mais fracas e difusas – ou mais "espirituais", como veremos adiante –, o princípio de cooperação já pode ser antevisto e, de fato, a autopercepção daquele coletivo como sendo "um público" depende de uma sensação de que outras pessoas, em outros lugares e pertencentes a outros domínios de ação pensam e se posicionam nas controvérsias de modo semelhante, ou mesmo que realizam algum tipo de ação em relação àquele problema. Isto confere uma virtualidade – no sentido de vir-a-ser – ao público, que, dependendo

---

[6] Em termos da lógica de mobilização social, nos referimos ao nível de engajamento com a causa social que está em jogo (HENRIQUES *et al.*, 2004; HENRIQUES, 2010).

das condições e de como tenha oportunidade de reforçar tais vínculos, pode dar mais coesão às informações e às ações e, com isso, por meio de uma maior coordenação, ganhar visibilidade, potência e capacidade de influenciar os rumos de um acontecimento/situação.[7]

Quanto à abertura para a experimentação, ela está relacionada às potencialidades expressivas e de ação coletiva que se apresentam no processo de ação conjunta e colaborativa, ou seja, a ação/expressão se abre à criatividade e à inovação. Mas também é experimental em outro sentido, o de que pode ser improvisada e na base de tentativa/erro. Embora existam alguns modelos de ação – ou repertórios, termo tradicionalmente adotado em teorias acerca de ações coletivas (TILLY, 1978) –, sempre é possível que os públicos, autonomamente, construam formas particulares de expressão, que podem tanto se apropriar de elementos das estratégias de outros atores mais institucionalizados como também das brechas e rupturas que são instituídas pelas ações dos detentores tradicionais do poder (CERTEAU, 1998). Com ações menos ou mais planejadas, menos ou mais coordenadas, trata-se em todo caso de uma experiência de emergência. Em princípio, para cada controvérsia há públicos prontos a emergir. Sob certas condições e estímulos, eles tenderão a aparecer ou, ao contrário, se inibir. Sejam quais forem as dimensões experienciais proeminentes, trata-se de um campo de experiências que promove um alto engajamento emocional, que acarreta muitas consequências para a vida dos indivíduos em termos das subjetividades. Há custos e benefícios tanto quanto riscos e oportunidades, além de dilemas morais que afetam a vida subjetiva e as relações intersubjetivas.

A partir do caráter situacional e experiencial dos públicos, a perspectiva praxiológica nos oferece uma nova forma de encarar esses coletivos, trazendo para o primeiro plano tanto as interações ao redor de sua formação quanto as suas ações (movimentações) no mundo social. De posse desses pressupostos, podemos lançar renovados olhares acerca de sua atuação pública e das formas de associação que marcam esse fenômeno.

---

[7] Quando pensamos nos públicos em processo de mobilização, inspiramo-nos na afirmativa de Bernardo Toro e Nísia Werneck (2004) de que é essencial neste processo que se mostre que outras pessoas compartilham (e materializam) um horizonte de ações.

As formas de associação

Para Habermas (1984), o público, na perspectiva da esfera pública burguesa, consiste em "pessoas privadas em público"; já na visão de Cefaï e Pasquier (2003, p. 16), são "indivíduos que se engajam em regimes de ação pública". Embora estejamos de acordo com a expressão dessa ideia geral, dela não deriva completamente uma compreensão sobre as formas pelas quais tais pessoas se associam. O raciocínio sobre a sociedade civil e a esfera pública tende, por vezes, a enfatizar um sentido mais forte de associação e organização, enquanto o raciocínio que tende a enfatizar os vínculos dos membros do público como "puramente espirituais" (TARDE, 2005) forma um sentido fraco, que não tende a abranger as tendências de mobilização dos públicos que caminham em direção a maiores vinculação e organização entre seus membros. É neste ponto que preferimos entender os públicos como sendo formas associativas menos ou mais organizadas, menos ou mais difusas (HENRIQUES, 2017a; 2017b). É evidente que isso comporta contradições e também um dilema institucional, considerando que certos públicos, ao se organizarem, desenvolvem fortes vínculos de participação institucional (HENRIQUES, 2004). Mas o mais importante é perceber essa movimentação em processo e as diversas ligações possíveis não apenas entre os indivíduos, mas também com outras instâncias de ação pública – organizações, instituições ou mesmo outros públicos – com as quais eles ativamente interagem. Ou seja, não consideramos que os públicos se constituem de indivíduos – pessoas privadas – em estado puro, mas com todas as suas conexões, mais fracas ou mais fortes, com outros públicos e instituições diversas que os representam.

A ideia de que os públicos podem ser menos ou mais organizados, no entanto, não é de fácil compreensão, apesar de ser uma chave importante para entender sua lógica de formação e movimentação. Uma grande dificuldade se dá pela imprecisão inerente a essa concepção. Primeiro porque os públicos podem ser tão difusos que acabam não sendo bem percebidos, ou tão concentrados e organizados que passam a ter uma existência institucionalizada. Portanto, os públicos são dependentes tanto de quem os percebe e de como são percebidos quanto da forma e da medida nas quais se auto-organizam, se apresentam e se afirmam publicamente. E isso tem a ver com uma dupla via de constituição (HENRIQUES, 2017a): eles podem, ao mesmo tempo, tanto constituir-se pela autoafirmação quanto também ser constituídos por outros atores (públicos e instituições) que projetam e dão forma a um agrupamento a partir de sua percepção de que aqueles sujeitos compartilhariam posições ou causas afins.

É fato que, em um processo de mobilização social, públicos tendem a constituir movimentos coletivos auto-organizados por meio dos quais se apresentam e buscam a adesão de outros sujeitos e públicos, de modo a aumentar seus capital político e poder de influência.[8] No processo de coletivização, nomeamos tal fato como grupalização, tomando o conceito da dinâmica de formação grupal descrita por Pichón-Rivière (2007).[9] Assim, o que queremos destacar é que as múltiplas formas de associação coletiva produzem vínculos também diferentes, segundo cada caso e com variabilidade no grau (mais fortes ou mais fracos) segundo a situação. De toda forma, há um empenho constante e coletivo em manter e sustentar essas vinculações e as múltiplas associações que vão se fazendo, ainda que estas venham a ter menor ou maior duração. Isso quer dizer que, tanto quanto as formações grupais, as associações vão formando redes, como sistemas menos ou mais coordenados de "inter-ação", portanto, constituídos comunicativamente.

Nessa perspectiva, a distinção entre simples agrupamentos e a constituição de um grupo autoidentificado é importante para perceber como as formas de ação dos públicos podem ganhar maiores coesão e continuidade. Algumas estruturas, com variada estabilidade ou mesmo temporárias, fazem parte dessa movimentação e acabam se tornando a face mais visível da ação dos públicos. E é essas estruturas que costumamos identificar como atores sociais e reconhecer alguma tentativa de influência. Ainda assim, não podemos deixar de considerar que essa é

---

[8] Conforme salientamos em outra oportunidade (HENRIQUES; SILVA, 2021), seria um erro pensar que os públicos atuam em controvérsias exercendo influência apenas sobre organizações e instituições, na medida em que parte significativa de sua lógica exponencial é influenciar outros sujeitos e públicos a somarem forças em suas reivindicações, inclusive como estratégia central para ampliar sua capacidade de intervenção.

[9] Para mais detalhes, ver Henriques (2010).

uma dinâmica processual que envolve, sempre e em qualquer caso, um par dialógico – neste caso: associação/dissociação. Os públicos oscilam todo o tempo, ao sabor de um embate constante de forças associativas e dissociativas – assim como entre consenso/dissenso, mobilização/ desmobilização etc. Portanto, estamos falando de vínculos sempre provisórios e que, para manter coesão e continuidade nas formas de associação, precisam de um esforço comunicativo constante.

Mobilização e ativismo: os públicos nas lutas sociais

Por fim, mas não por menor relevância, emergem também os aspectos dos públicos mais ligados ao ativismo, ou seja, à ação mais organizada para o enfrentamento estratégico das mais variadas causas. Importante ressaltar que entendemos a mobilização social como um processo intrínseco aos públicos. Explicando melhor: sendo os públicos um ente dinâmico, eles só fazem sentido pela sua movimentação, que consiste em um processo de agregação coletiva em torno de questões de interesse público (HENRIQUES, 2004). As diversas formas de mobi- lização social se referem, então, aos meios pelos quais pessoas privadas interagem e vão tecendo a feição coletiva dos problemas e dos interesses, construindo e ampliando sua influência nos mais diferentes processos sociais. Assim, a ideia de mobilização social é ampla e abarca vários tipos e graus de movimentação e ação coletiva. Aqui, portanto, também se aplica a ideia de que essas movimentações podem ser menos ou mais difusas, menos ou mais abertas, menos ou mais organizadas. A ideia de ações mais integradas, organizadas, estruturadas e contínuas refere-se sempre a escolhas de meios e fins, às demandas que estão postas aos públicos, como e com que capacidade reagem e à força agregada que os públicos logram alcançar em dado momento, além de muitos outros fatores e condições.

Mesmo admitindo que a mobilização é bem variável, quando falamos das lutas, dos movimentos sociais e do ativismo reconhecemos que essa movimentação toma uma forma visivelmente mais organizada e estruturada, a ponto de ser publicamente reconhecida. Para isto, é necessária uma afirmação coletiva bem mais complexa e sofisticada do que aquela que a princípio vincula as pessoas a um público. É pela afirmação e pela convocação que se completa um processo de coletivização de uma causa que foi, em um primeiro momento, problematizada e comungada por um agrupamento (Henriques, 2010). A formação neste nível ativista, portanto, tende a ser menos abstrata que os agrupamentos triviais dos públicos em torno das afetações e posições controversas cotidianas.

Um aspecto importante nesse processo tem a ver com o que acontece com os públicos em desvantagem – se e como conseguem vencer condições de vulnerabilidade de modo a obter visibilidade e reconhecimento público capazes de influenciar nos processos políticos. Tal perspectiva está presente em várias abordagens que precisam, de alguma maneira, sustentar a premissa de que: (a) públicos possuem capacidade de agência; (b) são capazes de formular e afirmar um dissenso; e (c) constituem, no cotidiano, uma base de ação (interacional) capaz de construir formas coletivas contra-hegemônicas. Antes de prosseguirmos, é importante salientar, na esteira de Mayhew (1997), que essas premissas não devem ser tomadas de forma isolada ou absoluta, mas sim conjugadas com a percepção de que esses mesmos públicos são vulneráveis a práticas de influência cada vez mais especializadas e calcadas em técnicas retóricas avançadas. É justamente no encontro desses dois elementos que podemos explorar as vulnerabilidades e potencialidades do público em sua complexidade.

Retornando para a questão da ação dos públicos, um modo direto de ver sua ativação é justamente pelo que constitui as bases de sua ação enraizadas no cotidiano. Trata-se de uma perspectiva de movimentação mais próxima, que se dá no nível local, comunitário (portanto, territorial), que nos Estados Unidos costuma ser nomeada como *"grassroots"* – em sentido literal, "raízes de grama". Esta perspectiva "basista" de fato evidencia articulações locais e possui grande importância no sentido da busca de engajamento dos cidadãos comuns e na objetivação de causas com as quais possam se identificar mais prontamente. Ela também é básica no sentido de compor e fornecer publicamente os elementos mais fundamentais de uma causa, ou seja, aqueles nos quais o sentido de afetação para excitação dos públicos está mais disponível e inteligível, com menor grau de abstração. Pela sua própria natureza, tal forma está mais relacionada a uma conversação direta, interpessoal e menos mediada. Algumas questões importantes acerca desse processo foram desenvolvidas nas últimas décadas, e podemos destacar pelo menos três, que são, em última medida, intimamente relacionadas: (a) como podem esses movimentos ganhar maior visibilidade e colocar suas preocupações na agenda pública; (b) qual a sua relação com os *media* – imprensa, mais especificamente; e (c) como suas ação e influência podem transcender o nível local.

Acerca da primeira questão, vários dos elementos da dinâmica da mobilização social mostram como algumas táticas e estratégias estão presentes na composição de uma ação mais organizada e estruturada, que se articula a partir de determinadas situações orientando o processo de influência política. Quanto à segunda, muitos estudos demonstram o quanto as táticas empregadas em um projeto mobilizador não se atêm apenas a uma busca de visibilidade imediata, mas levam em conta uma visibilidade mediada que é tomada como recurso fundamental e desigualmente distribuído que envolve, nas sociedades contemporâneas, a midiatização (Henriques, 2010). Algumas abordagens destacam a importância dos movimentos *grassroots* no sentido de produzir narrativas alternativas e/ou dissensuais, quadros interpretativos (*frames*) que devem ser colocados em histórias coerentes para que possam ser absorvidas pelos sujeitos mais próximos que com elas se identifiquem (Ryan, 1991).

Já para a terceira questão há pouca compreensão sobre as relações que se estabelecem entre os níveis local e extralocal. Muitos dos estudos empíricos referem-se a casos que parecem ser bem restritos aos âmbitos territoriais delimitados e pouco levam em conta articulações mais amplas dos públicos que ultrapassem tal limite. Em nossa concepção, nenhuma movimentação de públicos se esgota no nível comunitário. Primeiramente porque, nas sociedades atuais, pouco podemos falar de comunidades fechadas em si mesmas, dada a intensa circulação e suas permeabilidades. Assim, um público dito "comunitário" não se confina exatamente dentro de limites territoriais. Parece, então, ser importante tentar perceber as complexas inter-relações e afetações recíprocas entre movimentos locais e extralocais que se dão na composição das próprias causas que estes movimentos defendem e de forma sistêmica. Isto pode se dar na forma de alianças que levam a ações comuns e coordenadas, à adesão a redes mais amplas de ação e conversação, mas, também, se manifesta de modo menos ou mais sutil numa interdiscursividade, ou seja, nas remissões discursivas nas quais um nível se alimenta das referências do outro na própria produção do discurso – e, vale dizer, dos vocabulários, dos enquadramentos, das narrativas. Aqui, mais uma vez, reforça-se a ideia de que os públicos não se reduzem a uma *unidade*, apesar de que, muitas vezes, esta redução se dê como uma conveniência na relação estratégica com algum(ns) público(s) em particular.

Algumas notas finais

O percurso que aqui traçamos não corresponde, enfim, a uma teoria sobre os públicos. Nossa pretensão, mais modesta, foi a de esboçar um registro acerca de elementos que consideramos de fundamental importância para os estudos dos públicos, para que possam servir de base para um vasto campo de reflexões sobre as práticas sociais no âmbito da política, da cultura, das profissões da comunicação – destacando, entre estas, a de relações públicas. Acreditamos que isto seja primordial para compreender vários aspectos da dinâmica social, das formas de poder e das possibilidades de democracia nas sociedades contemporâneas. Um elemento que segue sendo central nesta problemática e que serve de norte para seu desenvolvimento é a questão sempre presente da autonomia dos públicos. Se considerarmos os públicos entes de ação, cabe indagar em que medida essa ação pode ser autônoma e em que consiste essa autonomia. De modo reverso, aparecem as suas principais fragilidades e vulnerabilidades a desafiar suas possibilidades de autonomia e até mesmo de existência. Mas é aí mesmo que nos encontramos diante do imprevisto, do acaso, do inacabado, que conferem abertura à vida e ao espaço público. Compreender isso pode ser a chave para perceber uma luta entre essa abertura e as estratégias de fechamento, entre as tentativas de mobilização e de desmobilização, nas formas como os jogos do poder se manifestam e como estes perpassam a formação e a movimentação dos públicos em sociedade na contemporaneidade.

Referências

ALLPORT, Floyd H. Toward a Science of Public Opinion. *Public Opinion Quarterly*, v. 1, n. 1, p. 7-23, jan. 1937.

BABO, Isabel. O acontecimento e os seus públicos. *Comunicação e Sociedade*, v. 23, p. 218-235, 2013.

BLUMER, Herbert. Attitudes and the Social Act. *Social Problems*, v. 3, n. 2, p. 59-65, 1955.

BOURDIEU, Pierre. A opinião pública não existe. In: THIOLLENT, Michel. *Crítica metodológica, investigação social e enquete operária*. 5. ed. São Paulo: Polis, 1987. p. 137-151.

CEFAÏ, Daniel. L'Expérience des publics: institution et réflexivité. *Espaces-Temps.net*, Travaux, 2013. Disponível em: <https://bit.ly/3yhOTbN>. Acesso em: 13 nov. 2020.

CEFAÏ, Daniel. Públicos, problemas públicos, arenas públicas... O que nos ensina o pragmatismo (Parte 2). *Cebrap*, v. 36, n. 2, p. 129-142, 2017.

CEFAÏ, Daniel; PASQUIER, Dominique. *Les sens du public: publics politiques, publics médiatiques*. Paris: PUF, 2003.

CERTEAU, Michel de. *A invenção do cotidiano*. 3. ed. Tradução de Ephraim Ferreira Alves. Petrópolis: Editora Vozes, 1998.

DEWEY, John. *The Public and its Problems*. University Park: Pennsylvania State University Press, 2012.

FRANÇA, Vera. O acontecimento para além do acontecimento: uma ferramenta heurística. In: FRANÇA, Vera; OLIVEIRA, Luciana (Orgs.). *Acontecimento: reverberações*. Belo Horizonte: Autêntica, 2012. p. 39-51.

FRANÇA, Vera; SIMÕES, Paula (Orgs.). *O modelo praxiológico e os desafios da pesquisa em comunicação*. Porto Alegre: Sulina, 2018.

FREEMAN, Robert. *Strategic Management: a Stakeholder Approach*. Boston: Pitman Publishing Inc, 1984.

GRUNIG, J. A Situational Theory of Publics: Conceptual History, Recent Challenges and New Research. In: MOSS, D.; MACMANUS, T.; VERCIC, D. (Eds.). *Public Relations Research: an International Perspective*. Londres: International Thomson Business Press, 1997. p. 48-81.

HABERMAS, Jürgen. *Mudança estrutural da esfera pública: investigações quanto a uma categoria da sociedade burguesa*. Rio de Janeiro: Tempo Brasileiro, 1984.

HENRIQUES, Márcio Simeone. *Comunicação e estratégias de mobilização social*. Belo Horizonte: Autêntica. 2004.

HENRIQUES, Márcio Simeone. *Comunicação e mobilização social na prática da polícia comunitária*. Belo Horizonte: Autêntica, 2010.

HENRIQUES, Márcio Simeone. A comunicação e a condição pública dos processos de mobilização social. *Revista Ação Midiática*, v. 2, n. 1, p. 1-12, 2012.

HENRIQUES, Márcio Simeone. As organizações e a vida incerta dos públicos. In: MARQUES, Ângela C. S.; OLIVEIRA, Ivone; LIMA, Fábia (Orgs.). *Comunicação organizacional: vertentes conceituais e metodológicas, v. 2*. Belo Horizonte: PPGCOM-UFMG, 2017a. p. 119-129.

HENRIQUES, Márcio Simeone. Dimensões dos públicos nos processos de comunicação pública: formas de conhecimento, ação e organização. In: SCROFERNERKER, C.; AMORIM, L. (Orgs.). *(Re)leituras contemporâneas sobre comunicação organizacional e relações públicas*. Porto Alegre: EdiPUC-RS, 2017b. p. 53-65.

HENRIQUES, Márcio Simeone; SILVA, Daniel Reis. Influência indireta e estratégia: notas sobre o sistema de interinfluências e suas possibilidades para a comunicação organizacional. In: ENCONTRO ANUAL DA COMPÓS, 30, 2021. *Anais...* São Paulo: Pontifícia Universidade Católica de São Paulo, 2021.

LIPPMANN, W. *The Phantom Public*. New Brunswick: Transaction Publishers, 2011.

MAYHEW, Leon. *The New Public: Professional Communication and the Means of Social Influence*. Cambridge: Cambridge University Press, 1997.

PICHON-RIVIÈRE, E. *Teoria do vínculo*. São Paulo: Martins Fontes, 2007.

QUÉRÉ, Louis. Le public comme forme et comme modalité d'expérience. In: CEFAÏ, Daniel; PASQUIER, Dominique (Orgs.). *Le sens du public: publics politiques, publics médiatiques*. Paris: PUF, 2003. p. 113-133.

QUÉRÉ, Louis. De um modelo epistemológico da comunicação a um modelo praxiológico. In: FRANÇA, Vera; SIMÕES, Paula (Orgs.). *O modelo praxiológico e os desafios da pesquisa em comunicação*. Porto Alegre: Sulina, 2018. p. 15-48.

QUÉRÉ, Louis. Entre o facto e sentido: a dualidade do acontecimento. *Trajectos – Revista de Comunicação, Cultura e Educação*, Lisboa, n. 6, p. 59-75, 2005.

RYAN, Charlotte. *Prime Time Activism: Media Strategies for Grassroots Organizing*. Boston: South End Press, 1991.

TACUSSEL, Patrick. Comunidade e sociedade: a partilha intersubjetiva do sentido. *Geraes – Revista de Comunicação Social*, Belo Horizonte, n. 49, p. 3-12, 1998.

TARDE, Gabriel. *A opinião e as massas*. São Paulo: Martins Fontes, 2005.

TILLY, Charles. *From Mobilization to Revolution*. Reading Mass: Addison-Wesley, 1978.

TORO, José B.; WERNECK, Nísia M. D. *Mobilização social: um modo de construir a democracia e a participação*. 2. ed. Belo Horizonte: Autêntica, 2004.

CAPÍTULO II

Por uma perspectiva afetiva e experiencial da formação e da mobilização dos públicos

Leandro Augusto Borges Lima

Este livro se dedica, em primeiro lugar, à discussão e à exposição da perspectiva do conceito de público(s) desenvolvida por diversos pesquisadores no seio do Mobiliza; em segundo lugar, ressalta uma visagem teórica midiático-comunicacional do conceito. Em sua narrativa estrutural e como resposta à preocupação primeira desta obra, este capítulo, em particular, examina a junção de dois aspectos da formação dos públicos: afeto e experiência. A origem desse vínculo conceitual remonta ao trabalho de John Dewey (2005; 2012) e sua releitura por Louis Quéré (2003). Contudo, a proposta aqui é de expandir tal discussão, considerando em especial a crescente presença de uma perspectiva afetiva nas ciências sociais (CLOUGH, 2007; WETHERELL, 2012) e na comunicação, como no trabalho de Zizi Papacharissi e seus públicos afetivos (2015); na formação e na mobilização de públicos em diferentes contextos, sejam políticos (INEZ, 2014; BRAGA, 2015), midiáticos (LIMA, 2017; 2019) ou culturais (AMARAL; SOUZA; MONTEIRO, 2015), dentre outros.

Em resposta à segunda preocupação – a de estabelecer um conceito de públicos capaz de dar conta das dimensões midiático-comunicacionais do mundo contemporâneo –, é fundamental relembrar a distinção (e similaridade) dos conceitos de públicos e audiência (LIVINGSTONE,

2005a; 2005b; DAYAN, 2005). Esta distinção, que se baseia na tomada de atitude pelas audiências para que se tornem públicos, parece reduzir a capacidade organizativa, ativa e afetiva das audiências enquanto reafirma os públicos como principal unidade do fazer político – uma retomada, ainda que em menor grau, de uma ideia de "passividade" dos sujeitos em relação à mídia. Ainda que haja, de fato, uma distinção a ser feita entre audiência e públicos, o argumento aqui desenvolvido aponta que o movimento entre um e outro é mais fluido e usual do que *a priori* se pensa. Tal movimento se torna mais claro a partir de uma perspectiva do fazer político dos sujeitos calcada na teoria política de Rancière (2011), que traz para a frente do político aqueles que estão à margem, estabelecendo um fazer político que está além da política institucional e trata do cotidiano e suas cenas de dissenso.

Este capítulo se organiza em torno dos dois principais conceitos em discussão: experiência e afeto. Para situar a discussão, apresento primeiro uma breve definição de política como cena de dissenso (RANCIÈRE, 2011) que guia o uso da terminologia ao longo do texto. Após uma breve discussão sobre o conceito de públicos em relação ao de audiências, prossigo com a discussão do conceito de experiência segundo os trabalhos de Dewey e Quéré, examinando em particular como *ter uma experiência* se torna um elemento fundante da formação de um público. Utilizando o exemplo da prática de *crowdfunding*, exemplifico como públicos se formam a partir da uma experiência que é simultaneamente subjetiva e partilhada.

Em seguida, discuto algumas definições de afeto mais comumente utilizadas na literatura atual, tendo como base a extensa crítica de Wetherell (2012) aos discursos dominantes sobre afeto na academia (DAMASIO, 2003; MASSUMI 2002; CLOUGH 2007) e o conceito de economia afetiva de Sarah Ahmed (2014). Para agregar mais substância argumentativa, discuto emoções como elementos cruciais à compreensão do afeto como elemento energizante das interações sociais e, por consequência, da formação dos públicos, trazendo alguns exemplos com base nos estudos de fãs e ativismo. Por fim, concluo o capítulo trazendo uma definição dos públicos como formações afetivas e experienciais energizadas pelas interações sociais, por experiências que vão de únicas e individuais a catarses coletivas capazes de afetar os sujeitos e a sociedade.

Falando de política

A conceitualização de política de Jacques Rancière não refuta a importância das arenas institucionais e da política formal do Estado, pois as considera também como local de dissenso. Marques (2011) argumenta que a contribuição de Rancière está na compreensão dessas cenas não como conflito, mas como consequência de uma ruptura que acontece quando indivíduos cujas vozes não são consideradas importantes inserem suas vozes nas conversas públicas e criam novas possibilidades. Um dos argumentos centrais de Rancière é uma oposição à ideia de política condicionada ao poder. Ele critica o vértice desse poder – em que o fazer político só é possível para aqueles que detêm o poder de participar da política. Para o autor, são os "sem-parte" os sujeitos essenciais para que a política aconteça. Política é, portanto, não sobre conflitos de poder, nem uma simples oposição entre ideologias, mas uma oposição "entre lógicas que contam diferentemente as partes da comunidade e as partes que lhe cabem" (RANCIÈRE, 2014, p. 146). Estas lógicas opostas são chamadas de polícia e política. A discrepância entre ambas é aparente na partilha do sensível em como "formas arbitrárias de simbolização da hierarquia são incorporadas como dados perceptivos, nos quais uma destinação social é antecipada pela evidência de um universo perceptivo, um modo de ser, dizer e ver" (RANCIÈRE, 2011, p. 6-7, tradução nossa).[1] Para a ordem policial, a partilha do sensível impõe normas e regras aos corpos, ditando como grupos e indivíduos devem se comportar e agir em sociedade. A política é, então, não uma "função social", nem somente uma instituição ou um aparato repressivo do Estado, mas sim uma "constituição simbólica do social" (RANCIÈRE; CORCORAN, 2010, p. 36, tradução nossa)[2] que divide os que estão aptos e os não aptos à participação. Por conseguinte, Rancière considera que política – situada num âmbito democrático – é a ruptura dessa constituição que acontece pela participação dos sem-parte, aqueles grupos e indivíduos colocados à margem da esfera de visibilidade social,

---

[1] No original: "*arbitrary forms of symbolization of hierarchy are embodied as perceptive givens, in which a social destination is anticipated by the evidence of a perceptive universe, of a way of being, saying and seeing*".

[2] No original: "*a social function [...] a symbolic constitution of the social*".

cuja voz é silenciada e considerada irrelevante, como grupos LGBTQIA+, negros, mulheres e pessoas com deficiência (COULDRY, 2010; BUTLER, 2004). Numa democracia, a tensão entre polícia e política se manifesta no dissenso, numa ruptura do sensível que surge na atuação dos sem-parte que "fala quando ele não deve falar [...], que participa naquilo em que não tem parte" (RANCIÈRE; CORCORAN, 2010, p. 31, tradução nossa).[3]

A política de Rancière é relacional, concernente ao processo e não (apenas) à conclusão, como o estabelecimento de um novo governo ou de novas normas de convivência. O trabalho de Rancière demonstra simultaneamente os desequilíbrios de quem retém o direito de falar na sociedade e as formas sutis pelas quais os desprovidos de direitos lutam para enfrentar o consenso policial. Rancière entende o desequilíbrio não *apenas* como uma questão de poder, mas *também* como um estabelecimento consensual de papéis sociais cuja ruptura é um constante processo do fazer política. Ao longo deste capítulo, é importante ressaltar que as menções à política têm como base estas definições: a política dos públicos que se formam pela experiência, pela partilha de afetos, pela partilha de emoções, é uma política sensível e contestadora, de oposição às lógicas policiais.

Uma breve nota sobre públicos e audiência

> Contar a história das audiências significa contar uma história sobre as mudanças nas formas de mídia e, portanto, de mudanças nas formas de comunicação entre as pessoas. A análise de públicos, ao contrário, centra-se na tentativa de entender a significância e as consequências do público – em contraste com o privado – em suas formas e/ou espaços de atividade (LIVINGSTONE, 2005b, p. 35, tradução nossa).[4]

---

[3] No original: "*who speaks when he is not to speak [...] the one who partakes in what he has no part in*".

[4] No original: "*Telling the story of audiences means telling a story of changing forms of media and hence of changing forms of communication among peoples. The analysis of publics, by contrast, centres on an attempt to understand the significance and consequences of public – by contrast with private – forms of activity or spaces for activity*".

Concordo com Livingstone quando a autora diz que o conceito de audiência tem uma história e uma evolução ligadas ao desenvolvimento de novas formas midiáticas e de comunicação. Passamos de pesquisas sobre a audiência como agrupamento passivo que absorve o conteúdo midiático como uma esponja, num modelo de efeitos diretos, para uma atenuação de tal modelo na perspectiva da comunicação em duas etapas (KATZ, 1957). Depois, vemos as primeiras pesquisas sobre a agência das audiências e os usos e gratificações que estas retiram da mídia (KATZ; BLUMLER; GUREVITCH, 1973-1974), chegando também a uma perspectiva crítica das audiências com base nos Estudos Culturais e no modelo de codificação/decodificação dos conteúdos da mídia (HALL, 1991; ESCOSTEGUY, 2001). Recentemente, o paradigma da participação na pesquisa de audiência e recepção vê os membros da audiência como entes ativos no processo de recepção e produção midiática (LIVINGSTONE, 2013). Livingstone (2005b) também realça que se, por um lado, a audiência está ligada à história da mídia, uma genealogia do termo público ou públicos possui um vínculo forte com o fazer político sediado num espaço e forma públicos. Parece, portanto, que a particularidade dos dois conceitos está no vínculo explícito do primeiro com mídia e comunicação, e do segundo com política.

Contudo, argumento aqui que o conceito de públicos não pode ser desvinculado de seu aspecto comunicacional – públicos são formados na interação e permanecem coesos pela interação – e do papel das diferentes mídias e tecnologias de informação e comunicação nas formas de organização dos públicos. De fato, o vínculo entre públicos e mídia esteve presente desde as primeiras utilizações do termo (TARDE, 2005), mas, em especial a relação entre públicos e mídia se dá pela necessidade do primeiro de uma visibilidade propiciada pelo segundo (HENRIQUES, 2004), que ajuda no "convite, formatação e gestão do foco da atenção coletiva [...] e construção das ficções coletivas através dos quais os públicos se formam, performam e, eventualmente, se extinguem" (LIVINGSTONE, 2005a, p. 12, tradução nossa).[5] É importante

---

[5] No original: *"[...] inviting, shaping and managing the focusing of collective action and, hence, the construction of the collective fictions through which publics come into being, perform, and eventually, die"*.

também desvincular o conceito de públicos de uma necessidade do fazer político que se limita aos chamados processos cívicos, a uma obrigatória interferência na esfera pública politizada (WARNER, 2002; DAYAN, 2005). Públicos, formados por sujeitos e suas experiências e afetos, são aqueles com mais ou menos voz e visibilidade, no centro ou na periferia das conversações; são compostos tanto pelos sujeitos marginalizados quanto por aqueles que detêm o poder simbólico e o controle das estruturas sociais hegemônicas.

Públicos como experiência

O conceito de públicos não é novo, e sua complexa genealogia foi bem descrita no capítulo anterior por Henriques e Silva (2022) – portanto, aqui me limito a uma breve discussão conceitual com vistas a uma ligação ao conceito de audiência e ao posicionamento do conceito de públicos como fermento teórico de uma perspectiva midiático-comunicacional. Um dos primeiros autores a tratar do termo foi Gabriel Tarde (2005), que, em 1901, argumentava que a noção de público surge com o desenvolvimento da imprensa, que, ao permitir a distribuição de obras literárias e jornais, gerou os primeiros públicos: seus leitores. Estes formaram laços de solidariedade através da partilha do conhecimento adquirido, constituindo, portanto, um público na visão de Tarde. Anos depois, John Dewey (2012) argumentou que os públicos são também aqueles indiretamente afetados por algo, uma importante distinção da afetação direta indicada por Tarde. Por exemplo, podemos pensar em como certos discursos dominantes ligados às questões de gênero e raça já formam públicos pela partilha de um sensível imaterial.

Segundo Almeida (2009, p. 18), para Dewey "o que diferencia a vida pública da vida privada são as consequências das ações aí realizadas". A natureza pública de determinada ação existe a partir do momento em que as consequências *afetam* sujeitos para além daqueles envolvidos diretamente na ação, no âmbito privado do agir. A afetação indireta é fundamental para o conceito de públicos de Dewey. Quéré (2003) ressalta que os indivíduos sofrem e agem como membros do público, e é no agir que são chamados a ser (*call into being*) públicos

(DEWEY, 2012, p. 35), uma distinção que Dayan (2005) traça em relação ao conceito de audiência. Para o autor, uma audiência se torna público na medida em que ela atinge uma esfera de visibilidade marcada pela vinculação com alguma causa e pela qual "performam como um público coletivo" (BROUGH; SHRESTOVA, 2012), uma lógica muito presente nos estudos de ativismo de fãs (AMARAL; SOUZA; MONTEIRO, 2015; BROUGH; SHRESTOVA, 2012; HINCK, 2019).

Mais recentemente, Warner (2002) desenvolveu uma discussão interessante sobre o conceito de públicos. Para ele, existe uma distinção entre o público como um "tipo de totalidade social" e o público como um "público concreto",[6] que pode ser percebido, por exemplo, em espaços fechados como convenções de fãs da cultura pop ou em shows (WARNER, 2002, p. 49-50, tradução nossa). Warner (2002, p. 50, tradução nossa) defende uma terceira definição de público que "só vem a existir em relação aos textos e sua circulação".[7] Um público, para Warner (2002), é uma entidade auto-organizada que surge através da circulação reflexiva dos discursos, uma entidade virtual que se alimenta de atenção, sendo mobilizada e desmobilizada de acordo com a força dos discursos que estão circulando. Desta forma, podemos pensar os públicos tanto como "construções intelectuais" quanto como "realidades sociais" (DAYAN, 2005, p. 44, tradução nossa)[8] que são construídas na interação, no discurso e como argumento aqui pela experiência e por práticas afetivas.

Louis Quéré (2003) argumenta que os públicos são uma modalidade da experiência. Para o autor, um público vive experiências, sofre algo – a fruição estética ou um acontecimento, por exemplo – e é afetado nesse processo. Uma experiência é também um evento, um ponto no tempo que devido a seu grande impacto ocasiona efeitos (e afetos) duradouros. Quéré (2012) considera que grandes eventos, como os atos terroristas do 11 de Setembro ou o Holocausto, têm um poder hermenêutico, a habilidade de causar uma ruptura no tecido social e uma descontinuidade na vida dos sujeitos. Dewey (2005) argumenta que a experiência

---

[6] No original: "*social totality*"; "*a concrete audience*".

[7] No original: "*comes into being only in relation to texts and their circulation*".

[8] No original: "*intellectual constructions and social realities*".

é contínua, afinal deriva da interação dos sujeitos com o mundo num processo comunicativo de mútua afetação. Experiências também surgem em formas rudimentares, como resultado de uma modernidade que nos impede de alcançar as experiências *singulares*, ou seja, aquelas que são vivenciadas até o seu fim e nos permitem dizer que tivemos *uma* experiência (DEWEY, 2005). Para Dewey, a experiência singular é um "memorial duradouro" de como um certo momento deve ser sentido; possui uma unidade, podemos especificá-la e retirá-la do tecido social do viver comum, apontar e exclamar "aquela experiência!". Tal unidade é "constituída por uma *qualidade* ímpar que perpassa a experiência inteira, a despeito da variação das partes que a compõem" (DEWEY, 2005, p. 112).

É certo que uma experiência não necessariamente se encerra quando atinge sua consumação – ela permanece agindo sobre os públicos como pedra angular para ações subsequentes e novas experiências. O resultado de uma experiência é contínuo, único e transformativo; reverbera nos sujeitos e nos públicos e pode ser reativado em um novo processo de mobilização. É no tipo de experiência, em especial na sua singularização, que os públicos se distinguem de outras formas de associação coletiva, como multidão, massa, audiência, dentre outros. Os públicos agem coletivamente, e a experiência singular do indivíduo é peculiar, tornada própria e compartilhada sempre, pois é nessa partilha do sentido, na afetação mútua e na capacidade de ação que se forma um público. Os públicos existem no âmbito das interações. São, em essência, algo comunicacional: são convocados e afetados por algo na/da sociedade, dialogam dentro e fora de seu agrupamento, sofrem as interferências do mundo e agem sobre ele, interagem com ele. É neste ato da interação, aliado à própria experiência, que os públicos surgem. Nesta perspectiva, os públicos não existem *a priori*, mas são chamados a ser no momento de sua ação. Vincular-se a um público é participar em um "modo de experiência coletiva aberta, indeterminada e que se realiza em condições de publicidade" (HENRIQUES, 2017, p. 126). Um exemplo desse tipo de participação se apresenta na prática de financiamento coletivo/*crowdfunding*.

Em pesquisa anterior (LIMA, 2014), analisando as redes interativas entre os vértices envolvidos na prática – apoiadores, criadores e plataforma – como um exemplo de prática de consumo, mas também de mobilização dos públicos, a perspectiva da experiência aqui delineada foi fundamental para entender essa dinâmica. É curioso que uma prática que, em essência, é uma transação econômica tenha na realidade camadas complexas de estratégias comunicativas baseadas na noção de que existe um público a ser acionado para que um projeto obtenha sucesso. Os públicos apoiadores são convocados à ação, tanto pela plataforma quanto pelos criadores do projeto, e podem participar das campanhas ativamente em diversas possibilidades de vinculação, que vão desde a simples contribuição financeira ao projeto até a participação direta no desenvolvimento de partes do produto final, atuando como protagonistas no processo (Henriques; Lima, 2014). Na análise do *crowdfunding* de dois projetos (Gnut e Shogum dos Mortos) cujo objetivo era a produção de quadrinhos, foi notável a participação dos públicos apoiadores no processo criativo e no papel de mobilizadores, buscando mais participantes para os projetos.

Já no projeto do filme *Veronica Mars*, identificamos que houve uma apropriação de estratégias de mobilização baseadas no apelo à nostalgia que buscou o apoio de fãs, mas também de estratégias derivadas da propaganda, em especial pela presença forte – porém invisível – do conglomerado Warner (Silva; Lima, 2014). A análise do projeto mostra como o conglomerado parece utilizar o *crowdfunding* como termômetro dos interesses dos públicos utilizando estratégias de "ocultação de intenções, a criação de um novo revestimento simbólico e a tentativa de pautar a mídia e as conversas cotidianas" (Silva; Lima, 2014, p. 131).

Em comum aos dois estudos está a criação de uma experiência para os potenciais membros do público: a prática de financiamento coletivo se baseia em oferecer oportunidades exclusivas de participação em processos criativos que só podem ocorrer caso haja uma mobilização constante e crescente dos públicos visando o sucesso desse projeto. Há, portanto, a constante necessidade de oferecer *experiências singulares* aos participantes. Estas se tornam experiências partilhadas, tanto de consumo quanto de afeto, amarradas por certa coesão dos públicos responsáveis pela completude do processo. Estes públicos que se formam em torno de um projeto, às vezes pela primeira vez, tornam-se também públicos da prática em si (Silva; Lima, 2014), podendo ser remobilizados, reconvocados à participação – o que é particularmente visível na comunidade de quadrinhos brasileira, que parece formar o que podemos considerar uma comunidade de afeto que se une em torno de uma paixão específica, os quadrinhos (LIMA, 2014).

Afeto e emoção na formação, na mobilização e na desmobilização dos públicos

Falemos, primeiro, de afeto como um substantivo e sua ligação íntima com a emoção, com o carinho, com o amor, com sentimentos distintos, mas, em essência, "positivos" ou lidos como tais no contexto sociocultural em que tais emoções são manifestas. Este afeto é marca de nossa condição humana, mas está também presente em outros membros do reino animal, como ressalta Maturana (2009). Contudo, toma uma dimensão física, verbal, social e política quando se põe em perspectiva o substantivo e o sujeito – nós, humanos, capazes de nos organizar e estruturar emoções e afetos como processo de resposta a um outro generalizado (MEAD, 1934) como parte das dinâmicas de interação. O afeto como substantivo é parte do viver, algo que almejamos ter ou temos em demasia. Para muitos casos, é a primeira sensação que experimentamos ao explorar inconscientemente o espaço intrauterino e o primeiro calor do corpo materno após o parto. A ausência traumática do afeto é também uma marca de sua importância que leva os sujeitos a uma busca constante por esse sentimento – que é, em suma, de pertencimento, de sentir-se acolhido como parte de um grupo, da sociedade, da vida de outrem.

O afeto substantivo partilhado no senso comum do cotidiano é objetivo, aquilo que almejamos obter. É responsável pelas conexões que aspiramos ter no viver social, conexões que aqui chamo de "públicos". Estas, contudo, não se apoiam somente no afeto substantivo, pois daí concluiremos que toda associação de sujeitos em forma de públicos é uma associação calcada numa essência "positiva" de sentimentos. No entanto, é fundamental ressaltar que emoções tidas como "negativas" – a raiva, a tristeza, a inveja, o medo – são também emoções presentes nas dinâmicas afetivas do nosso cotidiano (AHMED, 2014), e somos afetados por estas emoções na mesma medida, tendo experiências singulares e partilhadas. Os públicos são complexos, e as razões que levam a estas vinculações são várias, díspares e por vezes controversas e contraditórias. Parte dessa complexidade se explica pela segunda dimensão do afeto, que é a deste como verbo, *afetar*.

Do ponto de vista da pragmática de Dewey, afetar-se é consequência de uma ação em nós executada. Nos afetamos pela arte ao andar por um museu; pela junção melódica de voz e instrumentos ao ir a um show; pelas sinestesia e afetividade (substantiva) que sentimos como fãs em eventos do nosso objeto de afeto (JENKINS, 2012). Sara Ahmed (2014, p. 209, tradução nossa) sugere que afetar-se por algo é mover-se em direção a ou em oposição a algo, a depender das emoções vinculadas ao objeto referente, mas sempre uma orientação *para* alguma coisa que tem "efeitos mundanos".[9] Afetar-se está sempre ligado ao agir. É ir a um evento trajando um *cosplay* de seu personagem favorito, ir a um protesto em defesa de suas ideias e aspirações, é experienciar a catarse religiosa de uma celebração, é fazer materializar a carga emocional, sentimental, cognitiva daquilo que afeta os sujeitos. Afeto, como verbo, preconiza alguma mudança, algum movimento interno ligado a emoções e sentimentos, a padrões biológicos e socioculturais que pode tomar forma externamente, como na formação de um público.

Não é a meta aqui discutir, em profundidade, as distintas perspectivas do conceito nos diversos campos de interesse que vão da psicobiologia à neurociência, passando pelos Estudos culturais e filosofia – para tal, recomendo a leitura de Wetherell (2012), Ahmed (2014) e Gregg e Seigworth (2010), que traçam as conexões, críticas e problemáticas das perspectivas mais populares que se baseiam na filosofia de Espinoza (DAMASIO, 2003) ou em perspectivas deleuzianas (MASSUMI, 2002). A discussão proposta aqui tem um caráter mais pragmático e objetivo, traçando conexões entre uma perspectiva comunicacional dos públicos com uma compreensão das emoções e dos afetos presentes nas interações.

A análise crítica de Wetherell (2012) e seu conceito de práticas afetivas, combinados em especial com os conceitos de economia afetiva de Ahmed (2014) e de públicos afetivos de Papacharissi (2015), servem como base teórica. As perspectivas dessas autoras dialogam bem com

---

[9] No original: "*worldly effects*".

o pragmatismo de Dewey e Quéré, bem como com uma perspectiva praxiológica da comunicação que deriva do interacionismo simbólico. Em comum, estas autoras posicionam seus conceitos, ainda que não explicitamente, nas dinâmicas interacionais dos sujeitos em sociedade, ressaltando a importância do contexto da interação para a criação de (múltiplos) sentidos e reconhecendo a comunicação como elemento central nesse processo.

Afeto e emoção

Margaret Wetherell traça, primeiramente, alguns pontos de crítica em relação às aproximações mais comuns ao conceito de afeto, como a negação de sua dimensão discursiva por teóricos da área como Massumi (2002) e Clough (2007) e uma perspectiva do afeto como misterioso, fantástico, muito similar ao comportamento "contagioso" das multidões apontado por Le Bon (2019). Um dos pontos de contenção mais relevantes à nossa discussão é com a predominância do paradigma das chamadas emoções básicas ou primárias, presente principalmente na discussão teórica sobre emoção e afeto de autores como Damasio (2003) e os que aderem ao seu pensamento. O paradigma assume que há um certo número de emoções básicas que somos condicionados, como resultado da evolução humana, a sentir, o que limita, por exemplo, as diferentes experiências afetivas capazes de mobilizar os públicos. Wetherell (2012, p. 36-37, tradução nossa) argumenta que tal paradigma

> [...] assume que o fluxo do afeto pelos corpos e cérebros é padronizado em relativamente organizados e distintos pacotes, feixes, programas ou modelos. Cada um desses possui uma assinatura fisiológica distinta, padrões particulares de ativação cerebral e gatilhos antecedentes, e cada um corresponde a emoções ocidentais convencionais, como "raiva", "medo", "felicidade" etc. Tais pacotes de afeto, ou "módulos neurais especializados" na terminologia de Atkinson e Adolphs, se desdobram de forma automática, de encaixe-clique, sequencialmente.[10]

---

[10] No original: *"...assumes that the flow of affect through bodies and brains comes patterned in relatively neat, discrete packets, bundles, programmes or templates. Each of these possesses ther own distinct physiological signature, pattern of brain activation, and antecedent triggers, and each corresponds to conventional Western emotions such as 'anger', 'fear', 'happiness,'*

Uma perspectiva mais interessante das emoções as considera como socialmente construídas em relação ao outro, ao contexto da interação, aos objetos e ao mundo (WETHERELL, 2012, p. 4), como "práticas culturais e sociais" (AHMED, 2014, p. 9, tradução nossa).[11] Desta forma, as emoções não se restringem a seis ou sete emoções básicas ou primárias, mas tomam formas e significados distintos, pois são relacionais, estabelecem "(re)ações ou relações de 'aproximação' ou 'afastamento'" (AHMED, 2014, p. 8, tradução nossa).[12] Emoções também estabelecem relações de poder, de quem *pode* manifestar física ou psiquicamente determinada emoção. Exemplos típicos são os que colocam a mulher ou qualquer corpo feminizado e subjugado a uma masculinidade hegemônica (CONNELL, 1987) como seres emocionais e o homem como dotado de racionalidade. Outra distinção surge nas dinâmicas raciais que depositam emoções possíveis em relação a corpos negros – corpos que impõem a emoção do medo ou corpos que, por serem deslegitimados como um outro válido (BUTLER, 2004; MATURANA, 2009; hooks, 2004; AHMED, 2014), têm sua emocionalidade reduzida a estereótipos e à subserviência.

Ahmed (2014) argumenta que o afeto e as emoções carregam valor e poder de natureza econômica. Em particular, ela percebe a emoção como uma forma marxista de capital, pois "circulam e são distribuídas através de campos sociais e psíquicos", e nesta circulação os movimentos das emoções e seus "signos e objetos convertem-se em afeto",[13] gerando valores e capitais distintos para os públicos envolvidos nas circulações discursivo-dissensuais em efeito no tecido social (AHMED, 2014, p. 45, tradução nossa). Como mencionado anteriormente, há corpos para os quais certo capital emocional é dado, para quem determinadas exibições de emoção são possíveis e/ou esperadas. Esta característica de uma economia afetiva levantada por Ahmed tem implicação direta nas formas de organização dos públicos, em especial aqueles "sem-parte".

---

etc. Such affect packets, or 'specialised neural modules' in Atkinson and Adolphs' (2005) terminology, are thought to unfold in an automatic, clunk-click, sequential manner".

[11] No original: "*social and cultural practices*".

[12] No original: "*(re)actions or relations of 'towardness' or 'awayness'*".

[13] No original: "*circulate or are distributed across a social as well as psychic field [...] signs or object converts into affect*".

Um exemplo da história política brasileira recente mostra, por exemplo, como em situações de protesto determinados grupos têm privilégios sobre outros na ocupação do espaço público, com documentos evidenciando que a Polícia Militar do Rio de Janeiro dá tratamentos diferenciados a manifestações anti e pró-governo (MELLO, 2020). Pela lente de Ahmed podemos perceber como, no jogo dos afetos, a oposição ao governo tem seus afetos criminalizados, enquanto apoiadores têm direito ao livre afeto como públicos mobilizados.

A construção social das emoções é também variável em relação aos seus contextos social, cultural e linguístico, são indexadas e contextuais (WETHERELL, 2012). Há emoções que não são universalizadas, a princípio, ou ao menos não definidas similarmente na linguagem, pois as experiências afetivas de diferentes culturas é que as imbuem de significado e "localizam a natureza e significação de um evento afetivo ou somático, suas consequências e implicações [...] nas formas como eventos somáticos e afetivos se entrelaçam, fluem e se desdobram uns nos outros" (WETHERELL, 2012, p. 42, tradução nossa).[14] Temos um exemplo claro em nossa língua materna, com a emoção *saudade*, e outras culturas também têm suas emoções particulares como parte de experiências afetivas que têm bases profundamente sociais e culturais: a dinamarquesa sensação de *hygge*, ou a quase similar sensação holandesa do *gezelligheid*, ou o organizado estado japonês de *ikigai*. Estes são termos que se popularizaram como palavras intraduzíveis e que refletem um estado emocional e afetivo muito particular à cultura na qual foram concebidos e que, ainda assim, têm substanciais variações – a saudade portuguesa expressa no fado é duramente melancólica, enquanto a saudade em samba ou bossa brasileira tem um quê de bem-querer, de querer estar próximo do objeto ou sujeito ao qual a saudade estabelece uma relação ou (re)ação de aproximação.

Patricia Clough (2007) argumenta que há uma virada afetiva nas ciências sociais, marca de mudanças nos tecidos social, econômico e cultural. Tal mudança é marcada pela valorização da emoção como uma

---

[14] No original: "...*locate the nature and significance of a somative or affective event, the consequences and implications [...] the ways in which somatic and affective events intertwine, flow and fold into each other*".

característica humana da mesma importância que a racionalidade. Pertencemos também ao reino animal, e emoção é uma parte fundamental das nossas vidas, como argumenta Maturana (2009, p. 22), para quem "não há ação humana sem uma emoção que a estabeleça como tal e a torne possível como ato". O agir dos públicos é motivado por um engajamento emocional que não apenas afeta sua formação, mas também as transformações culturais, políticas e sociais das quais os públicos fazem parte.

Práticas afetivas

Wetherell sugere três linhas para se pensar o afeto dentro do que ela nomeia de *práticas afetivas*. Primeiro, ela argumenta que o afeto é uma atividade em constante fluxo. Compreender essa dinâmica, as idas e vindas das práticas e temporalidades dos afetos é fundamental. Por exemplo, no que tange à temporalidade dos afetos, Wetherell argumenta que as manifestações corpóreas do afeto – um ataque de pânico, uma sensação de euforia – podem ter uma curta temporalidade, mas que podem ser também recorrentes, "entrando e saindo de foco como uma mudança constante que acompanha o cotidiano" (WETHERELL, 2012, p. 12, tradução nossa).[15] Práticas afetivas são situadas e conectadas de maneiras diversas temporalmente, espacialmente e experiencialmente, estando sempre em potencial movimento por "múltiplas e divergentes direções" (WETHERELL, 2012, p. 13, tradução nossa).[16] Essa dinâmica movimentação do afeto está presente na sutil transformação de espaços em lugares que ocorre através da atribuição de valores sociais, culturais e experienciais (TUAN, 1983). Para Yi-Fu Tuan (1983, p. 13), conhecer é experienciar o mundo, e para tal utilizamos os nossos sentidos, que nos permitem "ter sentimentos intensos pelo espaço e pelas qualidades espaciais". Tais espaços e lugares geográficos ou virtuais apropriados por sujeitos diversos têm o potencial de facilitar ou organizar não só a formação dos públicos, mas também as performances afetiva e política dos públicos (LIMA, 2014).

Em seguida, Wetherell argumenta que os estudos sobre afeto seguem uma tradição que o coloca como algo disruptivo, uma força de

---

[15] No original: "*...moving in and out of focus as a steady shifting accompaniment to one's days*".

[16] No original: "*...multiple and divergent directions*".

mudança. Ainda que não conteste plenamente esse posicionamento, ela adiciona nuance a estas perspectivas ao dizer que afeto é sobre "sentidos, bem como sensibilidade", é "prático, comunicativo e organizado" (WETHERELL, 2012, p. 13, tradução nossa),[17] algo que se mostra, por exemplo, em como o corpo reage, biologicamente, a determinadas ações. A estas reações se juntam modalidades sociais, culturais, narrativas e experienciais do cotidiano que formam *padrões*. Ou seja, o afeto não é apenas sobre a quebra de padrões, mas também da criação destes. Um bom exemplo são os padrões da experiência dos públicos em situações de protesto – há a junção dos corpos físicos ocupando um espaço, as palavras de ordem, os cartazes, as vestimentas, as máscaras ou as camisas da Confederação Brasileira de Futebol (CBF), a depender de seu posicionamento político. São padrões também afetivos, que evocam um imaginário comum e legível da situação (MELUCCI, 1996). Cria-se situações de visibilidade em que o padrão se torna ferramenta estratégica de comunicação, em que se aproveita da força do afeto, de sua capacidade de gerar experiências, para reforçar situações. Por vezes, tais situações ocorrem de maneira pré-planejada (SILVA, 2015), forjando ou emulando uma naturalidade da formação dos públicos; em outras, a organização se dá com base na partilha de emoções e afetos que se dá no sensível, tomando a rua como lugar de confronto com a polícia – tanto a de Rancière quanto a do aparato estatal de repressão que reage violentamente a manifestações públicas. Protestos são afetos que se aproveitam de padrões para romper com outros padrões. Tais padrões não acontecem apenas em protestos nas ruas, mas também no ambiente on-line. Zizi Papacharissi, ao discutir os *públicos afetivos*, "formações públicas em rede que são mobilizadas e conectadas ou desconectadas por meio de expressões de sentimento" (PAPACHARISSI, 2015, p. 125, tradução nossa),[18] argumenta que plataformas como o Twitter servem como um palco para a performance dos públicos. As performances seguem os padrões funcionais das redes com a apresentação de si mesmo como objeto de interesse, possibilitando a contação de histórias de si e

---

[17] No original: "*...sense as well as sensibility [...] practical, communicative and organised*".

[18] No original: "*...networked public formations that are mobilized and connected or disconnected through expressions of sentiment*".

do mundo através da partilha de impressões, pensamentos e afetos. Essas performances são políticas, reivindicando um capital simbólico através de identidades performadas e reinventadas (Papacharissi, 2015). Estas identidades, por sua vez, se desenvolvem numa dimensão de afetividade que é significante na construção da ação coletiva dos públicos, pois opera a partir não apenas de um "cálculo racional", mas também de "laços afetivos e baseados na capacidade intuitiva de reconhecimento mútuo" (Melucci, 1996, p. 66, tradução nossa).[19]

Em seu terceiro ponto, Wetherell argumenta que há uma dimensão de poder, valor e capital inerente às discussões de afeto. Primeiro, práticas afetivas variam em escala, das manifestações individuais às coletivas, de tamanhos vários ou em escalas massivas, como nos já mencionados protestos. Devido a essa escala potencial do afeto, é esperado que surja então uma discussão sobre um poder que "trabalha através do afeto", que regula e constrói uma distribuição desigual do afeto que "emerge no poder" (Wetherell, 2012, p. 16, tradução nossa).[20] Uma manifestação desse poder aparece no que Ahmed (2014) chama de economias afetivas – conceito que é criticado por Wetherell por ser, em sua visão, muito ligado às emoções básicas e por seu foco em uma representação textual do afeto, que ela considera restrito. Contudo, argumento que é exatamente a aplicação do conceito de economia afetiva às representações textuais que torna o conceito de Ahmed útil para uma aproximação midiático-comunicacional dos públicos.

Ahmed comenta que há uma emocionalidade presente nos textos (midiáticos ou não) cujo significado é social e historicamente construído. Este significado pode estar em meio a metonímias e metáforas, já que "'figuras de linguagem' são cruciais para a emocionalidade dos textos" (Ahmed, 2014, p. 12, tradução nossa).[21] Damos nomes às emoções e aos afetos, e cada nome carrega um significado particular que é também afetado pelo contexto comunicativo, pela "específica orientação de aproximação aos objetos que são identificados como sua

---

[19] No original: "*rational calculation [...] affective bonds and based on the intuitive capacity of mutual recognition*".

[20] No original: "*...works through affect, and affect emerges in power*".

[21] No original: "*...figures of speech' are crucial to the emotionality of texts*'".

causa (*da emoção*)" (Ahmed, 2014, p. 13, tradução nossa).[22] Pensemos nos modos como nos engajamos com eventos ou objetos que envolvem tais manifestações físicas e psíquicas – protestos, jogos de futebol, shows, novelas, um debate político, um aniversário. Nestas situações, revelam-se a mútua existência de público(s) emoção que energiza(m) sua experiência afetiva – emoções são identificadas, experienciadas e compreendidas pelos sujeitos, pois possuem uma natureza pública de significado discursivo partilhado; e então os públicos, que se formam nessa partilha energizante de emoções que constroem uma experiência afetiva, revelam sua natureza emocional (Ahmed, 2014). Tal perspectiva, em verdade, alinha-se com a crítica de Wetherell quanto à tendência de negar a dimensão do discurso nas pesquisas sobre afeto, em que prevalecem aspectos psíquicos e corporais que desvinculam os objetos do paradigma discursivo que vigora nas ciências sociais. A autora argumenta que "é o discursivo que frequentemente transforma o afeto em algo poderoso, o faz radical e provê os meios para que o afeto viaje" (Wetherell, 2012, p. 19, tradução nossa).[23]

De fato, ao pensarmos na potencialidade do conceito para analisar os públicos a partir de uma perspectiva comunicacional, a dimensão discursiva desses afetos precisa ser levada em conta, e o fértil campo dos estudos de fãs demonstra essa importância, por exemplo, nos modos de produção e consumo de fãs (Lima, 2017; Jacques, 2016; Carlos, 2011; Amaral; Carlos, 2016) ou no uso partilhado dos afetos gerados por um objeto da cultura popular, como séries, jogos ou animes, para criar materiais de protesto (Amaral; Souza; Monteiro, 2015; Goulart; Hennigen; Nardi, 2015).

O uso por fãs de seus objetos de afeto *fannish* para espalhar mensagens políticas ou engajar-se em práticas ativistas é um tópico amplamente estudado pela academia (Jenkins *et al.*, 2016; Hinck, 2019; Sandvoss, 2013). De acordo com Kligler-Vilenchik (2016, p. 115), o civismo *fannish* decorre de práticas *fannish*, "atividades conduzidas por membros de comunidades de fãs em relação ao seu objeto de

---

[22] No original: "*...specific orientations towards the objects that are identified as their cause*".

[23] No original: "*...it is the discursive that very frequently makes affect powerful, makes it radical and provides the means for affect to travel*".

Coleção "Comunicação e Mobilização Social"

afeto, coletivamente ou por conta própria". O trabalho de Jenkins *et al.* (2016, p. 29, tradução nossa) baseia-se na conceituação de Dahlgren (2003) sobre o envolvimento cívico para discutir o que eles chamam de "imaginação cívica": "a capacidade de imaginar alternativas para as instituições ou problemas sociais, políticos ou econômicos atuais".[24] Um dos desafios dos públicos está ligado à visibilidade de sua causa, do estabelecimento da condição pública de um problema (HENRIQUES, 2004; 2017). Ao expandir seu universo de ação para além dos caminhos tradicionais do fazer político, comunidades de fãs – um distinto exemplo de públicos formados pela experiência e pelo afeto – podem aumentar a visibilidade dos problemas públicos, pois estes atuam como "prática de resistência, isto é, como ações intencionais contra uma força considerada hegemônica a fim de provocar mudanças" (AMARAL; SOUZA; MONTEIRO, 2015, p. 144). Tais mudanças têm sempre um caráter político, seja em campanhas para a paridade de gênero no marketing de um jogo de videogame (LIMA, 2017), em passeatas on-line pelo Orgulho LGBTQIA+ (GOULART; HENNIGEN; NARDI, 2015), na ocupação performática dos espaços públicos (INEZ, 2014), nas práticas culturais de criação de conteúdo que permitem o acesso (geralmente ilegal) a produtos cuja disponibilidade é restrita, como animes e mangás japoneses (CARLOS, 2011) ou nas diferentes formas de mobilização dos fãs em prol de uma causa, seja através da "viralização de material com cunho *fanmade* (produzido por fãs)" em protestos (AMARAL; SOUZA; MONTEIRO, 2015, p. 149), dentre outros exemplos.

Afeto é, portanto, a combinação energizada de emoções e ações que, manifestadas pelos sujeitos, têm o potencial de formar e (des)mobilizar um público. O duplo processo de mobilização/desmobilização ocorre através de um circuito de emoções e ações capaz de formar conexões experienciais entre os membros de um público. O afeto nos conecta como públicos, nos posiciona como seres capazes de reconhecer o outro como legítimo e similar a nós (MATURANA, 2009) e em conjunto agir no mundo. É importante, contudo, considerar o pensamento de Ahmed (2014, p. 19, tradução nossa) a respeito dos "públicos emocionais":

---

[24] No original: "*...civic imagination [...] the capacity to imagine alternatives to current social, political, or economic institutions or problems*".

Não devemos assumir que públicos emocionais são um tipo particular de público; públicos emocionais não são apenas públicos que demonstram emoções de maneiras que reconhecemos como emocionais. Assim, por exemplo, não é que o público se emociona quando os políticos choram ou "expressam seus sentimentos". Os públicos organizados em torno dos valores do pensamento ou da razão, ou mesmo da "dureza" ou desapego, também envolvem orientações emocionais em relação a objetos e outros.[25]

Conclusão

Conforme discutido anteriormente, uma discussão da política como algo eminentemente racional e destituído de emoção e sentimento não se aplica à ideia de política como uma cena de dissenso. Pelo contrário, emoção e afeto são componentes essenciais para compreendermos as dinâmicas sociopolíticas dos sujeitos sem-parte e sua disputa por voz e visibilidade no tecido social. O afeto tem um caráter "energizante" na vida pública e privada (PAPACHARISSI, 2015), presente no processo de formação, mobilização e desmobilização dos públicos. Discuti previamente, segundo John Dewey e Louis Quéré, que o afetar (verbo) é fundamental na experiência dos sujeitos e na formação dos públicos. Zizi Papacharissi situa tanto afeto quanto públicos em sua definição de *públicos afetivos*, aqueles chamados a ser públicos pelas *affordances* discursivas de plataformas como o Twitter. Estes, por sua vez, vinculam-se a uma rede de públicos que é "sustentada por mídias digitais, mas também por modalidades de intensidade afetiva" (PAPACHARISSI, 2015, p. 118, tradução nossa).[26] Há certa predominância da ideia de que afeto e ação estão interligados, o que ressalta seu caráter pragmático. A capacidade de afetar e ser afetado é essencial para a formação de um público numa perspectiva praxiológica da comunicação e da mídia. A formação dos públicos e suas ações no mundo

---

[25] No original: "*...we shouldn't assume emotional publics are a particular kind of public; emotional publics are not only publics that display emotions in ways that we recognise as emotional. So, for instance, it is not that publics become emotional when politicians cry or 'express their feelings'. Publics organised around the values of thought or reason, or indeed of 'hardness' or detachment, also involve emotional orientations towards objects and others*".

[26] No original: "*...sustained by online media but also by modalities of affective intensity*".

são manifestações desta natureza energizante do afeto. Os públicos não apenas nascem de experiências embebidas em diferentes modos de afeto, mas são também capazes de afetar e gerar mudança através de processos colaborativos, com distintos graus de estruturação baseados na circulação de discursos capazes de conectar os sujeitos (WARNER, 2002) através de diferentes práticas afetivas que têm também um caráter econômico em sua circulação e uma intrínseca conexão com contextos e poder simbólico (WETHERELL, 2012; AHMED, 2014).

Deve-se tomar cuidado, contudo, com uma extensão excessiva da aplicabilidade do conceito de públicos de tal forma que este perca seu sentido, mas também devemos evitar que seja "subordinado pelo modelo dominante de públicos políticos" (DAYAN, 2005, p. 44, tradução nossa[27]), e que aspectos identitários, textuais e culturais se percam (LIVINGSTONE, 2005a; 2005b). Certamente, o conceito está predominantemente ligado a manifestações coletivas e performáticas de caráter político desses sujeitos conectados por experiências pessoais e coletivas, por aspectos afetivos e emocionais que formam conexões várias com outros públicos e instituições (HENRIQUES, 2017), constituindo complexas cenas de dissenso nas esferas públicas. Contudo, é fundamental que, como pesquisadores aplicando o conceito, sejamos capazes de expandir o horizonte do fazer político dos públicos para além da política institucional e formal, para uma política do cotidiano.

Referências

AHMED, Sara. *The Cultural Politics of Emotion*. 2. ed. Edinburgh: Edinburgh University Press, 2014.

ALMEIDA, Roberto. *A performance dos públicos e a constituição social de valores: o caso de Alberto Cowboy*. 176f. 2009. Dissertação (Mestrado em Comunicação Social) – Programa de Pós-Graduação em Comunicação Social, Faculdade de Filosofia e Ciências Humanas, Universidade Federal de Minas Gerais, Belo Horizonte, 2009.

AMARAL, Adriana.; SOUZA, Rosana V.; MONTEIRO, Camila. "De *Westeros* no #vemprarua à *shippagem* do beijo *gay* na TV brasileira". Ativismo

---

[27] No original: "*...subsumed by the dominant model of political publics*".

de fãs: conceitos, resistências e práticas na cultura digital. *Galáxia*, São Paulo, on-line, n. 29, p. 141-154, 2015.

AMARAL, Adriana; CARLOS, Giovana S. Os estudos de fãs no Brasil na área da comunicação a partir da *Compós* e da *Intercom* no contexto da cibercultura (2000-2014). In: FLICHY, Patrice; FERREIRA, Jairo; AMARAL, Adriana. (Orgs.). *Redes digitais: um mundo para os amadores*. 1. ed. Santa Maria: FACOS-UFSM, 2016. p. 49-76.

BRAGA, Clara. *Mobilização social, acontecimentos e opinião pública: o posicionamento estratégico do Comitê Popular dos Atingidos pela Copa em Belo Horizonte (Copac-BH)*. 129 f. 2015. Dissertação (Mestrado em Comunicação Social) – Programa de Pós-Graduação em Comunicação Social, Faculdade de Filosofia e Ciências Humanas, Universidade Federal de Minas Gerais, Belo Horizonte, 2015.

BROUGH, Melissa M.; SHRESTOVA, Sangita. Fandom Meets Activism: Rethinking Civic and Political Participation. *Transformative Works and Cultures*. v. 10, [s.p.], 2012. Disponível em: <http://journal.transformativeworks.org/index.php/twc/article/view/303>. Acesso em: 5 jul. 2013.

BUTLER, Judith. *Undoing gender*. Nova York: Routledge, 2004.

CARLOS, Giovana S. *O(s) fã(s) da cultura pop japonesa e a prática de scanlation no Brasil*. 198 f. 2011. Dissertação (Mestrado em Comunicação e Linguagens) – Programa de Pós-Graduação em Comunicação e Linguagens, Universidade Tuiuti do Paraná, Curitiba, 2011.

CLOUGH, Patricia. Introduction. In: CLOUGH, Patricia; HALLEY, Jean. *The Affective Turn*. 1. ed. Durham: Duke University Press, 2007. p. 1-33.

CONNELL, Raewyn W. *Gender and Power: Society, the Person and Sexual Politics*. 1. ed. Cambridge: Polity, 1987.

COULDRY, Nick. *Why Voice Matters: Culture and Politics After Neoliberalism*. 1. ed. Londres: SAGE Publications, 2010.

DAHLGREN, Peter. Reconfiguring civic culture in the new media milieu. In: CORNER, John; PELS, Dick (Org.). *Media and the restyling of politics: consumerism, celebrity and cynicism*. Londres: SAGE, 2003. p. 151-170.

DAMASIO, Antonio R. *Looking for Spinoza*. Londres: Vintage, 2003.

DAYAN, Daniel. Mothers, Midwives and Abortionists: Genealogy, Obstetrics, Audiences and Publics. In: LIVINGSTONE, Sonia (Org.). *Audiences and Publics*. Bristol: Intellect, 2005. p. 43-76

DEWEY, John. *Art as Experience*. Nova York: Penguin Books, 2005.

DEWEY, John. *The Public and its Problems*. University Park: Pennsylvania State University Press, 2012.

ESCOSTEGUY, Ana Carolina. Cultural Studies: a Latin American Narrative. *Media, Culture & Society*, v. 23, n. 6, p. 861-873, 2001.

GOULART, Lucas; HENNIGEN, Ines; NARDI, Henrique. "We're Gay, We Play We're Here to Stay": notas sobre uma parada de orgulho LGBTQ no jogo *World of Warcraft*. *Contemporânea – Comunicação e Cultura*, v. 13, n. 2, p. 401-416, 2015.

GREGG, Melissa; SEIGWORTH, Gregory J. *The Affect Theory Reader*. 1. ed. Durham: Duke University Press, 2010.

HALL, Stuart. Encoding, Decoding. In: DURING, Simon (Org.). *The Cultural Studies Reader*. 1. ed. Londres: Routledge, 1991. p. 90-103.

HENRIQUES, Márcio Simeone *Comunicação e estratégias de mobilização social*. Belo Horizonte: Autêntica. 2004.

HENRIQUES, Márcio Simeone. A comunicação e a condição pública dos processos de mobilização social. *Revista Ação Midiática*, v. 2, n. 1, p. 1-12, 2012.

HENRIQUES, Márcio Simeone. As organizações e a vida incerta dos públicos. In: MARQUES, Ângela C. S.; OLIVEIRA, Ivone; LIMA, Fábia (Orgs.). *Comunicação organizacional: vertentes conceituais e metodológicas – v. 2*. Belo Horizonte: PPGCOM-UFMG, 2017. p. 119-130.

HENRIQUES, Márcio Simeone; LIMA, Leandro. Os públicos fazem o espetáculo: protagonismo nas práticas de financiamento coletivo através da internet. *Conexão: Comunicação e Cultura*. v. 13, n. 25, p. 55-75, 2014.

HENRIQUES, Márcio Simeone; SILVA, Daniel Reis. Os públicos e sua abordagem comunicacional: bases conceituais. In: HENRIQUES, Márcio Simeone; SILVA, Daniele Reis (Orgs.). *Públicos em movimento: comunicação, colaboração e influência na formação de públicos*. Belo Horizonte: Autêntica, 2022. p. 25-48.

HINCK, Ashley. *Politics for the Love of Fandom: Fan-Based Citizenship in a Digital World*. Baton Rouge: Louisiana State University Press, 2019.

hooks, bell. *We Real Cool: Black Men and Masculinity*. 1. ed. Nova York: Routledge. 2004.

INEZ, Ana Cláudia de S. *"Ei Lacerda! Seu governo é uma #%$&*?@"*: *repertórios de ação coletiva e performance na dinâmica de afirmação pública do Movimento Fora Lacerda*. 165 f. 2014. Dissertação (Mestrado em Comunicação Social) – Programa de Pós-Graduação em Comunicação Social, Faculdade de Filosofia e Ciências Humanas, Universidade Federal de Minas Gerais, Belo Horizonte, 2014.

JACQUES, Edu. Práticas re-criativas: um estudo sobre fãs de Harry Potter e as TICs. In: FLICHY, Patrice; FERREIRA, Jairo; AMARAL, Adriana (Orgs.). *Redes digitais: um mundo para os amadores*. 1. ed. Santa Maria: FACOS-UFSM, 2016. p. 147-164.

JENKINS, Henry. Superpowered Fans: the Many Worlds of San Diego's Comic-Con. *Boom*, v. 2, n. 2, p. 22-36, 2012.

JENKINS, Henry *et al. By Any Media Necessary*. 1. ed. Nova York: New York University Press, 2016.

KATZ, Elihu. The Two-Step Flow of Communication: an Up-To-Date Report on an Hypothesis. *Public Opinion Quarterly*, v. 21, n. 1, Anniversary Issue Devoted to Twenty Years of Public Opinion Research, p. 61, 1957.

KATZ, Elihu; BLUMLER, Jay G.; GUREVITCH, Michael. Uses and Gratifications Research. *Public Opinion Quarterly*, v. 37, n. 4, p. 509-523, 1973-1974.

KLIGLER-VILENCHIK, Neta. "Decreasing World Suck": Harnessing Popular Culture for Fan Activism. In: JENKINS, Henry *et al.* (Orgs.). *By Any Media Necessary*. 1. ed. Nova York: New York University Press, 2016. p. 102-148.

LE BON, Gustave. *Psicologia das multidões*. São Paulo: WMF Martins Fontes, 2019.

LIMA, Leandro. *Produzir, consumir, colaborar: experiências singulares na prática de* crowdfunding. 192 f. 2014. Dissertação (Mestrado em Comunicação Social) – Programa de Pós-Graduação em Comunicação Social, Faculdade de Filosofia e Ciências Humanas, Universidade Federal de Minas Gerais, Belo Horizonte, 2014.

LIMA, Leandro. Configurative Dynamics of Gender in Bioware's Marketing for the Mass Effect Franchise. *Kinephanos*. v. 7, n. 1, p. 165-197, 2017.

LIMA, Leandro. *Gaming politics: gender and sexuality on Earth and beyond*. 403 f. 2019. Tese (Doutorado em Media and Game Studies) – Department of Culture, Media, and Creative Industries, Faculty of Arts and Humanities, King's College London, Londres, 2019.

LIVINGSTONE, Sonia. Introduction. In: LIVINGSTONE, Sonia (Org). *Audiences and Publics*. Bristol: Intellect, 2005a. p. 9-16.

LIVINGSTONE, Sonia. On the Relation Between Audiences and Publics. In: LIVINGSTONE, Sonia (Org.). *Audiences and Publics*. Bristol: Intellect, 2005b. p. 17-42.

LIVINGSTONE, Sonia. The Participation Paradigm in Audience Research. *The Communication Review*, v. 16, n. 1-2, p. 21-30, 2013.

MARQUES, Ângela C. S. Comunicação, estética e política: a partilha do sensível promovida pelo dissenso, pela resistência e pela comunidade. *Revista Galáxia*, n. 22, p. 25-39, 2011.

MASSUMI, Brian. *Parables for the Virtual*. Durham: Duke University Press, 2002.

MATURANA, Humberto. *Emoções e linguagem na educação e na política*. Belo Horizonte: Editora UFMG, 2009.

MEAD, George H. *Mind, Self & Society from the Standpoint of a Social Behaviorist*. Chicago: University of Chicago Press, 1934.

MELLO, Igor. Uma polícia seletiva. *UOL Notícias*, 2020. Disponível em <https://bit.ly/3yJ6cEh> Acesso em: 31 jul. 2020.

MELUCCI, Alberto. *Challenging Codes: Collective Action in the Information Age*. Nova York: Cambridge University Press, 1996.

PAPACHARISSI, Zizi. *Affective Publics: Sentiment, Technology, and Politics*. 1. ed. Oxford: Oxford University Press, 2015.

QUÉRÉ, Louis. Le public comme forme et comme modalité d'expérience. In: CEFAÏ, Daniel; PASQUIER, Dominique (Orgs.). *Le sens du public: publics politiques, publics médiatiques*. Paris: Press Universitaire de France, 2003. p. 113-133.

QUÉRÉ, Louis. A dupla vida do acontecimento: por um realismo pragmatista. In: FRANÇA, Vera R. V.; OLIVEIRA, Luciana de (Orgs.). *Acontecimento: reverberações*. 1. ed. Belo Horizonte: Autêntica, 2012. p. 21-38.

RANCIÈRE, Jacques. The Thinking of Dissensus: Politics and Aesthetics. In: BOWMAN, Paul; STAMP, Richard (Orgs.). *Reading Rancière*. Londres: Continuum, 2011. p. 1-17.

RANCIÈRE, J. Nas margens do político. Lisboa: KKYM, 2014.

RANCIÈRE, Jacques; CORCORAN, Sean. *Dissensus: on Politics and Aesthetics*. Londres: Continuum, 2010.

SANDVOSS, Cornel. Toward an Understanding of Political Enthusiasm as Media Fandom: Blogging, Fan Productivity and Affect in American Politics. *Participations: Journal of Audience & Reception Studies*, v. 10, n. 1, p. 252-296, 2013.

SILVA, Daniel Reis. *Astroturfing: lógicas e dinâmicas de manifestações de públicos simulados*. Belo Horizonte: PPGCOM/UFMG, 2015.

SILVA, Daniel R.; LIMA, Leandro. A influência da opinião pública no desenvolvimento do projeto de *crowdfunding Veronica Mars*: uma apropriação controversa. *Revista Eptic Online*, v. 16, n. 2, p.127-142, 2014.

TARDE, Gabriel. *A opinião e as massas*. São Paulo: Martins Fontes, 2005.

TUAN, Yi-Fu. *Espaço e lugar: a perspectiva da experiência*. São Paulo: Difel, 1983.

WARNER, Michael. Publics and Counterpublics. *Public Culture*, v. 14, n. 1, p. 49-90, 2002.

WETHERELL, Margareth. *Affect and Emotion: a New Social Science Understanding*. Londres: Sage. 2012.

PARTE II

Os públicos em público: condições e elementos de publicidade

CAPÍTULO III

Condições de publicidade e a construção do caráter público

Jessica Antunes Caldeira

Gente, a minha esposa lutou por isso
[obra do Orçamento Participativo] até morrer.
Hoje vai fazer 10 meses que ela faleceu. Ela lutou tanto para fazer esse
pedido e eu estou aqui para defender o pedido dela... até eu morrer
também. Vou morrer pedindo esse negócio.
Líder comunitário de Venda Nova, reunião da
Comforça de fevereiro de 2016.

Este texto nasceu da experiência de testemunhar a luta apaixonada de lideranças comunitárias pelo bem comum em Venda Nova, região periférica de Belo Horizonte (BH). A oportunidade de presenciar a persistência de um público mobilizado por tanto tempo, ultrapassando até os limites mais extremos como a morte para defender nos fóruns da Comforça as melhorias para a comunidade de maneira altruísta ressuscitou em mim a crença no potencial da influência dos públicos para transformar realidades desiguais por meio de processos de mobilização social (HENRIQUES, 2004). Foi então que escolhi adotar esta arena como objeto de estudo de minha pesquisa de mestrado.[1]

---

[1] Intitulada *Condições de publicidade em processos de* accountability: *uma análise a partir da Comforça de Venda Nova*, a dissertação foi apresentada ao Programa de Pós-Graduação em Comunicação da Universidade Federal de Minas Gerais (UFMG) por mim em

Na ocasião desta declaração de abertura, ocorria apenas mais uma reunião ordinária da Comforça da regional de Venda Nova. A Comforça (Comissão de Acompanhamento e Fiscalização da Execução do Orçamento Participativo) de Venda Nova, BH, é o nome dado às comissões criadas pela prefeitura de Belo Horizonte na década de 1990 para promover a *accountability* ou prestação de contas do andamento do Orçamento Participativo (OP) na capital mineira. Isto ocorre principalmente por meio dos fóruns mensais, encontros promovidos por representantes da administração pública de BH em cada uma das nove regionais[2] da cidade. Nessas reuniões, os delegados eleitos para compor a comissão e outros cidadãos interessados se reúnem para discutir o andamento (ou não) das obras eleitas pelo programa.

O autor do emocionante proferimento, que provocou respeitosos aplausos de todos os participantes, foi um homem simples, idoso, recém-viúvo que começou a participar do fórum mensalmente para honrar a memória da esposa. Ela falecera exercendo o papel de delegada,[3] após ter dedicado boa parte da vida em busca de bem-estar e dignidade para sua comunidade. E, assim como ela, vários delegados da Comforça de Venda Nova participavam assiduamente do fórum há mais de uma década.

Algo que me saltou aos olhos na Comforça de Venda Nova foi o debate qualificado em torno de questões de infraestrutura que teriam impacto direto na vida dos moradores da cidade. Se lá, e provavelmente nas outras oito regionais de BH, estavam sendo discutidos temas de interesse coletivo tão pertinentes, o que explicaria o fato de essa arena não figurar na agenda midiática? A despeito de ter um público mobilizado por tanto tempo, pareceu contraditória a invisibilidade do fórum em BH. Daí emergiu a hipótese de que essa instância participativa

---

2017, sob a orientação de Márcio Simeone Henriques, como requisito para a obtenção do título de mestra em Comunicação.

[2] As nove regionais administrativas de Belo Horizonte são: Barreiro, Centro-Sul, Leste, Nordeste, Noroeste, Norte, Oeste, Pampulha e Venda Nova.

[3] Basicamente, o papel dos delegados da Comforça é fazer o acompanhamento dos avanços na implantação da obra aprovada no Orçamento Participativo (OP) a ser realizada no próprio bairro.

não teria o mínimo de publicidade suficiente para promover uma mobilização social efetiva.[4]

Então, realizei uma pesquisa exploratória para entender que tipo de publicidade estava sendo conferida à Comforça de Venda Nova e às questões ali discutidas, por meio da mídia, diante da opinião pública. Busquei notícias, textos, materiais de comunicação e outras pistas nos ambientes on-line e off-line. Como já esperado, constatei uma quase total ausência do fórum e de suas questões na agenda midiática.

Parecia claro que não havia esforço de publicidade da Comforça e de suas questões nem por organizações da mídia, nem pelo poder público. Porém, o que a publicidade tem a ver com a comunicação para a mobilização social? Que outras dinâmicas mais miúdas e que escapam à rede de comunicação midiática contribuíam para publicizar este fórum e suas questões nas redes de relações de base comunitária? Se a Comforça de Venda Nova não tinha publicidade suficiente, como o fórum mantinha um público mobilizado por mais de uma década? Foi a partir destes dilemas que o conceito de publicidade começou a ser tensionado no contexto de mobilização social dos públicos em torno dessa instância participativa de *accountability* liderada por uma organização governamental.

Uma das razões para abordar a Comforça de Venda Nova como objeto de estudo foi por esta se mostrar uma experiência de mobilização de públicos no relacionamento com organizações governamentais potencialmente representativa do que ocorre nos rincões do Brasil. A partir da redemocratização brasileira, a noção de cidadania foi redefinida, incorporando o sentido de um governo mais igualitário, cujos membros fossem portadores de direitos, inclusive de participar efetivamente na gestão pública (DAGNINO, 2002). A participação popular formal assumiu múltiplas formas, como conselhos de políticas públicas, conferências, comissões, consultas públicas, fóruns, audiências públicas, entre outras, asseguradas aos cidadãos pela Constituição Federal de 1988. Estas instâncias participativas institucionalizadas passaram

---

[4] A efetividade de um fórum como a Comforça, voltada para a prestação de contas do OP, tem a ver não só com os resultados do programa – a implantação das obras –, mas também com o volume, a assiduidade e o tipo de atuação do público mobilizado.

a viabilizar o relacionamento dos públicos com os governos em diferentes momentos, seja nas etapas de elaboração, de implantação ou de avaliação de programas e políticas públicas.

Sabemos que os processos que se desenrolam nessas instâncias participativas complementares às práticas políticas formais são essenciais para resguardar o interesse público nas várias etapas de programas e políticas públicas conduzidas pelo governo. Todavia, se a contribuição dessas arenas é menosprezada pelos critérios da rede de comunicação midiática (WEBER, 2007), é importante refletir sobre outros aspectos que compõem a sua dimensão pública em uma escala menor no contexto da mobilização social (HENRIQUES, 2004).

O processo de *accountability* do OP para a população de BH poderia ocorrer a partir de outras formas de comunicação pública, por exemplo, via site ou uma publicação impressa anual. No entanto, por meio das Comforças, a prefeitura optou por implantar: (a) fóruns mensais abertos ao público; (b) que proporcionam uma mobilização de longo prazo e um relacionamento perene com a organização pública; (c) com foco nas lideranças comunitárias representantes das comunidades das regionais; (d) e que não atraem atenção da mídia. Tudo isso levou ao exame sobre a comunicação pública que se dava em torno da Comforça de Venda Nova. Afinal, ser uma arena ativa na periferia da cidade e com um caráter público suficiente para sustentar uma mobilização social de longo prazo se mostrava como um indício de que a publicidade dependia mais da dinâmica de vinculação dos públicos com a arena e suas questões do que da visibilidade midiática em si.

Na próxima seção deste artigo, discutimos a comunicação pública, a *accountability* e a publicidade, conceitos-chave que embasam nosso raciocínio. Em seguida, propomos contornos mais claros para as condições de publicidade – esta noção tão cara ao nosso grupo de pesquisa, o Mobiliza, ressaltando-a como produto de uma série de variáveis que agem em conjunto para conferir a determinado objeto um caráter público. A inovação que trazemos para aprofundar a compreensão deste termo é a proposição de três fatores que emergiram ao investigar o caso da Comforça de Venda Nova: acessibilidade, disponibilidade e generalidade (CALDEIRA, 2017). Na seção seguinte, trazemos o percurso metodológico adotado. Na sequência, à luz dessa experiência de participação popular da periferia belo-horizontina, trazemos uma análise organizada em dois eixos: as especificidades do público e como os três fatores atuam na construção do caráter público. Diferentemente da maioria dos trabalhos do campo da comunicação, esta proposta desloca a centralidade comumente atribuída às organizações ou à mídia para os públicos. Nessa linha, nossa abordagem da publicidade ressalta as nuances de processos comunicativos de base comunitária e de escala menor. Por fim, na seção final tecemos considerações sobre os achados e aprendizados deste percurso, com destaque para as múltiplas possibilidades de intervenção sobre as condições de publicidade e a importância das relações dos públicos no complexo e contínuo processo de reconstrução do caráter público dos objetos.

Comunicação pública, *accountability* e publicidade

Longe dos holofotes da mídia, grupos de cidadãos interessados em reivindicar direitos se reúnem, periodicamente, com o poder público em arenas de diferentes naturezas, não só em BH, mas no Brasil inteiro. Nesses canais, entre os quais se destaca a Comforça de Venda Nova, diversas questões de interesse público são levantadas e passam a circular na rede de comunicação pública apontada por Weber (2007), produzindo implicações diversas como a realização de demandas ao poder público por meio de seus canais de relacionamento, conversações políticas e debates em diversas esferas.

Weber (2007) entende a comunicação pública como aquela constituída em torno de temas de interesse público e organizada em forma de redes que permitem debater e repercutir esses temas, sem controle direto. O conceito não pode ser delimitado a partir de legislação ou estrutura, mas se configura numa matriz de circulação de temas essenciais à sociedade, ao Estado e à política a partir de sistemas de comunicação constituídos como redes. Entre as diversas redes de comunicação encontradas na democracia, destacam-se a social, a religiosa, a científica, a mercadológica, a política, entre outras (WEBER, 2007). Assim, a autora reforça essa ideia de que a mídia é apenas um dos sistemas que compõem a comunicação pública e que não necessariamente é o principal deles.

A Comforça de Venda Nova concretiza um fenômeno político indiscutivelmente dependente de um caráter público para ser efetivo: a *accountability* das contas governamentais. *Accountability* ainda é um termo sem tradução precisa para o português. Geralmente é usado como sinônimo de diferentes processos como responsabilização, responsividade, obrigação, dever, transparência, controle, prestação de contas (MULGAN, 2000). Além disso, a *accountability* é um processo multidimensional e que pode assumir diferentes facetas.

Para compreender as lógicas que a publicidade assume em processos de *accountability*, é importante pensá-la como parte do quadro mais amplo de comunicação pública no qual ela está inserida. Para Esteves (2011), por comunicação pública é considerada toda comunicação voltada para a opinião pública que se dá no espaço público. A concepção do autor é abrangente porque, para além da comunicação governamental ou política – restritas a interações que envolvem o poder público –, traz uma abordagem teórica que estrutura a comunicação de toda a sociedade. Essa perspectiva sociológica é interessante quando se pretende estudar as possibilidades de atuação dos públicos, porque desloca a centralidade do olhar das organizações públicas e da mídia para enxergar atores e suas respectivas práticas comunicativas que estão à margem dos mecanismos hegemônicos de comunicação. Assim, abre-se espaço para compreender o papel de formas de sociabilidade mais miúdas praticadas pelos públicos e que normalmente são ignoradas quando se aborda a publicidade no contexto do poder público.

No Brasil, o princípio da publicidade está alicerçado na finalidade do bem público e prevê a obrigatoriedade de o governo dar publicidade aos atos, contratos ou instrumentos jurídicos para que todos tenham, pelo menos em potencial, conhecimento do que é feito pelos representantes políticos em nome dos seus representados. Filgueiras (2011), na busca por um conceito normativo para a *accountability*, afirma que a transparência não se confunde com a publicidade porque ser transparente se refere simplesmente à disponibilização de informações e processos ligados às políticas públicas, isto é, a dar ou não visibilidade a determinados temas. Por sua vez, a publicidade geralmente demanda a transparência, mas vai além, por ser um princípio que exige que os processos representativos da democracia sejam organizados em condições equitativas, considerando igualmente os interesses dos diferentes cidadãos.[5]

Esta perspectiva de publicidade está ligada à criação de um caráter público, mediante certas condições, com o objetivo de promover o entendimento e a mobilização da sociedade com os temas de interesse público. Isto se diferencia enormemente da ideia de propaganda que promove a persuasão a favor de interesses particulares de agentes, partidos ou grupos do governo. Porém, percebemos que tratar da publicidade com um conceito absoluto e dual – classificável como baixa ou alta, dirigida ou massiva – muitas vezes não dá conta da complexidade que a noção assume na comunicação pública para a mobilização social em processos de *accountability*. Por isso, acreditamos que abordar as condições de publicidade em vez da publicidade em si expande o olhar, considerando esta noção como guarda-chuva de um conjunto de variáveis que atuam de maneira complexa em cada contexto.

Definindo as condições de publicidade e os fatores que a conformam

A expressão "condições de publicidade" tem sido recorrente nos trabalhos realizados no grupo de pesquisa Mobiliza. A expressão tem sido utilizada para tratar de situações de visibilidade que perpassam determinados fenômenos políticos, marcando-os com um caráter público. Normalmente está implícita a ideia de que operar em condições de publicidade é determinante para os diversos processos que envolvem a mobilização social de públicos ou a opinião pública. Diferentes argumentos dão suporte a esta ideia nos estudos gerados pelo grupo de pesquisa. As condições de publicidade têm sido apontadas como essenciais para construir um sentido público e envolver a sociedade em determinadas causas, ações públicas ou processos (BRAGA, 2015;

---

[5] Observadas a pluralidade de interesse e as diferenças de condição social.

Inez, 2016, Pimenta, 2015). Soma-se a isso o papel determinante das condições de publicidade em ações públicas que demandam a mobilização dos cidadãos, como a supervisão civil e a *accountability* de organizações (Henriques; Caldeira, 2016).

Diante desse panorama, surge o desafio de propor contornos mais definidos para a ideia de condições de publicidade, com interesse especial em evidenciar dois aspectos. O primeiro é compreender a dinâmica dessas condições, a fim de identificar sua lógica de funcionamento, variáveis que interferem na construção do caráter público e a importância de cada uma delas. O segundo é problematizar as influências dos públicos nas condições de publicidade, com destaque para as possibilidades e os limites enfrentados na construção do caráter público. Para tanto, uma etapa essencial foi revisitar a literatura para apreender o que já era conhecido sobre as condições de publicidade numa perspectiva da comunicação pública. Em seguida, a tarefa foi promover uma análise das condições de publicidade a partir do objeto empírico estudado e sistematizar algumas constatações.

Do ponto de vista da comunicação organizacional, as condições de publicidade podem ser associadas à face pública que determinada organização ganha perante a sociedade. Alguns autores empregam a expressão *publicness* do modo que mais se aproxima dessa ideia. Bozeman e Bretschneider (1994), por exemplo, assumem um conceito multidimensional de *publicness* que permite desenvolver indicadores do nível do que estamos considerando condições de publicidade das organizações. Para eles, é possível admitir a existência de organizações privadas que são mais públicas que as governamentais, e vice-versa. Esse raciocínio se mostrou válido para ser estendido a outros objetos como eventos, públicos, atores e até mesmo a uma instância participativa como a Comforça de Venda Nova.

Para Moulton (2009), o fato de a *publicness* afetar o comportamento organizacional tem a ver com o contexto social mais amplo do qual todas as organizações dependem. Isto remete à importância da dimensão situacional para compreender as "condições de publicidade". Como a própria expressão ressalta o viés condicional, os fatores que compõem as condições de publicidade estão delimitados por um conjunto de circunstâncias inscritas num contexto temporalmente situado.

Consequentemente, uma análise das condições de publicidade fornecerá uma espécie de retrato de como elas se configuram num dado momento.

Os mecanismos de comunicação utilizados para dar condições de publicidade ou conferir existência pública a um objeto podem variar em diversos aspectos. Eles podem ser menos ou mais formais, mediados, regulares, planejados, dirigidos. No caso do campo organizacional, essa busca por visibilidade no espaço público envolve organizações com características e nichos de atuação diversos, compostos por atores e públicos reunidos por propósitos distintos e que recorrem a uma variedade de processos comunicativos de modo menos ou mais estratégico. E é neste cenário amplo da comunicação pública, composta por um emaranhado de práticas comunicativas que se cruzam entre os vários sistemas de comunicação, formando redes provisórias por onde circulam temas de interesse público, que podemos compreender a dinâmica das condições de publicidade de um objeto em determinado momento.

Esta clareza é essencial para o trabalho de relações públicas, porque a noção de condições de publicidade abre o leque para mostrar que há muito mais elementos do que se pode supor à primeira vista. Por exemplo, há requisitos legais de publicidade governamental que se resumem em dar visibilidade aos objetos em apenas uma dimensão, como se endereçar um aspecto das condições de publicidade fosse suficiente para alcançar os públicos e promover a mobilização em torno de uma causa de interesse da coletividade. Na atuação de relações públicas, é necessário estar atento a todas as nuances das condições de publicidade, tendo como norte um desenho universal[6] de publicidade que atende às diversas necessidades de comunicação dos públicos e que também alcança grupos historicamente excluídos.

Mas, afinal, se as condições de publicidade se configuram a partir de uma série de variáveis que atuam em conjunto num contexto para conferir um caráter público a um objeto, quais são elas? Consideramos que as condições de publicidade podem ser compreendidas em função de três fatores, como disposto na Figura 1.

---

[6] Disponível em: <https://www.escoladegente.org.br/terminologia/D>. Acesso em: 26 nov. 2020.

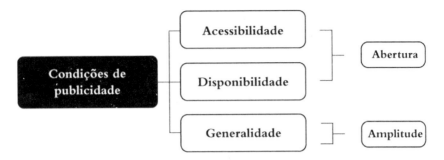

Figura 1: Fatores das condições de publicidade. Fonte: Elaborada pela autora.

O primeiro fator que constitui as condições de publicidade é a acessibilidade, que diz do acesso dos públicos às atividades, aos processos e aos locais relativos ao objeto. Ela está no grupo de fatores que têm a ver com a abertura para que os públicos possam produzir ou obter informações sobre o objeto. Dessa forma, é essencial para a produção de dados primários, pois, para publicizar um determinado objeto – seja ele um questionamento, um ator, uma organização, um evento, um público ou outro –, é necessário que todos tenham potencialmente condições para conhecer o que foi realizado, de que forma, quando e em que circunstâncias.

Em outras palavras, quando se trata do fator acessibilidade, a questão é entender em que medida a forma de chegar a um dado objeto – no caso estudado, a instância participativa Comforça de Venda Nova – é acessível aos públicos. O caminho para se chegar ao objeto é menos ou mais fácil para ser encontrado pelos públicos? Variando de acordo com as vias de acesso dos públicos, na escala de acessibilidade, o menor grau é o inacessível enquanto o maior é o acessível para qualquer um.

Já o segundo fator crucial ao tratar das condições de publicidade é a disponibilidade. Ele também está relacionado à abertura, mas se volta para a forma como as informações previamente produzidas a respeito do objeto estão disponíveis para o uso público. Diferentemente do fator anterior, o que aqui está em jogo é conseguir dispor de dados secundários, isto é, que compõem um acervo de informações que já existem sobre o objeto. Assim, a disponibilidade trata do conteúdo disponível para que qualquer indivíduo ou grupo interessado possa utilizá-lo. Neste fator, é importante considerar a forma como as informações são disponibilizadas. Além disso, o aspecto qualitativo do tipo de informações disponíveis também é relevante para a sua publicização. Ao contrário de dados superficiais, a informação qualificada (HENRIQUES, 2004) tem potencial para contribuir para a mudança de valores a respeito de uma questão voltada para o interesse coletivo e a vinculação de públicos.

A forma de disponibilizar a informação é menos ou mais adequada para ser consumida pelos públicos? O fator disponibilidade vai variar de acordo com o formato da comunicação da informação ou do objeto, seu volume, sua frequência, seu *timing*, a linguagem utilizada. Numa escala, a disponibilidade máxima é atingida quando as informações estão ao alcance de qualquer um, enquanto a mínima ocorre quando as informações estão indisponíveis.

Por sua vez, o terceiro fator é a generalidade, que trata da construção discursiva em torno do objeto. Para que uma questão seja vista como pública, ela deve fazer remissões mais amplas a uma generalidade que afeta a mais pessoas (SILVA, 2013), implicando discursivamente os públicos da forma mais abrangente possível. Este movimento de alçar um problema entendido como questão particular para um patamar de reconhecimento como um problema geral, também conhecido como coletivização (HENRIQUES, 2004), é fundamental para conferir a uma causa um caráter público. Do ponto de vista da linguagem, isto incide na constituição de apelos que superem a particularidade para alcançar o maior nível possível de generalidade. O mesmo raciocínio aplicado a uma causa também vale para outros tipos de objetos.

O fator generalidade está relacionado com a amplitude, isto é, com a capacidade discursiva de implicação de sujeitos e públicos em uma questão. Quanto menor a referência à particularidade e maior a alusão à generalidade, maior a possibilidade de envolver mais sujeitos. Aqui, importa entender em que medida o discurso é abrangente e se o é o suficiente para alcançar os públicos. A construção discursiva apela aos públicos de modo que eles se sintam identificados ou concernidos no que está sendo dito? Tal fator varia conforme especificidades da construção discursiva que são menos ou mais passíveis de serem reconhecidas como próprias pelos públicos.

Em suma, considera-se que a compreensão das condições de publicidade deve considerar os três fatores propostos – a acessibilidade, a disponibilidade e a generalidade – independentemente da natureza do objeto estudado. Apesar de terem sido descritos separadamente, vale enfatizar que os três fatores estão imbricados e interferem uns nos outros. Desse modo, as alterações que ocorrem em um dos fatores vão trazer implicações para os demais. Isto fica mais evidente ao proceder à análise de alguns aspectos que se sobrepõem a mais de um fator.

Um percurso metodológico

Para dar conta da complexidade das indagações sobre as condições de publicidade no contexto da mobilização social em ações conduzidas por organizações governamentais, decidimos fazer um estudo de caso com a criação de um modelo de análise personalizado, tendo como objeto os fóruns e as questões debatidas na Comforça de Venda Nova. O recorte temporal para a coleta de dados foi o ano de 2016. Os procedimentos metodológicos adotados no primeiro semestre foram a observação sistemática dos fóruns e o levantamento documental sobre a instância. No segundo semestre, foram realizadas as entrevistas semiestruturadas com gestores da prefeitura de BH e cidadãos participantes do fórum (delegados ou não), além do *survey* com este último público. A partir dos dados coletados, foi desenvolvido um modelo de análise a partir de três eixos: (a) as especificidades do público que participa da arena; (b) a configuração das condições de publicidade a partir dos fatores acessibilidade, disponibilidade e generalidade;[7] e c) as dimensões de *accountability* que perpassam os fóruns. Embora a análise da pesquisa tenha trabalhado de forma mais complexa e extensa, este texto traz uma síntese dos resultados obtidos nos dois primeiros eixos, focando nas dinâmicas que ocorrem em menor escala com a participação dos públicos na conformação das condições de publicidade.

---

[7] Como preceito de ética em pesquisa, resguardamos o anonimato de todas as pessoas que têm suas falas registradas e/ou utilizadas no texto, uma vez que o foco não são avaliações pontuais dos atores que fizeram parte da pesquisa, mas uma visão agregada. A pesquisa foi realizada com aprovação do Conselho de Ética em Pesquisa da UFMG.

Público mobilizado na periferia
da cidade e da publicidade

Um dos destaques dos fóruns da Comforça e dos debates promovidos nesta arena é o foco no processo de *accountability* da implantação das obras do programa Orçamento Participativo (OP) em Belo Horizonte. Isto ocorre por meio da mobilização social de lideranças e representantes da população local de cada regional para monitorar os avanços do programa. A seguir, descreveremos como é a experiência em Venda Nova.

As Comforças são comissões eleitas a cada edição do OP. O papel dos delegados é o de representar as comunidades que fazem parte no acompanhamento da implantação dos empreendimentos votados no programa. Em relação à produção prévia dos fóruns da Comforça de Venda Nova, gestores da prefeitura de BH organizam o evento e fazem a convocação dos participantes por meio de cartas, ligações e mensagens de texto para celular. As reuniões são abertas ao público e normalmente acontecem com uma periodicidade mensal. Em termos do funcionamento, a instância participativa é organizada nos moldes de fóruns, geralmente conduzidos em uma sala na sede da regional e com duração média de duas horas. O espaço é organizado em um formato parecido com uma sala de aula tradicional, com cadeiras dispostas em fileiras voltadas todas para a parte da frente da sala, onde ocorrem as apresentações. Em termos de ritos, após a chegada – com a assinatura das listas de presença e normalmente um lanche que permite interações mais informais entre os participantes que chegam mais cedo – são dois os momentos principais. No primeiro deles, o poder público ocupa a parte frontal da sala e inicia a reunião com a prestação de contas da situação das obras, utilizando como fontes de informações sobre o OP a apresentação projetada na parede e a entrega de relatórios impressos a todos os participantes. No segundo momento, os participantes podem tanto se manifestar oralmente do lugar em que estão sentados quanto ocupar a parte frontal da sala – conforme preferirem – para questionar, esclarecer, sugerir, criticar, parabenizar, reclamar ou trazer informações sobre as comunidades das quais fazem parte. Geralmente este momento de interação e debate é fértil na produção de questões de interesse público, atrativas para a mobilização social da população de BH, sobretudo a vendanovense.

O contexto local e as características do público participante tornam a Comforça de Venda Nova um caso peculiar. À primeira vista, esta regional parece ser inexpressiva quando comparada com as outras de BH. Primeiramente, porque ela está afastada da área central – e financeiramente mais valorizada – da capital mineira. Além disso, entre as nove regionais, Venda Nova não se destaca muito, pois está em sexto lugar em termos de extensão territorial e de índice populacional e em sétimo lugar em número de bairros.[8] Apesar de recentes e pequenos avanços no investimento municipal,[9] a regional ainda se caracteriza por ser uma das grandes periferias da metrópole belo-horizontina, com grande parte dos vendanovenses sobrevivendo com uma renda baixa. Na classificação geral, Venda Nova tem a segunda menor renda média da cidade, perdendo apenas para a regional Barreiro.[10]

Contudo, por causa do histórico de lutas comunitárias (WAMPLER; AVRITZER, 2004) para a conquista de direitos básicos como infraestrutura urbana, educação e saúde, Venda Nova figura como um lócus privilegiado para pensar as condições de publicidade. E isso se reforçou quando conheci de perto os fóruns mensais da Comforça de Venda Nova, que representam uma oportunidade para os cidadãos vendanovenses reverterem esse histórico de exclusão por parte dos investimentos governamentais e conseguir melhorias para a região.

Mas, afinal, como se caracteriza o público da Comforça de Venda Nova? Na busca por traçar um perfil socioeconômico e de mobilização social, realizamos um *survey* com os participantes do último encontro da Comforça de Venda Nova de 2016[11] e conseguimos identificar algumas tendências e confirmar percepções. Para começar, confirmando o cenário de vulnerabilidade socioeconômica da regional Venda Nova, foi identificado um perfil predominantemente de baixa renda, com 62% dos participantes do fórum sem exercer atividade remunerada.

---

[8] Disponível em: <https://bit.ly/3P1PtBX>. Acesso em: 9 nov. 2020.

[9] Especialmente com a implantação de um shopping e do início da construção da nova Catedral Metropolitana de BH.

[10] Dados oficiais da prefeitura. Disponível em: <https://prefeitura.pbh.gov.br/estatisticas-e-indicadores>. Acesso em: 9 nov. 2020.

[11] Ao todo, a amostra contou com treze respondentes que aceitaram responder ao *survey*.

Complementarmente, em termos de empregabilidade, entre os 38% que possuem ocupação remunerada, foi identificado um alto índice de informalidade, com 60% em ocupação autônoma. Da mesma forma, no aspecto educacional, as informações sobre a escolaridade evidenciam um índice de analfabetismo considerável. Aproximadamente 30% dos respondentes do *survey* declarou não saber ler ou escrever.[12] Corrobora o quadro o fato de, entre os alfabetizados, apenas uma minoria, 22%, ter acesso ao ensino superior. Além disso, outro dado significativo foi sobre os meios de transporte utilizados. Entre os respondentes, 77% indicaram o transporte coletivo, enquanto a minoria, 23%, declararam utilizar transporte próprio (carro ou moto). Para completar, outro traço marcante foi a predominância de pessoas idosas presentes nos fóruns observados. Na amostra pesquisada, foi detectada a presença considerável de pessoas idosas, com 61 anos ou mais, somando mais de 50% do grupo pesquisado, seguida pela de adultos na faixa entre 31 e 60 anos, com 36%. Outro ponto que chama a atenção quando contrastado com a faixa etária predominante no público da Comforça de Venda Nova é que apenas 38% de todos os respondentes são aposentados.

Sobre o perfil de mobilização do público da Comforça de Venda Nova, uma primeira constatação foi identificar que os fóruns mensais atraem lideranças menos ou mais formais, com uma trajetória de luta comunitária para conquistar direitos básicos. Os resultados mostram que os participantes possuem uma ligação estreita com o associativismo comunitário. A maior parte do grupo pesquisado, 62%, declarou fazer parte de algum tipo de associação comunitária ou de bairro. Aliás, entre os que integram algum tipo de associação comunitária, 25% apontaram que são membros de mais de uma instância dessa natureza. Além disso, outro ponto que reforça o potencial de capilaridade que os delegados de Venda Nova têm em outros espaços participativos é o fato de uma parcela considerável entre eles também ser membra de outras instâncias institucionais dirigidas por organizações públicas. Ao todo, 31% da amostra declararam, além da Comforça de Venda Nova,

---

[12] No caso das pessoas analfabetas, o questionário foi aplicado oralmente pela pesquisadora.

também participar de pelo menos mais uma comissão, instância ou conselho municipal diferente.

Outro traço que se destaca é a intensa atuação na política formal. Muitos dos membros da comissão possuem algum tipo de vínculo formal com partidos políticos,[13] vereadores etc. A maior parte dos respondentes, quase 64%, afirmou que era ou já tinha sido filiada a algum partido político. Vale ainda ressaltar que entre estes metade declarou que já tinha se candidatado a vereador ou a algum outro cargo político, e que a maioria dos delegados que participam da Comforça de Venda Nova apresentam um perfil de participação de longo prazo. Entre os respondentes que exercem tal papel na comissão, 64% afirmam integrar a Comforça há dez anos ou mais. Importante destacar que tanto o Decreto Municipal n.º 15.662 quanto o Regimento Interno esclarecem que o trabalho dos membros da Comforça é voluntário e, portanto, não dá direito a nenhum tipo de remuneração pelo engajamento nas atividades da comissão. Os delegados apenas têm a função considerada pela prefeitura simbolicamente como "serviço público de caráter relevante".

Aliás, presenciar a persistência deste público da Comforça de Venda Nova e a potência das questões debatidas nos fóruns mensais aguçou minha curiosidade para entender a aparente invisibilidade dessa arena diante da opinião pública belo-horizontina e através dos meios de comunicação. A fim de checar a validade desta suposição e verificar mais a fundo quais são as condições de publicidade desse fórum, foi realizada uma breve pesquisa exploratória sobre a presença da Comforça de Venda Nova na mídia durante o primeiro semestre de 2016.[14] Esta investigação se deu por meio de observações sistemáticas nos fóruns mensais e do monitoramento das notícias publicadas em meios digitais da imprensa e da prefeitura de BH no período. Como resultado, foi possível concluir que pouco se tratava desta instância participativa,

---

[13] Alguns membros da Comforça inclusive já tiveram que deixar a comissão para se tornar assessores de vereadores. O próprio gestor do OP da regional no período pesquisado pediu exoneração para se candidatar a vereador nas eleições de 2016. Depois de não ser eleito, o ex-gestor assumiu outro cargo de confiança na administração municipal.

[14] O monitoramento das notícias em meio digital foi feito a partir do *clipping* disponibilizado pela prefeitura de BH e de buscas no Google com os termos "Comforça" e "Venda Nova".

bem como das questões ali discutidas, em mídias que não fossem os veículos institucionais do próprio poder público. Ou seja, em termos de mídia, a Comforça de Venda Nova era praticamente invisível em BH.

Atuação dos públicos na acessibilidade, na disponibilidade e na generalidade

No fator *acessibilidade*, está em jogo o acesso dos públicos às atividades e aos processos relacionados ao objeto. Por isso, analisamos os mecanismos de gestão e controle do acesso à Comforça de Venda Nova. Em que medida os arranjos e os critérios para acessibilidade a tal instância favoreciam a abertura ou o fechamento, interferindo na possibilidade de os públicos produzirem informações sobre o fórum e as questões ali discutidas?

Apesar de o discurso da prefeitura e os regulamentos indicarem a instância como aberta a todos, em um espaço democrático onde a gestão é compartilhada, há um direcionamento do fórum para um público específico: os membros da Comforça de Venda Nova. Segundo o entrevistado participante (EP-1), o procedimento de convocação para quem não é membro da comissão durante o período pesquisado deixava a desejar:

> Quando o prefeito vai fazer alguma fala, eles te ligam sete vezes por dia. Mas quando o prefeito não tá, você que não anote o dia e a hora da reunião... Se eles cancelarem, não estão nem aí pra avisar. Antigamente eles enviavam cartas pra mim e pro meu pai com o horário e local, com a assinatura do gerente. [...] Deveria ser como era: mandavam cartas, ligavam no caso da pessoa não saber ler. Eu fiquei um tempo sem ir por causa da minha formação, talvez seja por isso que pararam de me mandar, mas eu fiz meu cadastro de novo, coloquei meus dados, telefone, e-mail pra nada. Quer dizer, a prefeitura não faz nada em vão (Participante 1, agosto de 2016).

Por outro lado, a alta taxa de adesão à instância participativa de Venda Nova em comparação com as de outras regionais e o longo período de permanência dos membros da Comforça se mostram como pontos positivos em relação ao fator acessibilidade. Mas há também alguns aspectos negativos que podem funcionar como mecanismos de exclusão no fórum. A localização das reuniões num ponto que não é central, dificultando a mobilidade dos cidadãos que dependem do transporte coletivo, é um deles. Outra situação é a estruturação do processo de *accountability* em função da escrita, desconsiderando o índice de analfabetismo e a baixa escolaridade entre os participantes. Além disso, a postura dos delegados em desacreditar na frente de todos a fala dos participantes eventuais pode prejudicar a inserção e o engajamento a longo prazo de novos cidadãos.

Por sua vez, o fator *disponibilidade* trata do tipo de conteúdo disponível e indisponível sobre o objeto, bem como de questões determinantes à disponibilidade desses dados, tais como as fontes, os canais, os suportes e os mecanismos mais utilizados, o momento em que são disponibilizadas. Em que medida a disponibilidade das informações sobre a instância favorece suas apropriação e utilização de modo exclusivo ou inclusivo pelos públicos?

Constatou-se um volume considerável de informações sobre a Comforça de Venda Nova nos sites e no blog institucionais da prefeitura, nos materiais de comunicação distribuídos no OP e no Relatório de Empreendimento utilizado durante a *accountability* do fórum. Enquanto as notícias e os documentos na internet têm o potencial de alcançar um público mais difuso, os impressos se voltam exclusivamente para o público formado pelos participantes. Porém, não identificamos nenhum esforço da prefeitura em promover as questões do fórum em sua página oficial. No que se refere ao conteúdo, as informações se caracterizam em sua maioria como notas oficiais, com um teor institucional e pouco voltadas para a utilidade pública mais imediata.

Nos fóruns da Comforça de Venda Nova, documentos produzidos pela prefeitura, como as atas das reuniões, não chegavam a ser publicizados. Em um dos encontros, o delegado da Comissão (D2) sugere o compartilhamento das informações discutidas:

> Então, eu queria fazer primeiro uma sugestão. Se a ideia é uma cidade compartilhada, uma gestão compartilhada, um orçamento participativo, então porque que o compartilhamento das informações é só essa tabulação [Relatório de Empreendimentos] aqui, sempre praticamente a mesma coisa? Às vezes muda uma palavra ou outra, mas toda vez a gente pega a mesma coisa. E não

> compartilha as informações que realmente a gente quer. Então, se possível, a gente puder registrar uma ata [...] colocar uma pessoa para registrar uma ata ali. Para que vocês enviem por e-mail. [...] e depois imprime e entrega pras pessoas que não têm e-mail. Pra gente acompanhar também, porque a gente esquece (Delegado 2, Reunião 1, fevereiro de 2016).

Percebe-se que o delegado mencionado não só considera a indisponibilidade desse documento como contraditória ao discurso da prefeitura de BH de promover uma gestão compartilhada entre o poder público e os cidadãos como também como sendo algo prejudicial à *accountability*, já que atrapalha o acompanhamento real do avanço das questões discutidas no fórum.

Por fim, o fator generalidade tem a ver com a forma como a publicização de informações sobre o objeto implica discursivamente sujeitos e públicos. No processo de coletivização de uma questão, é necessário utilizar recursos simbólicos que apontem que ela não possui uma abrangência restrita a interesses particulares, mas abarca o interesse de toda uma generalidade de sujeitos. Em que medida as informações sobre o objeto estão constituídas de forma particularizada ou generalizada, incidindo sobre o potencial de afetação de sujeitos e a formação de públicos?

Dentre todos os materiais e notícias disponibilizados sobre o fórum, apenas aqueles distribuídos nas etapas do OP contêm apelos que remetem a públicos mais amplos. Nas falas durante as interações do fórum, percebe-se que o poder público frequentemente dá um sentido de particularidade ao tratar os empreendimentos como se fossem do interesse de apenas um delegado ou uma comunidade específica. Não obstante, há situações em que os delegados protestam com argumentos imbuídos de generalidade, demonstrando a relevância da obra para toda uma coletividade de sujeitos:

> Então você disse que iria chamar a pessoa solicitante da obra, aí eu falei que não é por aí, eu acho que já é a [Secretaria] Executiva. Essa aí a gente tem que acompanhar. Pelo seguinte, vou explicar por que: a CERSAM não é uma obra local, é uma obra regional, que tem a ver com toda a regional, não é só a pessoa que solicitou não. Até porque, de novo, a solicitação de dois milhões e meio não foi pra um delegado só. Então eu acho que na hora de discutir

isso, "Ah, como é que vai ser isso?". Então todas as [sub-regiões ou Territórios de Gestão Compartilhada] VNs que teriam que participar dessa discussão. A questão é regional! (Delegado 3, Reunião 3, junho de 2016).

Para superar a particularidade das questões levantadas nos fóruns, alguns membros da Comforça recorrem a estratégias retóricas como abordar problemas comuns enfrentados também por outros e investir as questões tratadas de um sentido comunitário.

Enfim, de modo geral, constatou-se que a instância participativa analisada opera em condições de publicidade que alcançam uma amplitude regional. No período investigado, os fóruns estavam acessíveis, em tese, a todos, mas, na prática, o acesso direto a eles era apenas para os membros da comissão. Além disso, informações sobre o fórum estavam disponíveis potencialmente para todos a partir das notícias e informações institucionais na internet e de materiais impressos do OP, porém, na prática, só alcançam de fato os participantes da Comforça de Venda Nova. E, na publicização sobre o fórum, foi identificada uma tensão entre a particularidade e a generalidade no discurso dos atores. Nas reuniões observadas, prevaleceu no discurso do poder público o tratamento particularizado das questões, como se elas fossem interesse privado dos solicitantes, enquanto os delegados utilizavam estratégias para superar a particularidade e imbuir de um sentido de generalidade suas questões.

Fazendo frente a todos os desafios, deliberados ou não, da organização pública em invisibilizar o fórum e suas questões, foi possível verificar que o público da Comforça de Venda Nova é formado por pessoas extremamente articuladas e com capilaridade. No contexto de vulnerabilidade socioeconômica da regional, esse público periférico é composto majoritariamente por lideranças comunitárias conhecedoras da realidade local e do funcionamento do OP. A maior parte possui habilidades para expor as próprias ideias verbalmente, utilizar estratégias para se relacionar com o poder público e com os colegas do fórum, sabem negociar, fazer coalizões e articular interesses. Além disso, este público está mobilizado há mais de uma década, tem forte vínculo com a política formal e conhece os próprios direitos. Tanto que, quando necessitam pressionar o Executivo municipal, recorrem a vereadores ou a outras instâncias competentes para o controle do OP.

Soma-se a isso o trânsito que esses atores possuem em outras instâncias de participação e grupos de cidadãos, que lhes dá um enorme potencial de fazer circular informações sobre o fórum e sobre o OP em outros espaços por meio de relações comunitárias.

Considerações finais

Quando o assunto é tornar públicas questões de interesse coletivo, há mais elementos em jogo na complexa rede de comunicação pública do que se pode imaginar à primeira vista. Afinal, é possível produzir diferentes arranjos entre esses fatores que compõem o caráter público de um objeto e promover diferentes condições de publicidade. Daí a importância em trazer esta abordagem para a atuação de relações públicas, entendendo que o caráter público de um objeto é formado por um conjunto de variáveis que se interferem entre si e produzem diferentes resultados em termos das condições de publicidade. Além disso, tanto os públicos quanto as organizações podem interferir na construção dessas condições de publicidade por meio de variadas intervenções.

Por exemplo, uma organização pública pode dizer que está legalmente dando publicidade pelo simples fato de publicar um anúncio no Diário Oficial da União, mas sem que os públicos interessados tenham acesso efetivo às informações que deveriam ter por direito. Ou seja, é possível manipular e simular uma pretensa publicidade ampla pelo simples fato de divulgar o objeto em um dispositivo de alcance massivo, mas que exclui boa parcela da população brasileira que não é letrada e/ou possui pouco ou precário acesso à internet. Na realidade, foi criado um caráter público restrito, trabalhando apenas o fator acessibilidade e deixando de lado outras dimensões fundamentais para garantir condições de publicidade amplas que abrangem – pelo menos virtualmente – todos os públicos interessados no tema e, consequentemente, são efetivos no processo de mobilização social.

Uma das vantagens de se deslocar a abordagem de publicidade para a lógica das condições de publicidade é a emergência de novos questionamentos. Afinal, tal objeto é público para quem? Os públicos periféricos e concernidos têm acesso a tal objeto? Como os públicos enfrentam as investidas das organizações para se esquivar de sua responsabilidade de dar dimensão pública a um objeto, sabendo que muitas das práticas de publicidade das organizações são estratégias para desmobilizar e desarticular os públicos ou para invisibilizar iniciativas?

Esta abordagem, por outro lado, também reforça que, quando tratamos de comunicação para a mobilização social, a publicidade midiática e massiva, embora possa ser importante para alcançar o objetivo de mobilizar os interessados no tema, não é suficiente para assegurar o caráter público. Afinal, o que se busca no relacionamento entre um poder público local e os cidadãos, em termos de mobilização social, é quantidade ou qualidade de participação? O quanto as organizações públicas e os cidadãos conseguem manipular os fatores para fortalecer ou enfraquecer as condições de publicidade e as possibilidades de mobilização social?

Algo que o percurso ressaltou é que as condições de publicidade não são dadas a *priori*. O caráter público de um objeto qualquer não depende apenas daquilo que a organização ou o próprio objeto faz. Para além da legislação que rege o poder público e do ideal deliberativo de publicidade estabelecidos para a *accountability* governamental, as condições de publicidade e, consequentemente, a dimensão pública de um objeto são continuamente construídas e reconstruídas de modo complexo *nas relações com os públicos*. E, embora seja possível identificar alguns fatores que constituem as condições de publicidade, a sua dinâmica não segue um modelo único, porque cada um deles varia também de acordo com o objeto em questão, com as circunstâncias e com as relações de poder implicadas.

Apesar disso, a análise permite afirmar que o público participante da instância pode dar outro estatuto ao caráter público do processo de *accountability*. Uma evidência disso é a participação assídua de dezenas de cidadãos nos fóruns de Venda Nova, diferente da realidade de esvaziamento em outras regionais. Além disso, as conexões do público da Comforça com outros públicos que também lutam pelo bem-estar dos moradores da cidade podem gerar a criação de novos canais de *accountability*, fortalecendo o sistema de controle social sobre o poder público.

Conhecer o público da Comforça de Venda Nova me trouxe, sobretudo, esperança. Experiências como a Comforça estão aí entre diversas iniciativas populares não hegemônicas para nos lembrar o quanto as periferias e os públicos vulneráveis desafiam o poder político, incomodam as grandes organizações, lutam por mais justiça e, gradativamente, alcançam transformações sociais significativas. Isso nos recorda a potência do pequeno, do simples e da perseverança. Afinal, pequenas ações consistentes, realizadas continuamente, somam-se no longo prazo e geram resultados enormes e, às vezes, inacreditáveis. Embora o público da Comforça desempenhe um trabalho sobre as condições de publicidade com uma abrangência relativamente pequena, a persistência tem escalado gradativamente o impacto sobre as realidades vendanovenses.

Para concluir, ressaltamos que as dimensões que compõem as condições de publicidade ainda não foram descobertas. Neste trabalho, identificamos três fatores que se destacaram no estudo de caso da Comforça de Venda Nova. No entanto, temos um campo de pesquisa aberto para descobrir outros fatores das condições de publicidade que atuam em outros fenômenos. E acreditamos firmemente que essas pesquisas contribuirão para que a sociedade civil possa potencializar as diversas dimensões do caráter público dos assuntos de interesse coletivo para mobilizar os públicos interessados em cada causa.

Referências

BOZEMAN, Barry; BRETSCHNEIDER, Stuart. The "Publicness Puzzle" in Organization Theory: a Test of Alternative Explanations of Differences Between Public and Private Organizations. *Journal of Public Administration Research and Theory*, v. 4, n. 2, p. 197-224, 1994.

BRAGA, Clara Soares. *Mobilização social, acontecimentos e opinião pública: o posicionamento estratégico do Comitê Popular dos Atingidos pela Copa em Belo Horizonte (COPAC-BH)*. 129 f. 2015. Dissertação (Mestrado em Comunicação Social) – Programa de Pós-Graduação em Comunicação Social, Faculdade de Filosofia e Ciências Humanas, Universidade Federal de Minas Gerais, Belo Horizonte, 2015.

CALDEIRA, Jessica Antunes. *Condições de publicidade em processos de* accountability: *uma análise a partir da Comforça de Venda Nova*. 124 f. 2017. Dissertação (Mestrado em Comunicação Social) – Programa de Pós-Graduação em Comunicação Social, Faculdade de Filosofia e Ciências Humanas, Universidade Federal de Minas Gerais, Belo Horizonte, 2017.

CAMPOS, Anna Maria. *Accountability*: quando poderemos traduzi-la para o português? In: Revista de Administração Pública, v. 24, n. 2, p. 30-50, 1990.

CORBARI, Ely Célia. *Accountability* e controle social: desafio à construção da cidadania. In: Cadernos da Escola de Negócios da UNIBRASIL. Curitiba, v. 1, n. 2, p. 99-111, 2004.

DAGNINO, Evelina (Org.). *Sociedade civil e espaços públicos no Brasil.* Rio de Janeiro: Paz e Terra, 2002.

ESTEVES, João Pissarra. *Sociologia da comunicação.* Lisboa: Fundação Calouste Gulbenkian, 2011.

FILGUEIRAS, Fernando. Além da transparência: *accountability* e política da publicidade. *Lua Nova*, São Paulo, v. 84, p. 65-94, 2011.

HENRIQUES, Márcio Simeone. *Comunicação e estratégias de mobilização social.* Belo Horizonte: Autêntica, 2004.

HENRIQUES, Márcio Simeone; CALDEIRA, Jessica A. Condições de publicidade em fóruns de *accountability*: o potencial de mobilização de públicos para a supervisão civil. In: CONGRESSO BRASILEIRO CIENTÍFICO de Comunicação Organizacional e Relações Públicas, 10, São Paulo, 2016. *Anais do 10º ABRAPCORP: Comunicação, Economia Criativa e Organizações.* São Paulo: ABRAPCORP, 2016.

INEZ, Ana Cláudia de Souza. *"Ei Lacerda! Seu governo é uma #%$&*!": repertórios de ação coletiva e performance na dinâmica de afirmação pública do movimento Fora Lacerda.* 165 f. 2016. Dissertação (Mestrado em Comunicação Social) – Programa de Pós-Graduação em Comunicação Social, Faculdade de Filosofia e Ciências Humanas, Universidade Federal de Minas Gerais, Belo Horizonte, 2016.

PBH – Prefeitura de Belo Horizonte. Decreto n.º 15.662, de 26 de agosto de 2014. *Diário Oficial do Município*, Belo Horizonte, ano XX, edição n. 4.627 de 27 de agosto de 2014. Disponível em: <https://bit.ly/3nDSY5i>. Acesso em: 20 ago. 2016.

PIMENTA, Laura N. *Comunicação pública, desenhos institucionais e gestão compartilhada: a interlocução entre poder público e cidadãos na proposta da Prefeitura de Belo Horizonte.* 146 f. 2015. Dissertação (Mestrado em Comunicação Social) – Programa de Pós-Graduação em Comunicação Social, Faculdade de Filosofia e Ciências Humanas, Universidade Federal de Minas Gerais, Belo Horizonte, 2015.

SILVA, Daniel Reis. *O astroturfing como um processo comunicativo: a manifestação de um público simulado, a mobilização de públicos e as lógicas de influência na opinião pública.* 204 f. 2013. Dissertação (Mestrado em Comunicação

Social) – Programa de Pós-Graduação em Comunicação Social, Faculdade de Filosofia e Ciências Humanas, Universidade Federal de Minas Gerais, Belo Horizonte, 2013.

WAMPLER, Brian; AVRITZER, Leonardo. Públicos participativos: sociedade civil e novas instituições no Brasil democrático. In: COELHO, Vera S.; NOBRE, Marcos (Orgs.). *Participação e deliberação: teoria democrática e experiências institucionais no Brasil contemporâneo*. São Paulo: Editora 34, 2004. p. 210-238.

WEBER, Maria Helena. Na Comunicação Pública, a captura do voto. In: *LOGOS 27 – Mídia e Democracia*, Rio de Janeiro, ano 14, p. 21-42, 2º semestre de 2007.

CAPÍTULO IV

O mútuo controle enquanto estratégia para avaliação do relacionamento entre organizações e comunidades

Martha Nogueira Domingues

É crescente a preocupação das organizações com o relacionamento que mantêm com as populações que estão em sua vizinhança. Cada vez mais estes grupos surgem destacados dentro dos mapeamentos de públicos e ações de relações públicas são feitas voltadas especialmente para eles. Baseadas em um discurso de responsabilidade social, organizações investem em um relacionamento com esses sujeitos e tornam públicas as suas iniciativas de sustentabilidade. Não raro, também presenciamos embates entre estas partes em noticiários diversos, principalmente quando se trata de situações controversas e de conflito, como a inundação de uma área, a implementação de uma planta industrial, a expansão de uma usina ou até mesmo a poluição do lugar onde uma empresa está instalada.

Esse conjunto de relações tem desafiado os setores de comunicação e relações públicas das organizações, quer pela necessidade de proteger as operações, garantindo a sua segurança e a das pessoas que com ela compulsoriamente convivem, quer para dar conta do impacto (ambiental, econômico, social e político) que as suas atividades acarretam. Em qualquer caso, existe uma cobrança da sociedade em relação às responsabilidades das empresas que aponta diretamente para as populações vizinhas nas localidades onde atuam, tanto como um compromisso tácito quanto por obrigações legais.

Essa cobrança surge de inúmeras maneiras, passando por um processo de mobilização social dos públicos afetados que buscam se posicionar perante a empresa. Ou seja, estamos falando de um procedimento calcado em interações sociais e pelo compartilhamento de experiências entre os envolvidos. Processos substanciais que desafiam as formas tradicionais de pensar a comunicação organizacional e trazem novas nuances para se pensar as práticas dessa área. Um desses desafios é o de refletir sobre a avaliação de resultados das ações. Para a organização, a avaliação é um processo que toma forma em produtos nos quais registra seu desempenho e seus resultados. Um aspecto que nos desperta a atenção são as formas de avaliar esses resultados para processos dinâmicos de comunicação. Frente à demanda de elencar indicadores que evidenciem eficiência e eficácia das ações que emerge da racionalização da gestão, encontra-se a demanda de melhor compreender os processos interativos implicados na relação entre empresas e seus públicos – que, por sua natureza relacional, são processos abertos, imprecisos e pouco palpáveis. Essa dinâmica não se resume à composição de parâmetros e indicadores objetivos de avaliação, mas envolve também – e principalmente – uma compreensão mais ampla sobre os públicos e sua movimentação.

Nesse sentido, neste capítulo destaco o conceito de mútuo controle proposto por Hon e Grunig (2000) para discutir as estratégias acionadas por públicos e organizações no momento da interação. Levanto, ainda, que a leitura do cenário estabelecido, quando baseada nessa ideia, ganha uma perspectiva mais ampla, contribuindo para a formação de uma avaliação densa e articulada com os diversos fatores que influenciam o curso dessa relação. Desta forma, procuro fugir dos determinismos tão usuais dentro da literatura de comunicação organizacional. Além disso, uso situações de audiências públicas como pano de fundo para ilustrar como o conceito de mútuo controle pode ser visto na prática.

Relações entre organizações e comunidades

De maneira geral, tensões, desacordos e contestações são traços imanentes da relação dos públicos com as empresas. Herbert Blumer (1978) sustenta que os públicos se formam perante alguma situação controversa e sua existência está diretamente ligada a essa questão tensionada. Para Lima e Oliveira (2012, p. 109), essa interação é "desenvolvida com base em grupos específicos, cujas opinião, reação, concordância e adesão às políticas e aos projetos organizacionais precisam ser constituintes da interação". Estes públicos não estão definidos e nem constituídos *a priori*, mas surgem em uma interação na qual estão implicados, e seu caráter coletivo se dá a partir da experiência partilhada em dadas situações (LIMA, 2008; QUÉRÉ, 2003). Os públicos podem ser compreendidos como uma forma assumida pelos interlocutores que participam de uma interação com a organização, assumindo uma perspectiva relacional do entendimento desse grupo que compartilha de uma vivência e ressalta, dessa maneira, o elemento da experiência comum como essencial para a sua formação (LIMA; OLIVEIRA, 2012, p. 109).

John Dewey (1954, p. 35, tradução nossa) explica o caráter interativo na formação do público apontando que "aqueles indireta e seriamente afetados, por bem ou por mal, formam um grupo suficientemente distinto para merecer um nome. O nome escolhido é Público".[1] Ele destaca as consequências como atitudes que vão para além, não se limitando àquelas pessoas diretamente envolvidas. Ou seja, ainda que uma organização imagine quais são os seus públicos, são os efeitos das suas ações é que de fato darão forma a esse grupo. É por meio da afetação percebida em comum que os envolvidos são forçados a refletir sobre a relação que possuem com outras partes, pois, para Dewey, a percepção gera um interesse comum.

Mas o que de fato afeta as pessoas em um mundo tão complexo e com inúmeras conexões? Como identificar o que se torna interesse desses sujeitos a ponto de torná-los um público? Quando nos referimos às relações entre organizações e comunidades, estamos falando de uma interação que está, a todo o momento, tocando em temas multifacetados, que envolvem interesses diversos e, portanto, não são de simples ou fácil acordo. Além disso, as ações das partes envolvidas são sempre pensadas considerando o movimento anterior do outro. É como uma

---

[1] No Original: "*Those indirectly and seriously affected for good or for evil form a group distinctive enough to require recognition and a name. The name selected is The Public*".

luta de boxe que só prossegue porque os oponentes se estudam no curso do embate e as posições são tomadas reciprocamente. É a reflexividade do ato comunicativo que entra em cena: "A comunicação é, sobretudo, uma interação, marcada pela reflexividade – em que cada parte atua sobre a outra, e onde passado e futuro são acionados pela ação no presente. A comunicação é da ordem prática: é uma prática reflexiva (que orienta a si mesma) [...]" (FRANÇA, 2008, p. 90).

Ou seja, em uma dinâmica circular, estímulos produzem respostas, e vice-versa. Entendemos que este movimento acontece na relação das organizações com seus públicos, nas quais, a todo o momento, podemos notar uma reciprocidade originada na interação. A força motriz desse movimento é a controvérsia, que sempre se acende e faz tanto públicos como organização agirem e provocarem reações.

Não apenas o caráter conflituoso dessa relação é um desafio para a comunicação das empresas, mas também o é a forma de avaliar os resultados das suas ações de relacionamento, sob esta perspectiva, quando entra em jogo a reflexividade própria dessas complexas interações. Tendo em vista a comunicação como um processo social de produção e compartilhamento de sentidos, acreditamos que a avaliação no contexto organizacional deve também comungar deste entendimento. Dentro de tal perspectiva, o conceito de avaliação é visto enquanto um processo e, portanto, vai para além da averiguação da realização de determinadas atividades e de sua eficácia operativa por um setor de comunicação. A avaliação, aqui, é compreendida como um exercício crítico, e seu foco são os momentos interativos, as relações que se formam. Mais do que uma melhora de desempenho, a avaliação procura ser reveladora de uma realidade apreendida e, por isso, possui uma importância epistêmica. Isto significa que ela projeta sobre um momento de interação o olhar comunicativo como forma de recuperar elementos que possam aquilatar os efeitos da interação promovida, fornecendo, assim, novos elementos de ação. No contexto deste capítulo, o olhar comunicativo focaliza principalmente a interação entre organização e públicos e como essas partes usam o momento de interação para guiar seu processo de tomada de decisão.

Como aponta Gilceana Galerani (2006, p. 28, grifo nosso), "a avaliação deve ocorrer para verificar problemas, medir os resultados e os *impactos das decisões tomadas*". Este último ponto julgamos crucial, pois o relacionamento entre organizações e comunidades está diretamente ligado ao impacto das decisões tomadas pelas partes. E, mais do que isso, entra em jogo o peso que cada um dos diversos atores possui no momento da decisão. A avaliação, neste sentido, é sempre o encontro do concreto com o abstrato. Como ela acontece baseada em informações do que de fato ocorreu e leva a abstrações no sentido de novas ações a serem realizadas, fica como o meio do caminho, um momento para exercer uma crítica ao que aconteceu e mudar, ou não, o rumo do diálogo. Entendemos, portanto, que a avaliação neste sentido permite o encontro de expectativas criadas com as atitudes concretas.

No desafio de avaliar o intangível da comunicação, Hon e Grunig (1999) trazem um modelo de análise que parte do pressuposto de que o objetivo principal dos trabalhos de relações públicas é construir e manter relacionamentos com públicos estratégicos. Para tanto, desenvolvem estratégias[2] e indicadores[3] que devem orientar essa interação. Dentro destes últimos, um quesito se destaca: o mútuo controle, que, na definição dos autores, representa a maneira como se observa a legitimidade de influência das partes. Este conceito traz para a comunicação organizacional a percepção de que relações estáveis requerem que, numa perspectiva dialógica, organizações e públicos tenham, cada qual, um nível equivalente de controle sobre o outro (GALERANI, 2006). Um diálogo com as diversas abordagens deste conceito pode se mostrar frutífero no sentido de trazer novos aportes que auxiliem no entendimento desse importante componente das interações entre empresas e públicos, especialmente com aqueles chamados de "comunidade", ou seja, os que se encontram na vizinhança dos empreendimentos. No próximo item vamos discutir os elementos balizadores desta perspectiva. Partiremos do conceito de mutualidade e suas diversas abordagens, chegando ao debate sobre como as partes envolvidas em uma relação buscam se controlar mutuamente.

---

[2] As estratégias delineadas pelos autores são: positividade, acessibilidade, compartilhamento de tarefas e rede de relacionamentos.

[3] Os indicadores desenhados pelos autores são: satisfação, confiança, comprometimento e mútuo controle.

Diálogos teóricos sobre mútuo controle

A mutualidade – enquanto um conceito dentro das ciências sociais – é bastante abordada por autores diversos em muitas discussões. Geralmente esses autores se concentram dentro de uma matriz psicossocial, com os debates focados na abordagem desta ideia em situações de interações interindividuais. Por outro lado, o nosso interesse se volta para a questão coletiva, uma vez que entendemos que os públicos não são uma unidade. A comunidade, por exemplo, não é uma unidade totalizante, no entanto, em alguns momentos, pode ser vista de modo unificado como "o outro" ou "um outro" na relação. Evidentemente isto torna o mútuo controle muito mais complexo do que numa relação um a um, contudo entendemos como necessário compreender o problema da mutualidade para então buscar novos aportes que sustentem a noção de mútuo controle tal como se aplica aqui.

Carl Graumann (1995) faz uma leitura dos principais autores que abordam o tema e as perspectivas que adotam. Considerada um conceito-chave para o estudo da vida social, esta ideia é marcante sempre que o foco de atenção recai sobre situações de indivíduos em interação. Para tanto, o autor usa como suporte a teoria do diálogo de Luckmann (1990), a qual afirma que interlocutores precisam ter algo em comum para iniciar e sustentar um diálogo e que o próprio diálogo é uma forma de compartilhar ou estabelecer e manter uma troca simbólica.

Geralmente este conceito é voltado para uma leitura do compartilhamento de vivências ou conhecimentos que acontece entre sujeitos ou grupos. Dentro do senso comum, a mutualidade está relacionada ao entendimento do que é comum, daquilo que é recíproco entre pessoas que se respeitam. O dicionário[4] relaciona a palavra *mútuo* a termos como permuta, empréstimo, reciprocidade, algo que deve ser restituído no mesmo gênero, quantidade e qualidade. Reforça uma ideia de balanço e equidade nas trocas entre os participantes.

Nas ciências sociais, este conceito está por vezes relacionado a um entendimento convencional de cooperação mútua como uma

---

[4] ÁBACO. In: DICIONÁRIO MICHAELIS. Disponível em: <www.uol.com.br/michaelis>. Acesso em: 31 out. 2013.

oposição à ideia de forças que competem dentro de um grupo social enquanto um princípio é frequentemente institucionalizado e tomado na forma de contrato que reconhece e obriga aqueles que fazem parte a agir de certa maneira. Desta forma, as pessoas são motivadas a fazer parte deste pacto, pois acreditam que as outras irão agir da maneira que foi previamente acordada (GRAUMANN, 1995). A fim de ilustrar situações como estas, podemos pensar numa espécie de sociedade como a maçonaria, em que as pessoas são motivadas a ingressar por acreditar que farão parte de um grupo que compartilha de princípios, crenças e regras de conduta. E que, em determinadas situações, agirão da maneira que foi antes estabelecida e acordada.

Contudo, sabemos que as relações humanas são perpassadas por interações diversas, formando uma teia complexa que evoca mais do que apenas conhecimento e crenças em comum. Para Graumann (1995, p. 6, tradução nossa), existe algo a mais nesta partilha, e o termo mutualidade também se refere às

> [...] crenças de uma pessoa [ou grupo] de que a outra pessoa sabe ou acredita o que é compartilhado ou o que deve ser feito em conjunto. Por isso, a expectativa é que o que eu sinto ou faço em relação a uma outra pessoa, de alguma forma, será recíproco. Conhecimentos, crenças e expectativas, então, fazem da mutualidade aplicada a situações sociais cognitivas ou até mesmo um termo intencional.[5]

Retomando as ideias de Luckmann (1990) de que a comunicação social tem um papel fundamental na condução do cotidiano dos membros de uma sociedade, este fenômeno possui quatro funções gerais que ajudam na leitura do processo comunicativo: sociabilidade, reciprocidade, abstração e intencionalidade. Aqui destacamos a reciprocidade, que está ligada à sistemática interdependência do comportamento em que a ação de um organismo é a resposta à ação do outro, e vice-versa (LUCKMANN, 1990).

---

[5] No original: *"[...] terms refer to a person's also beliefs that the other person also known or believes whatever is shared or what is to be done jointly. Hence, the expectation is that what I feel or do with respect to another person will somehow be reciprocated. Knowledge, belief, and expectation would then make mutuality as applied to social situations a cognitive or even an intentional term"*.

Linell e Luckmann (1991) fazem uma diferenciação entre mutualidade e reciprocidade. Segundo eles, o primeiro termo diz respeito ao diálogo, aos pressupostos de cada indivíduo ao comunicar e compartilhar. Já o segundo é mais direcionado para a atividade relacional, referenciando a circunstância em copresença com outros. Eles ressaltam ainda que existe uma interdependência entre estes dois conceitos, não existindo reciprocidade em diálogo sem mutualidade. Linell (1995, p. 179, tradução nossa) coloca que "reciprocidade e mutualidade no diálogo dizem respeito a premissas e pressupostos para a meta de reter compartilhamento; ao mesmo tempo, é claro, eles são constituídos por e inferidos a partir das próprias atividades comunicativas"[6]. Para ele, entendimento e diálogo precisam ser suficientemente compartilhados e mútuos, fazendo parte de um processo coletivo no qual interações são mutuamente checadas. O que é dito e entendido é continuamente atualizado: cada reação é um recurso para entender, contribuir e ser parte na próxima contribuição.

Preceitos como o da reflexividade estão no cerne do mútuo controle, uma vez que dizem da interatividade, do ato social que na perspectiva de Mead (2006) compreende a ação de diferentes organismos em uma adaptação mútua. Diante deste entendimento, Goffman (1971) traça reflexões a respeito das diferentes manifestações sobre interações sociais e interdependência. Para ele, sempre deixamos marcas de uma expressividade, mostrando o que é intencional e também o que não é, sendo que o contexto em que as interações ocorrem possui grande relevância, e o momento tem um peso crucial.

Uma questão de assimetrias

Uma leitura ingênua do termo mutualidade poderia entendê-lo como uma propensão de cooperação entre partes, como se o fato de compartilhar algo afastasse a ideia de competitividade e conflito entre aqueles que se relacionam. Contudo, quando pensamos em interações

---

[6] No original: *"Reciprocity and mutuality in dialogue would thus concern premisses and presuppositions for the goal of archiving sharedness, at the same time, of course, they are constituted by and inferred from the communicative activities themselves".*

entendemos que existem disputas: por atenção, por sentido, por visibilidade, por recursos disponíveis e/ou por aliados. Logo, este conceito não pressupõe simplesmente a harmonia entre as partes; ele prevê também a existência do conflito, sendo ele, inclusive, o que permite o diálogo e a movimentação de sujeitos dentro de uma realidade social. Caso ele não existisse, a interação seria marcada pela simplificação, por certezas em um ambiente controlado e previamente mapeado, e isso não seria o mundo real.

Como ressaltado por Rudimar Baldissera (2008), o relacionamento entre organizações e sujeitos é uma arena de disputa de sentidos. Assumir essa alteridade é fazer do conflito o gatilho para iniciar uma reflexão (BALDISSERA, 2008). É assumir que a controvérsia é uma perturbação latente e que pode desestruturar e reestruturar qualquer estratégia. A existência do conflito é, inclusive, o que permite o diálogo e a movimentação de sujeitos.

A realidade que compartilhamos é vivida por sujeitos que possuem propósitos, têm objetivos, buscam uma finalidade e direcionam suas forças para alcançá-la, usam meios diversos para chegar ao ponto que desejam, tentando sempre conduzir o processo a fim de conseguir o que pretende. Este é o movimento natural realizado pelos sujeitos que, imbuídos de suas intenções, tensionam a realidade a fim de conseguir direcioná-la. Esta tentativa de direcionamento, obviamente, acontece em um cenário marcado por interações, uma vez que estamos falando da vida em sociedade partilhada por todos os sujeitos em interação, sendo, portanto, um mútuo controle. Este conceito partilha de todos os pressupostos aqui levantados em relação à mutualidade, mas deixa claro também que existem assimetrias em jogo que precisam ser lidas para uma compreensão mais ampla do fenômeno social.

Linda Hon e James Grunig (1999), no artigo em que explicam o seu modelo de avaliação de relacionamentos, colocam que a existência do conflito é natural, e que o mútuo controle seria a chave para contornar esses problemas. Na visão de Per Linell e Thomas Luckmann (1991), assimetrias são inerentes ao diálogo, já que este nada mais é do que uma tensão entre explorar assimetrias e retornar ao estado de equilíbrio. As assimetrias estão associadas ao conhecimento das partes e ao status que cada uma delas possui na relação, são contextualizadas e surgem em diferentes medidas, são multifacetadas e heterogêneas, podendo ser facilmente identificadas em uma relação.

Pensando em ilustrar essas assimetrias, destacamos situações de audiência pública – nas quais organização e comunidade se encontram para debater um determinado projeto – que foram estudadas em nossa pesquisa. Se, por um lado, temos a empresa, que já conhece o projeto, uma vez que foi quem o encomendou, tendo, portanto, um grande domínio em relação às suas deficiências e potencialidades, de outro temos a comunidade, que muitas vezes nem mesmo domina o linguajar técnico presente no material apresentado. Além disso, diante deste mesmo encontro, temos regras estabelecidas para os momentos de fala durante a audiência, geralmente configurada em três grandes blocos: um primeiro em que a organização apresenta o projeto que está defendendo; um segundo em que a comunidade se posiciona; e, por fim, um terceiro em que a instituição irá responder às ponderações feitas a ela. Outro ponto é que o contexto dessa situação é muito bem delineado: existe um espaço e um determinado tempo para acontecer, as pessoas que estão ali entendem o motivo daquele encontro e resgatam contextos anteriores para também serem colocados naquela situação. Além disso, as partes presentes, em alguma medida, preparam-se para esse fórum, as motivações que os levam até aquele momento são as mais diversas, transitando entre motivações e interesses individuais (ter mais lucro, expandir a operação de uma fábrica e, por outro lado, não perder a casa, não ter que conviver de perto com a poluição), até mesmo justificativas públicas (fortalecer a economia, gerar empregos ou, pelo bem da comunidade, em prol do meio ambiente).

O que defendemos é uma atuação reflexiva do mútuo controle, na qual a tentativa de uma das partes em gerar certas tensões, inicialmente, implica em estar sujeito ao movimento das demais partes em relação. É durante esse processo que o mútuo controle se estrutura, ganha formatos diversos e pende de um lado para o outro. Este entendimento é essencial para visualizarmos a complexidade da interação, fugindo de visões determinísticas e assumindo que as estratégias são traçadas no momento de encontro, baseadas em múltiplas interferências vindas, inclusive, de situações anteriores, de experiências históricas e de conhecimentos adquiridos com a vivência própria daquele grupo ou de outros com os quais mantém contato. Afastamos, assim, a compreensão de que o mútuo controle está circunscrito a uma única situação e passamos a enxergar que o mesmo se relaciona com contextos variados e que essas outras situações trazem elementos para compor a mutualidade. Neste sentido, destacamos a seguir dois fatores importantes para entendermos a lógica do mútuo controle: influência e legitimidade.

Influência: persuasão com base no interesse comum

A influência está ligada à capacidade de ação das partes na condução de um relacionamento, ou seja, a em que medida os sujeitos em interação possuem poder para direcionar a discussão e endereçar as suas demandas. Como já posto pelo conceito de mútuo controle, é normal que em alguns momentos uma parte exerça maior influência sobre a outra, mas o esperado em uma relação é que essa possibilidade ao menos exista para cada um dos lados envolvidos. Uma organização pode ter influências econômica e política em uma determinada região, ou até mesmo no país, por proporcionar empregos e desenvolvimento econômico. Por outro lado, uma ONG pode exercer influência na medida em que realiza vigilância sobre as ações de uma organização; os movimentos sociais podem ser um meio de pressão; a imprensa pode influenciar, uma vez que divulga as ações realizadas por uma organização para os seus públicos; e uma comunidade pode exercer influência quando, a partir da mobilização, coloca as suas demandas e cobra medidas para contornar os problemas causados por tal empresa. E, claro, que todos estes grupos podem ainda se articular e exercer múltiplas influências combinadas ou interinfluências.

O que percebemos, portanto, é que existe um campo de influências mutuamente controladas entre os diversos atores. Também os diversos públicos podem estar, em sua perspectiva e em seu conjunto, em mútuo controle com a organização. Este movimento muitas vezes é necessário exatamente porque estamos falando de relações em desequilíbrio de poder, o que interfere nas diferentes percepções sobre a influência.

Ainda partindo do exemplo dado, essas interações dependem do espaço da visibilidade para serem exercidas e ganharem notoriedade.

Principalmente quando tomamos como referência o lado com menor poder econômico, ganhar notoriedade é uma forma eficaz para diminuir a distância das partes em discussão. Funciona como uma forma de calibragem que, apesar de manter o desnível de poder entre as partes, consegue exercer uma força para intervir no curso desta relação. Mas, para além dessa publicização, existem outros fatores que estão diretamente ligados a esta dinâmica, e mais especificamente à influência.

Na visão de Leon Mayhew (1997, p. 119, tradução nossa), a influência está ligada à *persuasão*, e esta, por sua vez, é "um modo de conseguir resultados da interação usando sanções positivas para afetar os outros participantes a mudarem sua opinião".[7] A persuasão envolve implicitamente uma forma de sanção, um tipo de indução porque oferece ajuda, e isto implica que quem tenta persuadir acredite que a audiência irá se beneficiar da informação ou do conselho dado por ele. Ainda nesta visão, o alinhamento entre os interesses daquele que persuade e daqueles que são persuadidos está na sinceridade entre as partes. Isto porque as duas partes entenderiam que o nível de verdadeira comunhão de interesses é tão alto que a persuasão é um ato em prol da causa comum.

Ainda na visão do autor, a influência não se dá apenas por um dos lados que está em relação: dentro desta perspectiva, o sujeito que influencia também é influenciado; não apenas tenta interferir na opinião alheia, mas também a dele recebe influências. Ou seja, não temos apenas um lado exercendo a influência e outro apenas recebendo: este movimento é dinâmico e autoalimentado. Dentro desta perspectiva, temos então partes que podem, cada uma à sua maneira, interferir e trazer elementos que influenciam na relação.

Mas como então acomodar tantos interesses distintos em uma única direção? O ponto central aqui é a generalização do interesse comum. É no interesse comum que os agentes aportam seus argumentos e tentam persuadir a outra parte a agir. É se colocando em busca de um benefício amplo para todos os envolvidos que a influência ganha relevância e peso. Desta forma, podemos dizer que a influência está

---

[7] No original: "*a mode of "getting results from" interaction by using positive sanctions to affect others views rather than by changing their situations*".

calcada na retórica, em se expressar de forma clara e pública, ou seja, está posta na interação. É por meio da interlocução entre sujeitos que se pretende mudar o curso da ação: "[...] aprender através da persuasão mútua necessariamente envolve apelos retóricos para reinterpretar os significados das situações para que as identidades e solidariedades possam ser ajustadas e transferidas" (MAYHEW, 1997, p. 154, tradução nossa).[8]

Concordamos que a influência é um exercício de persuasão, e neste sentido entendemos que os seus indícios estão ligados às justificativas públicas apresentadas pelas partes em um debate. Mas para que isso possa acontecer, possibilitando o mútuo controle, outro fator relevante está ligado a iniciativas que visam a possibilidade de abertura para a influência de todos os envolvidos na relação.

Legitimidade: mais do que tolerar, uma forma de aceitar

Pensar em fenômenos sociais é ter em mente que a realidade é socialmente construída e que, portanto, baseia-se em interações para ser compreendida. Berger e Luckmann (1985) admitem a existência de realidades diversas, convivendo simultaneamente, que tomam forma por meio dos conhecimentos dos quais os indivíduos se apropriam e os quais tomam como verdade. A compreensão é uma forma de conexão que dá sentido ao que nos parece natural.

Em sua visão, o conceito de legitimidade é um processo exercido por meio da explicação e justificação de práticas publicamente conhecidas para atores de interesse de uma instituição, e não é apenas uma questão de valores, pois sempre implica também conhecimento. Ressaltam ainda que a legitimidade produz novos significados, que servem para integrar os significados já ligados a processos institucionais díspares (BERGER; LUCKMANN, 1985). Transpondo para a realidade da comunicação organizacional, segundo Rafaela Pinto (2009, p. 7), o processo de legitimação precisa de um alinhamento do discurso com a

---

[8] No original: "*Learning through mutual persuasion necessarily involves rhetorical appeals to reinterpret the meanings of situations so that identities and solidarities can be adjusted and reassigned.*"

prática de uma instituição: "[...] os indivíduos compreendem no momento em que as realidades objetiva e subjetiva se assemelham e o que lhes está sendo comunicado pode ser tomado para si como verdadeiro".

O contrário também é válido, uma vez que a organização, a partir da movimentação dos públicos e dos momentos de interação que tem com eles, também compõe a sua visão sobre a legitimidade deste grupo. Portanto, é a partir de análises, vivências e compreensões que se constrói a legitimidade entre as partes. A legitimidade se coloca, então, por meio da possibilidade de abertura das partes para construir uma realidade compartilhada. A desigualdade entre os participantes de uma relação é inerente; muitas vezes uma comunidade comparece a uma audiência pública, por exemplo, sabendo que as definições ali colocadas já foram previamente arquitetadas e que tal encontro acontece simplesmente para cumprir um protocolo. Contudo, eles ainda assim comparecem, pedem a fala e se manifestam, pois este seria o recurso de que dispõem para se posicionar publicamente. Realizam esse exercício como uma tentativa de neutralizar as forças que estão em jogo e potencializar as suas. O conhecimento é o balizador que faz a diferença no entendimento da legitimidade; por meio de leituras e análises da situação, pode-se medir a sua força e saber o quanto vale se esforçar.

Isto ressalta que estamos lidando com aspectos que não podem ser impostos. Longe disso, eles devem ser conquistados, construídos no momento de uma relação entre empresa e seus públicos. Por consequência, são fatores fluidos, dinâmicos que se alteram ao longo do tempo e estão diretamente ligados a um ambiente. De acordo com as decisões de uma organização ou com as movimentações dos grupos de interesse, o cenário pode se alterar, e uma parte pode ter maior domínio da relação que a outra.

Maturana (1998) levanta que a legitimidade passa a ser efetiva a partir do momento em que, mais do que tolerar, as partes em relação se aceitam. Para ele, "a tolerância é uma negação postergada", ou seja, tolerar é entender o outro como equivocado e deixá-lo nessa condição por um tempo. Por outro lado, a aceitação está ligada ao entendimento do outro como digno desta convivência. É anuir que os participantes possuem direito de estar nesta interação: "[...] se não há interações na aceitação mútua, produz-se a separação ou a destruição" (MATURANA,

1998, p. 24), ou seja, a aceitação mútua é um elemento fundante e essencial para a construção do fenômeno social.

O conceito de legitimidade, portanto, tem uma estreita ligação com a ideia de autenticidade, ou seja, os interagentes precisam ser reconhecidos como genuínos e dignos de estar em relação. Este é um fator calcado na reputação, ou seja, no que os outros entes em relação reconhecem e creditam aos seus pares também envolvidos. Olhando da organização para a comunidade, isso é bem evidente, pois há uma checagem sobre os grupos com os quais se interage ou se pretende interagir – como são formados e compostos, quem os lidera, quais são suas motivações, entre outros fatores. Da parte da comunidade, eles procuram saber o histórico de atuação dessa empresa, qual a sua relação com o Estado, quais atividades desempenha, entre muitos outros elementos.

Na relação entre organização e comunidades, as condições de legitimidade de cada uma dessas partes se formam de modo diferente. As organizações já possuem de partida uma autenticidade estatuída, uma vez que são facilmente identificadas pelo seu histórico de atuação. Todavia, isso não significa que sua legitimidade não possa ser questionada sob certas condições pelos públicos. Já os públicos que compõem a comunidade podem possuir maior ou menor institucionalidade e estão sempre na condição de reivindicar reconhecimento para que sejam considerados dignos de apresentar-se como tais e de empreenderem ação pública.

A legitimidade, reforçando seu caráter interacional, varia conforme as qualificações atribuídas e o contexto, não podendo ser tomada em absoluto. Ainda mais porque em situações de conflito de opiniões e de interesses os contendores tendem não apenas a avaliar e questionar a legitimidade um do outro, mas também a usar como recurso a desqualificação. Lançar publicamente suspeitas sobre a legitimidade do outro é algo que se utiliza como tática no curso desse tipo de relacionamento. Diante de tal fluidez, a questão da legitimidade está sempre em aberto, sujeita a múltiplos escrutínios não só pelas instituições, mas também pelos demais públicos na sociedade. Depende de leituras sobre o que cada parte representa na relação e da reputação que uma atribui à outra. Assim, tanto a representatividade quanto a reputação são, neste caso, operadores importantes para compor a legitimidade e delimitar as respectivas influências.

Novamente fazendo um exercício a fim de responder ao desafio da avaliação, procuramos indícios para a legitimidade. Uma vez que se trata de um conceito ligado à aceitação dos sujeitos em relação, acreditamos que ela possa ser indicada pelo reconhecimento que uma parte atribui à outra e pela forma com que essa anuência se manifesta publicamente.

Entendemos, portanto, que é no fluir da relação que influência e legitimidade são construídas, e é por meio de suas inflexões, sobreposições e articulações que o mútuo controle vai sendo formado. Logo, não é possível analisar a intervenção de um agente sem considerar a quem ele se dirige, pois as respostas deste "receptor" já atuam com antecedência ao próprio dizer (FRANÇA, 2008). A avaliação, portanto, não precisa encerrar-se apenas num momento formal, dotado de relatórios e outras ferramentas. Estes são recursos que facilitam o entendimento, mas a leitura do cenário acontece de maneira constante, balizada na ação do outro, às vezes de maneira mais profunda, em outros momentos de forma mais rasa. São interações que geram ações e ações que geram interações, e esta dinâmica deve ser o objeto da avaliação, já que a todo momento é permeada pela controvérsia existente na relação. É este ponto de tensão que, além de força motriz, desempenha um papel de linha-guia, e, deste modo, sempre estará presente no momento de avaliação do relacionamento, surgindo de maneira mais evidente em períodos críticos de grande mobilização e de forma mais tímida em outros, funcionando como uma espécie de chave de leitura para entender o cenário.

A estratégia no mútuo controle

A discussão teórica sobre a questão do mútuo controle na relação entre organizações e seus públicos, especialmente com as comunidades, situa o problema em termos complexos: influência e legitimidade não devem ser vistas de maneira isolada e nem desconectadas de outras dimensões que também se relacionam com esse conceito. Esta perspectiva dialoga com o movimento de deslocar de lugar o processo avaliativo, que muitas vezes é entendido como a fase final do desenvolvimento da comunicação organizacional para inseri-lo durante toda a atividade e dessa forma, nortear a tomada de decisão no decorrer dos relacionamentos que se estabelecem. O que em um primeiro momento é visto como a checagem da realização de tarefas, quando ponderado em um contexto maior de leitura que envolve a dinâmica da formação de públicos, descortina um cenário de inúmeras relações e complexas estratégias traçadas no momento da interação. Se tivermos em mente que o papel das relações públicas passa pela construção de relacionamentos, os seus processos e técnicas não podem ser vistos apenas em ambientes controlados e estanques, como geralmente guias de boas práticas indicam. É durante a interação que se apresentam pontos a serem tensionados e considerados para os próximos passos. Partindo de uma experiência compartilhada como pilar para a formação do público, então deveria ser ela o objeto para a construção de uma análise e reflexão no momento da avaliação.

O conceito de mútuo controle, aliado à avaliação, contribui para uma perspectiva relacional da comunicação e fundamenta uma leitura mais apurada da situação, contribuindo para uma postura estratégica e menos instrumental desse campo de conhecimento. Por meio dele, a comunicação não se limita à realização de tarefas, sendo capaz de formular problematizações que extrapolem o cumprimento de formalidades requeridas. Além disso, tem grande valia em momentos de tensão como aqueles cotidianamente vividos na relação entre empresa e comunidade, uma vez que não limita a sua leitura em uma determinada situação, mas amplia a mesma para o contexto em que a relação está inserida. Muitas vezes as estratégias de comunicação organizacional são voltadas para um objetivo específico, como se ocorressem em um ambiente estanque, onde não há relação com o contexto que envolve uma organização. Pensemos em uma empresa com grande impacto ambiental que está se instalando em uma determinada região: ela centra os seus esforços para falar dos benefícios que irá trazer para uma cidade, tais como empregos, desenvolvimento econômico, novas oportunidades de negócios, entre outros. Mas se uma cidade está em um momento de discussão do seu plano de manejo de águas, por exemplo, isso vai impactar a empresa, ainda que ela não atinja diretamente os mananciais dessa região, pois, uma vez ali instalada, com certeza ela irá aumentar o consumo de água, impactará a rede de esgoto, entre outros aspectos. Possivelmente será chamada a responder a respeito e terá que se posicionar publicamente, chegando a um imbricamento de conflitos que, em um primeiro momento, podem não ter sido mapeados.

A questão do contexto nos remete ainda a outro ponto relacionado à formação e à movimentação de públicos. Como apontado por Dewey (1954), os públicos são formados dentro de contextos mais abrangentes que envolvem as consequências dos atos de outras vivências. Dentro desse movimento de interinfluências, também encontramos o mútuo controle, já que ele não se restringe a uma dada situação, sendo historicamente desenvolvido como fruto de outras experiências e controvérsias compartilhadas. Podemos pensar até mesmo em grupos que, diante de uma dada controvérsia [A], se deslocam para uma controvérsia [B] a fim de ganhar influência e legitimidade no cenário público e, dessa maneira, reforçar o seu mútuo controle na primeira situação. As empresas, por outro lado, se atentas a essas articulações, também tentam se fortalecer em diferentes espaços públicos. Elas podem tentar pautar a imprensa, por exemplo, e disponibilizar porta-vozes para abordar as suas mensagens-chave e assim tentar uma articulação junto à opinião pública.

As movimentações, nestes casos, são das mais diversas e passam por estratégias como o aumento ou a diminuição da importância de algo ou de algum fator: as empresas, por exemplo, tentam valorizar os impactos econômicos que irão proporcionar para uma localidade e procuram diluir os impactos ambientais que causarão. O público, por sua vez, tenta chamar atenção para as possíveis falhas de um projeto de implantação de uma indústria e esconder os seus interesses particulares em volta daquela iniciativa. Outra estratégia é a desqualificação de um ente em detrimento de outro: as partes procuram esvaziar a presença do outro dentro dos espaços públicos de discussão, seja na mídia ou em audiências públicas, por exemplo, buscando reafirmar as suas mensagens em detrimento das falas do outro. Isto requer, então, outro artifício voltado para as habilidades retóricas de linguagem; conseguir se colocar de maneira clara na discussão pública é um fator essencial, e para isto é necessário ter domínio do ambiente em que a relação se dá. As empresas procuram treinar os seus porta-vozes enquanto o público, muitas vezes, ganha esta competência por experiências anteriores. Além disso, procura-se, dentro dessa relação, redefinir responsabilidades. A empresa tenta limitar a sua atuação no âmbito privado das suas operações, propondo que as demais responsabilidades sejam do Estado. O público, por outro lado, tende a exercer uma cobrança para ambas as partes.

Percebemos que essas estratégias estabelecem uma dinâmica de diluição e/ou de formação de controvérsias. Na medida em que um ambiente discursivo que visa ouvir os cidadãos em relação a uma questão é constituído, ele tende a expor esse ponto de tensão. Com frequência, movimentos sociais e comunitários se propõem a ampliar a controvérsia, e a organização, por outro lado, busca diluí-la. As partes em interação procuram, então, em alguma medida, conduzir os elementos em debate. Se esse lugar é esvaziado com ações que não contribuem para a formação de um espaço de contestação, então as controvérsias se diluem. Existe ainda uma terceira possibilidade, que acontece por meio da dinâmica que se instala na interação que ali acontece: o surgimento de novas controvérsias, bem como o desaparecimento (ou o silenciamento) de outras. Ou seja, temos uma relação fluida na qual controvérsias se diluem e/ou se formam de acordo com a influência dos entes em relação, bem como a sua legitimidade para pautar o que vai ser discutido. Isto, mais uma vez, justifica a atenção ao mútuo controle como elemento importante para avaliar este tipo de relacionamento.

Tudo isso, em alguma medida, contribui para compor o quadro da influência e da legitimidade no processo mutuamente controlado. Consequentemente, são fatores que intervêm no curso desse processo e contribuem para a validação do outro na relação. Existe sempre uma tensão entre geral e particular que nos leva a refletir sobre o comportamento das partes em público. Em situações como a de uma audiência pública, para voltar ao exemplo inicial, os grupos ali posicionados não se dão a ver de qualquer maneira, eles elegem as suas falas de forma a atender interesses gerais, muitas vezes sem dar evidências claras das suas intenções particulares. Abandonar por completo os interesses coletivos é correr o risco de se marginalizar, e por isso existe um movimento a fim de encontrar certos "pontos comuns de validação" para superar a controvérsia – ou pelo menos mitigá-la, ao considerar elementos parciais dela. Enxergamos aí uma recíproca avaliação de interesses de parte a parte de forma a regular este relacionamento, o que coloca em ação elementos presentes no mútuo controle, já que evoca a sua lógica reflexiva: intervir no processo e estar aberto a intervenções. Afinal, colocar interesses privados em público requer cautela e estratégias apuradas baseadas em influência e legitimidade que auxiliam na direção desse movimento, buscando afastar constrangimentos.

Após esse percurso, percebemos que o conceito do mútuo controle traz uma perspectiva não apenas para a avaliação na comunicação organizacional, mas também para o processo de planejamento deste campo, uma vez que esses dois aspectos são intimamente ligados. O planejamento de comunicação muitas vezes é tomado como uma ferramenta que planifica e controla todo o cenário de atuação de uma organização. Ele funciona quase como um roteiro em que "a versão oficial dos fatos" é muito bem desenhada e colocada de forma a ser facilmente apreendida por meio de ações que serão desenvolvidas pelos setores de comunicação. Porém, como destaca Rudimar Baldissera (2009, p. 8),

> [...] para além desses processos possíveis de planejar, a comunicação organizacional se complexifica em processos informais realizados em ambientes nem sempre visíveis à organização. Aqui, o grau de acompanhamento e/ou de controle da organização tende a ser muito baixo. Os sentidos são construídos e disputados à revelia, sem a presença efetiva da fala organizacional, que tende a ser atualizada pelos interlocutores apenas como referência.

Isto não significa dizer, no entanto, que tudo se resume a incertezas e que o planejamento não possui uma função ou contribuição na gestão. Dialogando com as ideias aqui colocadas, o planejamento deixa de ter um aspecto de controle e assertividade para ser um instrumento norteador da comunicação, mas que não tem a capacidade de controlar as relações e interpretações que serão feitas pelos sujeitos em interação. Ele deixa o seu lugar de garantias e passa a ser entendido como uma referência, mas não limita o potencial das relações estabelecidas por meio de experiências conjuntas.

Considerações finais

Percebemos que o mútuo controle tem um caráter estratégico para os entes de uma relação que procuram combinar esforços a fim de alcançar cada um seus objetivos finais – que não necessariamente são convergentes. Entendemos que leituras sobre o cenário são realizadas a fim de antecipar movimentos dos demais envolvidos na situação e, em seguida, decidir-se por uma atitude. Enxergamos como um exercício recíproco de medir forças com os outros, com o intuito de apreender o potencial dos oponentes, tendo como base as suas próprias competências. O que se procura com este movimento é, ao mesmo tempo, conter a ação do outro para fortalecer a sua, bem como fortalecer a sua para conter a ação do outro. Ou seja, fatos novos podem mudar o cenário, existe uma reconfiguração constante em relação aos atores envolvidos e interações são postas em práticas de acordo com novos entendimentos. Aferir algo sobre o mútuo controle pode ser uma forma de entender quais medidas podem ser tomadas, quais ações podem ser priorizadas, entre outros aspectos. Portanto, é um quesito estratégico para as relações públicas de uma organização e também dos públicos, que podem dimensionar e entender posições a partir deste viés.

Portanto, tal compreensão se mostra importante, principalmente quando nos deparamos com a complexa realidade atual em que as relações públicas atuam. Cada vez mais as empresas são chamadas ao desafio de responder publicamente em relação aos impactos causados por suas atividades, e uma leitura apurada do cenário e das diversas forças que nele se interpenetram traz subsídios significativos para pautar a sua atuação. Reconhecemos, ainda, que os quadros que se formam são marcados por conflitos e tensões, aspectos difíceis de serem mensurados se pensarmos apenas em termos quantitativos, de eficiência, eficácia e resultados alcançados. É também neste sentido que o conceito de mútuo controle se mostra elucidativo, já que parte da ideia de que, para que seja construído, é necessário que algo seja compartilhado entre os sujeitos em relação, ainda que este aspecto seja da ordem do conflito e da controvérsia. É um entendimento que não anula a divergência, mas reconhece que assimetrias são inerentes a toda relação. Além disso, traz uma visão em que as forças dos sujeitos em interação são vistas em perspectiva. Podemos dizer que essa discussão procura desviar de entendimentos determinísticos e lineares das relações públicas, levantando novas possibilidades de compreensão do processo comunicativo.

Referências

BALDISSERA, Rudimar. Comunicação organizacional: uma reflexão possível a partir do paradigma da complexidade. In: OLIVEIRA, Ivone; SOARES, Ana Thereza N. (Orgs.). *Interfaces e tendências da comunicação no contexto das organizações*. São Caetano do Sul: Difusão Editora, 2008. p. 149-178.

BALDISSERA, Rudimar. Reflexões sobre comunicação organizacional e relações públicas: tensões, encontros e distanciamentos. In: CONGRESSO BRASILEIRO DE CIÊNCIAS da Comunicação, 32, Curitiba, 2009. *Comunicação, educação e cultura na era digital: anais eletrônicos*. São Paulo: Intercom, 2009. Disponível em: <https://bit.ly/3yb23ra>. Acesso em: 12 abr. 2014.

BERGER, Peter L.; LUCKMANN, Thomas. *A construção social da realidade: tratado de sociologia do conhecimento*. Petrópolis: Vozes, 1985.

BLUMER, Herbert. A massa, o público e a opinião pública. In: COHN, Gabriel (Org.). *Comunicação e indústria cultural*. São Paulo: Companhia Editora Nacional, 1978. p. 177-186.

DEWEY, John. *The Public and its Problems*. Chicago: The Swallow Press Incorporated, 1954.

FRANÇA, Fábio. *Públicos: como identificá-los em uma nova visão estratégica*. 2. ed. São Caetano do Sul: Yendis, 2008.

FRANÇA, Vera R. V. Interações comunicativas: a matriz conceitual de G.H. Mead. In: PRIMO, Alex.; OLIVEIRA, Ana Cláudia de; NASCIMENTO, Geraldo Carlos do; RONSINI, Veneza M. (Orgs.). *Comunicação e interações*. Porto Alegre: Sulina, 2008. p. 71-92.

GALERANI, Gilceana. *Avaliação em comunicação organizacional*. Brasília: Embrapa; Assessoria de Comunicação Social, 2006.

GOFFMAN, Erving. *Relations in public: microstudies of the public order*. Nova York: Basic Books, 1971.

GRAUMANN, Carl. Commonality, Mutuality, Reciprocity: a Conceptual Introduction. In: MARKOVÁ, Ivana; GRAUMANN, Carl; FOPPA, Klaus (Orgs.). *Mutualities in Dialogue*. Cambridge: Cambridge University Press, 1995. p. 1-24.

HENRIQUES, Márcio Simeone. O sentido comunitário nas relações públicas e a dinâmica da mobilização social. In: OLIVEIRA, Ivone; LIMA, Fábia (Orgs.). *Propostas conceituais para a comunicação no contexto organizacional*. São Caetano do Sul; Rio de Janeiro: Difusão Editora; Editora Senac Rio, 2012. p. 137-151.

HON, Linda C.; GRUNIG, James E. Guidelines for Measuring Relationships in Public Relations. *A Report by the Commission on Public Relations Measurement and Evaluation*, Institute for Public Relations, Gainesville, nov. 1999. Disponível em: <https://bit.ly/3P6X9SY>. Acesso em: 2 nov. 2011.

LIMA, Fábia. Possíveis contribuições do paradigma relacional para o estudo da comunicação no contexto organizacional. In: OLIVEIRA, Ivone; SOARES, Ana Thereza N. (Orgs.). *Interfaces e tendências da comunicação no contexto das organizações*. São Caetano do Sul: Difusão Editora, 2008. p. 109-127.

LIMA, Fábia; BASTOS, Fernanda de O. S. Reflexões sobre o objeto da comunicação no contexto organizacional. In: OLIVEIRA, Ivone; LIMA, Fábia (Orgs.). *Propostas conceituais para a comunicação no contexto organizacional*. São Caetano do Sul; Rio de Janeiro: Difusão Editora; Editora Senac Rio, 2012. p. 25-48.

LIMA, Fábia; OLIVEIRA, Ivone. O conceito de públicos em uma abordagem contemporânea. In: OLIVEIRA, Ivone; LIMA, Fábia (Orgs.). *Propostas conceituais para a comunicação no contexto organizacional*. São Caetano do Sul; Rio de Janeiro: Difusão Editora; Editora Senac Rio, 2012. p. 107-118.

LINELL, Per. Troubles with Mutualities: Towards a Dialogical Theory of Misunderstanding and Miscommunication. In: MARKOVÁ, Ivana; GRAUMANN, Carl; FOPPA, Klaus (Orgs.). *Mutualities in Dialogue*. Cambridge: Cambridge University Press, 1995. p. 176-213.

LINELL, Per; LUCKMANN, Thomas. Asymmetries in Dialogue: Some Conceptual Preliminaries. In: MARKOVÁ, Ivana; FOPPA, Klaus (Orgs.). *Asymmetries in Dialogue*. Hemel Hempstead: Harvester Wheatsheaf, 1991. p. 1-20.

LUCKMANN, Thomas. Social Communication, Dialogue and Conversation. In: MARKOVÁ, Ivana; FOPPA, Klaus (Orgs.). *The Dynamics of Dialogue*. Hemel Hempstead: Harvester Wheatsheaf, 1990. p. 45-61.

MATURANA, Humberto. *Emoções e linguagem na educação e na política*. Belo Horizonte: Editora UFMG, 1998.

MAYHEW, Leon. Public Influence: New Paradigm. In: MAYHEW, Leon. *The New Public: Professional and the Means of Social Influence*. Cambridge: Cambridge University Press, 1997. p. 118-154.

MEAD, George H. *L'Esprit, le soi et la société.* Paris: PUF, 2006.

OLIVEIRA, Ivone; LIMA, Fábia; MONTEIRO, Luisa S. Mediação do comunicador organizacional com comunidades: um olhar ampliado sobre o exercício profissional. In: CONGRESSO BRASILEIRO CIENTÍFICO de Comunicação Organizacional e Relações Públicas, 5, 2011. *Anais...* São Paulo: ABRAPCORP, 2011.

OLIVEIRA, Ivone; PAULA, Carine F. C. Comunicação no contexto das organizações: produtora ou ordenadora de sentidos? In: OLIVEIRA, Ivone; SOARES, Ana Thereza N. (Orgs.). *Interfaces e tendências da comunicação no contexto das organizações.* São Caetano do Sul: Difusão Editora, 2008. p. 91-108.

OLIVEIRA, Ivone; PAULA, Maria Aparecida de. Processos e estratégias de comunicação no contexto organizacional. In: OLIVEIRA, Ivone; LIMA, Fábia (Orgs.). *Propostas conceituais para a comunicação no contexto organizacional.* São Caetano do Sul; Rio de Janeiro: Difusão Editora; Editora Senac Rio, 2012. p. 67-78.

PINTO, Rafaela C. Reflexão sobre o papel dos Relações Públicas na legitimação organizacional através de ações de responsabilidade ambiental. In: CONGRESSO BRASILEIRO DE CIÊNCIAS da Comunicação, 32, Curitiba, 2009. *Comunicação, educação e cultura na era digital: anais eletrônicos.* São Paulo: Intercom, 2009. Disponível em: <https://bit.ly/3nEOKdw>. Acesso em: 11 nov. 2013.

QUÉRÉ, Louis. Le public comme forme et modalité d1expérience. In: CEFAÏ, Daniel; PASQUIER, Dominique (Orgs.). *Le sens du public.* Paris: PUF, 2003. p. 113-133.

CAPÍTULO V

Ser público em público: a necessidade de ser visto para a legitimação de um grupo mobilizado

Ana Cláudia de Souza Inez

Quando um público se forma, surge com ele a importância de publicizar sua causa diante do olhar de agentes externos e internos, visto que a necessidade da reafirmação de sua construção enquanto algo coletivo é constante. Deste modo, observar a movimentação de um público é apreender as diferentes formas pelas quais ele busca colocar-se em condições de publicidade.

O público surge e se organiza de acordo com seus objetivos e as controvérsias em que está inserido, e busca constantemente afirmar seu lugar enquanto agente social em público. E é essa afirmação pública – em vários espaços de visibilidade e aparecimento – que incentiva a coesão entre seus membros e posiciona o público na condição de grupo mobilizado em determinado contexto. Para tanto, busca construir táticas de reivindicação e enfrentamento em vista da causa pela qual se mobiliza, e é na própria movimentação do público que essas táticas vão sendo traçadas.

No processo mobilizador, é preciso tanto afirmar a causa como demonstrar que existe um público mobilizado por ela. Ou seja, mais do que colocar publicamente suas reivindicações, é preciso apresentar em público essa coletividade que, naquele momento, está mobilizada em favor de um interesse comum (HENRIQUES, 2004; 2012). Assim, entende-se que o ato público não é apenas uma demonstração – de contrariedade, de indignação, de revolta –, mas também uma apresentação de um público no espaço público.

Há, na história da humanidade, diversos exemplos dessas formas de ação nas quais se busca uma afirmação pública: desde o Egito antigo e o Império Romano há registros de mobilizações públicas. Com a globalização e o desenvolvimento de tecnologias que permitem um alcance maior e uma documentação mais detalhada, pode-se dizer que tais mobilizações vêm se tornando mais frequentes e mais complexas, a exemplo das jornadas de junho no Brasil, em 2013, dos protestos na França contra a reforma previdenciária, em 2019, e do movimento antirracista Black Lives Matter, em 2020, que iniciou nos Estados Unidos e alcançou o mundo. A dinâmica interligada entre ruas e redes (especialmente as digitais) tem sido ao mesmo tempo incentivadora dessas ocorrências e o espaço em que elas se realizam. A intensa urbanização nas cidades, a diminuição de espaços de convivência coletivos e a criação de normas restritivas de uso do espaço público também podem ser alguns dos fatores que contribuem para o surgimento mais frequente dessas ações coletivas em público.

O ato público se conforma como um evento – menos ou mais planejado, com menor ou maior grau de espontaneidade –, e como tal pretende inserir-se numa cadeia de acontecimentos, inserir-se na vida cotidiana dos sujeitos. Esta ocorrência quer exprimir algo e precisa, para isso, atrair para si as atenções. Como forma de expressão, busca uma audiência e precisa ser, de algum modo, marcante. Enquanto acontecimento, precisa romper com a normalidade cotidiana (França, 2012; Quéré, 2003). Como demonstração, demanda um cenário. E o espaço público urbano é um lócus adequado para tal, pois as ruas da cidade são carregadas de uma simbologia importante: são espaços de visibilidade e constante disputa e, ao serem tensionadas pela complexa aglomeração do ato público, sofre interferências em suas circulações habituais.

Essas ações públicas precisam propor, de algum modo, uma experiência de estar junto, coordenando os sujeitos participantes com o propósito de agir coletivamente. Isso se traduz em eventos de protesto, marchas, ocupações, barricadas – dos repertórios mais simples de manifestação aos mais radicais –, isto é, em eventos criados para romper uma dada rotina e chamar a atenção para determinado problema. Deste modo, é importante entender como esses públicos mobilizados surgem e por qual motivo eles, mesmo quando se formam primeiramente no ambiente virtual, em algum momento sentem a necessidade de tomar o espaço público físico como um lócus de visibilidade e reforço de identidade. E é a realização de eventos enquanto recurso de afirmação pública de um público mobilizado que nos chama atenção para tentar entender qual é o papel do ato público, do evento mobilizador, da manifestação no espaço público na dinâmica de agir em condições de publicidade e propor uma experiência de ser público *em público*.

Em vista disso, este trabalho traça um raciocínio sobre a importância de tomar o espaço público – seja ele ruas, praças, prédios públicos –, mesmo quando a internet e as redes sociais digitais ganham cada vez mais força, como forma de propor uma modalidade de experiência do próprio grupo enquanto público mobilizado, e como estas ações coletivas utilizam certas táticas e recursos para publicizar suas causas quando ocupam e reivindicam tais espaços.

O público: uma modalidade de experiência coletiva

A tarefa de estudar um público mobilizado e sua movimentação é tanto instigante quanto complexa. O dinamismo inerente a essas formas de associação humana torna o trabalho ao mesmo tempo complicado e interessante. A formação e a movimentação de um grupo devem ser apreendidas levando-se em conta o contexto, os sujeitos envolvidos e a causa que defendem. Diversos fatores também influem nessa dinâmica – tais como o panorama sociopolítico, o posicionamento de oponentes, os repertórios utilizados etc. –, e uma dada situação vivida por um público pode mudar diametralmente conforme o grau de influência de cada um destes fatores aumenta ou diminui. As janelas de oportunidade que se abrem a partir da interação dos sujeitos com tais fatores podem configurar o surgimento ou a movimentação de um público, já que um público "simultaneamente se constitui e é constituído" – ou seja, ele se forma *na* própria interação, em seu próprio movimento (Henriques, 2014, p. 4).

Entendemos, portanto, que um público não é dado antecipadamente, pois ele surge a partir de uma situação que o conforma e se movimenta de acordo com a controvérsia em que está inserido. Esse processo é dinâmico, mutável, flexível, pois os públicos são múltiplos e não são fixos. Os membros que o compõem podem mudar, no desenrolar da própria controvérsia, conforme mudem suas percepções daquilo que os afeta e se alterem suas opiniões; neles as relações de pertencimento são abertas e reversíveis, ou seja, qualquer indivíduo pode integrar diferentes públicos simultaneamente e em momentos distintos (ESTEVES, 2011).

Enquanto uma modalidade de ação coletiva, o público se apresenta como uma atividade que aciona um sistema de relações entre seus membros, ou seja, propõe uma coordenação de ações em prol de uma coletividade. Quanto mais organizadas e planejadas as ações, maior o nível de coordenação necessário para que haja uma afirmação pública como grupo. Ressalta-se que há níveis diferentes de coordenação e definição entre os diversos públicos, e também entre os membros de um mesmo grupo.

O ato público pode abranger tanto manifestações de um público bem específico quanto de multidões – que tendem a ser mais genéricas e inespecíficas. Mas é fato que os atos públicos possuem a pretensão – mesmo que meramente intuitiva – de se expandir. Uma multidão não vai às ruas sem a produção de um efeito mobilizador concentrado e intensivo que provoque a agregação. Como observa Henriques (2015), uma vez em seu curso, uma multidão nas ruas também incide sobre públicos específicos, em suas causas particulares. Assim, a organização de atos de protesto está diretamente ligada à formação de públicos, que podem se constituir para a realização desses eventos (como propulsor deles) ou a partir dos eventos (como resposta a eles).

Um público, enquanto agrupamento de sujeitos que partilham valores e propósitos afins, se conforma, então, a partir de indivíduos que se sentem afetados por uma situação e se agrupam para agir coletivamente em busca de uma solução, e pode se desagregar, reagrupar e rearticular de acordo com o contexto que se apresenta, numa experiência contínua de agrupamentos e reagrupamentos, buscando também envolver outras pessoas e grupos em sua proposta e em sua ação.

Se um público é uma modalidade de experiência é porque sua configuração possibilita que aqueles que dele fazem parte possam agir e sofrer um problema conjuntamente. Essa é uma interação reflexiva, em que, ao mesmo tempo, se age e reage coletivamente a uma determinada situação. E é a necessidade de afirmação pública desse público que permite a representação da realidade do grupo, num processo de afetividade – busca-se afetar aqueles de fora para aderir à causa –, mas também os já participantes precisam reafirmar sua afetação. Significa, portanto, uma experiência indutora e emocional na qual se escolhe participar ou não, mas em que, em qualquer caso, busca-se envolvimento e constrói-se vínculos.

Engajar o devir coletivo e público num fluxo de experiência é o principal desafio de muitas mobilizações coletivas. Quando John Dewey (1954) descreve a emergência do coletivo de exploradores e experimentadores que forma um público, ele se refere a essa dimensão experiencial, inerentemente afetiva, cognitiva e normativa, ancorada no presente, mas abrindo para horizontes no passado e no presente em que convicções pessoais vão se formar, se reforçar e se exprimir em um processo de coletivização e de publicização de um caso, de um problema ou de uma causa. Esse público se movimenta de acordo com seus interesses num processo de mobilização de recursos e vontades, e é esse movimentar-se que inaugura uma dinâmica de ação coletiva – planejada ou espontânea – em espaços de visibilidade e conflito.

Essa experiência vivida em conjunto muitas vezes toma forma enquanto eventos de protesto, ou seja, acontecimentos planejados para romper a rotina da cidade e que permitem a afirmação pública do grupo – tanto para os atores externos a ele quanto para si próprio. Do mesmo modo, esses eventos possuem um caráter comunicacional que perpassa a necessidade de manifestação e compartilhamento de interesses em público, e são fundamentais tanto para a manutenção da problematização e da legitimação de uma causa pela opinião pública quanto para desafiar esta mesma opinião pública. Pois é através da comunicação que um processo de mobilização social ganha força, respaldo e visibilidade. Como pontua Henriques (2007), na comunicação dos movimentos sociais ou de projetos mobilizadores uma questão central é que estratégias e táticas de comunicação são requeridas especialmente para dirigir aos públicos de interesse apelos que possam convencê-los de que uma causa existe em função de um problema concreto, enquadra-se num contexto mais amplo, que ele deve interessar a todos e é passível de transformação.

Repertórios de ação na mobilização social para ser e estar público

Nesta busca por reconhecimento e visibilidade, as escolhas táticas dos públicos mobilizados voltam-se prioritariamente às janelas de oportunidade para colocar-se em espaços de visibilidade, evidenciando o caráter emergente dos atos públicos. Essas decisões são feitas visando surpreender, e elegem recursos que demonstrem um certo grau de inovação e de espontaneidade, especialmente com o surgimento da internet e das redes sociais digitais. São os chamados repertórios de ação, que conformam uma gama de possibilidades de que um grupo social pode fazer uso para mobilizar vontades de acordo com seus interesses.

Tais recursos são empregados como formas possíveis para um grupo se afirmar em público e fazem parte de "repertórios de ação" (TILLY, 1978) inerentes aos movimentos sociais e aos públicos mobilizados. Esses repertórios de ação referem-se a um conjunto de táticas comumente usadas para a expressão política dos sujeitos, tais como a disponibilização de peças publicitárias e de material audiovisual, a ocupação dos espaços públicos, privados e cibernéticos, a realização de eventos, viagens, premiações, espetáculos e demais recursos estratégicos de comunicação. E são elas que tornam públicas causas e reivindicações e colocam um movimento ou grupo social num espaço visível de disputa de sentidos. Importante ressaltar que esses repertórios de ação vêm se renovando de acordo com as novas formas de participação política e, principalmente, devido ao alcance da internet.

A partir das ações baseadas em um certo repertório, Charles Tilly (1978) assevera que os atores sociais devem achar caminhos para expressar seu valor e seu grau de coesão. Neste sentido, um público mobilizado se configura em uma campanha de reivindicações em relação a detentores de poder que utiliza um determinado repertório designado para exibir merecimento coletivo, unidade, numerosidade e comprometimento (KRIESI, 2009). Tilly também fala em *repertoires of contention* (repertórios de confronto), compreendendo que muitas das ações baseadas nesses repertórios visam quebrar uma rotina e criar uma controvérsia – e, muitas vezes, desencadear um embate. Para ele, os "*repertoires of contention* são formas conversacionais que incluem a troca de informação entre manifestantes e seus públicos" (TILLY, 2006, p. 118).

Esta perspectiva, contudo, está muito voltada para a visão de que os repertórios de confronto são conjuntos de informações de base estritamente racional, ignorando a dimensão poética da política que é também acionada nos projetos mobilizadores. Isto se dá, entre outras maneiras, pela estética, na construção de uma situação de visibilidade e de fala a partir do conflito político. São as cenas de dissenso a que Jacques Ranciére (2004, p. 55) se refere e que surgem quando "ações de sujeitos que não eram, até então, contados como interlocutores irrompem e provocam rupturas na unidade daquilo que é dado e na evidência do visível para desenhar uma nova topografia do possível". Essas cenas de dissenso misturam a dramaticidade da cena teatral com a racionalidade da cena argumentativa, e, portanto, demandam uma inventividade na qual os atores sociais acionam discursos, símbolos, imagens e sons para reconfigurar seu processo experiencial. Reconfiguram também, com o uso da estética dentro dessa perspectiva poética da política, sua própria construção, absorvendo aprendizados, compreendendo novos acontecimentos, recebendo novos membros, adquirindo novos recursos, testando a resistência de seus opositores, ganhando legitimidade de outros públicos, num movimento de autoconstrução constante e que nem sempre é planejado previamente, mas que se dá especialmente com o desenrolar da sua existência enquanto público mobilizado.

Os repertórios de ação significam uma "história de contínua inovação e modulação", uma inovação na rotina social em que o improviso dos atores modifica ligeiramente seu desempenho previsto no repertório e também nas crises e ciclos de protesto, nos quais há variações rápidas nas oportunidades políticas que, aprendidas de formas diferentes pelos atores conforme a posição que ocupam, geram expectativas e resultados diferentes (TILLY, 2006). Esse pensamento ilustra que os detentores de poder tendem a repetir estratégias bem-sucedidas no passado, fixando-se em repertórios rígidos; já os "desafiantes" adotam repertórios flexíveis, pois lhes interessa o fator tático da surpresa que a inovação pode trazer.

Essa dinâmica entre os atores faz emergir, a partir das oportunidades que o contexto político proporciona, novas modalidades de ação dentro do escopo de repertórios já existentes. Os atores sociais estão constantemente criando novas formas de participação política de acordo com seu envolvimento em disputas pela definição das estratégias de mobilização e formação de alianças, tanto através do uso de novas tecnologias quanto dos veículos de comunicação convencionais. Novas modalidades de ação emergem através de formas alternativas de manifestação e protesto que, por sua vez, são hoje possibilitadas em grande medida por meio do uso das novas tecnologias de comunicação, como a internet e os aplicativos para celulares, e da transformação das formas convencionais, atravessadas por essas novas possibilidades.

A dimensão performática da ação coletiva e a espetacularização da política

Mais do que apenas organizar os atos públicos, os atores sociais devem pensar no que acontece durante sua realização. Durante os eventos de protesto, os sujeitos não apenas caminham sem ordenação. Eles o fazem seguindo um certo *script*, que pode ter sido definido previamente – planejado minuciosamente com determinados objetivos em vista –, mas também pode ocorrer o acionamento de outros repertórios a partir de acontecimentos imprevistos e da experiência dos sujeitos no próprio ato. Nunca se sabe precisamente o que há ou não de preparado e espontâneo em um ato público. Durante toda a sua realização, pode sempre tomar rumos imprevistos, por mais planejado e ordenado que seja; pode variar em grau de tensão e confronto conforme a intervenção dos atores que dele participam ou de outros agentes externos ao público mobilizado.

Esses repertórios estão atrelados às performances, às formas usadas por um grupo para evidenciar sua movimentação. Consideramos aqui as performances como um recurso dramático e teatral do qual um público lança mão para publicizar sua causa e deixá-la mais palpável a quem deseja afetar. Tais performances configuram os modos de ação visíveis, as formas que os atores sociais dão a ver o seu movimentar-se. Têm a ver, portanto, com a maneira com que aquela movimentação aparece e se mostra em público. Nessa lógica, as performances são responsáveis por materializar as causas e as demandas dos atores sociais. E o fazem incorporando as reivindicações a recursos simbólicos como sons, cores, formas, imagens e demais recursos que possam dar concretude à dinâmica de movimentação.

Entendendo que o ativismo político se caracteriza por ações ao mesmo tempo de transgressão e solidariedade – transgressão pela oposição a certa condição social com vistas à sua transformação, e solidariedade pelo caráter coletivo guiado à mudança social (JORDAN, 2004), as ações que daí derivam estão constantemente voltadas para uma esfera de ação política indireta, mas que tangencia e tensiona a todo momento as esferas formais de participação política. Dessa forma, o ativismo e suas modalidades de ação coletiva buscam transpassar os canais formais de participação, buscando novos caminhos para reivindicar direitos, publicizar o dissenso e coletivizar causas, lançando mão, muitas vezes, de ações mais radicais para tal. Exemplos disso são as barricadas, depredações de patrimônio público ou privado, queima de bandeiras, emboscadas, execuções, atos terroristas (que muitas vezes se aproximam de táticas de guerrilha urbana), e as greves, ocupações, passeatas, pichações, e interrupções de trânsito que, apesar de mais brandas, também possuem potencial para o conflito.

De todo modo, são as modalidades de ação utilizadas para a afirmação pública que dão a base para entender o posicionamento público dos grupos sociais. É neste sentido que os repertórios de ação perpassam a dimensão comunicacional para que o processo de mobilização social se torne possível e operam para desafiar os sentidos dominantes e explorar algo que está ainda para além da visibilidade.

Para fazer uma ligação entre o público e a causa e estimular o processo de mudança, os sujeitos fazem uso de elementos de comunicação para a manutenção da mobilização que organizam o grupo ou movimento ligando uma ação à outra, coordenando-as. Aos projetos de mobilização social importa não somente construir uma causa a ser defendida, mas também encontrar mecanismos responsáveis por tornar essa causa visível para que seja passível de comunicação e debate entre os sujeitos. E se ancoram nesta premissa uma vez que, num contexto de mobilização social, a amplitude de uma controvérsia está diretamente ligada à visibilidade pública que ela ganha em diversas esferas da vida social (MAFRA, 2006).

Neste sentido, é preciso identificar as características espetaculares de ações e as táticas de comunicação para mobilização social, buscando entendê-las como parte de um processo maior sem perder de vista seu principal objetivo: convocar vontades, evidenciando sentimentos comuns, manifestando o quanto são afetados por uma situação e demonstrando insatisfação, a fim de reunir sujeitos para a transformação de uma realidade. Ou seja, táticas comunicativas como passeatas, divulgação de manifestos, realização de eventos festivos ou eventos com o objetivo de discussão do problema, como simpósios e congressos, entre outros, são importantes para o processo mobilizador. E os eventos organizados por grupos sociais possuem uma dimensão que perpassa a noção de performance, pois muitas vezes busca-se representar a problemática em que se está inserido, a fim de dar a ver sua movimentação.

Analisar a coordenação de ações coletivas sob uma perspectiva performática dentro do contexto de controvérsia e disputa de sentidos facilita a compreensão acerca da articulação e da movimentação de públicos mobilizados enquanto consequência de uma problemática. Ademais, como uma modalidade de experiência (menos ou mais organizada), o comportamento e a performance de um público só podem ser compreendidos em meio à dinâmica das suas interações e de modo contingencial (HENRIQUES, 2014).

Ocorre, então, uma modalidade de ação postulada coletivamente que caracteriza dramaturgicamente um sentido de afetação – de demonstrar aquilo que os afeta e afetar aqueles que os observam –, numa *mise-en-scène* que tem a ver com a experiência concreta dos sujeitos em relação àquilo que sofrem e permite que o grupo demonstre publicamente que todos ali presentes agem em conjunto. Os sujeitos representam publicamente seu sofrer em conjunto, configurando uma dramaturgia na qual se representa aquilo pelo que se luta, isto é, criando uma performance.

Daniel Cefaï (2009) trata dessa noção de performance afirmando que os atores buscam nesses repertórios dramáticos de performances, de retóricas e de argumentação dar forma às suas atividades de crítica, denúncia e reivindicação. Para ele, essas modalidades de representação, por meio de argumentos e narrativas, comandam maneiras típicas de atuar, de persuadir e de retratar uma situação diante de públicos. "Trata-se, mais uma vez, de atos de publicização que, além de moldarem os meios de pertinência, as paisagens de experiência e as perspectivas de ação dos protagonistas, se oferecem à aprovação ou à crítica dos públicos" (CEFAÏ, 2009, p. 30).

Pensando nas performances atreladas aos atos públicos e na importância da interpretação (dos atores e do público), David Apter (2006) nos apresenta uma vertente que sugere um *political theatre* ou uma "política teatralizada", em livre tradução. Nessa perspectiva, quanto mais a dramatização for capaz de interromper o ritmo do cotidiano, de pontuar aquele momento enquanto evento histórico e de possibilitar sua reapresentação dramática por diversas vezes, mais ela questionará a normalidade. Essa representação tangencia o espetacular, que, por sua vez, remete ao movimento e à ocupação de um espaço de modo a mostrar algo não usual, algo não cotidiano (WEBER, 2007).

O teatro político, para Apter (2006), é, em parte, sobre a maneira com que as pessoas interpretam suas circunstâncias pessoais e sociais, individuais e coletivas e o que elas fazem para mudá-las. Um teatro político pode, neste sentido, ser considerado um campo de ação onde acontece uma espécie de "alquimia performativa" que transforma eventos experienciados em estímulos de reivindicação. Isto é, a performance que essa teatralização invoca abre possibilidades para que aquilo que se vivencia coletivamente em uma demonstração pública se torne um incentivo para colocar em pauta demandas de interesse coletivo.

E a forma com que essa performance é apresentada, bem como seus elementos simbólicos funcionam como catalisadores dessa potencialidade. Exemplo disso é a escolha do espaço público como palco para o teatro político, já que, segundo Apter (2006), o espaço público em que a performance é encenada não é neutro. Pelo contrário, "ele constitui um lócus semiótico que contribui para gerar mais autoridade ou, em alguns casos, santidade da própria performance" (APTER, 2006, p. 221, tradução nossa).[1]

Essa noção de performance, mesmo quando planejada previamente, passa pela dimensão poética do próprio ato público que se constrói e se completa, de fato, durante a sua realização quando todos que compõem a cena agem juntos, efetivamente. Os repertórios de ação, bem como os recursos teatrais são esquemas de algum modo padronizados que ajudam a orientar os comportamentos coletivos, não somente na concepção do ato ou evento público, mas também – e principalmente – durante o seu decorrer. Mas o que de fato ocorre só é possível dizer no momento em que essa construção coletiva se desenrola publicamente.

Os recursos simbólicos enquanto instrumentos de mobilização social

Quando vislumbramos o conceito de performance ligado à apropriação de repertórios de ação coletiva, destacam-se as práticas de protesto incorporadas e os recursos simbólicos rotineiramente usados para exibir descontentamento e desobediência – do uso de crachás ou bandeiras para marchar em manifestações de rua ao compartilhamento de vídeos de ativismo em sites de redes sociais (TILLY, 2008; EYERMAN, 2006). Os recursos simbólicos e estéticos são empregados em processos mobilizadores como ferramentas tanto de incentivo à coesão grupal quanto de promoção do conflito. Isto acontece porque a estética é aquilo que faz o sujeito experimentar, junto a outros, sentimentos, desejos, sensações e emoções como uma forma de vibrar em comum. A estética, hoje, está muito mais voltada para o cotidiano e, por vezes, emerge onde predomina o supérfluo e o inútil, mas onde também convive, num mesmo movimento, a preocupação com o qualitativo e com o coletivo (MAHEIRIE, 2002, p. 46).

Imagens podem se tornar um ponto central no qual experiências e quadros de injustiça se organizam, mas também devem ser vistas como um recurso para conectar pessoas anteriormente desvinculadas, ainda

---

[1] No original: "*It constitutes a semiotic ground that contributes to the authority, and on occasion the sanctity, of performance itself*".

mais depois do surgimento do ambiente mediático que facilita essas conexões através de redes sociais mediadas por computador (Bennett; Segerberg, 2013). O ambiente cibernético, afinal, tornou-se lócus de produção e distribuição de imagens. Por um lado, a internet possibilitou, por exemplo, a criação de memes ironizando figuras públicas, partidos políticos e as mais diversas situações controversas. E, por outro, facilitou a disseminação de informações em formatos similares a *banners*, cartazes e panfletos – e outras formas mais convencionais de utilização de imagens para mobilização – que antes seriam distribuídos pessoalmente e em menor escala, mas que hoje podem alcançar milhares de sujeitos em questão de minutos.

As imagens são particularmente recompensadoras no que se refere à compreensão emocional em um contexto mobilizador, pois "membros de grupos sociais difundem imagens estáticas e em movimento para despertar emoções e aumentar a atenção e finalmente auxiliar na mobilização de pessoas para a ação propriamente dita" (Mattoni, 2013, p. 5). Como exemplos desse potencial mobilizador das imagens, temos as campanhas do Greenpeace – que buscam chocar e ao mesmo tempo engajar sujeitos ao exibir animais mortos, maltratados e mutilados; há também o Femen – grupo feminista radical que busca agir de forma agressiva e tem o ato de mostrar os seios como imagem fortemente vinculada ao grupo; além disso, em 2015, uma foto trouxe à tona a discussão sobre a crise dos refugiados na Europa: um menino sírio foi encontrado sem vida em uma praia turca depois que o barco em que sua família estava naufragou a caminho da Grécia; e, em 2020, o mundo se chocou com fotos e vídeos escancarando o uso excessivo de força policial e o racismo estrutural que acabaram tirando a vida de George Floyd nos Estados Unidos.

Para além do recurso visual, os elementos sonoros também são amplamente empregados em contextos mobilizadores. Os sons, e particularmente a música, são capazes de produzir sentidos que remetem à política, à estética, ao lazer, à identidade social e à sociabilidade. Por sua natureza polissêmica, variável a partir de cada contexto e época, seu uso na produção de sentidos simbólicos se faz de maneira bastante dinâmica, tanto que, na vida em sociedade, em momentos importantes a sonoridade se faz presente: nas solenidades, nas festividades, nos rituais religiosos, nos processos revolucionários, dentre outros (Ikeda, 2001).

Ikeda pontua, ainda, que em cada situação, adaptada ao evento a ser realizado, a música servirá para o estabelecimento de significados agregados, construídos na história própria de cada coletividade. Isto se dá justamente porque as canções "conversam" sobre questões sociais, culturais, econômicas e políticas, num contexto que alcança, de uma maneira concomitante, todas as formas de arte (MAHEIRIE, 2002). Deste modo, os recursos sonoros são empregados pelos atores sociais como formas de promover coesão entre seus pares, ao mesmo tempo em que promovem um posicionamento político de desafio em relação a seus opositores. Exemplos disso são os hinos de movimentos sociais mais institucionalizados como o Movimento dos Trabalhadores Sem Terra (MST), as canções de protesto durante a ditadura militar no Brasil e as cantigas de roda de capoeira – enquanto esforço de manutenção da cultura africana.

Assim sendo, é possível dizer que a música pode possibilitar, por meio de uma proposta de experiência, processos de identificação com o grupo, com os semelhantes que estão na luta e também com aqueles que se diferenciam e/ou se opõem ao grupo numa dada realidade social. E não só o som pode ser usado em um contexto mobilizador como recurso simbólico, mas também a ausência dele pode ser uma forma de posicionamento. A escolha de fazer um minuto silêncio em homenagem e respeito às vítimas de uma tragédia, ou até mesmo a decisão de não cantar o Hino Nacional em uma cerimônia de entrega de medalhas carregam consigo também a simbologia necessária para dar visibilidade a um problema coletivo e marcar a necessidade de mudança efetiva. Além disso, os recursos sonoros vão muito além de músicas e cantigas: também podem ser utilizadas buzinas, tambores e até mesmo a ressignificação de utensílios que não fazem parte diretamente do universo da sonoridade. É o caso, por exemplo, das panelas que foram utilizadas nos panelaços, em diversos momentos, para marcar um posicionamento contra o governo federal no Brasil.

Os recursos gráficos e musicais inseridos em um contexto mobilizador podem ser pensados previamente pelos atores – como faixas, cartazes, máscaras, camisas, adesivos, hinos –, enquanto outros são construídos durante a própria movimentação – rostos pintados, pichações etc. E são esses recursos que, combinados a outras formas de ação visíveis, vão formando esteticamente a manifestação e dão concretude ao evento. E são essas intervenções estéticas que, além de dar materialidade ao ato público, personalizam um certo repertório de ação para aquela situação e para aqueles atores específicos.

As sonoridades, visualidades e corporalidades influenciam nas performances, e a forma com que elas se manifestam diz muito dos repertórios culturais presentes – afinal, pichar um muro ou cantar uma cantiga de escárnio possivelmente não possui o mesmo valor simbólico na América Latina e na Ásia, por exemplo. Esses repertórios culturais são forças potentes que atravessam a conformação dos atos públicos de rua e são importantes para o resultado final – tanto de sucesso quanto de fracasso – das demonstrações públicas.

A questão visual e sonora é crucial na mobilização e na afirmação públicas dos grupos sociais, entretanto não são os únicos elementos simbólicos empenhados em eventos de demonstrações públicas como os que aqui tratamos. As escolhas do tipo de manifestação, do local, do trajeto, da data, entre outras também estão carregadas de simbolismo. Ao focalizar imagens e sons, é possível perceber como estes aspectos funcionam enquanto meios de produção simbólica que têm efeitos externos, como mobilizar atenção para um problema, e internos, como criar e sustentar uma identidade coletiva. Além disso, são elementos estratégicos para dialogar com a lógica espetacular dos meios de comunicação.

De forma genérica, e para além dos recursos textuais, os elementos simbólicos nos permitem refinar e expandir nosso conhecimento sobre os processos sociais. Tentar compreender os recursos visuais e sonoros dentro de um contexto performático nos ajuda a apreender as escolhas, a movimentação e as mudanças de posicionamento de um público mobilizado ao definir suas táticas comunicacionais – já que analisar os elementos simbólicos das performances públicas de um grupo social nos permite perceber não só aquilo que o grupo planeja mostrar, mas também aquilo que ele é, ou seja, sua identidade coletiva. Além disso, é relevante analisá-los visto que esses recursos estão frequentemente presentes em atos públicos, atribuindo significância e singularidade às manifestações. É quando os sujeitos agem em condições de publicidade que os elementos simbólicos se tornam visíveis na busca por mais coesão, legitimidade e notoriedade.

Algumas considerações

O poder de mobilização que um evento traz consigo advém da ideia de que os eventos bem planejados e apresentados em locais significativos apropriados conseguem amplificar os efeitos de discursos, marchas e ocupações, por exemplo. E o palco escolhido, neste sentido, pode ser ele mesmo parte importante para o propósito do evento. A ocupação do espaço público vem ganhando novos sentidos a partir da ressignificação de repertórios de ação por grupos sociais contemporâneos, como o Occupy Wall Street, a chamada Primavera Árabe e as manifestações de junho de 2013 no Brasil. Inclusive, as ocupações – de ruas, praças, escolas, prédios públicos etc. –, enquanto modalidade de afirmação pública, ganharam espaço justamente porque a noção de espaço público aberto e acessível tem crescido como um viés importante da noção de participação política popular.

O significado de estar nas ruas expandiu-se a partir do surgimento de uma preocupação com a noção de coletividade no âmbito das políticas urbanas. A tomada do espaço público, assim sendo, ganha um novo sentido, mais forte, mais simbólico, voltado para a participação cidadã na tomada de decisão quanto aos interesses públicos e para a ocupação de ruas e praças por intervenções políticas e culturais como um direito de todos.

Ao mesmo tempo em que esses novos modos de ação coletiva emergem, especialmente a partir do surgimento da internet, o processo de reestruturação dos repertórios convencionais de manifestações públicas se mantém presente na realidade dos atores sociais contemporâneos. Isso ainda acontece porque frequentemente um evento se inspira e incorpora eventos que já aconteceram há anos. Exemplos não são difíceis de encontrar: o protesto do Women's Liberation Movement (WLM – Movimento pela Libertação das Mulheres, em tradução livre) contra o concurso de Miss America, em 1968, nos Estados Unidos, ficou marcado pela tentativa de queimar símbolos da opressão contra mulheres e da padronização de seus corpos, como cílios postiços, batons e, claro, os famigerados sutiãs. Em tempos recentes, o protesto canadense que ocorreu em 2011 e ficou conhecido como Slut Walk (denominado no Brasil como Marcha das Vadias) relembrou a simbologia do sutiã com várias das participantes mundo afora saindo às ruas com os seios descobertos. Uma das greves mais emblemáticas do país, a greve no ABC paulista que paralisou várias fábricas importantes para a economia brasileira no início da década de 1980, também pode ter parte do seu repertório relacionado a um protesto mais recente, de 2018: a greve dos caminhoneiros contra o aumento do combustível, que causou uma crise de desabastecimento a nível nacional. Já em 2020, o movimento Black Lives Matter (BLM) – que surgiu após uma série de crimes e abusos de autoridade praticados pela polícia dos Estados Unidos contra cidadãos negros e teve seu estopim com o assassinato de George Floyd. As passeatas do BLM podem ser comparadas à Marcha sobre Washington por Trabalho e Liberdade que ocorreu no mesmo país em 1963, tendo como porta-voz o advogado e ativista Martin Luther King.

Exemplos como os citados e tantos outros ilustram que essas escolhas de repetição e releitura de repertórios de ação favorecem a conversão de toda uma experiência social para um evento simbólico, dando a ela um grau excepcional de vitalidade enquanto representação cultural – como propõe Apter (2006), uma forma de reenquadrar a significância. Assim, os atores sociais decidem produzir um evento para funcionar como significante dramático, mobilizando retóricas no sentido de irradiar seus significados para fora de suas fronteiras, abrangendo e cativando seus públicos.

Os eventos planejados são programados pelos atores sociais enquanto acontecimentos "provocados", a fim de romper com a experiência rotineira dos sujeitos. Não obstante, muita das vezes em que ocorrem tais eventos (marchas, passeatas, greves) eles se organizam rapidamente – simulando, às vezes, uma espontaneidade –, em espaços públicos simbólicos e em horários estratégicos. Contudo, essa emergência e o alvoroço que ela causa podem ganhar novos contornos durante sua realização, ter resultados imprevisíveis e até mesmo encobrir os reais propósitos do grupo.

Entendemos, portanto, que os potenciais desses eventos planejados e das suas performances são os de justamente causar uma quebra na ordem cotidiana, incentivar a coesão dos públicos de interesse, ganhar visibilidade, construir uma narrativa própria – para fora dos domínios da mídia de massa – e expandir seus horizontes numa contínua generalização da causa. A noção de performance serve para acentuar as formas com que públicos mobilizados se organizam para dar-se a ver, aparecer, se destacar dentro de um cenário de disputa política acirrada. É necessário compreender que este recurso performático busca algo muito além da mera visibilidade, colocando-se enquanto fator importante para o sucesso da causa.

Pensadas não apenas para angariar mais visibilidade ao projeto mobilizador, as demonstrações públicas têm especial significância por promoverem simultaneamente o confronto e a vinculação. Fomentam o conflito por meio de ações provocativas, combativas, excitantes e incentivam os vínculos a partir de iniciativas que priorizam a experiência e a partilha coletivas. Tudo isso só é possível a partir de vários recursos que são definidos e promovidos entre o momento em que se planeja um ato público e quando ele se consuma. Algumas demonstrações são mais planejadas, outras mais espontâneas; mesmo que haja uma preparação *a priori*, são eventos abertos nos quais podem surgir manifestações espontâneas e, independentemente do grau de espontaneidade ou planejamento, podem variar de acordo com o público que se propõe a participar, com o tipo de adesão que se forma – e, é importante acrescentar, com a reação dos opositores.

É a imprevisibilidade dos atos públicos que torna o processo mobilizador mais desafiador. A forma que o ato público toma no momento não é possível de se prever com exatidão. E o modo como o outro lado responde às provocações também não. Assim sendo, uma demonstração pública possui algo de previsível – os preparativos mínimos para que ela aconteça e as propostas lúdicas definidas para ocorrer durante sua realização –, mas quando tudo tem início os coordenadores não têm mais o controle. No calor do momento, são os sujeitos em conjunto que lideram uma manifestação e a conduzem ao rumo que desejam naquele momento e contexto específicos.

As escolhas dos repertórios de ação também denotam algo de tático na movimentação dos atores sociais. Entretanto, aquilo que conseguimos identificar do esquema tático dos atos públicos é apenas uma parte da definição estratégica de um grupo ou movimento social. O que se vê na rua é somente uma parcela visível do planejamento de ação, pois a estratégia de longo prazo nunca é de todo revelada –

se é que é de todo concebida. A complexidade dos elementos que se combinam e são acionados para que essas táticas funcionem também carrega consigo certos mistérios. Principalmente porque as motivações por trás dos eventos de protestos podem ser muito diversas – o que pode, inclusive, causar contradições internas. Diferentes interesses podem convergir num determinado momento, focalizando uma ação conjunta, e, naquele contexto, surge um repertório de vinculação que justifica as pessoas estarem ali juntas. Mas isso pode não se sustentar por muito tempo se a gama de atores for muito diversificada. Uma vez inseridos em um contexto de jogo de interesses, os atores sociais articulados procuram expressar publicamente algo que têm em comum, sem, contudo, revelar todas as suas intenções e toda a sua estratégia.

Portanto, é fundamental compreender que, enquanto modalidade coletiva de experiência com certo grau de atuação performática, um público mobilizado que se posiciona publicamente, em busca de legitimidade e transformação, não deve ser observado como uma unidade fixa, cristalina e imutável.

Referências

APTER, David. Politics as Theatre: an Alternative View of the Rationalities of Power. In: ALEXANDER, Jeffrey; GIESEN, Bernhard; MAST, Jason L. (Orgs.). *Social Performance: Symbolic Action, Cultural Pragmatics, and Ritual*. Nova York: Cambridge University Press, 2006. p. 218-256.

BENNET, W. Lance; SEGERBERG, Alexandra. *The Logic of Connective Action: Digital Media and the Personalization of Contentious Politics*. Nova York: Cambridge University Press, 2013.

CEFAÏ, Daniel. Como nos mobilizamos? A contribuição de uma abordagem pragmatista para a sociologia da ação coletiva. *Dilemas: Revista de Estudos de Conflito e Controle Social*, Rio de Janeiro, v. 2, n. 4, p. 11-48, abr.-jun. 2009.

DEWEY, John. *The Public and its Problems*. Ohio: Swallow Press Books, 1954.

ESTEVES, João P. *Sociologia da comunicação*. Lisboa: Fundação Calouste Gulbenkian, 2011.

EYERMAN, Ron. Performing Opposition or, How Social Movements Move. In: ALEXANDER, Jeffrey; GIESEN, Bernhard, MAST, Jason L. (Orgs.). *Social Performance: Symbolic Action, Cultural Pragmatics, and Ritual*. Nova York: Cambridge University Press, 2006. p. 193-217.

FRANÇA, Vera R. V. O acontecimento para além do acontecimento: uma ferramenta heurística. In: FRANÇA, Vera R. V.; OLIVEIRA, Luciana de (Orgs.). *Acontecimento: reverberações*. Belo Horizonte: Autêntica, 2012. p. 39-51.

HENRIQUES, Márcio Simeone *et al.* (Orgs.). *Comunicação e estratégias de mobilização social*. Belo Horizonte: Autêntica, 2004.

HENRIQUES, Márcio Simeone. Ativismo, movimentos sociais e relações públicas. In: KRIESI, Hanspeter. Charles Tilly: Contentious Performances, Campaigns and Social Movements. *Swiss Political Science Review*, v. 15, n. 2, 2009, p. 341-349.

KUNSCH, Margarida M. K.; KUNSCH, Waldemar L. (Orgs.). *Relações públicas comunitárias: a comunicação em uma perspectiva dialógica e transformadora*. São Paulo: Summus, 2007.

HENRIQUES, Márcio Simeone. A comunicação e a condição pública dos processos de mobilização social. *Revista Ação Midiática – Estudos em Comunicação, Sociedade e Cultura*, v. 2, n. 1, p. 1-12, 2012.

HENRIQUES, Márcio Simeone. Promoção do interesse e projeção da experiência: a formação dos públicos na interação com as organizações. In: COLÓQUIO EM IMAGEM E SOCIABILIDADE, 3, Belo Horizonte, 2014. *Anais...* Belo Horizonte, 2014.

HENRIQUES, Márcio Simeone. A mobilização no contexto das manifestações sociais: considerações sobre dinâmicas e processos comunicativos na ação coletiva. In: FOSSÁ, Ivete M. T. (Org.). *Da expressão pública à comunicação midiática: perspectivas teóricas e empíricas a partir das manifestações sociais*. Porto Alegre: EDIPUCRS, 2015. p. 51-68.

IKEDA, Alberto T. Música, política e ideologia: algumas considerações. In: SIMPÓSIO LATINO-AMERICANO DE MUSICOLOGIA, FUNDAÇÃO CULTURAL DE CURITIBA, 5, 18 a 21 jan. 2001, Curitiba. Anais [...]. Curitiba: Fundação Cultural de Curitiba, Curitiba, 2001.

JORDAN, Tim. *Activism! Direct Action, Hacktivism and the Future of Society*. Londres: Reaktion Books, 2004.

MAFRA, Rennan L. M. *Entre o espetáculo, a festa e a argumentação: mídia, comunicação estratégica e mobilização social*. Belo Horizonte: Autêntica, 2006.

MAHEIRIE, Kátia. Música popular, estilo estético e identidade coletiva. *Psicologia Política*, v. 2, n. 3, p. 39-54, 2002.

MATTONI, Alice. Repertoires of communication in social movement processes. In: CAMMAERTS, Bart; MATTONI, Alice; McCURDY, Patrick (Orgs.). *Mediation and Protest Movements*. Bristol: Intellect, 2013. p. 39-56.

QUÉRÉ, Louis. Le public comme forme et comme modalité d'expérience. In: CEFAÏ, Daniel; PASQUIER, Dominique. *Les sens du public*. Paris: PUF, 2003. p. 113-133.

RANCIÈRE, Jacques. *Aux bords du politique*. Paris: Gallimard, 2004.

TILLY, Charles. *From Mobilization to Revolution*. Reading Mass: Addison-Wesley, 1978.

TILLY, Charles. *Regimes and Repertoires*. Chicago: The Chicago University Press, 2006.

TILLY, Charles. *Contentious Performances*. Nova York: Cambridge University Press, 2008.

WEBER, Maria Helena. O espetáculo político-midiático e a partição de poderes (texto para debate). 2007. Disponível em: <https://bit.ly/3P0H7Ka>. Acesso em: 10 jan. 2016.

PARTE III

Potências e vulnerabilidades nas dinâmicas dos públicos

CAPÍTULO VI

Acontecimento e estratégia: o processo de mobilização dos atingidos pela Copa em Belo Horizonte

Clara Soares Braga

Era junho de 2013, mês de realização da Copa das Confederações da Federação Internacional de Futebol (FIFA)[1] no Brasil. O torneio funcionaria como um teste da infraestrutura e da logística para a Copa do Mundo, que aconteceria um ano depois. Os brasileiros, em especial os moradores e trabalhadores das cidades-sede dos jogos, estavam vivendo um misto de expectativas positivas e negativas pela realização dos megaeventos no país.

Em uma pesquisa do Instituto Datafolha de dezembro de 2012, 90% dos entrevistados disseram que a Copa seria importante para o Brasil, e destes 70% consideravam que ela seria muito importante.[2] Tudo isso apesar das opiniões apuradas, no mesmo levantamento, de que o país estaria despreparado em relação a aspectos como segurança, transporte público, aeroportos e infraestrutura dos estádios, além da crença de 76% dos entrevistados de que havia corrupção nas obras para a Copa.

---

[1] Fédération Internationale de Football Association (FIFA), associação fundada em 1904 e sediada em Zurique.

[2] INSTITUTO DATAFOLHA. Copa do Mundo e Seleção Brasileira, 13 dez. 2012. Disponível em: <https://bit.ly/3uqrWST>. Acesso em: 22 ago. 2021.

Não nos surpreendeu o fato de que, mesmo com tantos pontos negativos, a Copa fosse desejada e considerada importante pela maioria dos brasileiros. Afinal, é muito forte a ligação histórica, cultural e sentimental do brasileiro com o futebol e com a própria competição. Além disso, havia a expectativa do aumento de ganhos em diferentes setores da economia e do legado positivo para as cidades-sede, como estádios e aeroportos mais modernos e confortáveis e novos equipamentos de mobilidade urbana.

Entretanto, desde a confirmação do Brasil como país-sede, em 2007, houve quem se colocasse em franca oposição aos gastos públicos despendidos para a Copa (em detrimento de investimentos em outras áreas prioritárias, como saúde e educação), com os transtornos gerados pelas obras, com as muitas brechas legais abertas para a FIFA, com a elitização do futebol e, sobretudo, com as violações de direitos de grupos historicamente excluídos e da população como um todo – tais como o direito à cidade, à moradia, ao trabalho, entre outros.

Em 2010, durante o Seminário "Impactos Urbanos e Violações de Direitos Humanos nos Megaeventos Esportivos",[3] promovido pela Relatoria Especial da Organização das Nações Unidas (ONU) para o Direito à Moradia Adequada, em São Paulo, representantes das doze cidades-sede da Copa de 2014 criaram a Articulação Nacional dos Comitês Populares da Copa (ANCOP). A partir daí, os comitês começaram a agir e se articular localmente nas cidades que receberiam os jogos e nacionalmente através da ANCOP, propondo à sociedade uma discussão, por meio do questionamento "Copa pra quem?".

Três anos se passaram, e chegamos a junho de 2013, quando as controvérsias sobre a realização de megaeventos esportivos no Brasil (Copa das Confederações, em 2013, Copa do Mundo, em 2014, e Olimpíadas, em 2016), já seriam suficientes para alimentar as páginas de todos os jornais. No entanto, nos surpreendemos diante de novos acontecimentos que irromperiam, atravessariam o que estava posto em jogo e se tornariam as notícias mais importantes daquele ano no

---

[3] BLOG DA RAQUEL ROLNIK. Impactos Urbanos e Violações de Direitos Humanos nos Megaeventos Esportivos: seminário dias 8 e 9. Disponível em: <https://bit.ly/3uthFVT>. Acesso em: 22 jan. 2015.

Brasil: a onda de protestos que levou multidões às ruas, especialmente (e oportunamente) nas cidades-sede da Copa da Confederações, às vésperas do início da competição.

Os protestos tiveram origem na cidade de São Paulo, quando, no dia 6 de junho, entre duas e quatro mil pessoas ocuparam a Avenida Paulista em uma ação organizada pelo Movimento Passe Livre (MPL)[4] contra o aumento de vinte centavos no preço das passagens de ônibus. Houve confrontos violentos com a Polícia Militar, que usou gás lacrimogêneo e balas de borracha para conter os manifestantes, o que foi noticiado pelos veículos de mídia e causou grande comoção, levando mais gente às ruas em outros três dias de protestos. A onda de indignação atingiu outras capitais, mas deixou de ser "só por vinte centavos"[5] e passou a significar uma luta contra a injustiça, a corrupção, a desigualdade, a insegurança, a má gestão dos recursos públicos, a Proposta de Emenda Constitucional (PEC) n.º 37,[6] os impactos negativos dos megaeventos esportivos, entre várias outras causas declaradas em cartazes pintados à mão, em palavras de ordem e nas *hashtags* que passaram a circular nas redes sociais. O discurso genérico, sintetizado nas frases "Vem pra rua"[7] e "O gigante acordou"[8], tentava fazer alusão a uma causa mais ampla à qual qualquer pessoa poderia aderir indo às ruas ou, pelo menos, apoiando e multiplicando nas redes.

Os protestos mais expressivos ocorreram nos dias dos jogos da Copa das Confederações, nas cidades-sede, dadas as possibilidades de visibilidade e o fato de que muitas pessoas foram dispensadas das aulas

---

[4] O Movimento Passe Livre (MPL), presente em diversas capitais do país, luta pela gratuidade no transporte público para alguns segmentos, como estudantes.

[5] O *slogan* "Não são só 20 centavos" foi um dos mais propagados nos protestos de junho, em todo o país.

[6] Proposta de Emenda à Constituição (PEC) que buscava dar poder exclusivo à polícia para realizar investigações criminais, retirando essa possibilidade do Ministério Público.

[7] "Vem pra rua" foi uma das frases de ordem mais usadas nas diversas manifestações ocorridas. Foi criada a partir de um *jingle* de uma propaganda da empresa de automóveis FIAT que estava sendo veiculada pela televisão.

[8] "O gigante acordou" diz respeito ao Brasil, identificado como "gigante pela própria natureza" do Hino Nacional. A frase foi muito usada e também muito criticada, porque sinalizava um certo esquecimento ou desconhecimento da trajetória de lutas de vários movimentos brasileiros.

ou do trabalho nesses dias. O discurso de grande parte dos manifestantes fazia referência aos organizadores da competição: "Queremos escolas e hospitais 'padrão Fifa'", diziam muitos cartazes.

Neste contexto, o Comitê dos Atingidos pela Copa em Belo Horizonte (COPAC-BH) passou a ocupar uma posição central dentro da controvérsia sobre a Copa na cidade. Antes de junho de 2013, o comitê estava mais voltado para a luta pelos direitos dos atingidos mais diretos, atuando com esses públicos e dialogando dentro de um círculo de "alinhados". Com os protestos, a causa migrou da especificidade para a generalidade, o que foi marcado pela adoção do enunciado "Somos todos atingidos pela Copa!", substituindo o "Copa pra quem?", em uma grande faixa amarela que apareceu em destaque nos protestos.

É neste momento de crescimento da relevância pública do COPAC-BH, a partir da ampliação da controvérsia em que ele estava inserido, que decidimos tornar o seu processo de mobilização em nosso objeto de pesquisa, buscando identificar como os diversos acontecimentos que atravessaram a sua trajetória modificaram o seu posicionamento e afetaram a movimentação dos públicos e da opinião pública em torno de sua causa. A decisão de pesquisar os acontecimentos no momento em que eles irrompiam, embora pudesse dificultar e limitar a análise pela impossibilidade de um distanciamento temporal do objeto estudado, por outro permitiria conhecer aspectos de uma controvérsia durante a sua ebulição, o que poderia ser muito rico. Este capítulo elenca alguns aspectos dessa investigação que podem ajudar na compreensão de dinâmicas de mobilização, de um modo geral, face a acontecimentos que mudam o curso das ações.

Da formação da opinião pública à mobilização social

A realização de uma Copa do Mundo no Brasil é um fator formador e formatador de uma *opinião pública*. Segundo Allport (1937, p. 23, tradução nossa), a opinião pública é

> [...] uma situação multi-individual, na qual os indivíduos se expressam ou podem ser chamados a se expressar para favorecer ou apoiar (ou mesmo desfavorecer ou se opor) alguma condição definida,

pessoa ou proposta de importância generalizada, em uma dada proporção numérica, intensidade e constância, para proporcionar a probabilidade de afetar a ação, direta ou indiretamente, em torno do objeto em questão.[9]

Allport também versa sobre os componentes fundamentais para a análise da opinião pública, que seriam os seus aspectos permanentes e transitórios. Os aspectos permanentes correspondem a comportamentos, crenças, costumes, tradições, hábitos e conhecimentos, mas estes podem ser contestados, ressignificados ou mesmo reforçados por novos estímulos.

Blumer (1978, p. 182), concordando que a opinião pública não está consolidada, afirma que "o fato de existir uma questão significa a presença de uma situação que não pode ser enfrentada com base em uma regra cultural, mas que deverá ser tratada por uma decisão coletiva que se atinge através de um processo de discussão".

A opinião pública a respeito da realização da Copa do Mundo no Brasil começou a se formar desde a candidatura do país à sede do evento. Podemos identificar aspectos mais permanentes que formam sua base, como a ligação do brasileiro com o futebol, mas isso é ressignificado quando as pessoas começam a se sentir afetadas com outras questões que o evento coloca em pauta. Interesses, sentimentos e opiniões de pessoas e grupos contrários à realização da competição nos moldes impostos pela FIFA e pelos governos, que existiam timidamente no emaranhado da opinião pública, distinguiram-se e fizeram-se ecoar nas vozes de um número maior de brasileiros. Muitos se sentiram um pouco mais afetados pelo megaevento, de forma negativa, quando viram o seu direito de mobilidade e de protesto cerceado nos dias dos jogos da Copa das Confederações. A experiência de violação do direito à cidade, vivida não só pelos cidadãos historicamente excluídos, mas por uma parcela maior da população, fez com que essa questão ganhasse um sentido mais amplo, maior

---

[9] No original: "*a multi-individual situation in which individuals are expressing themselves, or can be called upon to express themselves, as favoring (or else disfavoring) or opposing) some defined condition, person, or proposal of widespread importance, in such a proportion of number, intensity, and constancy, as to give rise to the probability of affecting action, directly or indirectly, toward the object concerned*".

relevância pública e concretude à medida que emergiam pontos de controvérsia.

Allport (1937, p. 19) destaca que os fenômenos de opinião pública são os que deixam os indivíduos em um estado de prontidão para agir, diante de um objetivo que não foi alcançado. Esses indivíduos podem estar reunidos em grupos de interesses, tentando conseguir algo em oposição a outros grupos, que têm diferentes objetivos. Ou seja, os fenômenos de opinião pública podem conduzir à formação de *públicos*, ou seja, de grupos de interesses especiais direcionados para a ação e, portanto, *mobilizados*.

A mobilização de um grupo pode ser entendida como "a reunião de sujeitos que definem objetivos e compartilham sentimentos, conhecimentos e responsabilidades para a transformação de uma dada realidade, movidos por um acordo em relação a determinada causa" (Henriques; Braga; Mafra, 2004, p. 36). A mobilização envolve, então, a comunhão (de sentimentos, conhecimentos e responsabilidades) e a deliberação, necessária para a definição de objetivos e o estabelecimento de acordos, superando os dissensos. Os dissensos vêm no fluxo da própria controvérsia e se inserem tanto nas posições do público organizado como também numa esfera mais ampla da circulação das opiniões. Essas perturbações ocorrem a todo o tempo e ameaçam um estado de relativa coesão, mas não podem ser evitadas. O esforço deve ser no sentido de alcançar acordos, apesar dos dissensos. Sempre estarão presentes, também, assimetrias de poder dentro do público mobilizado, mesmo em processos tidos como "horizontais".

Normalmente tomamos conhecimento de iniciativas de mobilização quando elas se tornam manifestações públicas de maior repercussão, caso não estejamos diretamente envolvidos em seu processo. Os grupos mobilizados buscam a visibilidade como uma forma de chamar a atenção da sociedade para o caráter público da causa, obter reconhecimento público e conseguir mais adeptos.

No entanto, o processo mobilizador não é constituído apenas por sua face visível. Há na mobilização social, conforme Melucci, uma *alternância entre momentos de latência e visibilidade*. Os momentos de latência correspondem a um período de menor visibilidade em que o grupo planeja, se prepara, se organiza para a ação.

> Enquanto a latência tem uma função de permitir aos sujeitos criar novos códigos culturais e experimentá-los em grupo, o momento da visibilidade – da mobilização pública – indica ao resto da sociedade que o problema específico está ligado à lógica geral do sistema e também que modelos culturais alternativos são possíveis (MELUCCI, 1989, p. 61).

Há também nos processos de mobilização social uma *alternância entre a especificidade e a generalidade*. Uma causa normalmente está ligada a um problema que afeta mais algumas pessoas do que outras, sendo propostas ações específicas que busquem beneficiar os públicos mais diretamente afetados. No entanto, em momentos como os protestos de junho de 2013, o debate se amplia e busca-se impactar toda a opinião pública em torno de uma reflexão que tem contornos bem mais amplos.

Para Mayhew (1997), o movimento de generalização sintetiza a lógica da influência nas relações em público. Quando a audiência se torna maior, as demandas por uma comunicação persuasiva (capaz de exercer influência) se tornam mais universais, precisando haver o apelo a valores e interesses mais generalizados. A sociedade moderna precisa equilibrar as forças que operam a partir da universalização de pretensões de representação de um interesse público e as forças baseadas em pretensões divididas, pautadas em interesses de grupos particulares.

A ideia de generalidade mobiliza a mídia e também as pessoas, que têm seu interesse despertado sobre determinado assunto quando todo mundo está falando sobre aquilo. E, quanto mais as pessoas falarem sobre determinado assunto, mais a mídia vai pautá-lo: os dois processos se retroalimentam. Isto perpassa o fenômeno de formação e consolidação de uma opinião pública.

Os processos mobilizadores também apresentam uma *alternância entre ativismo on-line e off-line*. O ativismo on-line, ou ciberativismo, é um dos aspectos mais importantes dos processos de mobilização contemporâneos, como podemos observar no Brasil – especialmente nos protestos de junho de 2013 – e ao redor do mundo – por exemplo, no caso da Primavera Árabe.[10] Para Castells

---

[10] Onda de protestos que aconteceram no final de 2010 e em 2011 no Oriente Médio e no Norte da África, com o uso de redes sociais – Facebook, YouTube, Twitter – para sensibilizar e convocar a população e influenciar a comunidade internacional.

(2013, [s.p.]),[11] o ativismo on-line conduz a novas formas de participação no espaço público:

> Antes, se estavam descontentes, a única coisa que podiam fazer era ir diretamente para uma manifestação de massa organizada por partidos e sindicatos, que logo negociavam em nome das pessoas. Mas, agora, a capacidade de auto-organização é espontânea. Isso é novo e isso são as redes sociais. E o virtual sempre acaba no espaço público. Essa é a novidade. Sem depender das organizações, a sociedade tem a capacidade de se organizar, debater e intervir no espaço público.

Alzamora, Arce e Utsch (2014, p. 40) apontam que os eventos criados no Facebook para convocar as pessoas para as ruas nos protestos de junho não determinaram as manifestações, mas "elas se constituíram no *movimento* das conexões on e off-line que a atravessaram. [...] os protestos configuraram espécies de acontecimentos em rede que mantinham uma fase nas mídias sociais – como o Facebook – e outra nas ruas, não sendo redutíveis a quaisquer dessas instâncias".

A interação entre os espaços de ação on-line e off-line indica a alimentação de um pelo outro: as redes são usadas, por exemplo, para convocar as pessoas a irem às ruas e para registrar a ação performada no ambiente off-line. Já as ruas são tomadas por cartazes que divulgam *slogans* e palavras acompanhadas de *hashtags*, gerando o movimento oposto de alimentação das redes pelas ruas. O que se compartilha nas redes não é apenas os fatos e as imagens das ruas, como numa cobertura jornalística tradicional. O que se compartilha é uma experiência – de partilha, de enfrentamento – que é vivida na rua e tenta ser transportada para a rede:

> A rua passa a ser o espaço do vivido, da explicitação dos conflitos e da desigualdade, o lugar da partilha – a partilha do comum, mas de um comum que é desigual. A rua passa a ser o espaço por excelência da visibilidade do enfrentamento, do questionamento dos confinamentos de cada um no seu lugar, e as novas tecnologias servem para o registro, a conexão "ao vivo", a internet como o lugar da transmissão do espetáculo que a performance da ação nas ruas quer contrapor à espetacularização capitalista (Silva, 2014, p. 12).

---

[11] Fala em entrevista dada ao Canal Fronteiras. Disponível em: <http://www.fronteiras. com/canalfronteiras/ entrevistas/?16,68>. Acesso em: 29 jan. 2015.

As condições do processo mobilizador

Todo processo de mobilização se inicia por uma enunciação, que consiste na problematização de uma realidade através de enunciados (textos) que podem ser compartilhados e entendidos pelos outros. A problematização é um processo subjetivo, porque os sujeitos irão interpretar a realidade de formas distintas, uma vez que ela os afeta de maneiras diferentes. No entanto, embora subjetiva, ela se dá a partir de *condições coletivas de enunciação*: interações, conversações, informações, experiências, contextos, influências e vivências que tivemos ao longo da vida e nos configuram enquanto sujeitos, além do contexto social, histórico, político, econômico, geográfico, cultural e linguístico no qual estamos inseridos. A forma como problematizamos dependerá também de como o fato chega ao nosso conhecimento – por experiência direta ou via narrativa (da mídia ou de qualquer pessoa), já vindo, assim, com um enquadramento.

A possibilidade de constituir uma causa está ligada à possibilidade de a problematização sair da esfera individual e ganhar uma dimensão maior – a princípio restrita a um grupo, mas que possa se expandir, alcançando outros públicos. Os enunciados que foram frutos da problematização de um indivíduo precisam ser compartilhados com outros sujeitos, em um processo comunicativo.

O compartilhamento de enunciados na interação com o outro leva a uma nova problematização, desta vez coletiva, que consiste no processo de deliberação. A deliberação seria, na visão de Dryzek *et al.* (2003), esse "confronto de discursos". Não é uma tarefa nada fácil; como esclarece Marques (2009, p. 20),

> A construção de capacidades comunicativas necessárias ao debate não é fácil, pois a ação de tornar explícitos os pontos de acordo e desacordo em uma controvérsia está intimamente ligada às relações de poder localizadas no centro das interações sociais. É necessário, então, verificar na prática discursiva dos indivíduos como as opressões simbólicas, as desigualdades econômicas, a invisibilidade social e a falta de habilidade para usar racionalmente a linguagem criam barreiras ao engajamento na deliberação.

Se as dificuldades da deliberação são superadas e os indivíduos conseguem encontrar pontos importantes sobre os quais estejam de acordo, é possível que eles compartilhem, então, um discurso sobre a realidade que os afeta. E este não é um processo completamente racional. Acreditamos que os acordos mais fortes se dão a partir da solidariedade ou do reconhecimento do outro como alguém afetado por uma mesma situação que eu, levando a uma identificação. São esses aspectos que fazem surgir vínculos entre as pessoas e possibilitam a formação de um *grupo*.

O grupo só irá existir e se manter mediante a existência de *condições de vinculação*, que dependem: da existência de motivos para o estabelecimento e a manutenção dos vínculos; das possibilidades de encontrar com as pessoas, para assim combinar as ações e reforçar os laços e os valores; do acesso à informação dentro do grupo; da capacidade de deliberação e de chegar a acordos, superando os dissensos que sempre vão ocorrer; da possibilidade de agir concretamente; da coesão entre os discursos e as ações; da hierarquia e da divisão do poder dentro do grupo (HENRIQUES; BRAGA; MAFRA, 2002).

A possibilidade de se constituir uma causa social está ligada à possibilidade de a problematização sair da esfera do grupo e ganhar uma dimensão ainda mais *coletiva*. Segundo Henriques (2010, p. 90), "a causa (o motivo, a razão) de um processo mobilizador tem que ser formulada em termos que possam ser aceitáveis tanto para o grupo que percebe e é atingido pela situação-problema como também para outras pessoas ou grupos aos quais a situação será apresentada".

Dessa forma, a mobilização dependerá da existência de *condições de coletivização da causa*, sendo elas a *concretude*, o *caráter público*, a *viabilidade* e o *sentido amplo* (HENRIQUES, 2010, p. 97). A *concretude* corresponde à capacidade das pessoas de reconhecer que o problema é real, concreto, o que não está necessariamente ligado à afetação direta dos indivíduos, uma vez que eles podem entender que uma situação é realmente problemática a partir de um sentimento de solidariedade, por exemplo. Isto se relaciona ao *caráter público*, que é quando até mesmo os não diretamente afetados pelo problema reconhecem a sua importância. É necessário que a causa seja vista como algo que produz consequências, mesmo que indiretas, a toda a sociedade, de tal modo que ela precise se ocupar em controlar essas consequências. A *viabilidade* é a noção de que a mudança esperada pode ser alcançada, mesmo com as dificuldades que possam surgir. Finalmente, a causa precisa ter um *sentido amplo*: o interesse que move o grupo não deve estar vinculado à resolução pontual de um problema imediato, mas ao desejo de uma transformação mais profunda e permanente.

A *afirmação* pública da causa, momento em que ela de fato passa a existir na esfera de visibilidade pública, depende da existência dessas condições de coletivização. A afirmação acontece por meio da publicização dos enunciados da causa (nome, *slogan*, manifesto), juntamente com símbolos que condensam os valores, os propósitos e o imaginário compartilhado pelo grupo. A partir daí, públicos (genéricos ou segmentados) são convocados a participar. Os objetivos do grupo, ao dar visibilidade à causa por meio da afirmação, são influenciar a opinião pública e formar públicos, por isso o modo de afirmação deve ser pensado de maneira estratégica.

É importante salientar que, ao se afirmar a causa na esfera de visibilidade pública, os enunciados se configuram com outros interlocutores, outro contexto (temporal e espacial) e outra formação discursiva, sendo instauradas novas condições coletivas de enunciação que levarão a novas problematizações e a novos enunciados. As condições coletivas de enunciação da causa passam a ser moldadas tanto pelas ações do grupo mobilizado quanto pela movimentação dos públicos e da opinião pública. A causa não será definida apenas pelo seu manifesto inicial, mas pelo composto de discursos que a partir daí serão produzidos por aqueles que dela se apropriarem (públicos, mídia, governo, diversos setores da sociedade), e que podem reafirmar-se mutuamente ou entrar em disputa. Ela poderá ser reverberada, apropriada, editada, reeditada e ressignificada juntamente com os enunciados que a constituem, sempre gerando novas problematizações e produzindo novos enunciados. Dessa forma, "uma causa social nunca se constitui integralmente, cumprindo de uma só vez todo o seu potencial. Ela resguarda um espaço de virtualidade e requer constantes revisões no curso de sua existência, conforme o jogo comunicativo se desenrola" (HENRIQUES, 2012, p. 8-9).

Para que a causa seja afirmada (publicizada), entram na equação as *condições de publicidade da causa*, que, conforme Henriques (2012), estão relacionadas à *visibilidade* (canais de comunicação utilizados e formas de se engajar em discussões públicas) e aos *públicos* que se formarem no processo, que terão papel fundamental na difusão, na edição e na reedição das mensagens. Assim, compondo as condições de publicidade, temos, primeiramente, as *condições de visibilidade*, que podem ser preexistentes – possibilidades e limites de difusão de informações em determinada localidade geográfica, por exemplo – ou virem a ser criadas – como canais de comunicação para afirmação da causa tais como sites e blogs ou estratégias para despertar o interesse da mídia. Também fazem parte das condições de publicidade o que aqui chamaremos de *condições de reverberação*, que consistem na existência de um contingente de públicos dispostos a reverberar a causa e na manutenção do interesse desses públicos. O grupo sozinho não conseguirá fazer com que a causa permaneça viva sem que outros públicos abracem a ideia e a ela se vinculem, sendo multiplicadores em suas próprias redes. A reverberação dos públicos não deve apenas gerar visibilidade, mas precisa contribuir para a legitimação e o fortalecimento da causa. Por isso, fazer com que a causa seja vista pelos públicos como relevante e legítima – o que é muito mais difícil do que simplesmente torná-la visível – é uma condição para a sua reverberação.

As condições de vinculação dos públicos, citadas anteriormente, é que vão determinar o quanto (e como) eles reverberarão a causa, de acordo com os seus níveis de vinculação com o projeto mobilizador. Conforme proposto por Henriques (2004), tudo começa por um simples sentimento dos públicos de que a causa os beneficia, passa pela legitimação pública da causa e chega à participação efetiva por meio da qual assumem uma corresponsabilidade em relação à causa e ao projeto mobilizador.

Um dos maiores desafios à mobilização é manter a coerência discursiva e a coesão do movimento pelo(s) grupo(s) que a propõe(m), dada a tendência à dispersão das causas sociais no momento em que elas ganham visibilidade, penetram no emaranhado da opinião pública e ficam sujeitas a novas problematizações. Além disso, há o risco de a causa não "vingar", uma vez que ela passa a competir com várias outras que disputam a atenção pública. Para superar os problemas da dispersão e da dissolução da causa, busca-se envolver públicos capazes de manter algum nível de comprometimento. A criação, a manutenção e o fortalecimento dos vínculos dos públicos com a causa e entre si são necessários para que a mobilização tenha andamento.

O papel dos acontecimentos no (re)posicionamento estratégico de um grupo mobilizado

Toda proposição de uma causa social envolve o posicionamento de um grupo (ou grupos) que a defende(m), posicionamento este que deve ser publicamente sustentado. Ele é a posição ocupada pelo grupo dentro de uma controvérsia. O posicionamento de um grupo pode ser percebido a partir da forma como ele se dá a ver à opinião pública e como busca se afirmar por meio dos seus enunciados. As condições pelas quais o posicionamento será sustentado publicamente não são estabelecidas exclusivamente pelo modo como o grupo desenvolve suas estratégias, mas são moldadas *na própria ação* por um conjunto de variáveis: o comportamento dos públicos a ele vinculados, as estratégias dos adversários, as percepções mais amplas que formam uma opinião pública mais abrangente em relação às questões em que toca, os fatores intrínsecos ou extrínsecos à causa (ameaças, oportunidades forças e fraquezas), entre outras. Podemos entender todos esses fatores como condições que, quando alteradas, desafiam a forma como um grupo se posiciona. Reformulações da causa também poderão acontecer devido a embates entre os indivíduos que formam o grupo, visto que o conflito é inerente às relações sociais e o acordo sempre está em constante negociação – e isto se relaciona à condição de vinculação dentro do grupo mobilizado.

É muito difícil, pela quantidade de condições que influenciam um grupo e a sua causa, que um posicionamento dure eternamente. Sempre haverá a necessidade latente de reavaliá-lo, mas é preciso que se tome cuidado para que a causa e o próprio grupo não se descaracterizem com um reposicionamento estratégico. Uma questão importante quando pensamos em mudanças na enunciação da causa devido a reproblematizações é o quanto muda o posicionamento (em que uma posição inicial se desloca em função de alguma ameaça ou oportunidade): algum recuo, um avanço mais ousado, uma generalização maior das questões, concessões, novas frentes de problematização etc. Tudo isso gera fortes dilemas, porque sempre há o perigo de descaracterização da causa inicialmente proposta, e é necessário um equilíbrio nessas adaptações.

Enfim, na dinâmica da mobilização a controvérsia vai se atualizando sem muito controle por uma confluência de fatores tanto estratégicos quanto espontâneos. Cada novo fator tende a desafiar a forma como o problema está formulado e expresso. Nesse contexto, os acontecimentos exercem um inegável papel. Um acontecimento, sendo um ponto de ruptura numa certa ordem de coisas, funciona como um fator que modifica a história da causa e dos públicos que nela estão envolvidos, sendo que alguns podem deslocar mais do que outros, podem excitar (e incitar) mais do que outros.

Consideramos, para este aspecto, a perspectiva sociológica (e também pragmática e hermenêutica) de Quéré sobre o acontecimento, cujos pontos mais significativos foram sintetizados por França e Oliveira (2012, p. 14):

> São fatos que ocorrem a alguém – um indivíduo ou uma coletividade; [...] "que provocam a ruptura e desorganização, que introduzem uma diferença"; [...] "fazem pensar, suscitam sentidos, e fazem agir (têm uma dimensão pragmática)"; [...] "tais ocorrências curto-circuitam o tempo linear; ocorrendo no nosso presente, eles convocam um passado e reposicionam o futuro".

Além de fazerem pensar e agir, tendo uma dimensão pragmática, os acontecimentos "fazem falar", produzindo narrativas que lhe garantem uma "segunda vida", conforme a formulação de Quéré (*apud* França; Oliveira, 2012), sendo esta a sua dimensão discursiva.

> Transformados em narrativas, os acontecimentos passam a existir também como discurso, representação. A primeira vida, nos lembra o autor, é da ordem do existencial – trata-se do acontecimento que percebemos, que nos toca, que congestiona o nosso cérebro, dificulta nossa respiração, acelera o nosso coração. A segunda vida é o acontecimento tornado narrativa, tornado um objeto simbólico (França; Oliveira, 2012, p. 14).

Marques (2012, p. 143) destaca que essa construção discursiva do acontecimento se dá no novo espaço comunicativo que ele instaura por meio de um processo interativo:

> [...] o acontecimento se configura como um processo que põe em marcha uma transformação, uma ruptura e uma resistência

à normalidade, e instaura também um espaço comunicativo – reconfigurando-se e adquirindo outras dimensões e desdobramentos através das interações que acontecem nesse espaço – que reúne aqueles que o experimentam e o interpretam.

Os acontecimentos, sejam os esperados, os inesperados ou os produzidos, criam dilemas estratégicos para a mobilização. Diante de acontecimentos esperados (como a Copa das Confederações e a Copa do Mundo), há a possibilidade de formulação de estratégias *a priori* – que podem ou não ser bem-sucedidas durante a experiência concreta do acontecimento. Já os acontecimentos inesperados (como os protestos de junho de 2013) causam rupturas mais abruptas na continuidade da experiência (por não serem previstos) e levam a uma avaliação e redefinição estratégica *a posteriori*. O domínio estratégico tentará adequar as ações mais imediatas à possível conquista de posições mais vantajosas em um momento seguinte – construindo, assim, uma "visão estratégica", uma meta futura. Refaz-se o processo de antecipação, atualizando os possíveis cenários.

Há ainda os acontecimentos produzidos pelo grupo no intuito de reforçar ou mudar as condições que não lhes são favoráveis – por exemplo, eventos criados para gerar visibilidade para a causa e fortalecer a vinculação interna e com os seus públicos –, nos quais o caráter estratégico já existe, menos ou mais explícito, *a priori*.

Como vimos em relação ao processo de problematização, nem sempre uma situação se configura como um problema para todas as pessoas ou grupos. É a afetação que faz surgir o problema. Considerando como acontecimento a "situação" em questão, o raciocínio é o mesmo: ele pode ser visto como um acontecimento por uns e não por outros. Assim, o acontecimento irrompe de formas diferentes porque é apropriado distintamente pelos indivíduos e grupos em suas experiências. Se o acontecimento realmente afeta a experiência de um grupo, ele se tornará um marco temporal em sua história a partir do qual o passado pode ser ressignificado, e o futuro, reformulado por meio de um reposicionamento (QUÉRÉ, 2005, p. 69).

Em suma, toda proposição de uma causa social envolve o posicionamento ou o reposicionamento estratégico de um grupo (ou grupos) que a defende(m). Os acontecimentos incidem sobre esse posicionamento, provocando uma desestabilização, de modo que a causa é posta à prova e requer atualizações permanentes. Alguns desses acontecimentos podem tornar-se mais marcantes, principalmente se fugirem às antecipações, colocando em risco as visões futuras que guiavam até então as estratégias. É neste sentido dinâmico que examinamos, a seguir, o caso da mobilização do COPAC-BH.

O caso do Comitê Popular de Atingidos pela Copa em Belo Horizonte (COPAC-BH)

O Comitê Popular de Atingidos pela Copa em Belo Horizonte (COPAC-BH) afirmou-se publicamente, pela primeira vez, em janeiro de 2011, a partir da criação de um blog. Nele, o comitê se dizia um grupo organizado por pessoas de diversos setores da sociedade que buscavam discutir e entender os processos ativados para a realização da Copa de 2014, atuando na capital mineira. Além de discutir e entender, o comitê buscava promover "ações de contestamento [sic] firme, crítico e propositivo", a fim de "conseguir que nossa cidade e sua população, como um todo, usufruam dos investimentos realizados".[12] O comitê se caracterizava como um grupo aberto no qual qualquer interessado poderia estar presente e participar e como uma organização horizontal, sem lideranças ou cargos.

De acordo com o projeto "Jogos limpos dentro e fora dos estádios", do Instituto Ethos,[13] o comitê era composto por estudantes e pesquisadores da Universidade Federal de Minas Gerais (UFMG) vinculados ao Programa Polos de Cidadania,[14] aos Centros e Diretórios Acadêmicos dos cursos de Arquitetura, Direito e Ciências Sociais e ao Diretório Central dos Estudantes e por integrantes das Brigadas Populares.[15] No blog do

---

[12] COPAC-BH. Quem somos. Disponível em: <https://bit.ly/3ArEnkW>. Acesso em: 26 jun. 2020.

[13] INSTITUTO ETHOS. Comitê Popular dos Atingidos pela Copa 2014 em BH. Disponível em: <https://bit.ly/3yj4HuZ>. Acesso em: 30 out. 2013.

[14] O Polos de Cidadania (Polos) é um programa interdisciplinar e interinstitucional de ensino, pesquisa e extensão, criado em 1995 na Faculdade de Direito da Universidade Federal de Minas Gerais (UFMG), voltado para a efetivação dos direitos humanos e para a construção de conhecimento a partir do diálogo entre os diferentes saberes.

[15] As Brigadas Populares de Belo Horizonte surgiram em 2005 e atuam junto a comunidades periféricas, ocupações, presídios etc.

COPAC, também eram citadas como sujeitos da mobilização as pessoas atingidas diretamente pelas obras da Copa e "quem mais se interessar".

Ao ser criado, o comitê tinha como principal objetivo "articular e organizar as comunidades e setores sociais atingidos pelos preparatórios [sic] para a Copa do Mundo", instrumentalizando-os acerca "dos recursos necessários para fazer valer e salvaguardar seus direitos fundamentais face às ações do poder público e das empresas privadas". Pretendia, "com a mobilização de setores populares, construir uma outra Copa do Mundo, transparente, popular e com profundo respeito aos direitos do povo".[16] Não estava, portanto, contra a realização da Copa.

O COPAC-BH se dividia em três comissões: a de mobilização e articulação das comunidades diretamente atingidas pelas obras e setores da sociedade sensíveis à causa; a de elaboração e mapeamento, responsável pelo levantamento de dados sobre as obras e ações diversas para a realização da Copa 2014; e a de agitação e propaganda, que divulgava o comitê e ações presenciais de esclarecimento dos impactos da realização da Copa 2014 junto à população. As comissões se reuniam com frequência variável em plenárias para compartilhar, discutir e deliberar sobre o andamento de todas as ações.

Os canais utilizados pelo comitê para comunicação com seus públicos reais e potenciais eram tanto os on-line (grupo de e-mails, blog, canal de vídeos no YouTube e, no Facebook, página da organização, perfil de usuários e grupo de discussão) quanto os off-line (reuniões e eventos, públicos ou privados). As ações prioritárias do comitê eram voltadas para os segmentos da sociedade civil mais diretamente atingidos pelos megaeventos, entendidos como aqueles que perderam o direito à moradia, ao trabalho ou que foram perseguidos pela política higienista para "limpar" a cidade para os jogos.

O comitê contou com o apoio da ONG Streetnet International,[17] que discute e defende o trabalho informal ao redor do mundo. Em

---

[16] COPAC-BH – O que já rolou. Disponível em: <https://bit.ly/3RdazhR>. Acesso em: 10 out. 2013.

[17] STREETNET INTERNATIONAL, A Goal for Brazil: Decent work, for informal traders before, during and after the 2014 World Cup. Disponível em: <http://www.streetnet. org.za/docs/letters/2012/ en/lettertomunic1009.pdf>. Acesso em: 15 out. 2013.

agosto de 2012, o escritório da ONG no Brasil promoveu um encontro de trabalhadores informais em BH, junto com o COPAC-BH, a Associação da Feira Hippie (a maior e mais tradicional feira de rua de BH, realizada todos os domingos na região central) e representantes de vendedores ambulantes. Na ocasião, os trabalhadores foram instigados a levantar coletivamente os principais desafios por eles enfrentados, tanto da perspectiva externa (em relação ao poder público) quanto interna (organização, representação e mobilização dos trabalhadores), e a debater sobre formas de mobilização (instrumentos e ferramentas). Ao final, foram feitos os seguintes encaminhamentos: uma reunião com mais setores da venda ambulante na cidade para propor uma união e a complementação da carta de reivindicações; a entrega da carta aos candidatos à prefeitura; um protesto no Estádio Independência com ajuda do COPAC; e a produção de materiais audiovisuais em parceria com o COPAC.[18] Financeiramente, o comitê foi apoiado pelo Fundo Brasil de Direitos Humanos, no âmbito do edital "Direitos Humanos e Desenvolvimento Urbano", nos anos de 2012 e 2014.[19] Também foi financiado pela venda de camisas e caixinhas de contribuições, e recebia doações para a impressão de material informativo de movimentos sociais e sindicais aos quais os seus integrantes também eram filiados.[20]

A investigação sobre os acontecimentos e as condições de mobilização

Na pesquisa realizada, buscamos identificar como os acontecimentos modificaram as condições sob as quais o processo de mobilização do COPAC-BH se desenvolveu ao longo do tempo, desde sua criação, em janeiro de 2011, até julho de 2014, mês de realização da Copa do Mundo, analisando as mudanças em seu posicionamento

---

[18] ABAEM. Disponível em: <http://abaem.blogspot.com.br>. Acesso em: 3 abr. 2015.

[19] FUNDO BRASIL DE DIREITOS HUMANOS. Comitê Popular dos Atingidos pela Copa em Belo Horizonte (COPAC-BH). Disponível em: <http://www.fundodireitoshumanos.org.br/v2/pt/projects/view/comite-popular-dos-atingidos-pela-copa-em-belo-horizonte-copac-bh>. Acesso em: 3 abr. 2015.

[20] COPAC-BH. Perguntas mais frequentes. Disponível em: <https://bit.ly/3ONyQtw>. Acesso em: 10 out. 2013.

estratégico em função dos acontecimentos e em que medida essas mudanças impactaram a movimentação dos públicos e da opinião pública em torno da causa. Isto foi feito a partir da identificação dos marcos principais (acontecimentos que mais causaram impactos no processo de mobilização do COPAC-BH) e da análise das alterações nas condições da mobilização (condições de enunciação, coletivização, publicidade e vinculação) e nas estratégias de comunicação nos períodos correspondentes a esses marcos.

Para levantar o que era enunciado *pelo* COPAC-BH, verificamos as suas publicações em dois de seus principais canais de comunicação, o blog e a página no Facebook, realizamos três entrevistas com representantes do coletivo e verificamos outras quatro, disponíveis no You-Tube. Além disso, participamos de uma plenária do comitê, colhendo informações por observação direta. Já a interação dos públicos *com* o COPAC-BH foi apurada a partir do levantamento das interações (curtidas, comentários e compartilhamentos) nas publicações do comitê veiculadas no seu blog e em sua página do Facebook, e também por meio da observação direta do processo de interlocução que se deu na plenária à qual comparecemos. Finalmente, a enunciação *sobre* o COPAC-BH foi verificada por meio de pesquisa realizada no Google por publicações que fizessem menção ao comitê.

Por todo o conjunto de dados analisados quantitativamente, podemos afirmar que o mês de junho de 2013 foi, sem dúvida, o momento mais importante do processo de mobilização do comitê no que se refere, principalmente, à alteração das condições de publicidade da causa. Houve um aumento da visibilidade, tanto pela ação do comitê, que criou um novo canal de comunicação (a página no Facebook) e potencializou a difusão de informações, quanto pela ação dos públicos e da imprensa, reverberando a sua causa. Além disso, foram agregados novos públicos, principalmente dentro de segmentos que até 2012 não se interessavam pelo COPAC – tais como governo e imprensa. Até então, a circulação se dava principalmente dentro de um circuito de "alinhados", com pouca reverberação além dele. Por fim, ampliou-se a interação dos públicos (entre eles e com o COPAC) por meio das redes sociais.

A análise permitiu a compreensão sobre o poder que os acontecimentos têm de efetivamente mudar os rumos de um processo de mobilização social, dadas as alterações que ele provoca nas condições da mobilização. Conseguimos identificar que o COPAC-BH, em função dessas alterações, acabou definindo e transitando entre diferentes posicionamentos estratégicos, sintetizados na expressão "Copa pra quem?", em 2011, seguida pela "Somos todos atingidos pela Copa", em junho de 2013, até chegar ao *slogan* "Não vai ter Copa!", que vigorou de julho de 2013 a maio de 2014. No mês de realização da Copa, junho de 2014, quando viu que ela seria inevitável, o COPAC-BH voltou ao "Copa pra quem?". Tais expressões distintas representam os diferentes posicionamentos estratégicos que caracterizaram as quatro fases do processo de mobilização do coletivo.

O COPAC-BH nasceu, em 2011, com o desafio de defender grupos historicamente excluídos pela sociedade, como moradores de rua, prostitutas, vendedores ambulantes e trabalhadores informais. Que força essas pessoas poderiam ter diante das oportunidades que a Copa poderia trazer e das promessas de legado? A causa já nasce, então, com a necessidade de provar o seu caráter público, sem o qual a coletivização para além do comitê e de alguns grupos alinhados não seria possível. A opinião pública estava em grande parte convencida de que o megaevento seria muito importante para o país, mesmo sem ter confiança de que os estádios e aeroportos ficariam prontos, de que as ruas estariam seguras e de que os recursos não seriam desviados. Desse modo, a causa dos COPACs já surge, de certa forma, na contramão da opinião pública. Foi necessário, então, adotar um posicionamento que não fosse nem otimista nem pessimista, nem contra nem a favor. "Copa pra quem?", perguntavam os comitês a si mesmos e a quem se interessasse pela discussão. O enunciado fazia pensar, mas a causa carecia de concretude para influenciar quem não era atingido diretamente pela Copa.

Aos poucos, a controvérsia foi se desenrolando, ganhando novos contornos a partir de diversos acontecimentos. Os impactos da Copa começaram a se fazer presentes na vida de muita gente, porque o transtorno com as obras era evidente. Em Belo Horizonte, a imprensa não falava sobre o COPAC, mas começava a dar pistas do que acontecia nos bastidores para que a Copa se realizasse: pessoas em situação de rua tendo os seus bens confiscados pela polícia ou precisando achar um canto para dormir no meio das pedras pontiagudas que passaram a ser colocadas embaixo dos viadutos pela prefeitura; os ambulantes em torno do estádio sendo removidos, impedidos de trabalhar; as árvores do estádio sendo derrubadas e dando lugar ao concreto... Isto trazia, literalmente, concretude para a controvérsia, mas não exatamente para a causa do COPAC, que continuava sendo somente dos atingidos, "daquelas pessoas" que estão longe de nós.

Eis que, de repente, irrompem os acontecimentos de junho de 2013. Os protestos iniciados em São Paulo contra o aumento da tarifa do transporte público, às vésperas da Copa das Confederações, ganham uma amplitude inesperada, que naquele momento não era compreendida – e até hoje nos desafia e nos move à pesquisa. Enunciados começaram a surgir sobre o que se passava nas ruas: "Primavera Brasileira", "Revolta do Vinagre", "Jornadas de Junho". Todos esses nomes enquadravam o que acontecia em um determinado viés e não contribuíam muito para explicar o que ocorria.

Muitas enunciações surgiam nas redes e nas ruas, incitando a opinião pública com uma profusão de palavras de ordem, sempre acompanhadas das *hashtags*: #vemprarua, #ogiganteacordou, #sempartido, #semviolência, #semvandalismo e tantas outras. O COPAC aproveitava a oportunidade para afirmar o seu #copapraquem em uma grande faixa amarela, no meio da multidão, no maior protesto ocorrido em Belo Horizonte.

Surgiam também os enunciados associando as demandas da população às questões da Copa; "Queremos escolas e hospitais 'padrão FIFA!'" era um deles. Tudo isso fazia ampliar o entendimento de que, afinal, a causa do COPAC não era tão específica. Muitas pessoas começaram a ver que a Copa as afetava e não só de forma positiva, o que aglutinou novos públicos em torno do COPAC. O comitê criou, nesse momento, um novo canal de comunicação (a página no Facebook) e um importante espaço presencial de encontro e deliberação (a Assembleia Popular Horizontal – APH). E isso tudo gerou uma grande visibilidade e lhe conferiu legitimidade a ponto de ele ser escolhido para organizar a agenda e convocar todos os protestos em Belo Horizonte em nome de diversos movimentos. Foi eleito também como porta-voz desses movimentos, no momento em que o governo do estado decidiu procurar os protagonistas do que estava acontecendo. O protagonismo do COPAC surge, então, tanto por suas próprias ações quanto pelo que lhe era atribuído por outros públicos da controvérsia. Nesse momento, há a ampliação de sua potência mobilizadora e da sua força argumentativa, o que o motiva a mudar o discurso. É criado, então, seu novo enunciado, "Somos todos atingidos pela Copa!", como resultado de toda essa mudança nas condições da mobilização que levou o coletivo e a opinião pública a novas problematizações. A frase significava a generalização máxima do discurso, ampliando o escopo de atuação a ponto de causar até uma perda de coerência. Nesse momento, as causas mais diversas faziam parte da agenda do COPAC, como a defesa da população negra e LGBTQIA+ e dos professores.

Com o término da Copa das Confederações, sentindo-se empoderado pela ampliação de suas visibilidade, legitimidade e relevância, o comitê decide radicalizar seu discurso e marcar uma posição mais firme no período entre os megaeventos, gerando um efeito polarizador na opinião pública. "Não vai ter Copa" passou a ser o seu enunciado principal a partir de julho de 2013. No entanto, as controvérsias que isso gerou, sobretudo os dilemas internos, fizeram surgir o primeiro momento em que as condições de vinculação do grupo, em especial a coesão, foram ameaçadas de forma significativa. As entrevistas que realizamos com membros do COPAC-BH deram a ver como essa mudança de posicionamento, causada pelas mudanças nas condições de enunciação, coletivização e publicidade da causa, alterou as condições de vinculação dentro do grupo e com os públicos envolvidos. Estas entrevistas foram importantes para captar aspectos da estratégia e os dissensos que escapam às esferas de visibilidade pública. A discussão em torno da adoção ou não do enunciado "Não vai ter Copa!" na afirmação pública da causa aconteceu dentro e fora do grupo, fazendo com que a posição do comitê dentro da controvérsia ficasse enfraquecida. Numa nova decisão estratégica, vendo que a Copa era inevitável, em junho de 2014 o coletivo decidiu voltar a utilizar o "Copa pra quem?" como consigna principal. Evidencia-se, com isso, o caráter ondulatório da mobilização, que vem e vai de acordo com o movimento dos públicos e da opinião pública.

Conclusão

Por fim, a Copa do Mundo aconteceu em 2014 e o Brasil perdeu de 7 a 1 para a seleção da Alemanha, justamente em Belo Horizonte. O acontecimento *Copa do Mundo no Brasil*, anunciado com a confirmação do país como anfitrião do megaevento, em 2007, finalmente se materializava. Este acontecimento original deu origem a vários outros, no intervalo entre 2007 e 2014, e também provocou a gênese de um processo de mobilização social que acabou confluindo com outros processos, em junho de 2013, em uma onda de controvérsias que reverbera até os dias de hoje. Vimos assim, na prática, como os acontecimentos de fato irrompem e interrompem, fazem ver, falar e agir.

Os acontecimentos promovem a descontinuidade e a transformação das condições de enunciação, de coletivização, de publicidade e de vinculação a partir das quais os processos de mobilização social se iniciam e se desenvolvem, tornando-os ainda mais complexos, não lineares e repletos de conflitos. Por isso, este é um campo de investigação tão rico.

Referências

ALLPORT, Floyd H. Toward a Science of Public Opinion. *Public Opinion Quarterly*, v. 1, n. 1, p. 7-23, jan. 1937.

ALZAMORA, Geane; ARCE, Tacyana; UTSCH, Raquel. Acontecimentos agenciados em rede: os eventos do Facebook no dispositivo protesto. In: ALVES DA SILVA, Regina H. (Org.). *Ruas e redes*: dinâmicas dos protestos BR. Belo Horizonte: Autêntica, 2014. p. 39-65.

BLUMER, Herbert. A massa, o público e a opinião pública. In: COHN, Gabriel (Org.). *Comunicação e indústria cultural*. São Paulo: Companhia Editora Nacional, 1978. p. 177-186.

CASTELLS, Manuel. *Redes de indignação e esperança*: movimentos sociais na era da internet. Rio de Janeiro: Zahar, 2013.

DRYZEK, J. S. *et al. Green States and Social Movements*. Nova York: Oxford University Press, 2003.

FRANÇA, Vera R. V.; OLIVEIRA, Luciana de (Orgs.). *Acontecimentos: reverberações*. Belo Horizonte: Autêntica, 2012.

HENRIQUES, Márcio Simeone; BRAGA, Clara Soares; MAFRA, Rennan L. Martins. O planejamento da comunicação para a mobilização social: em busca da corresponsabilidade. In: HENRIQUES, Márcio Simeone (Org.).

Comunicação e estratégias de mobilização social. 2. ed. Belo Horizonte: Autêntica, 2004. p. 33-57.

HENRIQUES, Márcio Simeone. *Comunicação e mobilização social na prática de polícia comunitária*. Belo Horizonte: Autêntica, 2010.

HENRIQUES, Márcio Simeone. A comunicação e a condição pública dos processos de mobilização social. *Revista Ação Midiática – Estudos em Comunicação, Sociedade e Cultura*, v. 2, n. 1, p. 1-12, 2012.

HENRIQUES, Márcio Simeone; BRAGA, Clara S.; MAFRA, Rennan L. M. As Relações Públicas na constituição das causas sociais: a mobilização como ato comunicativo. In: CONGRESSO INTERNACIONAL DA ASSOCIAÇÃO Latino-Americana de Relações Públicas, 3, Londrina, 2002. *Anais...* Londrina: ALARP, 2002.

MARQUES, Ângela Cristina Salgueiro. As interseções entre o processo comunicativo e a deliberação pública. In: MARQUES, Ângela Cristina Salgueiro (Org.). *A deliberação pública e suas dimensões sociais, políticas e comunicativas*: *textos fundamentais*. Belo Horizonte: Autêntica, 2009. p. 11-28.

MARQUES, Ângela Cristina Salgueiro. Acontecimento e criação de comunidades de partilha: o papel das ações comunicativas, estéticas e políticas. In: FRANÇA, Vera; OLIVEIRA, Luciana de (Orgs.). *Acontecimentos: reverberações*. Belo Horizonte: Autêntica, 2012. p. 143-156.

MAYHEW, Leon H. *The New Public: Professional Communication and the Means of Social Influence*. Nova York: Cambridge University Press, 1997.

MELUCCI, Alberto. Um objetivo para os movimentos sociais? *Lua Nova*, São Paulo, n. 17, p. 49-66, jun. 1989.

QUÉRÉ, Louis. Entre o facto e sentido: a dualidade do acontecimento. *Trajectos*: *Revista Comunicação, Cultura e Educação*, Lisboa, n. 6, p. 59-57, 2005.

SILVA, Regina. H. A. (Org.). *Ruas e redes*: *dinâmicas dos protestos BR*. Belo Horizonte: Autêntica, 2014.

CAPÍTULO VII

Semeando agroecologia e feminismo nas redes virtuais de interação: dinâmicas da ação pública de agricultoras no Facebook

Angélica Almeida

À luz de uma pesquisa documental, entrevistas em profundidade, acompanhamento e extração de dados virtuais de oito mulheres de diferentes contextos socioambientais do Brasil, este estudo aborda a ação engendrada por agricultoras feministas do movimento agroecológico no Facebook, considerando três dimensões constitutivas da experiência on-line dessas mulheres: o aspecto cognitivo, de produção de conhecimento sobre si, sobre suas causas e sobre sua própria existência no mundo digital; a performance pública dessas agricultoras, relacionada à capacidade de agência em público e pelo que emerge dessa ação; e os modos de organização e estruturação de suas dinâmicas coletivas e associativas na realidade virtual.

Enquanto ciência, prática e movimento, a agroecologia é construída por um leque plural de sujeitos em diferentes territórios brasileiros, não apenas como modo de produção que une saberes tradicionais e científicos para a promoção de alternativas de desenvolvimento rural e de agriculturas mais sustentáveis, mas também como projeto de sociedade democrática pautado pela equidade das relações sociais (GUZMÁN, 2001; ANA, 2018).

Protagonistas dessa construção, as mulheres disputam fortemente os sentidos políticos em torno da agroecologia, buscando romper com desigualdades estruturais que as atingem e construir caminhos possíveis de autonomia e emancipação de suas existências a partir da sua organização coletiva.[1] Elas têm enfocado não apenas o caráter produtivo do projeto agroecológico, mas também a desnaturalização do modo como as relações são organizadas desigualmente no interior das famílias e na sociedade como um todo. Sobressai a visão ética de justiça social por elas defendida, que prevê, por meio da equidade e do respeito nas relações sociais, o compartilhamento do trabalho doméstico e de cuidados, o compartilhamento da gestão produtiva, o direito a uma vida livre de violências, a garantia do direito à plena participação na vida social e política em suas comunidades, bem como a garantia de seu acesso às condições de produção e comercialização com autonomia e liberdade (CONTAG, 2014).

> Entre suas ações está a defesa do uso de sementes crioulas e de uma forma de produzir alimentos saudáveis em um momento em que há uma grande expansão das culturas transgênicas e um monopólio gritante das empresas multinacionais na produção de sementes. Também esses movimentos têm trazido à tona, novamente, questões de classe, do caráter oligopolista dos mercados, questões de pobreza, de miséria mesmo, da fome no mundo que ficaram um pouco perdidas entre algumas correntes mais abstratas do feminismo. Também a luta das agricultoras tem sido uma luta muito colada às suas práticas cotidianas, está inserida em um "mundo da vida" (PAULILO, 2016, p. 312).

Tomando como objeto a ação política de mulheres pertencentes à Articulação Nacional de Agroecologia (ANA) – organização que desde 2002 converge múltiplos movimentos, redes e organizações da sociedade civil brasileira que promovem experiências em prol da agroecologia, do fortalecimento da produção familiar e da construção de alternativas sustentáveis de desenvolvimento –, observamos a reconfiguração dos processos de comunicação das agricultoras e seus movimentos e com a sociedade, com a crescente apropriação das novas tecnologias de informação e comunicação (TICs). Agricultoras têm cada vez mais ocupado as redes virtuais de interação, suplantando processos de exclusão digital

---

[1] Recomendamos a este respeito a tese de doutorado de Siliprandi (2009).

e os desafios que a presença on-line acarreta, a exemplo da insegurança de dados em um contexto de instabilidade e criminalização de movimentos e suas lideranças (ALMEIDA; HENRIQUES; 2019).

Por meio das microtelas de celulares, agricultoras têm acessado outros horizontes virtuais, iniciando processos de autoaprendizagem tecnológica e das dinâmicas on-line, muitas vezes sem terem concluído ou tendo concluído tardiamente a escolarização formal. Neste cenário de desafios e possibilidades, são elas próprias que também recompõem neste ambiente a comunicação dos grupos, redes locais e movimentos que constroem, tendo em vista que, em muitos casos, essas dinâmicas organizativas não possuem comunicadoras profissionais: a comunicação externa cotidiana ou é feita por estas mulheres ou não acontece.

Ao acompanharmos agricultoras nas redes sociais, e em específico no Facebook, reparamos que circulam, com ênfase, nos perfis dessas mulheres imagens e discursos que dizem de uma construção maior, fazendo emergir "faces coletivas" de mulheres enquanto sujeitas políticas, inseridas em movimentos e contextos socioambientais diversos. Esta incidência do coletivo na construção da identidade virtual dessas agricultoras tem nos instigado, principalmente por se tratar de iniciativas de contribuição espontânea de sujeitas inseridas em uma proposta de bem viver[2] que vem mostrar a pluralidade das questões aglutinadas em torno da agroecologia e do feminismo, suas potências e também contradições. Uma construção que é, simultaneamente, individual e coletiva e traz à cena contextos em que a experiência agroecológica acontece nas suas raízes mais genuínas: as miudezas, o quintal, o roçado, o arredor da casa, o "ao redor" da mesa, as varandas, cozinhas e espaços

---

[2] "O Bem Viver, pelo menos conceitualmente, caracteriza-se como uma versão que supera os desenvolvimentos 'alternativos' e tenta ser uma 'alternativa ao desenvolvimento'. É uma opção radicalmente distinta a todas as ideias de desenvolvimento – e que inclusive dissolve o conceito de progresso em sua versão produtivista. Portanto, o Bem Viver sintetiza uma oportunidade para construir outra sociedade, sustentada na convivência do ser humano, em diversidade e harmonia com a Natureza, a partir do reconhecimento dos diversos valores culturais existentes em cada país e no mundo. A parte intrínseca a essa proposta, com projeção até mesmo global, está em dar um grande passo revolucionário que nos inspira a transitar de visões antropocêntricas a visões sociobiocêntricas, com as conseguintes consequências políticas, econômicas e sociais" (ACOSTA, 2016, p. 84-85).

de reunião, as labutas da roça, das ruas, das organizações, as bandeiras de luta, a política e os partidarismos, os conflitos, os enfrentamentos, as forças resistentes, solidárias e criativas do coletivo, crenças e valores... Tudo pelo olhar de mulheres cuja contribuição, por muitas vezes, é tida como desimportante.

Tal processo é significativo não apenas pela possibilidade de registro e expressão de processos organizativos que se encontram invisibilizados, mas também pela forma experimental e legítima como emergem a partir dos diferentes modos que as sujeitas que vivificam a agroecologia encontram para enunciar suas realidades e "convocar vontades"[3] na internet. Uma comunicação com suas marcas próprias de linguagem, traços e lastros da realidade em que essas pessoas vivem e que potencialmente pode trazer uma identificação muito direta por parte de quem constrói coletivamente tal realidade e pelos públicos com os quais se relacionam, tendo em vista que o processo de personalização da causa a partir das apropriações das agricultoras e com a organicidade que ele traz pode ser um fator a propiciar aberturas para que outros públicos possam, por empatia, engajar-se e conferir vivacidade ao discurso da causa por meio do testemunho, da demonstração das vivências, comprovando as possibilidades e as viabilidades da causa, que é uma das condições principais da coletivização.

Buscando compreender as dinâmicas de ação pública das agricultoras, desenvolvemos um estudo qualitativo e exploratório, com uma análise composta por informações disponibilizadas em cinco perfis no Facebook e por relatos orais de oito mulheres do movimento agroecológico. As participantes, com faixa etária entre 41 e 73 anos, são de sete diferentes estados (Ceará, Pará, Paraíba, Rio de Janeiro, Roraima, Santa Catarina e São Paulo) e identificam-se, entre outras categorias, enquanto agricultoras, camponesas, experimentadora,[4] indígena, cozinheira e artesã.

---

[3] Referência à expressão usada por Toro e Werneck (2004) para definir o processo de mobilização social.

[4] O conceito de agricultor/a-experimentador/a é uma nova identidade social autoatribuída entre aqueles que se percebem integrados a um processo coletivo de inovação agroecológica e diz dos indivíduos que inovam em suas práticas de manejo e comunicam os resultados de suas inovações aos seus pares. "Nessa lógica, experimentação e comunicação

A projeção da identidade no Facebook envolve simultaneamente a construção e a publicização de identidades, em uma lógica de identificação e de individuação pela qual o usuário se vincula com pessoas que compartilham dos mesmos interesses, mas também se diferencia por aquilo que lhe é mais particular, tensionando a sua autoimagem e a imagem pública que aspira compor (BELLO, 2009). Esta constituição dos perfis é um processo relacional e em permanente devir que guarda lastro com os estriamentos da raça, da etnia, do gênero, da orientação sexual, da classe, da localização geográfica, do nível de escolarização e de outras características e condições dos indivíduos.

Na internet, são reconstituídos vínculos sociais já existentes, sendo transposto para redes virtuais como Facebook o princípio homofílico (*likeminded*)[5] que organiza a vida social. Ao construir seus perfis pessoais, os usuários tendem a se conectar a amigos, colegas e conhecidos com os quais já possuem proximidade emocional e compartilham pensamentos e visões de mundos semelhantes. Outro fator que corrobora essa reciprocidade entre iguais é que, apesar de serem pouco conhecidos os parâmetros que regem os algoritmos do site, a escolha do que os usuários veem com maior destaque em suas *timelines* é relacionada ao histórico das suas interações com pessoas e conteúdos.

Por outro lado, como explica Recuero (2009), além de permitir a manutenção das conexões presenciais no ciberespaço, o Facebook facilita a heterofilia, ou seja, a associação com membros da rede que são pouco familiares ou desconhecidos, com os quais os indivíduos dificilmente aprofundariam laços sociais na vida social. Isto ocorre porque as conexões virtuais funcionam como canais contínuos de compartilhamento de informação entre os usuários ao permitirem que as conversas continuem visíveis, se prolonguem e se multipliquem

---

passam a ser compreendidas como funções indissociáveis na gestão do conhecimento agroecológico que se processa nas redes de agricultores-experimentadores" (PETERSEN, 2007, p. 114).

[5] A homofilia se refere ao grau de interação entre indivíduos com base em atributos (como crenças, valores, educação, status social), fatores demográficos e comportamentos. É o princípio de que o contato entre pessoas que compartilham visões semelhantes ocorre com maior frequência que entre dessemelhantes (MCPHERSON; SMITH-LOVIN; COOK, 2001).

independentemente da presença on-line dos atores e de investimento. Essa redução da distância social entre os usuários, promovida pela hiperconexão, faz com que as interações estejam cada vez mais públicas e circulantes, sejam "mais capazes de espalhamento e acessíveis a atores que, aproximados pela ferramenta, pertencem a grupos mais heterogêneos" (RECUERO, 2014, p. 116).

Sabendo que os públicos se agregam em função de motivações e afinidades eletivas e que é fundamental reforçar laços homofílicos nos processos de vinculação em torno de uma causa, a conversação contínua no Facebook pode se constituir como um fator importante de coesão para as agricultoras organizadas em torno da agroecologia e dos feminismos, tanto em níveis locais – dessas mulheres e os públicos com os quais se relacionam em suas comunidades e organizações – quanto em níveis mais globais – entre as mulheres de diferentes movimentos, que se encontram geograficamente dispersas, mas reunidas em torno da Articulação Nacional de Agroecologia. Tal caráter homofílico traz como possibilidade para essas mulheres "rascunhar e testar" discursos para a expressão pública da causa e comunicar suas práticas comuns cotidianas, além de gerar laços afetivos mais profundos, buscando aproximar pessoas que já compartilham da proposta e contribuem para sua legitimação.

Por outro lado, a característica heterofílica da plataforma pode ser útil diante dos desafios de projeção pública da causa, de falar para fora do círculo de pessoas que já comungam a proposta agroecológica. A presença de "outros" modela e modula os discursos e cria possibilidades de alargamento do círculo de atuação dessas mulheres, o que é muito importante para tornar porosa a interação dessas "geradoras" para fora dos seus campos de atuação, principalmente no sentido de criar e fortalecer vínculos com novos possíveis "legitimadores" de suas ações. Ao ampliar a possibilidade de projetar suas mensagens para os que desconhecem sua proposta ou pensam diferente delas, trazem também como perspectiva a possibilidade de convocação e convencimento acerca das causas que defendem, com seus discursos e práticas cotidianos.

Ao pesquisar as dinâmicas de ação pública das sujeitas estudadas, temos em vista que a experiência on-line dessas mulheres é constituída por três dimensões: por um aspecto cognitivo, de produção de conhecimento sobre si, sobre suas causas e sobre sua própria existência no mundo digital; pela performance pública dessas mulheres, que se relaciona com a capacidade de agência em público e pelo que emerge dessa ação; e pelos modos de organização e estruturação de suas dinâmicas coletivas e associativas.

De acordo com Henriques (2017, p. 56), apesar da recorrente desconfiança nas capacidades dos públicos de compreenderem e de se posicionarem de forma consistente, argumentativa e inteligível diante dos problemas, "não há público que se forme sem um processo de percepção e produção de conhecimento sobre os acontecimentos e problemas que o afetam e sobre si próprios como agentes coletivos que tomam atitudes e se justificam (para si mesmos e para outrem)". Assim, por uma perspectiva cognitiva, a experiência on-line dessas agricultoras é perpassada pela percepção acerca de si próprias e por como afirmam e reelaboram as causas que desejam comunicar diante da alteração nos modos de obtenção e construção de conhecimentos e da possibilidade de expressão autônoma nas redes sociais.

A dimensão performática refere-se à capacidade de afirmação enquanto público dinâmico, seja nos modos mais difusos de conversação cotidiana até as ações coletivas mais organizadas. A capacidade de ser público *em público*, de agir em condições de visibilidade deriva do modo como os públicos constroem formas de aparecimento na cena pública, tanto pela disponibilidade de informações, para serem notados e reconhecidos, quanto pela capacidade de generalização, mostrando-se como representantes de uma unidade maior e evocando horizontes de aceitação mais ampla e geral. Tal performance é marcada pela demonstração pública de convergência (de opiniões e formas de ação consensuais do público) e, ao mesmo tempo, de divergência, expressando dissenso e confronto com outras ideias, coletivos e instituições.

Deste ponto de vista, ao privilegiarmos as ações públicas das agricultoras no Facebook, nos referimos às condições em que essas mulheres efetivamente agem individual e coletivamente, bem como aos modos táticos de seleção do que compartilham e do que consomem, que vão conformando a imagem pública que elas aspiram compor de si e de seus movimentos, ao mesmo tempo em oposição ao que lhes atinge e violenta e em convergência com o horizonte transformativo que anseiam e anunciam.

Já a dimensão organizativa se refere às diferentes formas com que os públicos, enquanto agregados dinâmicos, tendem a assumir, com estruturas de ação menos ou mais definidas, abstratas, difusas ou mobilizadas, diante das interações e vínculos existentes entre seus membros. "Um público toma forma, antes de tudo, pela imaginação (de si mesmo, dos outros sobre ele e dele sobre os outros)" (HENRIQUES, 2017, p. 59). Tal projeção gera uma condição de existência primária, mais abstrata, mas, à medida em que demande ações mais coesas e contínuas, carece de direcionamento das ações e de um sentido comum, além da estruturação das dinâmicas organizativas, a exemplo dos modos de decisão conjunta; das formulações estratégica e tática; do compartilhamento e da divisão de tarefas e de responsabilidades; bem como da formação de lideranças e da definição de hierarquias.

Por esta perspectiva organizativa, buscamos compreender como em sua experiência on-line essas mulheres vão se constituindo enquanto público, criando condições, menos ou mais orquestradas, de agirem juntas de forma coesa. E também ao que emerge desta ação coletiva, a como "nomeiam" e "institucionalizam" a causa feminista e agroecológica apelando a formas de organização e de generalização de uma experiência comum.

Ao focalizarmos as contribuições espontâneas de agricultoras na internet e, em específico, na construção dos seus perfis pessoais no Facebook, consideramos, enfim, como essas mulheres se movem reflexivamente diante das condições efetivas da vida, que são atravessadas por processos de desqualificação e violências, mas também por resistências e enfrentamentos comuns.

Fazimento

Desde abril de 2016 viemos acompanhando, de forma preliminar e informal, os perfis de cerca de trinta agricultoras que conhecemos presencialmente e a quem somos conectadas no Facebook em virtude de termos assessorado a comunicação do projeto "Fortalecimento da autonomia econômica de mulheres rurais no Brasil", executado pelo Centro de Tecnologias Alternativas da Zona da Mata e pelo GT de Mulheres da Articulação Nacional de Agroecologia (ANA) entre 2014 e 2016. No diálogo com o GT de Mulheres da ANA, recebemos indicação de possíveis agricultoras que pudessem ser incorporadas à pesquisa de modo a garantir diversidade geográfica, etária e étnico-racial. Elaboramos um Termo de Consentimento Livre e Esclarecido (TCLE) e submetemos este estudo ao crivo do Comitê de Ética em Pesquisa da Universidade Federal de Minas Gerais (COEP-UFMG), que concedeu um parecer positivo à realização do trabalho. Com este aval, passamos a acompanhar de forma mais próxima tanto parte das agricultoras indicadas quanto as que já vínhamos observando anteriormente.

Em virtude de estarmos nos processos de construção do IV Encontro Nacional de Agroecologia,[6] tivemos oportunidade de realizar nossa pesquisa de campo em Belo Horizonte, entre 31 de maio e 3 de junho de 2018. Os ambientes específicos de tematização do feminismo e da agroecologia – a Plenária das Mulheres e o seminário "Sem Feminismo Não Há Agroecologia" – foram especialmente importantes para que entrássemos em contato com as agricultoras, revendo parte daquelas com quem já vínhamos interagindo desde 2014 e conhecendo pessoalmente parte das agricultoras que acompanhamos por indicação do GT, bem como outras que, após o encontro, incorporamos à pesquisa.[7] Entregamos o TCLE para quinze agricultoras e seguimos observando, coletando e analisando as informações dos perfis, cujo marco temporal compreendeu todo o ano de 2017, período anterior ao convite feito às mulheres, buscando não enviesar a performance delas na rede social.

Apesar de o acompanhamento de todos os perfis contribuir para a ampliação da nossa perspectiva de estudo, optamos por restringir como corpus empírico desta investigação conteúdos que circularam nos

---

[6] Os Encontros Nacionais de Agroecologia (ENAs) consistem no principal fórum de discussão e decisão das estratégias políticas da Articulação Nacional de Agroecologia (ANA), contando com uma ampla representação dos atores que a constroem e respeitando a composição prioritária de 70% de agricultoras/es e representantes de povos e comunidades tradicionais, além dos demais colaboradores, dentre os quais se incluem técnicas/os de entidades de assessoria técnica e extensão rural, pesquisadoras/es, representantes de órgãos governamentais, consumidoras/es. Até o momento, foram realizados quatro encontros nacionais: no Rio de Janeiro, em 2002; em Recife, em 2006; em Juazeiro, em 2014; e em Belo Horizonte, em 2018.

[7] Esta dinâmica se deu para termos um corpus mais representativo, uma vez que muitas das sujeitas anteriormente acompanhadas não compuseram as delegações do encontro, bem como parte das sujeitas indicadas não tinham aceitado nossa solicitação de amizade na rede social.

perfis de cinco mulheres: quatro agricultoras e uma artesã.[8] Para contornar a dificuldade de extração de dados de perfis pessoais – *softwares* de extração são aplicáveis apenas a páginas e grupos públicos –, fizemos a coleta das informações manualmente, compilando-as em documentos, conjuntamente às anotações dos apontamentos decorrentes da nossa observação. Já o registro imagético foi feito por meio de *prints* dos conteúdos.

Neste estudo de caráter experimental, duas perguntas orientaram nosso olhar para a ação on-line das agricultoras: "O que se passa nos perfis?" e "Como se passa?", buscando entender quais elementos nos permitiam afirmar a construção pública da causa feminista e agroecológica no ambiente virtual e as dinâmicas de ação pública implicadas.

Observamos as atividades das agricultoras individualmente, descrevendo em um documento que funcionou como uma espécie de "caderno de campo" os processos que decorriam e que mais nos chamaram à atenção, considerando os recursos utilizados nos *posts* (texto, foto, vídeo, transmissão on-line, localização, status); a repercussão (número de curtidas, compartilhamentos, comentários); as temáticas e os valores acionados no *post* principal e nos comentários; as menções e articulações com páginas e perfis de grupos, movimentos e instituições vinculados à causa. As anotações feitas no documento, bem como os relatos orais dessas sujeitas, nos ampararam no sentido de aprofundar o entendimento sobre como elas constroem seus perfis, reelaborando questões da causa feminista e agroecológica à luz do que estão fazendo no seu espaço diário.

Foram observadas e compiladas informações de 976 *posts* produzidos pela agricultora de Magé; de 180 *posts* produzidos pela agricultora de Salinópolis; de 530 *posts* produzidos pela agricultora de Solânea;

---

[8] O critério de seleção adotado conjugou o fato de essas mulheres nos terem concedido entrevista oral; manterem perfis ativos no Facebook; e serem de regiões distintas. Das sete mulheres com as quais realizamos entrevistas em profundidade durante o IV ENA, duas delas – uma pajé do povo Macuxi e uma agricultora do Vale do Ribeira – não publicaram conteúdos ao longo de 2017, e optamos por estudar apenas um perfil entre duas camponesas de um mesmo município e movimento. Assim, das sete mulheres entrevistadas ao longo do encontro, quatro delas tiveram seus perfis analisados. Diante da especificidade do perfil de uma artesã acompanhada desde o início da pesquisa, optamos por mantê-lo no estudo, embora ela não tenha estado presencialmente no IV ENA, realizando a entrevista em profundidade com essa sujeita de forma virtual.

de 475 *posts* produzidos pela camponesa de São José do Cedro; e de 279 *posts* produzidos pela artesã de Fortaleza. Procuramos analisar não cada *post* de forma isolada, mas o que o conjunto de postagens nos dava a ver, buscando perceber quais temas fortes sobressaíam e podiam se traduzir em um potencial mobilizador a partir de padrões comuns de enunciação entre essas mulheres e de elementos de distinção na apresentação da causa, tendo em vista os significados próprios que elas constroem no uso da plataforma.

Para esta visão de conjunto, compilamos todas as descrições de postagens feitas pelas agricultoras ao longo do ano de 2017 em um documento e, em outro arquivo, todos os comentários dos usuários decorrentes desses *posts*. Fizemos a correção gramatical das palavras e retiramos sinais gráficos e recursos visuais como emojis. Utilizamos a ferramenta Wordle para gerar nuvens de palavras a partir desses documentos, buscando perceber: quais questões essas mulheres abordavam com maior recorrência e proeminência; os modos de produção e apresentação dos conteúdos; o que sobressaía na interação dos usuários com o que essas mulheres apresentam. A partir dos temas comuns e na especificidade de cada perfil em conjugar a causa, discutimos como as mulheres performam o ser agricultora agroecológica no Facebook.

As informações coletadas orientaram nossa análise acerca da percepção dessas mulheres sobre a rede social e seus relacionamentos on-line; das estratégias que intencionalmente assumem na comunicação de suas causas e demandas; do lugar que a rede social digital ocupa em suas rotinas; bem como da clareza que possuem acerca das potencialidades e riscos a que estão expostas quando dispõem publicamente seus dados na internet.

Feminismo e agroecologia em rede

Ao descreverem suas experiências on-line, as mulheres pesquisadas apontam sua organização política como um dos fatores para a inserção no ambiente digital. Parte delas relata que a participação nos movimentos foi um propulsor para que criassem e-mail, comprassem celular ou computador e instalassem internet, muito disto devido à própria necessidade de comunicação entre elas e seus movimentos. Algumas expressam orgulho por terem se reconhecido enquanto geradoras de renda e, por isso, capazes de assumir os custos da compra desses dispositivos. Outras lideranças dizem de como tem-se investido de um compromisso de articulação política diante da necessidade de troca de informações entre as localidades e as direções das organizações e movimentos sociais, tendo criado uma conta no Facebook "muito mais por uma necessidade que uma vontade própria" e compreendendo a internet e o site de redes sociais como ferramentas de trabalho.

Ao navegarem na internet, as preferências no consumo de informações são carregadas de escolhas e critérios de seleção por essas sujeitas. "Direitos das mulheres", "o corpo das mulheres", "produção orgânica e agroecológica", "sementes", "plantas medicinais", "tinturas", "valores medicinais", "elixires", "sabão caseiro", "o cotidiano das páginas das organizações das quais participam e das páginas de organizações parceiras", "política", "movimentos sociais", "movimento de mulheres", "agroecologia" são alguns dos interesses de busca relatados pelas agricultoras, que têm utilizado as páginas das organizações agroecológicas como meios de informação e comparação entre os trabalhos desenvolvidos em rede, como descreve a agricultora de Solânea (Paraíba):

> Eu vou olhando o trabalho que outra organização tá fazendo, comparo um pouco com a gente, pra gente ir interagindo esse trabalho também no conjunto do território, seja ele território local, regional, estadual, enfim... Eu acho que as páginas das entidades são muito mais chamativas pra eu entrar e dar uma olhada que as notícias do país.

Transbordando os seus níveis "formais" de organização ativista, elas têm reelaborado suas causas coletivas nas suas expressões subjetivas, comunicando, de forma comum e em diferentes níveis de organização e concertação, os problemas que as afetam e os projetos que defendem. Orbitam ao redor dessas sujeitas uma ampla teia de organizações, redes e grupos de fortalecimento dos seus trabalhos e de solidariedade entre mulheres que é, em maior ou menor grau, reconstituída no ambiente virtual, reverberando para esta esfera parte dos vínculos e relações interpessoais tecidas na vida social. A rede passa a ser mais um dos canais de comunicação entre as mulheres e seus grupos, um ambiente para mandar recados, convidar para atividades e reforçar agendas presenciais, ao mesmo tempo em que elas expressam, tanto nos seus relatos orais quanto nos conteúdos que efetivamente dão a ver na rede social, a intenção de convocar pessoas externas ao movimento agroecológico para as causas que defendem. "Nós falamos de nós pra nós, precisamos fazer essa narrativa com a sociedade sobre alimentação saudável, bens comuns, natureza. [...] Precisamos usar a comunicação para alcançar e sensibilizar 'o público lá fora'", analisa a agricultora da comunidade Alto Pindorama, em Salinópolis (Pará).

As experiências on-line dessas sujeitas guardam lastro real com suas construções presenciais e coletivas, acarretando que os modos de apresentação das causas estejam intimamente contextualizados nos lugares que essas mulheres ocupam territorialmente e na construção da agroecologia e dos feminismos. Essas diversidades do saber-fazer e de refletir a agroecologia e os feminismos guardam sentidos comuns e especificidades que compõem o mosaico plural de um movimento que floresce no chão dos territórios. Em um panorama geral acerca dos perfis de cada pesquisada, pudemos notar alguns aspectos peculiares que apresentaremos em seguida.

(1) A *agricultora de Magé* (RJ) compartilha postagens relacionadas ao seu cotidiano no seu sítio e na sua cozinha – lugares privilegiados de sua experimentação produtiva –, bem como aos ambientes de participação social pelos quais transita, a exemplo dos circuitos de feiras, contextos de formação e viagens integrados a projetos e atividades de lazer. Dá a ver suas faces enquanto mãe, agricultora, avó, ao mesmo tempo em que se mostra protagonista na cozinha, ativa nos movimentos sociais e público das ações de assistência técnica e extensão rural de organizações e instituições diversas. Compartilha conteúdos relacionados à agricultura familiar e às lutas das mulheres – seja no momento de suas ações, no "hoje" e no "presente", seja de modo mais atemporal –, e receitas, músicas diversas, vídeos sobre "costumes antigos", além de postagens sobre seus netos e familiares são recorrentes nesta construção. Reporta-se aos interagentes de forma ampla, muitas vezes sem marcações específicas, mas a "todas" e "todos" as e os amigos do "Face", dos grupos e movimentos.

(2) A *agricultora de Salinópolis* compõe o Movimento de Mulheres e o Movimento Sindical desde a década de 1980 e, além de construir o Movimento de Mulheres do Nordeste Paraense (MNEPA) e a Associação de Mulheres da Comunidade Alto Pindorama, ocupa um cargo de liderança na Federação dos Trabalhadores e Trabalhadoras da Agricultura Familiar do Pará. Verifica-se que o envolvimento nessas dinâmicas influi diretamente na composição do seu perfil, havendo prevalência de postagens sobre o dia a dia da Federação, com cobertura da agenda de trabalhos da entidade, que é filiada à Central Única dos Trabalhadores (CUT), à Confederação Nacional dos Trabalhadores na Agricultura (CONTAG) e à Rede GTA – Grupo de Trabalho Amazônico. Predominam participações políticas internas dos Sindicatos de Trabalhadores Rurais, como congressos e plenárias, e externas, representando a Federação nos âmbitos da discussão de temas e de formação de lideranças, tais como cooperativismo, organização produtiva, enfrentamento à violência no campo e ao feminicídio e políticas públicas.

Devido às violações de direitos humanos no Pará, e compreendendo que qualquer pessoa pode acessar o seu perfil e ver o que está fazendo, a liderança afirma que nunca divulga os trabalhos no contexto imediato da ação, buscando preservar sua integridade física e a de seus familiares:

> Hoje eu sou uma pessoa pública, e no meu estado, que é um estado violento, que faz massacre de trabalhadores, em que as lideranças são muito visadas, principalmente quando é uma mulher, então as minhas postagens geralmente eu faço quando eu não estou mais naquele local. Eu só faço depois que eu saio daquele local, nunca posto alguma coisa no momento da ação. Nunca posto de onde estou vindo e nem pra onde estou indo, pras pessoas não controlarem minha vida. E são postagens nunca assim: "Ah, eu tô comendo isso", "Ah, eu tô fazendo aquilo". Nunca. *Sempre postagem de trabalho, de ações, do coletivo. Muito pouca coisa individual* [grifo nosso]. Sempre em uma atividade, em uma oficina com as mulheres, com as trabalhadoras, é assim.

Em seu perfil, em menor medida também comparecem postagens sobre família, sobre a "dádiva de ser mãe", sobre o luto familiar.

Além de postagens sobre a cultura local e no âmbito das atividades de trabalho, sobre a valorização das belezas proporcionadas pela "mãe natureza", enaltecendo as paisagens pelas quais percorre, os rios, as flores, as comunidades quilombolas, bem como *posts* sobre protestos, paralisações e manifestações em defesa de direitos como a Previdência Social.

(3) No perfil da *agricultora de Solânea*, as falas partem do ponto de vista de alguém que está na lida da terra e, ao mesmo tempo, alimenta processos de fortalecimento da agricultura familiar enquanto liderança sindical no Polo da Borborema, no Sindicato de Trabalhadores Rurais (STR) e como assessora técnica da ONG AS-PTA. A agricultora apresenta um programa do sindicato e se reconhece enquanto comunicadora popular, utilizando o Facebook para transmissões ao vivo do programa "pra comunicar pra toda agricultura, pros agricultores, pra quem tivesse ouvindo também, pra cidade, que sempre nos escuta, aquilo que a gente faz, principalmente a questão do papel das mulheres".

Marcadores temporais – "hoje", "ontem", "tarde", "nesta noite" – permeiam suas postagens, que são compostas também pelo recorrente uso do status "Sentindo-se" para caracterizar "seu estado de espírito" durante o relato da ação vivida. Tematiza questões como os trabalhos de campo, as lutas por direitos, em especial contra a reforma da Previdência, e as mobilizações em defesa do ex-presidente Lula. São evidenciados trabalhos relacionados à convivência com o semiárido, seja de modo pessoal, apresentando as experiências desenvolvidas no seu sítio, seja nas muitas atividades e dinâmicas promovidas pelas organizações que integra. São visibilizadas as muitas iniciativas de cuidado com os bens naturais, como a água e as sementes crioulas (sementes da paixão); as tecnologias sociais construídas coletivamente, como o Banco Mãe de Sementes; bem como as metodologias político-pedagógicas desenvolvidas nesse processo educativo, tais como os intercâmbios agroecológicos, os mutirões, o carrossel de experiências e o fundo rotativo solidário de animais.

A cobertura das atividades desvela também a interação das organizações com outros atores: os públicos atendidos pelas organizações em que trabalha, evidenciando, sobretudo, ações para mulheres e jovens; a relação com representantes políticos e políticas públicas, universidades e órgãos públicos, igreja, comunidade; financiadores em nível nacional e internacional, nos diferentes tipos de ações executadas. São evidenciados, ainda, seu forte engajamento familiar e comunitário, o cuidado afetivo familiar e a religiosidade.

(4) A *camponesa de São José do Cedro* deixa ver processos organizativos e as agendas de lutas do Movimento de Mulheres Camponesas. Comunica uma série de mobilizações contra a reforma da Previdência, sobretudo na perspectiva dos segurados especiais rurais e de convocação da classe trabalhadora, bem como reuniões e encontros locais e regionais com temáticas diversas.

Além de postar conteúdos específicos sobre suas produções na unidade produtiva e os bens naturais, em geral, tematiza assuntos mais amplos, em nível nacional e internacional, como o enfrentamento às violências contra mulheres; o crescente conservadorismo; a luta contra o agronegócio; a importância da agroecologia e da agricultura familiar; em defesa de Lula e Marisa Letícia e contra Sérgio Moro e Temer; sobre as lutas antirracistas; a descriminalização do aborto; a divisão do trabalho doméstico; dicas de produção agroecológica; sobre a crise na Venezuela; contra o projeto "Escola Sem Partido" e a chamada "Cura gay"; sobre saneamento rural.

Além de replicar conteúdos de páginas e representantes políticos de esquerda, a camponesa acresce comentários e análises acerca das temáticas abordadas, bem como compartilha poesias autorais. Não apenas os textos, mas também charges e conteúdos humorísticos e musicais problematizam a realidade social e política. A musicalidade, aliás, é bastante presente no perfil, com *posts* sobre sua experiência com a dança de salão, bem como com inúmeros vídeos com canções antigas e atuais.

(5) Já em relação ao perfil da *artesã de Fortaleza*, apesar de se tratar de um perfil pessoal, em nome da artesã, o caráter coletivo do grupo constantemente é reiterado, curiosamente com mais vigor do que na página específica do grupo produtivo.[9] Em conversa com ela, soubemos

---

[9] Temos acompanhado este perfil desde 2015, quando conhecemos a entrevistada e outras mulheres durante o "Programa de Formação em Gestão em Empreendimentos" protagonizado por mulheres rurais, que foi realizado em Recife e refletiu com as agricultoras sobre as realidades e os potenciais dos seus empreendimentos, fazendo uma análise de viabilidade econômica das suas atividades. Desde quando nos tornamos amigas no Facebook, nos interessou a forma peculiar com a qual este perfil estava sendo construído.

que a página do grupo fora criada por outras pessoas que não estão mais a ele vinculadas, e a coordenadora não sabe gerenciá-la – ela e as demais artesãs não possuem acesso a computadores, e algumas nem têm acesso a celular, sabem escrever ou digitar.

Esta dificuldade técnica de gerenciamento se evidencia não só na ambiguidade dos canais, mas também na dissociação desses dois ambientes, uma vez que, apesar de referenciar diversas vezes o grupo produtivo, a pesquisada não menciona diretamente a página (o que pode ser feito usando @, por exemplo) e nem usa *hashtags*; ao invés disso, escreve o nome em maiúsculo para destacá-la.

Na maior parte do tempo, é tematizada a dinâmica produtiva cotidiana das mulheres desse coletivo. Em *posts* curtos, construídos com pequenas legendas e fotos das produções, as enunciações são feitas de modo "plural", "coletivo", em nome de um "nós Grupo produtivo" e, na maioria das imagens, são mostrados o ambiente de produção com seus equipamentos, máquinas de costura e tecidos, sempre composto pelas artesãs em ação e os produtos por elas feitos, como bolsas, panos de pratos, blusas customizadas e bonecas. São divulgadas também imagens dessas sujeitas em espaços de participação diversos, a exemplo das manifestações de rua, feiras, atividades de formação.

Além de postagens sobre o dia a dia do grupo, há um reforço de comunicação nas campanhas e ações por ele empreendidas. No desfile anual produzido pelas artesãs, bem como em oficinas específicas, há uma cobertura mais intensiva antes e depois dos eventos, com um balanço positivo/uma avaliação das atividades e o agradecimento público às/aos parceiros e participantes. Não foram identificadas bandeiras político-partidárias no perfil, mas críticas direcionadas especificamente ao presidente Michel Temer ("Fora Temer") e à votação da reforma da

---

Observando a página do grupo, que possui 140 seguidores, percebemos que, desde sua criação em 2015, ela não recebe muitos investimentos na produção de conteúdo e tem baixo alcance, considerando o número de *posts* e sua repercussão na rede. A postagem com maior número de reações tem oito curtidas, e o número de postagens é também diminuto: foram cinco postagens em 2015; zero em 2016; quatro em 2017; e duas em 2018, sendo uma delas fruto de um compartilhamento de um perfil pessoal. O que se percebe é que o perfil da entrevistada é o canal que concerta um maior número de informações de divulgação das atividades e dá a ver, com maior ênfase, as tentativas de mobilização social em torno das pautas defendidas pelo grupo.

Previdência. Além de usar suas produções para fazer críticas sociais, a artesã também expressa sua visão política, de uma maneira mais ampla, por meio de poesias autorais.

Faces plurais da agroecologia

Nesta diversidade de construção, ao materializarem faces plurais da agroecologia as sujeitas revelam elementos que nos permitem traçar identificadores da experiência partilhada entre elas enquanto agricultoras agroecológicas e feministas, alguns dos quais serão brevemente mencionados aqui.

Nota-se uma centralidade dos aspectos produtivos e dos processos de comercialização nos perfis investigados. Muitas das postagens tratam das rotinas e dinâmicas de trabalho e articulam-se com a organização coletiva dessas sujeitas, bem como com os tempos e ciclos da natureza. Sobressaem expressões das inúmeras atividades desenvolvidas, da diversificação agrícola e das relações que elas tecem com a natureza e com as pessoas no interior das suas unidades produtivas, nas famílias, comunidades e organizações sociais que constroem o movimento agroecológico.

À exceção do perfil da artesã, ganham visibilidade na rede das agricultoras os espaços agrícolas, ambientes de construção concreta das práticas cotidianas dessas mulheres atravessados por relações de poder. A partir da reflexão sobre o fazer nos quintais[10] e roçados, as mulheres do movimento agroecológico têm reconfigurado suas realidades, discutindo, entre outros temas, a divisão sexual do trabalho, os usos do

---

[10] No âmbito do GT Mulheres da ANA, os quintais são redefinidos coletivamente como "local de trabalho e experimentação e de construção do conhecimento (do saber-fazer) de forma autônoma da mulher, para a produção da agrobiodiversidade, soberania e segurança alimentar" (MULHERES E AGROECOLOGIA, 2018, p. 86), de importância social, cultural, política, ambiental e econômica. São ambientes em que as agricultoras produzem para o autoconsumo e também para comercialização, e socializam suas produções: trocam, doam e conversam com outras pessoas. "As relações que se estabelecem a partir dos quintais vão além do fator monetário, de compra e venda, pois outras relações, com diferentes valores e solidariedades, também se desenvolvem para manutenção da vida familiar e comunitária" (ALVES et al., 2018, p. 11).

tempo e dos espaços e os rumos da renda advinda da produção, fazendo reverberar tais lutas também no ambiente digital.

É perceptível um perene movimento de afirmação do que elas fazem no dia a dia, trazendo uma perspectiva de autovalorização dos trabalhos que é impregnada dos sentimentos e das forças que são colocadas no próprio processo laboral, que se revela na celebração dos pequenos gestos: o semear, o colher, o beneficiar, o transformar, o vender, o alimentar e o compartilhar com outras e outros tantos.

Imagens do perfil da agricultora de Magé mostram como ela vai experimentando, criativamente, formas de manejo e vai respondendo às intempéries e desafios produtivos cotidianos – no caso, no aproveitamento das bananeiras para semeadura e das bananas derrubadas pelo vento (Figuras 1 a 3). Já imagens do perfil da agricultora de Solânea evidenciam práticas e processos laborais realizados em família e em comunidade, acompanhados de emoções e qualificativos positivos pela agricultora. Além de aproximar os vínculos e legitimar o trabalho local feito pelas famílias agricultoras e suas organizações, tal composição valoriza os sujeitos e saberes envolvidos nas experiências de construção da agroecologia, reforçando o pertencimento local e a estima das agricultoras e agricultores (Figuras 4 a 5).

Figuras 1-3: Imagens retiradas do perfil da agricultora de Magé.

Figuras 4-5: Imagens retiradas do perfil da agricultora de Solânea.

A agricultora de Magé descreve que, além de postar para manter os familiares do Nordeste informados – já que eles se comunicam muito mais por Facebook que por telefone –, ela faz questão de compartilhar conteúdos relativos ao dia a dia da produção para mostrar aos vizinhos que o que faz é importante. Caminham na mesma direção as afirmações das agricultoras de Solânea (Paraíba) e do Alto Pindorama (Pará), buscando dar visibilidade a suas ações no intuito de que as pessoas percebam o que elas estão fazendo, atribuam valorações positivas, identifiquem-se nas imagens e textos por elas compartilhados e compreendam que há uma luta compartilhada e que precisa ser fortalecida.

> Eu sempre tô lá postando o que eu faço com meus filhos, com a minha família, e as coisas do movimento também, porque a luta ela não é só minha, mas é de um grupo, de uma região, de um estado, de uma comunidade. [...] Eu não tenho muita dimensão de até onde vai, mas, pra mim, o que importa é eu fazer aqueles que estão na minha página *perceberem* o que eu estou fazendo. A gente precisa compartilhar as coisas boas, seja na agricultura, seja na pesca, seja nas quebradeiras de coco, seja qualquer atividade que os povos tradicionais estejam fazendo, no nosso caso, dos agricultores familiares, é importante que o mundo saiba. Sendo coisas boas, é importante multiplicar para o mundo (Agricultora de Solânea, Paraíba).
>
> Eu mesma só gosto de postar aquilo que eu me sinto bem e que eu acho que vai fazer bem pra outras pessoas, tanto do que a gente

está construindo em família quanto do que a gente está vivendo na comunidade. Eu gosto de postar essas coisas pra que as outras *pessoas saibam* que a gente tá fazendo... Muitas vezes a gente posta uma coisa que muitas pessoas que passaram por isso que a gente está postando hoje curtem, vivenciam, dizem: "Ah eu me reconheço", "Ah, eu fazia isso". Então eu gosto de postar o meu trabalho (Agricultora do Alto Pindorama, Pará).

Além da perspectiva de valorização associada aos trabalhos, é evidenciada uma busca pela ampliação das formas de comercialização das produções empreendidas por essas mulheres. Esta preocupação com a intensificação dos processos de comercialização e da autonomia econômica é expressa tanto nos relatos orais de algumas pesquisadas quanto nas imagens que circulam em seus perfis, sendo a internet e o Facebook apontados como propulsores de suas vendas.

Durante as entrevistas presenciais, parte das agricultoras com que conversamos afirma que tem se desafiado a aprender a se comunicar na internet, "já que é esse o jeito que tem"; a "viver com a tecnologia" pra "fazer propaganda" do trabalho, para "ter mais freguês, aumentar a renda". Aliado às listas de e-mails e aos grupos de WhatsApp, o Facebook tem se constituído como um espaço de visibilidade das vendas dessas sujeitas, como uma "banca virtual" na qual são expostas suas produções e compartilhadas imagens dos seus grupos produtivos e produtos.

Aparecem, com frequência, informações sobre políticas públicas como o Programa Nacional de Alimentação Escolar (PNAE) e o Programa de Aquisição de Alimentos (PAA), fundamentais para a ampliação de mercados por meio de compras públicas e imagens produzidas no contexto das feiras agroecológicas, que são ambientes estratégicos de comercialização e também de comunicação viva da agroecologia. Além de dar visibilidade à riqueza da diversidade de seus cultivos e produções, as mulheres constroem um ambiente pedagógico de socialização de saberes e práticas e de valorização de suas culturas alimentares.

Em imagem retirada do perfil da camponesa de São José do Cedro (Figura 6), podemos ler: "Temos melado batido, açúcar mascavo e schmia de tacho (feito na garapa com abóbora, laranja, chuchu, mandioca e mamão, além de canela e cravo) quem tiver interesse me escreva inbox" e "Feijão arrancado, só falta debulhar agora e quem quiser encomendar, vamos ter uns kgs p vender". Já em imagem retirada do perfil da agricultora do Alto Pindorama (Figura 7), consta: "Produtos agroecológicos da agricultura familiar, homens e mulheres comercializando produtos saudáveis e temos também artesanatos, venha conferir e comprar".

Figuras 6-7: *Prints* retirados dos perfis das agricultoras de São José do Cedro e Alto Pindorama.

São percebidas também postagens acerca da participação na vida familiar, comunitária e social. As relações de parentesco estão profundamente presentes nos perfis, e constantemente os vínculos afetivos intrafamiliares são reiterados – a exemplo da visão da artesã de Fortaleza, para quem família é "lugar de vida, território de cura, palco do perdão, alegria e paz". De modo geral, várias imagens e textos constituem a presença dos núcleos familiares, e várias interações acontecem entre familiares.

Além do forte caráter de produção em família, sobressai o caráter de reunião e celebração da vida familiar, da partilha e da abundância, de valorização e agradecimento por esses vínculos sanguíneos. Felicitações, mensagens de agradecimento, homenagens em datas casuais e comemorativas como dia das mães, dia dos pais e Natal, bem como em aniversários são constantes nos perfis. Todas elas, mulheres mães, trazem fortes nas imagens e textos as relações de cuidado familiar e o orgulho de seus filhos.

Maria de Nazareth Wanderley (2000) afirma que o espaço rural é construído socialmente pelos seus moradores em função de relações fundadas em laços de parentesco e de vizinhança, tanto ao nível da vida cotidiana quanto do ritmo dos acontecimentos que determinam os ciclos da vida familiar, a exemplo dos nascimentos, casamentos e mortes e, ainda, em relação ao calendário das manifestações de ordem cultural e religiosa. "Este é, fundamentalmente, o 'lugar' da família, centrado em torno do patrimônio familiar, elemento de referência e de convergência, mesmo quando a família é pluriativa e seus membros vivem em locais diferentes" (WANDERLEY, 2000, p. 30). São construídos nessa dinâmica não apenas os espaços de produção agrícola, mas os espaços sociais de gênero, com suas hierarquias e desigualdades, uma vez que historicamente o campesinato se estruturou, entre outros modos, a partir do controle masculino da organização do trabalho, da terra e da família (WOORTMANN, 1990).

Nota-se também, em todos os perfis, a reconstituição dos processos auto-organizados que essas mulheres constroem na vida social: reuniões, encontros, produções, feiras, visitas de intercâmbio, viagens, protestos, atividades formativas, culturais e de lazer, calendários de lutas recheados de mobilizações e homenagens a outras mulheres em datas celebrativas como dia das mães, aniversário... Práticas plurais, estratégias de atuação e afetos tecidos no dia a dia dos movimentos locais, estaduais e nacionais de mulheres.

Neste movimento de lançar luz aos seus processos organizativos, essas sujeitas vão reforçando seus vínculos de solidariedade e partilha no ambiente virtual, interagindo e constantemente fortalecendo a importância de suas dinâmicas específicas e o componente sociopolítico da agroecologia e do feminismo,[11] como pode ser observado nas imagens

---

[11] Ganham vida, por exemplo, múltiplas instâncias de organização das mulheres como as comissões de mulheres dos sindicatos, o GT de Mulheres da Articulação de Agroecologia

da agricultora de Salinópolis (Figuras 8 a 10), que exemplificam atividades sindicais que tematizam a vida das mulheres e suas lutas específicas. Como lembra Moreno (2016), a auto-organização é uma estratégia para fortalecer as mulheres enquanto sujeitos políticos ao permitir trocas que geram o reconhecimento das mulheres enquanto mulheres, a identificação de problemas compartilhados e a definição das prioridades de reivindicações e demandas e dos caminhos e resistências para alcançá-las.

Figuras 8-10: Retiradas do perfil da agricultora de Salinópolis (Pará).

Em consonância com as agendas de lutas dos movimentos sociais e das centrais sindicais em 2017, as mobilizações contra a reforma da Previdência, #ForaTemer e por #NenhumDireitoAMenos foram também tematizadas por todas as pesquisadas, a partir de diferentes modos. Sob os mais diversos formatos e linguagens – conteúdos de humor, memes, paródias, exposição pública de parlamentares a favor da PEC 287/2016, protestos, marchas, programas de rádio, filtros de perfil ("A Previdência é nossa, ninguém tira ela da roça"), greves de fome, poesias –, as mulheres se posicionaram fortemente contra a reforma,

---

do Rio de Janeiro (AARJ), o GT de Mulheres da Articulação Nacional de Agroecologia, o Fórum Cearense de Mulheres, a Marcha Mundial das Mulheres, o Movimento de Mulheres Camponesas, o GT Mulheres da Articulação do Semiárido; bem como as metodologias político-pedagógicas e agendas construídas nesses ambientes, a exemplo dos trabalhos nos quintais, das Cadernetas Agroecológicas e de atividades específicas na execução de políticas públicas como a ATER (Assistência Técnica e Extensão Rural) Agroecologia.

abraçando a pauta nas principais mobilizações de seu calendário de lutas e compartilhando inúmeras publicações com o intuito de informar a população sobre os retrocessos sociais implicados na referida PEC e de convocar as pessoas a se engajarem contra o projeto.

Conjugadas à luta por direitos, percebemos as expressões de espiritualidade e fé dessas sujeitas. Em todos os perfis das agricultoras, encontramos elogios à postura do Papa Francisco, descrevendo-o como um "verdadeiro pastor preocupado com seu rebanho"; que o "grande Papa Francisco, representa quem tem sede de justiça e de um mundo sem preconceitos e sem exploração". A catequese que ele fez sobre os sindicatos[12] repercutiu amplamente nos perfis dessas mulheres, e, em outros momentos, elas compartilharam também reflexões da Confederação Nacional dos Bispos do Brasil (CNBB) e de padres tratando da crise econômica e dos malefícios da reforma da Previdência. Circulam também, nos perfis dessas mulheres, imagens de santos e de Nossa Senhora, pedidos e correntes de oração e mensagens em datas religiosas como Páscoa e Natal.

Um dos *posts* da camponesa de São José do Cedro expressa a seguinte mensagem: "Que a pascoa seja de fato uma ressurreição do povo trabalhador, que renasça a rebeldia, a indignação, e a força para lutar contra os muitos pilatos e herodes que afrontam a vida e a soberania do povo brasileiro. Que seja uma Pascoa de verdade. RESSUSCITEMOS ALELUIA. NENHUM DIREITO A MENOS".

No perfil da agricultora de Solânea, em especial, vê-se fortemente como a religiosidade está atrelada ao protagonismo comunitário. A agricultora apresenta os bens naturais e os frutos de sua ação na agricultura como dádivas divinas. No programa de rádio que apresenta e transmite on-line, há sempre imagens religiosas, e também ela publica inúmeras mensagens pedindo bênçãos e abençoando; orações; transmissões ao vivo de ordenações e de atividades paroquiais. Ela registra e divulga imagens de cerimônias religiosas (batizados, crismas,

---

[12] "Não existe uma boa sociedade sem um bom sindicato. E não há um bom sindicato que não renasça todos os dias nas periferias, que não transforme as pedras descartadas da economia em pedras angulares. Sindicato é uma bela palavra que provém do grego *syn-dike*, isto é, 'justiça juntos'. Não há justiça se não se está com os excluídos."

casamentos), procissões, novenas, dias de santos e feriados religiosos, bem como acontecimentos importantes na vida da comunidade: falecimento de pessoas, nascimentos das crianças, pedidos de oração para os adoentados. As expressões das tradições populares nas festas religiosas também aparecem, trazendo forte a convergência e a integralidade das ações feministas, religiosas, comunitárias, como pode ser observado na sequência nas Figuras de 11 a 15.

Figuras 11-15: *Posts* retirados do perfil da agricultora de Solânea.

A riqueza das práticas tradicionais comunitárias e religiosas que circulam no perfil da agricultora é fundada "nas relações cotidianas com a natureza, na espiritualidade, no conhecimento empírico amplo, na oralidade e prática, na família e comunidade, em relações de cooperação diversificadas, na mística, na poética e nas danças" (SILVA, 2014, p. 26) que marcam a cultura camponesa. Evocando sentimentos de pertença, saudosismo e orgulho da cultura local, elas recebem inúmeras interações positivas com os usuários da rede, a exemplo de comentários como: "Muito bom as festas juninas me vem muitas lembranças dos tempos em que eu morava aí"; "Obrigado por nos fazer matar um pouco a saudade desta terra abençoada"; "Saudade da minha Paraíba"; "Lembro desta data de São João com muita festa"; "Coisa boa é a roça, é bênção pra todos nós, prima"; "Só resta saudades de quando eu participava também"; "Muito lindo voltei ao passado... Lembro-me quando fazia na casa do meu avô...

como era bom!"; "Saudade de todos reunidos, tempo bom"; "Que saudades dessa época que morava aí e ia novenas do mês de maio"; "Que lindo... ainda tem essa comemoração no mês mariano que saudades"; "Isto que eu chamo de viver em comunidade"; "Comunidade unida tudo funciona".

Analisando esses elementos comuns de construção das causas feminista e agroecológica nas redes sociais, observamos que nas miudezas do dia a dia as agricultoras vão construindo conhecimentos sobre si, sobre seus movimentos e sobre a sua forma de interpretar a realidade. Na sutileza da seleção do que é importante dizer e de como dizer, vão compondo imagens e significados para pequenas frações de suas experiências familiares, comunitárias e coletivas, politizando práticas, relações cotidianas e o próprio ato de trabalho. Criam elos e identificações comuns que, aos poucos, permitem a elas entender e afirmar quem são, qual potência têm, por qual projeto de sociedade lutam, quais os enfrentamentos que precisam fazer e como fazê-los.

Tal construção de conhecimento é permanentemente permeada pelo desafio de expressarem publicamente, para dentro e para fora do movimento agroecológico, as dinâmicas de problematização em torno do feminismo e da agroecologia. É tensionada pelo questionamento, externo e das próprias mulheres, de agirem perante as dificuldades de entendimento da rede e de autoexpressão inteligível; de problematizarem e de sustentarem, com argumentos e justificativas, aquilo que se diz em uma rede permeada pelo contraditório, por desconhecimentos e incompreensões por parte de quem não compartilha de suas lutas sociais e ideais, e por conflitos com aqueles com quem travam disputas de poder no movimento agroecológico e fora dele.

Entrecruzando vulnerabilidades e fortalezas, ao se encorajarem a compartilhar suas experiências triviais com outras agricultoras e públicos as agricultoras vão formando um ambiente de troca de saberes; ensaiando e rascunhando, coletivamente e em vários níveis, conversações que afirmam as diferentes faces significadas da agroecologia e dos feminismos, expressas nos seus fazeres concretos e em seus horizontes de transformação. Assim, a problematização está incorporada no fazer-dizer, na sua ação-discurso, uma vez que elas não só defendem discursivamente a agroecologia e os feminismos, compondo uma narrativa mobilizadora, mas estão construindo e (re) construindo suas próprias trajetórias e práticas com seus exemplos vivos. Elas são o que elas fazem (com suas próprias mãos), elas dizem o que elas são e fazem, numa cadeia de interações e interdiscursos que possui um significado compartilhado na simplicidade cotidiana. Materializam em seus *posts* não só o presente, mas também sua visão de futuro, plenamente incorporada no fazer presente, na força do exemplo trivial e cotidiano.

Permanentemente, enquanto público, essas mulheres vão buscando formas de publicizar suas ações individuais e coletivas. Uma construção que faz emergir as suas lutas sociais em torno da agroecologia e dos feminismos por meio daquilo que essas sujeitas dão a ver em suas postagens; por meio do que outros usuários com quem interagem na rede postam a seu respeito; por meio do que as páginas das organizações e movimentos que elas constroem publicam ao seu respeito; bem como por meio do que é produzido sobre essas agricultoras e seus trabalhos nos meios de comunicação alternativos e tradicionais.

Apesar da desconfiança e do descrédito em relação aos meios de comunicação tradicionais, elas têm criado e/ou aproveitado as oportunidades de aparecimento existentes. Os usuários com os quais essas agricultoras se relacionam de forma on-line reagem de maneira expressiva e positiva às suas coberturas midiáticas, comentando e elogiando esses aparecimentos, que atuam como uma espécie de legitimação e de estímulo do trabalho construído por essas mulheres.

O conjunto de postagens das agricultoras e da artesã pesquisadas resultam em inúmeras interações positivas e elogios. Quando consideramos a síntese das palavras mais acionadas pelos usuários nos comentários dos *posts*, "parabéns" foi a palavra mais utilizada pelas/os usuárias/os[13] no ano de 2017 em todos os perfis. "Guerreira" e "linda" foram outros termos recorrentes, como pode ser visto a seguir na nuvem de palavras com os comentários dos usuários no perfil da artesã do grupo produtivo ao longo de 2017 (Figura 16).

---

[13] Não foram contabilizadas as parabenizações recebidas pelas agricultoras no dia do aniversário delas.

Figura 16: Termos mais recorrentes nos comentários dos usuários no perfil da artesã do Grupo produtivo.

Tais comentários elogiosos são propícios para gerar um reforço positivo para a ação on-line dessas mulheres, para aproximar e reafirmar os vínculos e o pertencimento entre elas e os públicos com os quais relacionam e para elevar a estima delas em relação a si mesmas e aos seus trabalhos cotidianos. Reafirmam, ainda, o lugar dessas mulheres enquanto representantes de uma unidade maior, atraindo qualificativos positivos para seus grupos, organizações, comunidades e, sobretudo, para o horizonte transformativo que propõem – um horizonte feminista e agroecológico e que já está em curso, semeado e tecido pelas suas próprias mãos.

Considerações finais

Os perfis das sujeitas pesquisadas têm se constituído como vetores de valorização dessas mulheres, de seus trabalhos e territórios; e como ambientes de comunicações positivas que trazem à tona não só os aspectos produtivos e técnicos da agroecologia, mas relacionais, sociais e políticos. Por outro lado, jogam luz sobre os conflitos e enfrentamentos perante as realidades que as violentam, estabelecendo as ligações entre a macro e a micropolítica. Ao longo de 2017, uma disputa política comum a todas as mulheres pesquisadas foi a das lutas contra a reforma da Previdência, sendo também tematizadas, pela maior parte delas, a defesa do ex-presidente Lula, as mobilizações #PorNenhumDireitoaMenos, #ForaTemer e críticas à atuação do ex-juiz Sérgio Moro, bem como *posts* relacionados aos enfrentamentos às violências contra as mulheres, ao feminicídio, contra o racismo, contra o agronegócio, contra o avanço do conservadorismo, contra a LGBTQIA+fobia e contra o projeto Escola Sem Partido – expressando não só preocupação com os bens naturais, mas com uma vida livre de violências, com autonomia para si, para as juventudes, para as pessoas LGBTs, para mulheres e homens negras e negros.

Nos perfis das sujeitas pesquisadas é recomposto parte do tecido social que sustenta a agroecologia e o feminismo enquanto movimentos coletivos, seja no dia a dia da produção familiar e comunitária, seja nos espaços de participação social. Aproximando e reforçando os vínculos de pertencimento, ao performarem suas presenças elas dão vida a um conjunto de arranjos sociais que constroem e às vinculações que estabelecem nas dinâmicas de interação mistas e auto-organizadas: outras agricultoras e agricultores, integrantes de organizações do terceiro setor, grupos informais, redes e movimentos agroecológicos e feministas, representantes públicos e políticos.

A experiência agroecológica e feminista on-line dessas mulheres é, assim, vivificada por uma teia coletiva pré-existente na vida social e que se reconfigura para o ambiente digital enriquecida pela possibilidade de apresentação dos horizontes de transformação propostos para outros públicos. Ao serem "alguém em público", essas mulheres introduzem aquilo que nelas há de mais peculiar, que marca suas individualidades, até o que há de mais comum e partilhado no movimento. Com suas formas plurais e convergentes de abordar temáticas caras à vida das mulheres, são também influenciadas pelos diferentes modos de organização de seus grupos e organizações, por aquilo que lhes dói e alegra coletivamente desde suas realidades cotidianas e territoriais de construção da agroecologia. Afirmam resistências, seus repertórios de ação cotidianos, suas metodologias de trabalho político-pedagógicas que, sob um elo comum, recriam-se nos territórios a partir da cultura local, dos modos de organização e solidariedade vividos por essas mulheres junto às organizações sociais do campo agroecológico e às comunidades.

Os sentimentos impregnados nessa construção social também emergem, demonstrando publicamente a dimensão de solidariedade e afetividade cultivada por essas mulheres na celebração de conquistas e na partilha dos momentos de luto, doença e tristeza. No cuidado e no incentivo cotidiano, vão encorajando umas às outras a manterem-se firmes nos seus caminhos de luta. Ao permitir tal aproximação, o caráter homofílico do Facebook, a exemplo de outras redes sociais on-line, tem favorecido a coesão das mulheres e de seus movimentos à medida em que essas sujeitas ocupam politicamente o ambiente, vão recriando suas lutas e apelando para a formação de uma experiência e de um conhecimento comuns. Apesar dos muitos obstáculos que se apresentam às tantas vulnerabilidades, a criatividade e a solidariedade se manifestam em pequenos gestos subversivos que constantemente reivindicam um lugar de valorização não apenas para si, individual-mente, mas para a agroecologia e os feminismos que elas constroem em rede e nas redes.

Ao construírem suas singularidades e suas coletividades em rede e pelas redes, essas mulheres expõem socialmente, de forma pública, suas subjetividades, afirmando seus modos próprios de ocupar os espaços virtuais, transitando por esferas antes consideradas invisíveis, reinventando sua corporeidade pessoal e coletiva e resistindo às representações pejorativas e redutoras de si e do projeto de sociedade que defendem (PELBART, 2015). No exercício de autoexpressão e autoexposição, a partir das possibilidades que têm de construir, com seus perfis, um "lugar de fala" – mais do que um lugar já dado, mas como um espaço construído e ocupado –, elas não dissociam os usos pessoais dos potenciais usos políticos. Há um imbricamento entre as experiências pessoais e ordinárias e as experiências coletivas, uma atravessando a outra e compondo juntas cada um dos perfis e, ao mesmo tempo, uma representação de "ela" e de "elas", de um "eu" e de um "nós".

Os perfis expressam, assim, não cinco faces individualizantes, mas composições de um movimento feminista agroecológico plural que se constrói nos roçados, nos quintais, nas feiras, nas comunidades, nas igrejas, nas praças, nos sindicatos e também nas redes virtuais de inte-ração, semeando bandeiras de luta e buscando frutificar a agroecologia e os feminismos para públicos mais amplos da sociedade brasileira. Tal incidência coletiva nas experiências individuais dessas sujeitas trazem a afirmação de um "eu" e de um "nós" que reivindicam ser percebidos, considerados e valorizados.

Referências

ACOSTA, Alberto. Extrativismo e neoextrativismo: duas faces da mesma maldição. In: DILGER, Gerhard; LANG, Mirian; PEREIRA FILHO, Jorge (Orgs.). *Descolonizar o imaginário: debates sobre o pós-extrativismo e alternativas ao desenvolvimento.* São Paulo: Fundação Rosa Luxemburgo; Editora Elefante, 2016. p. 46-85.

ALMEIDA, Angélica P. de; HENRIQUES, Márcio Simeone. A apropriação do Facebook por agricultoras que constroem a agroecologia e os feminismos em diferentes contextos socioambientais brasileiros. In: NÚCLEO DE INFORMAÇÃO E COORDENAÇÃO do Ponto BR (Ed.). *Pesquisa sobre o uso das tecnologias de Informação e Comunicação nos domicílios brasileiros: TIC Domicílios 2018. Survey on the Use of Information and Communication Technologies in Brazilian Households: ICT Households 2018.* São Paulo: Comitê Gestor da Internet no Brasil, 2019.

ALMEIDA, Angélica P. de. A construção do "eu" e do "nós": processos de mobilização social em perfis de agricultoras agroecológicas no Facebook. 167 f. 2019. Dissertação (Mestrado em Comunicação) – Programa de Pós-Graduação em Comunicação Social, Faculdade de Filosofia e Ciências Humanas, Universidade Federal de Minas Gerais, Belo Horizonte, 2019.

ANA – ARTICULAÇÃO NACIONAL DE AGROECOLOGIA. O que é a ANA. 2018. Disponível em: <https://agroecologia.org.br>. Acesso em: 2 jul. 2019.

BELLO, Cíntia Dal. *Cibercultura e subjetividade: uma investigação sobre a identidade em plataformas virtuais de hiperespetacularização do eu.* 130 f. 2009. Dissertação (Mestrado em Comunicação) – Programa de Estudos Pós-Graduados em Comunicação e Semiótica, Pontifícia Universidade Católica de São Paulo, São Paulo, 2009.

CONTAG – Confederação Nacional dos Trabalhadores na Agricultura. *Mulheres e Agroecologia.* [s.l.]: 2014.

GUZMÁN, Eduardo S. Uma estratégia de sustentabilidade a partir da agroecologia. *Agroecologia e Desenvolvimento Rural Sustentável,* v. 2, n. 1, p. 35-45, 2001.

HENRIQUES, Márcio Simeone. Dimensões dos públicos nos processos de comunicação pública. In: SCROFERNEKER, C. M. A.; AMORIM, L. R. (Orgs.). *(Re)leituras contemporâneas sobre comunicação organizacional e relações públicas.* Porto Alegre: EDIPUCRS, 2017. p. 51-63.

MCPHERSON, Miller; SMITH-LOVIN, Lynn; COOK, James M. Birds of a Feather: Homophily in Social Networks. *Annual Review of Sociology,* v. 27, p. 415-444, 2001.

MORENO, Tica. Alternativas feministas nas ruas, redes e roçados. *GADN (Gender & Development Network)*, 2016. Disponível em: <https://bit.ly/3R9atrI>. Acesso em: 30 mai. 2022.

PAULILO, Maria Ignez S. Que feminismo é esse que nasce da horta? *Revista Política & Sociedade*, v. 15, p. 296-316, 2016.

PELBART, Peter P. Políticas da vida, produção do comum e a vida em jogo. *Saúde & Sociedade*, São Paulo, v. 24, p.19-26, 2015.

PETERSEN, Paulo.; DIAS, Ailton (Orgs.). *Construção do conhecimento agroecológico: novos papéis, novas identidades*. [s.l.]: Articulação Nacional em Agroecologia, 2007.

RECUERO, Raquel. Diga-me com quem falas e dir-te-ei quem és: a conversação mediada pelo computador e as redes sociais na internet. *Revista Famecos*, Porto Alegre, n. 38, [s.p.], abr. 2009.

RECUERO, Raquel. Curtir, compartilhar, comentar: trabalho de face, conversação e redes sociais no Facebook. *Verso e Reverso*, Pelotas, v. XXVIII, n. 68, p. 114-124, maio-ago., 2014.

SILIPRANDI, Emma. *Mulheres e agroecologia: a construção de novos sujeitos políticos na agricultura familiar*. 291 f. 2009. Tese (Doutorado em Desenvolvimento Sustentável) – Centro de Desenvolvimento Sustentável, Universidade de Brasília, Brasília, 2009.

SILVA, Valter I. *Diversidade camponesa e o seu modo de ser, de viver e produzir*. Porto Alegre: Padre Josimo, 2014.

TORO, José B.; WERNECK, Nísia M. D. *Mobilização social: um modo de construir a democracia e a participação*. 2. ed. Belo Horizonte: Autêntica, 2004.

WANDERLEY, Maria de N. B. A valorização da agricultura familiar e a reivindicação da ruralidade no Brasil. *Desenvolvimento e Meio Ambiente*, v. 2, p. 29-37, 2000.

WOORTMANN, Klaas. Migração, família e campesinato. *Revista Brasileira de Estudos de População*, v. 7, n. 1, 1990. p. 35-53.

CAPÍTULO VIII

Corra para sua agência bancária: vai haver um novo confisco da poupança! Não é boato, acabei de receber no WhatsApp

Iasminny Cruz

"Galera, quem tiver dinheiro na conta poupança da Caixa, tira!!!"

O alarme característico apita. Na tela do celular, uma notificação não lida. Em vermelho, o aplicativo avisa que sua tia enviou uma mensagem de texto pelo WhatsApp, no grupo da família. Com curiosidade, você clica no conteúdo e se depara com o alerta: "Governo Temer vai bloqueia [sic] dinheiro de contas bancaria [sic] antes de ser retirado do poder!" (Camargo, 2017, [s.p.]). Na sequência do susto inicial, efeito do surpreendente aviso, lê-se o que está na Figura 1.

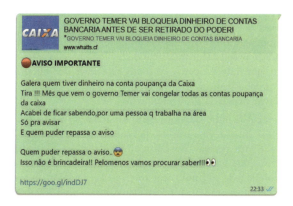

Figura 1: *Print* de conversa enviada via WhatsApp em 2017.
Fonte: UOL, 2020.

Simultaneamente à leitura, você se depara com uma encruzilhada cognitiva essencial para o percurso de sobrevida de boatos reciclados (aqueles que reaparecem com o tempo), como esse do confisco da poupança:[1] tal informação apresenta aspectos suficientes da sua experiência de vida para ser considerada uma possível mentira ou uma possível verdade?

Por cognição, Humberto Maturana (2001, p. 127) enfatiza que, quando se trata do domínio do conhecimento das coisas em nosso cotidiano, é evidente que todos nós operamos a partir do entendimento implícito "de que a cognição tem a ver com nossas relações interpessoais e coordenações de ações, pois alegamos cognição em outros e em nós mesmos apenas quando aceitamos as ações dos outros ou nossas próprias como adequadas". Quer dizer, nossa apreensão do mundo, essencial para determinar se vamos ou não repassar a mensagem do confisco para outros amigos e grupos do WhatsApp com ou sem o anúncio da sua veracidade, passa pela apreensão de que dada informação é verdadeira ou falsa em consequência daquilo que já temos experienciado e chancelado como certo e errado em nossos grupos íntimos. Pela homofilia[2] de nossas relações, tais grupos não poderiam estar errados, porque a indicação do erro em seu âmbito implicaria que também nós o estaríamos.

E então, em relação ao que você havia recebido no grupo da família: você continua o ciclo da conversa puxado por sua tia? Compartilhando a informação, você alega sua veracidade? Ou você a repassa tendo acreditado na mensagem e não encontrado motivos para desconfiar dos

---

[1] O confisco da poupança fez parte do Plano Collor (plano de medidas que afetou a economia no governo do presidente Fernando Collor de Mello) e foi responsável pelo aprisionamento, por dezoito meses, de todos os valores que ultrapassassem 50 mil Cruzados Novos depositados à vista ou a prazo nos saldos bancários dos brasileiros. Collor governou de março de 1990 a junho de 1992.

[2] Luciano Rossoni e Alexandre Graeml (2009) explicam em artigo que a homofilia é o princípio de que o contato entre pessoas com características similares ocorre em maior frequência do que entre pessoas com baixa similaridade (MCPHEARSON; SMITH-LOVIN; COOK, 2001 *apud* ROSSONI, L. GRAEML, A, 2009), podendo ocorrer em qualquer tipo de rede. Segundo os autores, seus princípios, apesar de terem sidos delineados por filósofos como Aristóteles e Platão, foram pioneiramente discutidos nas ciências sociais por Lazarsfeld e Merton e Simmel – autores que cunharam a expressão que define o fenômeno: "*birds of a feather flock together*", que significaria, em tradução livre, "pássaros da mesma espécie se aglomeram".

dados e alegações de risco iminente? Você a repassa com a refutação do argumento central do boato: o confisco? Ou você não a repassa?

A intenção da provocação desses questionamentos não é gerar em você, leitor, desconforto no que diz respeito ao seu próprio comportamento no uso das plataformas de conversas digitais, mas destacar que é justamente aqui que aspectos como a cultura, as instituições de que fazemos parte e as tradições que vivemos desempenham papel relevante naquilo que orientará nossa aproximação com determinados grupos e influenciará na formação das nossas opiniões. E, por extensão, elas nos atravessarão enquanto corroboramos ou refutamos informações rumorosas que recebemos dentro ou fora do WhatsApp.

A acusação de falseabilidade ou veracidade de boatos é, antes, interacional e praxiológica, e nos remete a questões de interesse, credibilidade e memória (CRUZ, 2018). Interesse nos assuntos e temas tratados, credibilidade dos canais e das fontes de repasse e contato e memórias da experiência individual e em grupos. Nem sempre paramos para nos perguntar se dada informação é verdadeira quando entramos em contato com mensagens rumorosas. Se possuidora de suficiente quantidade de realidade, a mensagem poderá passar como uma mensagem verdadeira, e não como um boato que demandará verificação posterior.

Tal verificação pode ser simples, subjetiva e tácita, sem a formalização de regras e explicações lógicas, concretas e objetivas, ocorrendo no nível da corriqueira creditação da suficiente credibilidade da fonte que circulou a informação, por exemplo. Em consequência, ao pensarmos no fator credibilidade (CRUZ, 2018) de quem fala e do que se fala, lembramos ainda que "a informação é também uma definição pela fonte" (KAPFERER, 1993, p. 19) e que essa fonte, a depender do respeito que possui, vai encontrar melhor ou pior terreno dentro dos sujeitos. É o *onde* você leu, o *quem* contou, o *quantas pessoas* estão falando disso, o *por onde* você ficou sabendo. A tia do WhatsApp, caso considerada uma pessoa que não filtra as informações que recebe e que fala levianamente sobre os assuntos, pode determinar se a informação do confisco será ou não considerada interessante de ser avaliada e verificada.

Outro aspecto muito importante para a apreensão da realidade, e do qual os boatos se beneficiam, é o acúmulo de referências que se colam à ideia do boato (confisco). Eles parecem menos ou mais verdadeiros a partir do nosso conhecimento cognitivo prévio, como indivíduos, por exemplo, das vicissitudes históricas de um confisco; e também das nossas relações coletivas, enquanto grupos, para a apreensão daquela informação como sendo de risco, de relevância, de divertimento, de advertência ou de agressão, uma vez que "a noção de verdade, de verificação resulta de um consenso social: a realidade é eminentemente social" (KAPFERER, 1993, p. 13). Quer dizer, "não existe, pois, uma realidade, uma espécie de parâmetro da verdade, mas sim realidades. Somente é verdadeiro aquilo que o grupo acredita que o é. E é através do boato que essa verdade se exprime" (KAPFERER, 1993, p. 14).

Por se tratarem de "um empreendimento humano universal, os boatos proliferam onde quer que existam pessoas" (DIFONZO, 2009, p. 4) por meio de um caráter conversacional (KAPFERER, 1993; DIFONZO, 2009), tornando-se, assim, parte do processo da vida humana, e não um fenômeno sobrenatural. Mas como entender os boatos reciclados, que reaparecem de tempos em tempos no nosso cotidiano, sempre com o mesmo cerne, mas com aspectos de novidade suficientes que lhes garantem a curiosidade e o tempo de atenção gasto pelas pessoas?

Pistas para uma resposta a esta pergunta podem estar ancoradas no que nos apresenta Walter Lippmann (2002) quando ele nos explica sobre a tendência que classifica como inerente aos públicos: a de eles não saberem distinguir, na maioria das crises, o que é verdade ou justiça, nem estarem em acordo quanto ao que é bonito e bom.

> Tampouco o público se levanta normalmente em presença do mal. [Ele] É despertado pelo mal manifestado na interrupção de um processo habitual de vida. E, finalmente, um problema deixa de ocupar atenção não quando a justiça, como a definimos, foi feita, mas quando um ajuste viável supera a crise que aconteceu. Se tudo isso não fosse a conduta necessária da opinião pública, se ela tivesse que seriamente debater a justiça em todas as questões em que toca, o público teria que lidar com todas as situações o tempo todo. Isso é impossível (LIPPMANN, 2002, p. 57).

Também tangencia tal problemática uma linha de pensamento mais psicológica da dinâmica e do comportamento dos boatos, discutida por Nicholas DiFonzo (2009). De maneira semelhante a Kapferer, o autor destaca que os boatos, com frequência, entrelaçam-se com eventos reais, aproximando-os do contexto e das interações geradas pelos públicos. Esta relação entre os sujeitos e as percepções da realidade indica a força da existência de aspectos psicológicos e estruturas cognitivas de uma pessoa – ativados no momento em que recebemos informações –, além de estruturas sociais. Para DiFonzo, acreditar sem questionar em um boato mexe com nossa tendência em confiar nos outros devido a uma credulidade inata. "Entretanto, o mais importante é que essa aceitação fácil quase sempre funciona para nós. Assim, os boatos são uma característica frequente no âmbito social" (DiFonzo, 2009, p. 18).

E esse entrelaçamento entre aspectos da realidade e aspectos fraudados é, por vezes, estrategicamente formulado com a "intenção [de] tornar cada vez mais complexa a distinção do que é realmente falso em uma ação" (Henriques; Silva, 2012, p. 227). O entrecruzamento de cadeias dos assuntos em voga, dos acontecimentos históricos, das pautas de notícias, das fofocas da família, dos rumores da vizinhança alimenta aquilo que sabemos do que sabemos e tem o poder de conformar e confirmar nossos preconceitos, nossas razões políticas, nossas amizades, nossas relações com o trabalho, com o lazer, com as insinuações de perigo, com a criação de heróis e vilões históricos.

Ao mesmo tempo, há o risco de que esses entrecruzamentos, acontecendo em uma sociedade da transparência (Han, 2017), confirmem um traço social totalitário e corroborem com o apagamento das diferenças das relações, desconstruindo no caminho a sensação de que existe algo a ser buscado e trazido a público porque tudo já estaria dado e absolutizado naquele pedaço de informação qualificável, reproduzível e adaptável que se tornam os boatos. "A hiperinformação e hipercomunicação geram precisamente a *falta de verdade*, sim, a *falta de ser*. Mais informação e mais comunicação não afastam a fundamental *falta de precisão do todo*. Pelo contrário, intensifica-a ainda mais" (Han, 2017, p. 25, grifos do autor).

"Mês que vem o governo vai congelar todas as contas poupança da Caixa"

Em 2015, período durante o qual encontramos os maiores picos de interesse em buscas sobre o confisco da poupança no Google (Gráfico 1), o WhatsApp ultrapassou a marca de 100 milhões de brasileiros ativos todos os meses no aplicativo. Em 2017, mais de um a cada dois brasileiros possuíam o programa instalado em seu smartphone, e, só no país, seriam mais de 120 milhões de usuários acessando mensalmente suas funcionalidades (WHATSAPP..., 2017). O ambiente virtual dos brasileiros se intensificava com conversações informais por meio do aplicativo, compondo parte desse cenário de propagação e de envio de toda sorte de informações rumorosas.

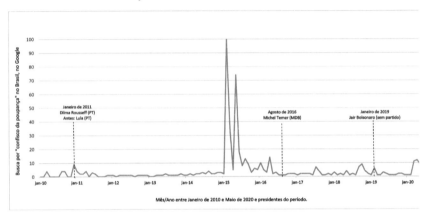

Gráfico 1: Interesse pelo assunto "confisco da poupança" no Brasil entre 2010 e 2020. Fonte: Elaboração da autora.

A intensificação do uso de aplicativos de mensagens virtuais é apenas uma das condições de estímulo que acentuam os atravessamentos de cadeias de boatos e as redes estruturantes das nossas experiências. Por eles, vemos funcionar com poucas barreiras a sistematização de uma política de linchamento e de destruição do outro, tido como inimigo. Em *A máquina do ódio: notas de uma repórter sobre fake news e violência digital* (2020), a jornalista Patrícia Campos Mello escreve sobre uma de suas reportagens para a *Folha de S.Paulo*, na qual investigou, em 2016, o disparo em massa de mensagens pelo WhatsApp contra o então candidato à presidência pelo Partido dos Trabalhadores (PT), Fernando Haddad, a dez dias do segundo turno das eleições. Segundo descrição da própria autora,

> A matéria trazia à baila a existência de empresários que planejavam contratar agências de marketing para enviar milhões de mensagens

e influenciar o resultado. O esquema feria a legislação eleitoral brasileira em diversos aspectos. Conforme a lei n.º 13.488/2017, é proibido contratar pessoas ou mecanismos para mandar pela internet mensagens ou comentários que ofendam a honra ou prejudiquem a imagem de um candidato ou partido (MELLO, 2020, pos. 56).

Em seguida à publicação da reportagem, houve um trabalho orquestrado e sistematizado de agressões verbais virtuais, linchamentos, difamações, perseguições, hackeamento do aparelho celular e da conta de WhatsApp da jornalista, com disparos de mensagens falsas em seu nome, e convocações, por e-mail, para que apoiadores de Jair Bolsonaro aparecessem em eventos para os quais ela era convidada. Ela recebeu gritos de vizinhas contrárias ao PT; sua imagem foi falsamente atribuída a uma mulher loira em um palanque ao lado de Haddad, para ser novamente agredida; ela recebeu ameaças contra a vida do seu filho, à época com 6 anos de idade; e, em um vídeo antigo, de 2013, resgatado e tirado de contexto para embasar a percepção pública favorável à violência justificada, a jornalista aparece falando, em uma palestra estudantil, que votava no PT. O que, associado aos preconceitos, machismo e ódio político-partidário de uma parcela da população, era mais do que o suficiente para justificar sua perseguição e destruição. O linchamento virtual, com consequências bastante concretas e objetivas na vida da jornalista, foi atravessado e construído – ao mesmo tempo em que construía a própria rede – pela tecnologia de comunicação de envio de mensagens que se descreve, em blog oficial, como um aplicativo em que "suas mensagens e chamadas são rápidas, simples, seguras e gratuitas".[3] Tal segurança, neste caso, pode ser questionada se pensarmos nos impasses enfrentados pela jornalista em detrimento do anonimato das mensagens rumorosas, que se perderam em sua origem e deixaram apenas rastros dos possíveis caminhos das conversas. Rastros estes que, muitas vezes, só poderão ser captados, no futuro, pelo relato de experiência por parte dos afetados pelo boato, pela notícia falsa, pelo meme, pela teoria da conspiração, pela fofoca, pela mensagem repetidamente mal-intencionada.

---

[3] Disponível em: <https://www.whatsapp.com>. Acesso em: 25 jul. 2020.

Também por isso, o boato, dito, é também um não dito de todo o resto, bem como uma confirmação das nossas buscas e razões. Compartilhar e dizer do confisco da poupança durante uma crise econômica enquanto um partido político de cujas ideias você não compartilha está no poder é também compartilhar e dizer de uma localização nas arenas política, social, econômica, educativa, cultural e moral. Vale lembrar que, no caso dos boatos, a intencionalidade de fraude vai nos escapar, porque em sua própria cadeia de disseminação serão nossos compromissos com o mundo que preencherão as lacunas ausentes das perguntas porventura levantadas. E, no final, importa mais saber se foi com o intuito de enganar ou o resultado da enganação?

> – Quem vai confiscar? Quando? Como? Onde?
> – Certamente o PT, aqueles esquerdopatas!
> – Quem vai confiscar? Quando? Como? Onde?
> – Certamente, o Bolsonaro (sem partido) e o Paulo Guedes![4]

Muitas vezes, o boato se tornará plausível porque o seu fato central, ainda que enganoso, vai se relacionar a (ou mesmo se desdobrar de) vários outros fatos/acontecimentos verdadeiros. O contexto político, histórico, social e cultural de um local, além de casos semelhantes ao retratado no boato, certamente contam para dar peso às afirmações ou refutações de sua veracidade. Se o confisco concretamente aconteceu no ano de 1990, por que não seria plausível acreditar que um novo confisco aconteceria agora?

É nesse sentido que os boatos, aparentando verdades, têm poder sintomático de realidade e capturam do nosso cotidiano e de nossas experiências o compromisso apenas suficiente com o concreto, a fim de garantir seu poder de novidade e de circulação. Sem nos darmos conta, boatos que ultrapassam o aspecto comezinho do falatório típico das conversações rumorosas corroboram as tendências de comportamento que todos temos, como públicos, de acreditar no que parece real. E é suficiente *parecer* real.

---

[4] Paulo Roberto Nunes Guedes, economista nascido em 24 de agosto de 1949 na cidade do Rio de Janeiro, tornou-se o ministro da Economia do governo Jair Bolsonaro (sem partido) em 2019.

"Acabei de ficar sabendo por uma pessoa que trabalha na área"

Jean-Noël Kapferer (1993, p. 16) vai chamar de boato "a emergência e a circulação no corpo social de informações que não foram ainda confirmadas publicamente pelas fontes oficiais, ou que não foram desmentidas por estas". Ao delinear as características de um boato, o autor dá conta da maior parte das questões presentes no conceito, como a necessidade de sua circulação e sua revelação em público, além da sua potencialidade de verificação em detrimento de uma confirmação de sua verdade ou falsidade – confirmação esta que é desnecessária. Em outros termos, ele ressalta os atributos conversacionais e interacionais intrínsecos para a passagem do rumor, sua consequente necessidade em ser transmitido dentro das relações interpessoais – quer dizer, nossos afetos, aqui, são mais importantes que a racionalidade crua e objetiva da verificação de uma informação –, ainda que hoje possamos estendê-las para relações intermediadas[5] por aplicativos de celular ou câmeras de computadores; e a ambiguidade do que será considerado verdadeiro ou falso, a depender das nossas relações.

Mas como se dão essas interações e conversações em um mundo no qual as relações têm exigido cada vez mais transparência (HAN, 2017), em que a ausência de segredos pela exposição da vida antes considerada tacitamente privada tem se naturalizado e feito com que a arena pública exponha cada vez mais detalhes do que antes permanecia íntimo? A exigência da transparência nas relações reduz importantes sutilezas nas diferenças de opinião entre as pessoas, ao mesmo tempo em que se intensificam as trocas de mensagens via aplicativos[6] de celular e ao mesmo tempo em que, pela introdução da internet no cotidiano das pessoas, acarreta-se uma consequente mudança na velocidade e no fluxo informativos, o alargamento da participação do público na geração de conteúdos e a complexificação da experiência humana – que se

---

[5] O contexto do início da década de 1990 de Kapferer, época em que a obra do autor foi escrita, exclui a existência das mídias sociais digitais, por exemplo.

[6] Em fevereiro de 2020, o WhatsApp anunciou em seu blog oficial que ultrapassou a marca de 2 bilhões de usuários em todo o mundo. Disponível em: <https://bit.ly/3ahSvmh>. Acesso em: 20 jul. 2020.

desenvolve a partir da aproximação entre novas e diversas possibilidades tecnológicas e a realidade social do homem, caso do uso do aplicativo de conversas WhatsApp. Em outras palavras,

> Os rumores são uma informação (interativa, ligada ao momento presente, que afeta o interesse de um público e auxilia no esclarecimento do mundo, que não se liga necessariamente à verdade, pois serve menos como fato objetivo e mais como apelo a crenças e emoções compartilhadas pelos indivíduos na formação de suas opiniões) que circula em meio ao público por meio de conversações e que se mostra desconfiável e controversa, ou, em todo caso, não verificável (pois sua factualidade é inacessível no momento, ou após uma busca mais criteriosa de sua veracidade) (CRUZ, 2018, p. 28).

Para parecer real, o boato precisa lidar com o desafio da novidade cotidiana – ou, de todo modo, simulá-la. Na construção do boato do confisco da poupança compartilhado via WhatsApp e que vimos aqui (Figura 1), aparecerem, junto ao texto sobre o risco da apreensão do dinheiro das contas bancárias, símbolos e artifícios que buscam compor a credibilidade e a verossimilhança para tal informação:

1) a logomarca da Caixa Econômica Federal, que busca fortalecer a imagem de credibilidade da informação dada por uma fonte que seria especializada no assunto;
2) a alegação de urgência e importância para um assunto que deve ser reconhecido como diferente dos assuntos normalmente recebidos diariamente, por meio de expressões como "aviso importante" e "isso não é brincadeira";
3) a citação de personalidades históricas, como o então presidente Michel Temer (MDB), para garantir a localização temporal e a sua novidade de circulação;
4) um *link* que leva para um site externo à conversa ao ser clicado,[7] causando a impressão de que existem mais informações a serem reveladas, caso você se interesse;

---

[7] Ao buscar o *link* no buscador do Google, imediatamente o site que deveria ser aberto foi bloqueado pelo programa de antivírus Kaspersky, pelo motivo "ameaça de perda de dados". Na mensagem de alerta, é informado que "não é possível recuperar o URL solicitado".

5) indicações temporais históricas para marcar o momento presente e garantir também celeridade e pressa na circulação do rumor ("antes de ser retirado do poder", "mês que vem");

6) a validação de uma fonte onisciente ("uma pessoa que trabalha na área") que teria condições de saber detalhes escondidos e não revelados naturalmente sobre o tema; e

7) o tom de conselho, que pelo sim, pelo não, conduz a pessoa a continuar a cadeia de propagação do boato em suas redes ("só pra avisar", "quem puder, repassa o aviso", "pelo menos vamos procurar saber").

Os boatos guardam em si o poder de mobilizar experiências e tendências de comportamento. Neste sentido, o boato do confisco da poupança, que tanto mexe com nossa memória nacional, pode ser enquadrado fundamentalmente como um fenômeno de crença (KAPFERER, 1993). Isto é, como um fenômeno que mexe com a tendência que todos temos, como públicos, em acreditar naquilo que melhor sintetiza nossas expectativas de mundo. Para isso, tais expectativas se mantêm entre pessoas socialmente similares – a chamada homofilia.

Nos dez anos entre 2010 e 2020, o interesse pelo tema "confisco da poupança" (Gráfico 1) ultrapassou em muito a rememoração dos 20, 25 e 30 anos da concreta retenção compulsória das cadernetas de poupança e de todo depósito à vista ou a prazo que estivesse em conta nos saldos bancários dos brasileiros em março de 1990.

O que inicialmente poderia ser enquadrado apenas como pauta de valor noticioso histórico para a imprensa, que costuma rememorar datas de acontecimentos importantes para alimentar a produção jornalística do dia, mobilizou e alimentou conversações rumorosas dentro e fora dos aplicativos e ferramentas digitais nesse decênio. Ao mesmo tempo, essas conversas também alimentavam o próprio conteúdo que formava o boato em circulação.

Quanto maior for a capacidade do boato de se ligar a fatos da atualidade e do momento, maior será seu potencial de ser noticiado e, em consequência, de circular e estar nas agendas de conversas das pessoas. É pela ligação com a novidade que os rumores se alastram.

O boato é uma ruptura de um segredo: ele é raro, logo, caro. Aí reside o seu valor. Isso não explica por que ele circula. É verdade que o ouro também é raro e caro: só que em vez de fazê-lo circular, acumula-se. Existe uma diferença fundamental entre o ouro e a informação: o valor de uma informação não é durável. É preciso, pois, utilizá-lo o mais depressa possível. Divulgar o boato é recolher os lucros de seu valor enquanto ele o tem (KAPFERER, 1993, p. 17).

"Só pra avisar"

Circular ou não dentro da internet não impede o boato de acontecer, de insurgir em meio aos públicos como resultado das complexas relações dos seres humanos em busca de respostas, ou apenas partindo de um mau entendimento dos fatos ou de uma má intenção – fatores que fatalmente nos escaparão.

É por isso que, entre 2010 e 2020, os rastros digitais dos diferentes picos das conversações e buscas[8] sobre o confisco da poupança no Brasil, incluindo seus boatos, apresentaram sempre um ponto de novidade que foi reciclado. O mais evidente deles, a mudança na acusação do culpado frente ao confisco: ora o então presidente Luís Inácio Lula da Silva (PT) seria o culpado pelo confisco, ora o governo da presidenta Dilma Rousseff (PT), depois o de Michel Temer (MDB), ora os candidatos à presidência em 2018, Fernando Haddad (PT) e Ciro Gomes (PDT), ora Jair Bolsonaro (sem partido), eleito no pleito, ora o seu escolhido para o ministério da Economia, Paulo Guedes.

Buscas (Figura 2) pelos portais *Boatos.org* (MATSUKI, 2018) e *E-Farsas* (CONFISCO..., 2020) – este último considerado um precursor dos sites de verificação de informações falsas e rumorosas, com mais de 18 anos de existência e uma boa base de dados sobre grande parte

---

[8] O Google Trends é uma ferramenta gratuita que permite acompanhar a evolução de buscas por palavras-chave. Os números representam o interesse de pesquisa relativo ao ponto mais alto no gráfico de uma região em dado período. Um valor 100 representa o pico de popularidade do termo. Um valor 50 significa metade da popularidade. Uma pontuação de 0 significa que não havia dados suficientes sobre o termo naquele período.

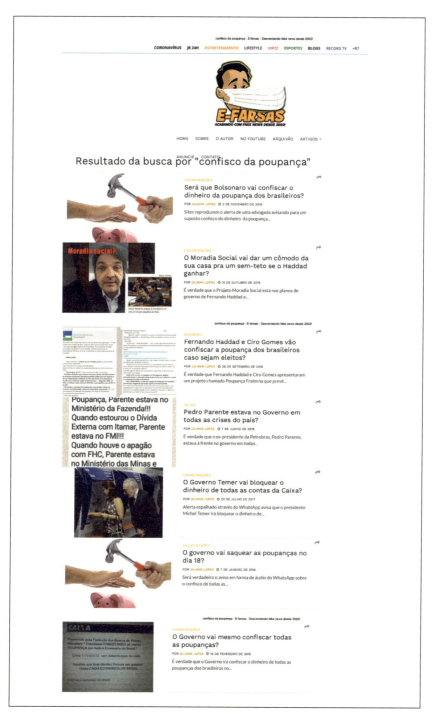

Figura 2: Página E-Farsas apresenta verificação sobre o confisco da poupança.

dos boatos difundidos na web – comprovam a associação do boato do confisco da poupança com diferentes nomes de personalidades que seriam culpadas pela apreensão do dinheiro nos anos de checagem.

Em 2015 e 2016, o governo de Dilma Rousseff foi acusado mais de uma vez de querer confiscar as contas bancárias, poupanças e mesmo o Fundo de Garantia por Tempo de Serviço dos Trabalhadores (FGTS). Em 2017, com a posse de Michel Temer da presidência após a finalização do processo de impeachment de Dilma, foi ele o acusado da vez pelas retenções e, consequentemente, o alvo dos ataques e das publicações de checagem.

Com as eleições em 2018, Fernando Haddad (PT) e Ciro Gomes (PDT) dividiram acusações em um contexto de eleições intensamente polarizadas, em que ambos perderam a corrida presidencial para Jair Bolsonaro (sem partido) – que também foi acusado de ser o pivô do confisco naquele mesmo ano.

Entre janeiro de 2010 e maio de 2020, os três principais picos (Gráfico 2) que contornam a dinâmica das conversações públicas sobre o confisco da poupança aconteceram em fevereiro (cor rósea, 100), março (cor laranja, 35) e maio (cor verde, 74) de 2015. Março de 2015, que seria reflexo do agendamento sobre os 25 anos do confisco da poupança e que, por isso, deveria tender a ser o período responsável pela maior quantidade de menções e buscas de interesse pelo assunto, indicando uma consequente intensificação do agendamento de notícias sobre a data, não se refletiu na confirmação dessa presunção. Outro indício, para destacarmos evidências do atravessamento dos boatos nos picos do assunto no Google, e que nos distancia de uma resposta simplificadora, é fazermos um comparativo entre o mês de março de 2015 e todos os outros meses de março do decênio, incluindo os 20 (2010) e os 30 anos (2020) de lembrança do confisco, cujos picos não representaram destaques semelhantes nos interesses dos internautas nos buscadores do Google.

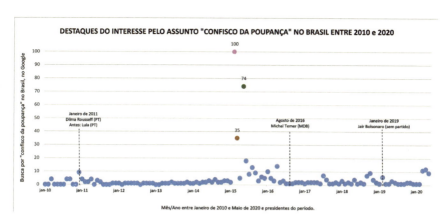

Gráfico 2: Destaques da busca por "confisco da poupança" no Brasil entre 2010/2020. Fonte: Elaboração da autora.

E é entre fevereiro e março de 2015 o momento em que se apresenta o maior pico de interesse dos públicos em buscas sobre o tema em toda a série histórica do Google (desde 2005), e não apenas no decênio 2010-2020. O momento se torna o pico de menções e de interesse dos públicos após um longo período de aparente inércia do boato e é marcado pela profusão de versões do mesmo boato, de crises econômicas e pela agudização da polarização político-partidária na sociedade brasileira.

E é fácil encontrar na fala dos analistas e da imprensa que o ano de 2015 foi, para o Brasil, um dos piores momentos para a economia nacional nas últimas duas décadas. O país entrou em recessão sem passar por ajustes fiscais, caiu a índices negativos de crescimento, teve sua nota de crédito repetidamente rebaixada por agências internacionais de classificação de risco e, sobretudo, passou por um desgaste político de cassação de mandato presidencial que possuía apenas um precedente na história nacional: aquele do início da década de 1990 com o governo de Fernando Collor de Mello e, não coincidentemente, podemos admitir, com o confisco concreto da poupança dos brasileiros.

Como primeiro presidente eleito pelo voto popular após o regime militar, Collor trazia uma forte representação simbólica de crescimento, avanço, melhorias sociais, alargamento dos direitos democráticos e esperança no futuro. No entanto, os anos da década de 1990 durante os quais Collor foi presidente são – como os anos futuros do segundo mandato do governo de Dilma Rousseff – descritos como economicamente problemáticos, repletos de denúncias político-partidárias por improbidade e incompetência administrativas, com a queda no poder de compra dos cidadãos e o aumento do desemprego.

Anos depois, o termo "impeachment" ressurge nas conversações dos brasileiros e associado (também) ao boato do confisco da poupança. Nas associações, os fragmentos de memória nos quais todos formatamos nossas opiniões implicam, por exemplo, no vínculo entre o boato do confisco, o governo do ex-presidente Collor, pedidos de afastamento da então presidenta, Dilma Rousseff, medos fundados em traumas do passado, posicionamentos político-partidários e desconfianças sobre o futuro.

E os três tuítes[9] a seguir exemplificam o caso:

> [Em 15 de abril de 2016:] Confisco da poupança é boato. Mas se der para tirar seu dinheiro, tire! #poupanca #impeachment http://goo.gl/i9U9lj.
> [Em 28 de abril do mesmo mês:] Kkkkkkk, novo confisco da poupança? Seja útil votando a favor do Impeachment que já tá ótimo. #foraPT #TchauQuerida https://Twitter.com/Collor/status/725341247796289538.
> [E em 6 de maio de 2015:] Estão circulando boatos nas redes sociais sobre confisco de poupança se isso se confirmar o Brasil tem que parar Greve Geral e Impeachment.

Como é possível notar, os tuítes acima transcritos aproximavam a ex-presidenta à lembrança do período Collor, em que imperava um clima de incertezas, à percepção de medidas impopulares, como o aumento de impostos; à cobertura e ao acompanhamento da imprensa tradicional; e ao uso de mídias sociais digitais como o Facebook para desmentir os boatos que circulavam no período de sua gestão.

Percebemos um indicativo de desconfiança nas instituições públicas, de pessimismo, suspeitas contra os representantes políticos, lembranças traumatizantes de empréstimos compulsórios, descrédito na política nacional. Aspectos estes que, juntos, possibilitaram que a memória do

---

[9] O relato breve, mas completo, que associa o impeachment de Dilma Rousseff e o boato do confisco da poupança pode ser encontrado no meu trabalho de dissertação de mestrado, intitulado *Condições de oportunidade dos rumores: o boato do confisco da poupança numa dinâmica de formação da opinião pública* (2018).

confisco de 1990 alimentasse o boato do confisco de 2015/2016 com uma nova associação de impedimento de mandato presidencial.

E é neste período que vemos, com maior intensidade, o trabalho da própria imprensa (Matsuki, 2015) em publicações de checagem do tipo "é verdade, é boato" a respeito do confisco da poupança, além de publicações de notas oficiais do Ministério da Fazenda (Brasil, 2015a), do Governo Federal (Brasil, 2015b) e do trabalho de assessoria da Caixa Econômica Federal (Nota..., 2015), em um inequívoco esforço por combater a propagação dos boatos sobre o risco de um novo confisco de poupança. A nota de esclarecimento da Caixa foi publicada com informações do Ministério da Fazenda. No perfil do banco na rede social Facebook, a nota recebeu, até 5 de julho de 2020, cinco anos depois de sua publicação, 1,6 mil compartilhamentos. Na nota do Ministério da Fazenda, de 13 fevereiro de 2015, era informado que

> 1) Não procedem as informações que estariam circulando pela mídia social de que haveria risco de confisco da poupança ou de outras aplicações financeiras; [e que]
> 2) Tais informações são totalmente desprovidas de fundamento, não se conformando com a política econômica de transparência e a valorização do aumento da taxa de poupança de nossa sociedade, promovida pelo governo, através do Ministério da Fazenda.

A explicação foi consequência da percepção de conversações que circulavam já em outros canais fora do Twitter, como o WhatsApp, e repercutiu na imprensa, encontrando, no mês seguinte, o momento de lembrança do "aniversário" do confisco que aconteceu em 16 de março de 1990. Este elemento também merece destaque na conformação da memória desse boato, e, como é comum nesses momentos, a imprensa atualiza a informação, revalorizando a mesma matéria que é publicada anualmente, e, em consequência, restaura a importância da publicação nas agendas de diversos públicos.

De 2015 até meados de 2016, o boato do confisco de poupança retornaria em uma diversidade de canais, com mais ou menos força na medida em que se espalhava e era desmentido pela imprensa, por sites de monitoramento de boatos e pelo governo – sempre sem sucesso completo, uma vez que não basta apenas abrir um canal para esclarecer os fatos, pois sabemos que a força que acionará os públicos nesse esclarecimento não garante que os mesmos sejam afetados nem, de qualquer forma, afetados da mesma maneira.

Em agosto de 2015, a agência de classificação de risco Moody's rebaixou a nota de crédito do Brasil de "Baa2" para "Baa3". Em setembro do mesmo ano, o Brasil teve sua nota de crédito rebaixada pela Agência Standard and Poor's, e em novembro esta nota é revisada e mantida pela Agência Fitch. Em dezembro do mesmo ano, a Agência Moody's ameaça rebaixar novamente a nota do Brasil e tirar seu selo de bom pagador, e, também, tem início o julgamento do processo de impeachment de Dilma Rousseff (PT). Em fevereiro de 2016, na iminência do aniversário de 26 anos do confisco, o Brasil tem sua nota de crédito rebaixada pela Agência Moody's, e em maio a Agência Fitch volta a rebaixar a nota do Brasil. No mesmo mês, depois de uma sessão de mais de vinte horas, o Senado aprova, por 55 votos a 22, a abertura do processo de impeachment pela Casa. Dilma Rousseff é afastada da função por até 180 dias, e o vice-presidente Michel Temer assume seu lugar interinamente.

Assim, a crise iniciada em janeiro de 2015 se estendeu até que, entre dezembro do mesmo ano e agosto de 2016, o processo de impedimento de Dilma Rousseff intensificasse a desestabilização das estruturas político-partidárias do país e alimentasse com novo combustível o boato que já transcorria nas conversações diárias dos sujeitos afetados. Mas, inequivocamente, este impeachment foi apenas uma das chaves mobilizadoras que acionaram nossos sentimentos e nossas relações coletivas, dando condições para que este boato continuasse a se perpetuar até, pelo menos, novembro de 2018 (Figura 2).

"E quem puder repassa o aviso"

Por mais que já tenhamos notado que não apenas o fluxo das vicissitudes políticas tem mobilizado a atenção pública frente ao boato do confisco de poupança, neste caso, como também é manifesto o atra-vessamento de tal conjuntura para levantar não apenas expectativas de futuro, mas esperanças de derrota de um lado tido como inimigo. Os dissabores, entre 2010 e 2020, foram direcionados, por vezes, a Dilma Rousseff, e, outras vezes, também a Michel Temer e a outras personali-dades, porque as notícias mudam com o tempo, tanto quanto mudam seus conteúdos. Diante disso, "a evolução do conteúdo do boato não se explica pelas distorções da memória, mas pela evolução e acréscimo de comentários ao longo da formação do boato" (KAPFERER, 1993, p. 10).

Dessa forma, não estamos imunes ao risco de acreditar nos boatos, pois na medida em que seu poder de convencimento se associa ao que estamos ouvindo nas conversas diárias poderemos potencialmente encontrá-los em nossas experiências e, coletivamente, buscar uma síntese de entendimento sobre aquele assunto. A dinâmica do boato vai depender, sobremaneira, dessa racionalização social que não pode ser confundida com ingenuidade ou estupidez, uma vez que, ao serem introduzidos no corpo social, os rumores têm como uma de suas possibilidade de vida poder ser inicialmente divulgados exatamente como informações verídicas e, desta mesma maneira, seguir atravessando as diferentes experiência dos sujeitos – tanto as daqueles que acreditam no PT e criticam o boato contra o PT quanto as daqueles que acreditam no PT e no boato quando associado a Michel Temer.

Enquanto em 2015, em manchetes de portais digitais, líamos a chamada "Temer vai congelar as poupanças da Caixa? Governo nega boato do Whatsapp" (CAMARGO, 2017, [s.p.]), em janeiro de 2016, além da escalada do uso do aplicativo de mensagens instantâneas WhatsApp, o Brasil viu estampadas chamadas de checagem de notícias com títulos como "O governo vai saquear as poupanças no dia 18? Será verdadeiro o aviso em forma de áudio do WhatsApp sobre o confisco de todas as poupanças dos brasileiros no dia 18?" (LOPES, 2016, [s.p.]).

Em 2018, há uma nova associação, pertinente ao contexto eleitoral da época: "Fernando Haddad e Ciro Gomes vão confiscar a poupança dos brasileiros caso sejam eleitos?" (FERNANDO..., 2018), que tratava de um tal projeto chamado pela alcunha de Poupança Fraterna, que deriva do Projeto de Lei Complementar n.º 137/2004, de autoria do deputado Nazareno Fonteles (PT-Piauí) e que é desmentido desde 2006, mas retornou em 2018. O boato dizia que o brasileiro só poderia gastar até R$ 8,7 mil da própria renda mensal, e o excedente deveria ir para uma conta e só seria devolvido após quatorze anos. Seria uma nova espécie de confisco de poupança e das rendas dos brasileiros, feito na semana do primeiro turno da eleição presidencial e que teria como culpado unicamente o PT.

Tais aspectos cognitivos podem ser notados a partir do entrecruzamento de diferentes cadeias de compreensões que abrangem o boato. Mas como assim? No caso do boato do confisco da poupança, pesam sobre ele também as memórias das crises econômicas. Se fizermos um esforço de imaginação e nos deslocarmos para um momento de incerteza econômica, em que os índices de desemprego aumentam, os salários não rendem como costumavam nos supermercados e em que os representantes políticos que deveriam resolver esses problemas não possuem legitimidade ou não aparentam ter a capacidade desejada de operar uma mudança rápida e eficiente, uma das opções razoáveis nas quais se acreditar seria um possível confisco da poupança. Afinal, se uma, duas, três grandes agências internacionais de crédito rebaixaram a nota de confiança do país – tendo essas notícias sido divulgadas pela imprensa, e a poupança, por outra série de complexas relações e razões econômicas, chegado a registrar o pior saldo em vinte anos – (POUPANÇA..., 2015),[10] não é absurdo imaginar que o governo precisaria de dinheiro para pagar dívidas e manter compromissos.

Ressaltemos, todavia, que essa é uma visão simplista do contexto, associada ao tempo de circulação do rumor do confisco da poupança, e que muitas outras combinações de frequência e o peso de diferentes fatores contribuíram para tornar o momento de crise mais instável e incerto entre os meses de janeiro de 2015 e junho de 2016. No mesmo espectro, podemos lembrar, inclusive, a atuação da memória coletiva dos sujeitos entre os momentos semelhantes vividos pelo país nas diferentes décadas: crises políticas, envolvimento presidencial em acusações de corrupção, crises econômicas, pedidos de impeachment...

É claro que essa associação entre as notícias que revelam o maior número de resgates da caderneta de poupança dos últimos vinte anos e o boato de um novo confisco não pode ser feita levianamente, porque,

---

[10] A notícia afirma: "Dados divulgados ontem pelo Banco Central revelam que os resgates da caderneta, já descontados os depósitos, somaram R$ 5,529 bilhões em janeiro – o maior dos últimos 20 anos. Foi a primeira vez em nove meses que o volume de retiradas (R$ 152,996 bilhões) ficou maior do que o de depósitos (R$ 147,467 bilhões). Em abril do ano passado, o resultado havia ficado negativo em R$ 1,273 bilhão. Com isso, o saldo da poupança em janeiro é o pior para o mês da série histórica do BC, iniciada em 1995".

justamente, uma das explicações que ajudam a explicar esses saques foi o agravamento de uma crise econômica que se arrastava por meses e que se intensificou naquele período. Quem tinha dinheiro guardado deveria, dessa forma, poder acessar seus saldos bancários e sacá-los para solucionar questões como dívidas domésticas e compras domiciliares.

No entanto, não podemos negar que tais rumores existiram e circularam no período de forte crise econômica nacional de que tratam as notícias e que, portanto, estiveram presentes para afetar e alimentar diversos quadros de sentidos que os públicos possuíam em suas memórias sobre o assunto e seus envolvidos. Não ajuda, também, o fato de a retórica dos títulos de notícias que tratam da elucidação dos boatos trazer, antes da informação checada, uma elaboração em forma de pergunta, tal como: "Ele vai congelar?"; "O governo vai saquear?"; "Será verdadeiro o aviso?"; "Eles vão confiscar?" – acrescentando, ainda, uma nova camada de dúvida e incerteza a uma mensagem que circula comprometida com a ambiguidade.

Logo, para prosseguirmos nossas elucubrações a partir do rumor sobre o confisco da poupança, é importante pensá-lo nessa relação entre sua emergência no corpo social e o que ele desencadeia na formação da experiência e da opinião dos públicos. Parte dos quadros de sentidos relativos ao boato do confisco da poupança deriva do acontecimento da década de 1990 e se torna, em si, uma expectativa simbólica gerada por ele.

Assim, é possível relacionar o momento de crise econômica do país, o desgaste das estruturas políticas nacionais e o processo de impeachment de Dilma Rousseff aos rumores sobre o confisco da poupança. Parece indubitável notar que esses momentos de crise fazem parte do contexto de vida deste boato e se liguem não a um dos lados (que se dizem de direita ou de esquerda partidárias) da história, mas se transformem em justificativa, em determinado momento, para um lado, e, em outro momento, para o outro, com alternância de vilões da narrativa de acordo com quem estava no poder no momento da crise econômica.

A questão das motivações pessoais daqueles que passam um recado rumoroso para frente, fatalmente, vai nos escapar e, com o WhatsApp ajudando na complexificação dessa dinâmica – por, entre outros fatores, dificultar o rastreio da origem da informação e também por sua formatação que imita uma conversa muitas vezes rápida, fática e na qual pode não haver preocupação com o controle da interpretação do receptor –, tratar dos boatos nos exige ter em mente os inúmeros fatores que podem ser relacionados a tal dinâmica.

O emergir dos boatos nas diferentes mídias sociais e tecnologias de comunicação modernas, por exemplo, não os suprime, mas contribui para torná-los especializados, pois cada mídia passa a ter "seu próprio território de comunicação" (KAPFERER, 1993, p. 4). Além disso, por ser um fenômeno que molda sua credibilidade por meio das fontes, geralmente não oficiais, que podem ser responsabilizadas pela informação daquele rumor (um ministério ou órgão do Exército que não existe, por exemplo), que se dá em um processo de difusão em cadeia e com diferentes temporalidades e que possui conteúdos que mobilizam os interesses atuais dos públicos, os boatos não se definem cientificamente por sua imposição ou pela exigência de sua veracidade (KAPFERER, 1993, p. 19), porque tal verdade será engendrada pela subjetividade dos indivíduos após tal boato demandar uma verificação, mesmo que simples.

Dentre boatos persistentes na história – como o de mensagens escondidas em músicas de cantoras famosas que teriam pactos com entidades malignas, a carne de minhoca de sanduíches populares em venda ou mesmo os ingredientes secretos na composição de refrigerantes –, existem também padrões persistentes, que invariavelmente retornam à cena em espaço-temporalidades diferentes, por vezes mudando apenas fragmentos do que deve se tornar sua ligação mais alinhada com o novo contexto. No caso das cantoras famosas e suas canções, por exemplo, os nomes das artistas podem variar: por vezes a Xuxa (ASSIS, 2016), por vezes Ivete Sangalo (ALÉM..., 2016). E, no caso do boato de confisco da poupança, no que diz respeito aos seus supostos culpados, vimos sua mudança mais marcante de acordo com a atualidade que se mostrava e se fazia presente naquele momento: em dada hora, foi a ex-presidenta Dilma Rousseff; em outro, Michel Temer e Ciro Gomes.

Quando os boatos se inserem nessas dinâmicas da opinião pública, eles "normalmente também transmitem a interpretação inicial sobre um acontecimento" e acabam por ativar "estruturas cognitivas que motivam e norteiam a busca incessante por novas informações que nos ajudem a avaliar uma explicação" (DiFonzo, 2009, p. 57). O boato do confisco da poupança é um objeto de observação interessante nesse sentido, uma vez que de expectativa por algo também se vive – e a opinião pública se alimenta de expectativas e especulações, da espera/temor de algo que vai potencialmente acontecer, que pode estar acontecendo neste momento ou mesmo de algo que pode ter acontecido e que traria outras consequências (in)desejáveis no presente.

Por isso, é ingênuo nos perguntarmos por que acreditamos neles e por que os repassamos adiante, uma vez que um entendimento mais maduro sobre os rumores nos indica que o que eles fazem é justamente aproveitar-se da nossa tendência, como públicos, de acreditar e aceitar explicações apenas suficientemente boas para questões complexas. Aproveitar-se de nossas paixões, preconceitos, desejos e interesses – e, no caso de boatos como este do confisco, aproveitar-se de nossas experiências, medos e expectativas políticas e públicas para emergir gerando riscos e reavivando fantasmas da nossa história.

Entender as dinâmicas que marcam a formação e a movimentação dos públicos e o deslocamento dos interesses durante tal percurso aproxima-nos da compreensão dessa lógica que implica nosso contexto de midiatização contemporânea, bem como os públicos e atores sociais comprometidos com sua propagação. Afinal, por que arriscar não acreditar se um dos riscos existentes nessa dinâmica é justamente o de a informação ser verdadeira e, assim, nos colocar em situações que ameaçam nossa segurança física, moral e psicológica?

Como parte de um caminho futuro para lidar com esses boatos, nos atentemos à questão de como os boatos são também peças que fazem parte da formatação da nossa percepção de mundo, suscitando aspectos cognitivos de aprendizagem e apreensão de mundo, apreendendo do contexto e de nossas experiências os aspectos dos nossos interesses, da credibilidade dos canais e das fontes e de nossas memória e narrativas para nos envolver com entretenimento, para gerar medo, corroborar apreensões e esperanças ou nos enganar.

Referências

ALÉM DE IVETE SANGALO, outros artistas sofreram com boatos. *Hoje em Dia*, 10 out. 2016. Disponível em: <https://bit.ly/3nOhrVr>. Acesso em: 27 jul. 2020.

ASSIS, Camilla de. Xuxa gira disco ao contrário para divulgar *Stranger Things*. *Leia Já*, 5 ago. 2016. Disponível em: <https://bit.ly/3NLE5IP>. Acesso em: 27 jul. 2020.

BRASIL. Ministério da Fazenda. 2015a. Disponível em: <http://www.fazenda.gov.br/noticias/2015/fevereiro/alerta-informacoes-falsas-sobre-a-poupanca/Nota-a-Imprensa-13-02-2015.pdf>. Acesso em: 27 jul. 2020.

BRASIL. 2015b. Disponível em: <http://www.brasil.gov.br/governo/2015/02/fazenda-emite-nota-desmentindo-mensagens-sobre-confisco-da-poupanca>. Acesso em: 27 jul. 2020.

CAMARGO, Sophia. Temer vai congelar as poupanças da Caixa? Governo nega boato do WhatsApp. *UOL*, 28 jul. 2017. Disponível em: <https://bit.ly/3bTxizF>. Acesso em: 7 jun. 2020.

CONFISCO DA POUPANÇA. *E-Farsas*. Disponível em: <https://bit.ly/3bI7Mgq>. Acesso em: 20 jul. 2020.

CRUZ, Iasminny. *Condições de oportunidade dos rumores: o boato do confisco da poupança numa dinâmica de formação da opinião pública*. 198 f. 2018. Dissertação – (Mestrado em Comunicação Social) – Programa de Pós-Graduação em Comunicação Social, Faculdade de Filosofia e Ciências Humanas, Universidade Federal de Minas Gerais. Belo Horizonte, 2018.

DIFONZO, Nicholas. *O poder dos boatos*: *como os rumores se espalham, ditam comportamentos, podem ser administrados e por que acreditamos neles*. Rio de Janeiro: Ed. Campus, 2009.

FERNANDO HADDAD E CIRO Gomes vão confiscar a poupança dos brasileiros caso sejam eleitos? *E-Farsas*, 28 set. 2018. Disponível em: <https://bit.ly/3P01300>. Acesso em: 22 ago. 2019.

HAN, Byung-Chul. *Sociedade da transparência*. Tradução de Enio Giachini. Petrópolis, RJ: Editora Vozes, 2017.

HENRIQUES, Marcio Simeone; SILVA, Daniel Reis. Meras coincidências: as estratégias e as tramas do acontecimento fabricado. *Revista Comunicação Midiática*, v. 7, n. 3, p. 215-233, 2012.

KAPFERER, Jean-Noel. *Boatos, o mais antigo mídia do mundo*. Rio de Janeiro. Editora Forense Universitária, 1993.

LIPPMANN, Walter. *The Phantom Public: a Sequel to Public Opinion*. Nova York: Macmillan, [1927] 2002.

LOPES, Gilmar. Governo vai saquear as poupanças no dia 18? *E-Farsas*, 7 jan. 2016. Disponível em: <https://bit.ly/3agQ8A6>. Acesso em: 28 jul. 2020.

MATSUKI, Edgar. Informação falsa sobre confisco de poupança circula novamente na internet. *EBC*, 8 maio 2015. Disponível em: <https://bit.ly/3AAlAUV>. Acesso em: 27 jul. 2020.

MATSUKI, Edgar. Confisco da poupança será colocado em prática se esquerda ganhar eleições #boato. *Boatos.org*, 26 set. 2018. Disponível em: <https://bit.ly/3NLhaxo>. Acesso em: 20 jul. 2020.

MATURANA, Humberto *et al*. *Cognição, ciência e vida cotidiana*. Belo Horizonte: Editora UFMG, 2001.

MELLO, Patrícia C. *A máquina do ódio*: notas de uma repórter sobre fake news e violência digital. São Paulo: Companhia das Letras. 2020. E-book.

NOTA DE ESCLARECIMENTO. Facebook. 2015. Disponível em: <https://bit.ly/3bQveIv>. Acesso em: 27 jul. 2020.

POUPANÇA REGISTRA PIOR saldo em 20 anos. *Agência Estado*, fev. 2015. Disponível em: <https://bit.ly/3nFEWQE>. Acesso em: 28 jul. 2020.

ROSSONI, Luciano; GRAEML, Alexandre. *A influência da imersão institucional e regional na cooperação entre pesquisadores no Brasil*. Redes. Revista hispana para el análisis de redes sociales, v. 16, p. 228-249, 2009.

WHATSAPP CHEGA A 120 milhões de usuários no Brasil. *O Estado de São Paulo*, 20 maio 2017. Disponível em: <https://bit.ly/3OGJzpv>. Acesso em: 25 jul. 2020.

CAPÍTULO IX

Sobre públicos, elefantes e situações embaraçosas

Laura Nayara Pimenta

Durante o percurso de nossas vidas, em nosso fazer cotidiano, somos interpelados por diversas situações problemáticas. Algumas nos causam profunda afetação, nos preocupam, nos levam a desenvolver indagações e problematizações, a comentar com pessoas à nossa volta ou a publicizar o incômodo em nossas redes sociais digitais, entre outras possibilidades. Por meio das interações comunicativas com os outros sujeitos que também se sentem afetados por tais situações problemáticas, compartilhamos percepções e opiniões e, quando tematizamos essa questão publicamente, convocamos outras pessoas à reflexão e à ação, configurando tal situação como um problema público. Ao vir a público, tal problema organiza uma constelação de discursos e movimentações ao seu redor, gera mobilizações, cria públicos.

Neste texto não pretendo discorrer sobre o processo de gênese dos problemas públicos, o que pode ser encontrado em meus trabalhos anteriores e em muitos escritos dos pragmatistas estadunidenses e franceses, como John Dewey e Daniel Cefaï. Alguns aspectos desse processo serão trazidos para iluminar a discussão que pretendo empreender. Existem situações nitidamente problemáticas sobre as quais as pessoas silenciam, as quais ignoram ou até mesmo negam tacitamente. Questões que dizem sobre direitos humanos específicos (tais como direito da mulher, direito do idoso, direito da pessoa com deficiência, dentre outros) ou que envolvem tabus, coerções e cerceamentos tendem a ser silenciadas através de uma dinâmica intersubjetiva em que as pessoas estabelecem um acordo tácito e impedem que as questões ascendam a uma conversação pública, criando o que o sociólogo israelense Eviatar Zerubavel (2006) denomina "conspiração de silêncio".

Em uma conspiração de silêncio, a obviedade da situação problemática é tanta que Zerubavel (2006) utiliza a metáfora do "elefante na sala" para caracterizá-la. O "elefante na sala" evoca qualquer objeto ou assunto de que todos estejam definitivamente conscientes, mas que ninguém está disposto a reconhecer publicamente. Estar em silêncio, desse modo, envolve mais do que apenas ausência de ação ou de voz, pois as coisas sobre as quais os sujeitos silenciam são de fato ativamente evitadas. É justamente sobre esta ideia do elefante na sala, sobre como ela pode iluminar a reflexão sobre os embaraços e obstáculos presentes nas dinâmicas de opinião pública de publicização e mobilização social de uma causa social que concentrarei meu olhar aqui. Eu poderia contemplar diversos "elefantes", de tamanhos, complexidades, cores e formatos distintos, pois muitos são os casos possíveis de serem analisados. Entretanto, nos últimos anos tenho me dedicado a examinar mais profundamente a questão da exploração sexual de crianças e adolescentes (ESCA) na região do Vale do Jequitinhonha, em Minas Gerais.

Como pude observar, a ESCA é uma dessas questões que as pessoas não querem ver, ouvir ou falar, seja por medo de retaliações ou por incompreensão desta como uma prática violadora. Ela implica o envolvimento de crianças e adolescentes em práticas sexuais, através do comércio de seus corpos, por meios coercitivos ou persuasivos, o que configura uma transgressão legal e uma violação de direitos e liberdades individuais da população infantojuvenil (CECRIA, 2000). Ademais, a ESCA é uma das mais graves infrações de direitos e interfere diretamente no desenvolvimento da sexualidade saudável e nas dimensões psicossociais da criança e do adolescente, causando danos muitas vezes irreparáveis. A existência destes danos, somada a um cenário de vulnerabilidade social, reforçam um ciclo vicioso de transtornos que afetam a toda a sociedade, como o tráfico de drogas, o aumento do índice de violência e criminalidade, a ocorrência de doenças sexualmente transmissíveis, dentre outros (PIMENTA, 2019).

Também é preciso ressaltar que, diversamente do abuso sexual, uma parte significativa da sociedade tende a ver a ESCA como uma escolha pessoal da criança e do adolescente, como se estes quisessem "se prostituir" e sentissem prazer nisso. Existe, ainda, o argumento do legado familiar, que atribui como herança dos filhos das profissionais do sexo o envolvimento com a prática sexual mercantilizada, independentemente da idade. Isto posto, modificar a compreensão de que a ESCA não é somente um problema individual, íntimo, circunscrito ao âmbito privado, bem como envolver as pessoas no seu enfrentamento tornam-se desafios. E isto porque, além da necessidade de desnaturalizar a exploração sexual, transformando o entendimento da população, é preciso desconstruir as relações de poder coercitivas – como as instituídas pelo adultocentrismo, pelo sexismo, dentre outras. Também é necessário erradicar a violência estrutural – representada pelo narcotráfico e pelo crime organizado – que incide sobre a prática da ESCA e influi em como as pessoas a problematizam ou não (PIMENTA; HENRIQUES, 2019).

Considerando esses aspectos e assumindo um recorte de uma pesquisa mais ampla que desenvolvi para meu doutorado,[1] no presente texto estabeleço um diálogo entre a abordagem comunicacional sobre a formação e a movimentação de públicos nos processos de mobilização social (HENRIQUES, 2010; 2012; 2017) e a reflexão sobre as dinâmicas de atenção e silenciamento de questões problemáticas (ZERUBAVEL, 2006, 2015). Na sequência, trago a análise dos fatores[2] que obstaculizam a coletivização de uma questão embaraçosa, tomando a exploração sexual de crianças e adolescentes (ESCA) no Vale do Jequitinhonha

---

[1] Na tese intitulada *Processos mobilizadores em contextos embaraçosos: a atuação dos agentes implementadores no enfrentamento à exploração sexual infantojuvenil no Vale do Jequitinhonha*, defendida em fevereiro de 2019, apreendo as interações/relações comunicativas perpetradas pelos agentes implementadores de políticas públicas locais nos processos de problematização pública de questões embaraçosas.

[2] Tais fatores emergiram das entrevistas em profundidade semiestruturadas, das observações sistemáticas, dos grupos focais e das análises documentais que empreendi na região, conforme detalharei posteriormente.

como objeto de estudo. Ao fim, reflito sobre os embaraços que a presença de um "elefante na sala" gera nas dinâmicas de opinião pública, publicização e mobilização social.

Uma abordagem sobre públicos, suas movimentações e silêncios partilhados

Fortemente ancorada em uma perspectiva pragmatista, a noção de públicos em que me pauto tem grandes influências da reflexão do filósofo estadunidense John Dewey, expoente da Escola de Chicago. Para o autor, os públicos são entes sociais que se formam a partir da percepção/afetação de/por situações problemáticas na realidade, e se movimentam empenhados em nelas interferir (DEWEY, 1954). Segundo Dewey (1954), o sofrer e o agir são indissociáveis e figuram na própria essência do que é um público. Assim, na perspectiva do autor, para que um público se constitua as pessoas precisam perceber-se como afetadas por um dado acontecimento ou ação, dedicando-se a um processo de problematização dessa tal situação. Essa noção deweyana ajuda-nos a entender que os públicos não são entidades fixas, não são pré-determinados, mas estão em constante processo de gênese e sempre em movimento.

Henriques incorpora essa perspectiva de Dewey em seus estudos comunicacionais sobre os públicos, suas formações e movimentações. Para o autor, os públicos são "formas abstratas e dinâmicas de experiência e de sociabilidades que se formam em função da problematização de acontecimentos e ações que afetam os sujeitos, [...] e existem em referência tanto a outros públicos quanto às instituições" (HENRIQUES, 2017, p. 54). Uma vez formados, pelo reconhecimento de uma afetação ou implicação comum em um problema, esses públicos também se envolverão em uma controvérsia sobre as causas, as consequências e as circunstâncias do problema (HENRIQUES, 2012).

Considerando estes aspectos, Henriques (2017) olha para os públicos a partir de três dimensões interconectadas: a cognitiva, a performativa e a organizativa. A dimensão cognitiva trata de como um público se percebe como tal; a performativa, por sua vez, refere-se às diversas possibilidades de um público se expressar como tal, ou seja, aos aspectos mais visíveis das suas movimentações no espaço público, ou em todo e qualquer espaço de visibilidade, dos menos aos mais restritos; por fim, a dimensão organizativa concerne às diferentes formas que os públicos, como agregados dinâmicos, tendem a assumir.

A dimensão cognitiva é a que mais se aproxima dos meus interesses neste texto. Nesta, segundo Henriques (2017), um público compreende os problemas numa dimensão coletiva e pública, percebendo as afetações que condicionam sua existência e produzindo conhecimento sobre os problemas que o tocam e sobre si próprios como agentes coletivos que tomam atitudes e se justificam. Tais percepção e reconhecimento da existência de aspectos problemáticos em uma situação conforma, para o autor, a primeira condição para a formação e a movimentação de públicos ao redor de uma causa/problema, ou seja, para a coletivização desta (HENRIQUES, 2010).

Aqui aponto um nó fulcral para a coletivização da causa de enfrentamento à exploração sexual de crianças e adolescentes. Em minhas pesquisas, pude perceber que a ESCA é uma questão que desperta sentimentos controversos e é relegada, reiteradamente, à esfera privada, como um problema que concerne somente àquele que "se coloca" em tal situação. Ainda que se tenha todo um aparato jurídico (o Estatuto da Criança e do Adolescente, a Constituição Federal, entre outros) que postule que todos, indistintamente, devam zelar pelas crianças e adolescentes, tratando-os com prioridade absoluta, e que a mídia e os movimentos sociais tenham enunciado tal exploração como um problema, isto não é o suficiente para fazer com que as pessoas se sintam particularmente afetadas. Assim como outras questões de direitos humanos específicos, existe uma dificuldade de os sujeitos se sentirem sensibilizados por algo que concerne a outrem (PIMENTA, 2019).

Nessa direção, Silva (2016) destaca, a partir da sua leitura de Dewey, que os sujeitos nem sempre conseguem ter clareza sobre o que lhes afeta e sobre todos os interesses que estão em jogo nos diversos acontecimentos, controvérsias e situações problemáticas. O autor ressalta que os públicos podem ser, de fato, lentos para se formarem, dado que a percepção sobre determinados problemas pode não ser clara para boa parte das pessoas, e as temáticas podem ser muito complexas e distantes da realidade imediata delas. Além de lentos, os públicos também são voláteis, já que percepções, tal como as opiniões, não são fatos estáveis, mas frutos de um incessante processo de (re)modelagem no percurso de uma controvérsia, através da interação entre os diferentes atores e forças sociais (SILVA, 2016).

Todavia, apenas esse reconhecimento de uma situação problemática não é o suficiente. Cefaï (2017) argumenta que a gênese de uma causa pública também está ancorada na indagação que as pessoas fazem sobre diversas situações indesejáveis, prejudiciais, nefastas, cruéis, injustas, desastrosas e angustiantes. A indagação confere espécies e graus de responsabilidade moral e legal aos sujeitos, fazendo emergir figuras de culpados e de vítimas, defensores, juízes e reparadores, dando lugar a contraindagações. Para o autor, ao atribuir culpas, ao compreender motivos, ao antever consequências, ao ponderar riscos, ao conferir responsabilidades e ao imaginar soluções, a indagação organiza um campo de intervenção, fazendo de uma situação problemática um problema público (CEFAÏ, 2017).

Henriques (2010) também destaca que somente reconhecer a existência de um problema não é o suficiente para a formação de uma causa pública. Para que isto ocorra, é preciso haver uma passagem da dimensão individual, em que "eu" percebo uma situação embaraçosa, antiética ou de violação de direitos, para a dimensão coletiva, na qual "nós" observamos tal situação e entendemos que ela nos afeta. Ou seja, é necessário que o problema seja postulado publicamente e assim reconhecido. Esse processo de compartilhamento das percepções entre os sujeitos, que se dá por meio de interações comunicativas, configura, para Henriques (2010), uma segunda condição precípua de coletivização de uma causa social. Contudo, essa condição pública não deriva simplesmente da visibilidade conferida a uma causa, mas, também, da formação e da movimentação de públicos que possam publicamente sustentá-la sob condições contingentes e mutáveis, o que dá a ver o mútuo condicionamento desses fatores (HENRIQUES, 2012).

É preciso ressaltar que a definição de uma situação problemática não ocorre por acaso e sem antecedentes. Cefaï (2017) observa que essa pré-formação se dá em uma "cultura pública" na qual problematizações prévias ganharam credibilidade e legitimidade e lograram aprovação dos poderes públicos, do público mais geral e de certos públicos específicos. Assim, o processo de composição de uma causa pública é, em si, uma experiência coletiva que envolve uma dinâmica social de problematizações, discussões e experimentações que os membros de públicos realizam. Isso cria formas de ação em público, de organização e também de conhecimento ao alargar os horizontes de inteligibilidade da causa, gerando e compartilhando visões de mundo, discursos e modos de agir (CEFAÏ, 2009; 2017; HENRIQUES, 2017).

De acordo com Henriques (2012), tanto a formação como a movimentação de públicos em prol de uma causa ocorre por meio de intensas e constantes trocas comunicativas, no sentido de que os sujeitos precisam colocar em comum suas percepções, preferências, valores, opiniões, crenças, conhecimentos e interesses e também por meio da geração de vínculos entre os sujeitos, que emergem do confronto e do esforço gasto em compartilhar e gerar algo em comum. A própria dinâmica dessas trocas cria uma incessante retroalimentação do processo de formação do interesse público assim constituído, o que chama a atenção para "o processo de geração de uma causa social como um processo interativo aberto e complexo, que mantém com o processo mobilizador uma relação de reflexividade". Assim, "a mobilização social ocorre em função de uma causa, mas, ao mesmo tempo, a própria afirmação pública de uma causa não pode prescindir de um processo de movimentação dos públicos em torno dela", afirma o autor (HENRIQUES, 2012, p. 10). Henriques também ressalta que a viabilidade e a existência de sentidos mais amplos que são acionados por uma causa/problema público também são fundamentais para coletivizá-la e mobilizar os públicos ao seu redor. E estes só atuam quando acreditam na existência de possibilidades de mudanças, quando se veem como agentes capazes de transformar uma realidade por meio de um esforço coletivo, ancorando suas ações no interior de quadros valorativos socialmente aceitáveis, demonstrando para os sujeitos um sentido moral na proposta de atuação do grupo. De forma análoga, Cefaï (2009; 2017) entende que uma causa pública se fortalece quando cresce o grau de mobilização dos múltiplos atores e estes passam a ter maior ressonância junto a numerosos públicos, nos quais a mobilização está em correlação com as dinâmicas de "problematização" e de "publicização".

Contudo, como apontei anteriormente, nem sempre as pessoas estão dispostas e seguras para desenvolver indagações sobre questões problemáticas. Existem fatores que cerceiam até mesmo o falar das pessoas, o que dirá de suas problematizações e exposição de opiniões em público. Os sujeitos podem até reconhecer a existência de um problema, mas nem sempre se predispõem a enfrentar os tabus e as coerções que o circundam. Este é o caso da exploração sexual infantojuvenil. Como constatei em minhas pesquisas (PIMENTA, 2019), ela envolve tabus sociais, negações, silêncios e relações de poder coercitivas – como aquelas estabelecidas pelo adultocentrismo, pelo narcotráfico e pelo crime organizado – que intimidam as pessoas. Em seus estudos, Zerubavel (2006) ressalta que esses fatores implicam os sujeitos num cerco de silêncio (conspiração de silêncio) e afetam o que eles consideram como problemas sociais.

Como dito anteriormente, esse silêncio não gira em torno de questões imperceptíveis, mas envolve assuntos altamente visíveis que os sujeitos deliberadamente tentam evitar. Conhecimentos comuns que, por serem verdades incômodas, quase nunca são discutidos em público e tendem a ser ignorados ou até mesmo negados, dada a necessidade humana de evitar a dor. É importante enfatizar que a separação daquilo que é notado do que é ignorado é fruto de um processo social complexo. Zerubavel (2006; 2015) aponta que tal separação é, na verdade, o resultado de pressões, o produto de normas sociais de atenção destinadas a separar o que convencionalmente se considera notável do que se considera mero ruído de fundo. Desse modo, perceber e ignorar são ações realizadas por membros de comunidades que têm convenções sociais particulares de atenção e comunicação. Então, quando alguém percebe ou ignora algo, faz isso como integrante de uma comunidade social específica, guiada por normas e restrições que, muitas vezes, são articuladas sob a forma de tabus que afetam o que é considerado um problema social. Em suma, as pessoas notam e ignoram as coisas não apenas como indivíduos, mas como seres sociais. Ademais, ignorar algo é mais do que simplesmente não perceber, pressupõe certas normas de desatenção.

Para Zerubavel (2015), separar o relevante do irrelevante é um ato social realizado por membros de determinadas comunidades de atenção que aprendem a focalizar certas partes do seu mundo fenomenal, desassistindo ou mesmo desatendendo outras de acordo com a tradição de atenção, as convenções, os preconceitos e hábitos da sua comunidade.

Como membros de tais comunidades, os sujeitos essencialmente aprendem o que observar e o que ignorar. Ademais, segundo o autor, as comunidades de atenção fazem mais do que simplesmente oferecer aos seus membros sugestões sobre o que eles podem achar digno de atenção. Elas também orientam sobre quando devem fingir desatenção, ainda que sejam incapazes de fazê-lo. Em outras palavras, além da pressão para não notar certas coisas, também se é socialmente pressionado a não reconhecer o fato de que às vezes realmente se nota algo.

Isto posto, as tradições, convenções, normas e hábitos atencionais que internalizamos durante nossa socialização atencional definem o que percebemos e ignoramos, constituindo o que Charles Taylor (1997) denomina como *background* – o pano de fundo moral. Quando acionado para expressar os entendimentos dos sujeitos, o pano de fundo moral revela consensos compartilhados intersubjetivamente, sedimentados historicamente e atualizados na relação entre indivíduos. Nesse esteio, destaco a ação dos tabus. Fortemente caracterizados por uma ênfase no afastamento, na proibição do olhar e do ouvir, os tabus limitam a forma como processamos as informações, o que também interfere no nosso falar. Zerubavel (2006) aponta que o medo de sofrer retaliações por contrariar os tabus pode constranger os sujeitos e fazer com que eles fiquem cada vez mais envoltos no cerco do silêncio, enquanto aqueles que os desafiam ou ignoram são considerados desviantes sociais.

O medo é uma questão importante no processo de silenciamento. Em seus estudos, Jean Delumeau e Norbert Elias o associam a noções de perigo e risco que ameaçam o indivíduo – seja sua integridade física, sua autoimagem ou sua posição social – ou um determinado grupo social. Para os referidos autores, na concepção de Rezende e Coelho, "o medo torna-se também uma resposta socialmente regrada a situações percebidas como ameaçadoras", e a universalidade da sua experiência "pode ser relacionada ao fato de que todas as sociedades e os indivíduos que as compõem lidam com ameaças a uma estrutura física e social que é construída, não sendo, portanto, garantida nem certa" (REZENDE; COELHO, 2010, p. 36).

Contudo, não são apenas o medo e as pressões sociais que restringem o alcance da nossa atenção. As relações de poder também estabelecem os limites do discurso aceitável, dificultam o acesso à informação e sua circulação, pois o debate e o livre fluxo de informação desestabilizam suas estruturas, fragilizam sua capacidade de controle. Como instância de poder, a mídia igualmente determina o que é relevante para os públicos, influenciando, inclusive, o tempo que realmente dura a atenção destes. Ao enfatizar superficialmente certos assuntos e eventos, enquanto minimiza ou até mesmo ignora completamente os outros, ela influencia o senso coletivo de relevância. Mesmo dizendo o que realmente pensar, a mídia está também, implicitamente, dizendo o que não pensar. Assim, ela sempre desempenha um papel crítico na produção e manutenção dos pontos cegos coletivos (ZERUBAVEL, 2006; 2015).

Além da ação dos fatores supracitados (medo, pressões sociais e relações de poder), as conspirações de silêncio são fortalecidas pela reiteração do silêncio, pela proximidade do problema, pelo número de "conspiradores" e pelo tempo em que são mantidas. Zerubavel (2006) argumenta que o motivo pelo qual é tão difícil falar sobre o elefante presente na sala é que, para além de ninguém querer ouvir, ninguém quer falar sobre não ouvir. Esta postura confere ao silêncio um caráter autorreforçador, e, como em qualquer outra forma de negação, não reconhecemos que estamos silenciando, negando, assim, a negação. No que se refere à proximidade do problema, quanto mais próximo dele, maior a pressão que sentimos em negar a sua presença. Um exemplo disso é a atuação das famílias de crianças e adolescentes vítimas de violências sexuais, que tendem a desencorajar a denúncia e a publicização do problema, promovendo o silêncio. Elas podem temer a vergonha, as retaliações ou, simplesmente, fazem vista grossa ao problema visando proteger a integridade familiar.

Sobre o número de pessoas que participam da "conspiração", Zerubavel (2006) assinala que quanto mais vemos pessoas ignorando o problema, mais difícil é para nós continuar com a convicção de que ele realmente existe, como os nossos próprios sentidos nos dizem. O fato de ninguém mais ao nosso redor reconhecer a existência de um problema tende a torná-lo mais assustador. Assim, o autor pontua que quebrar um silêncio viola não apenas a vontade de alguns indivíduos, mas todo um tabu social coletivamente sagrado, evocando, assim, um intenso sentimento de medo. Ademais, a intensidade do silêncio é afetada, também, pelo tempo que conseguem mantê-lo, ou seja, quanto mais durar, mais ele tende a se tornar proibitivo.

A esta altura, o leitor pode estar se perguntando sobre as tangências entre a noção de "conspiração de silêncio" trabalhada por Zerubavel e a teoria da "espiral do silêncio" elaborada pela filósofa alemã Elisabeth Noelle-Neumann, principalmente no que se refere ao medo dos sujeitos de serem isolados socialmente. Na referida teoria, a autora explica a razão pela qual as pessoas permanecem, em muitos casos, silenciosas quando têm a quase sempre falsa sensação de que a suas opiniões, visões de mundo ou até mesmo suas intuições estão em minoria. Em linhas gerais, o conceito de "espiral do silêncio" é baseado em três premissas: a) os sujeitos têm uma intuição que lhes permite saber qual a tendência da opinião pública, mesmo sem ter acesso a sondagens; b) as pessoas temem sofrer isolamento social e evitam comportamentos que levem a isso; c) os sujeitos têm medo de expressar suas opiniões quando percebem que estas são minoritárias, justamente por terem receio de sofrer o isolamento da sociedade ou do círculo social próximo. Quanto mais uma pessoa acredita que a sua opinião sobre um determinado assunto está mais próxima da opinião pública julgada majoritária, maior a probabilidade de que essa pessoa expresse a sua opinião em público. À medida que a distância entre a opinião pessoal e a opinião pública aumenta, cresce também a probabilidade dessa pessoa se calar e se autocensurar (NOELLE-NEUMANN, 1993). Todavia, por estar muito associada às dinâmicas amplas da opinião pública, principalmente no que se refere à influência da mídia nesta, a noção de espiral do silêncio não é suficiente para as discussões deste texto. Já a ideia de conspiração de silêncio parece mais profícua, principalmente para pensarmos na negação social da ESCA como uma violação que precisa ser enfrentada.

Sistematizando o diálogo entre as abordagens aqui apresentadas e buscando uma compreensão abrangente sobre a publicização de uma questão problemática em meio a embaraços, podemos perceber que o processo é basicamente composto de quatro etapas: indagação sobre o problema, a partir da afetação ou da experiência de uma situação problemática; enunciação da situação como um problema a ser considerado, almejando atingir a atenção de outras pessoas; vinculação de mais pessoas à causa a partir de uma problematização coletiva; e difusão para a sociedade, através da afirmação pública e da publicização do problema. A qualquer momento o medo, a violência ou os tabus podem romper o processo ou até mesmo impedi-lo, redundando em um silenciamento sobre ele ou em uma negação da sua condição problemática.

Entendendo a complexidade desse processo de publicização de situações problemáticas que envolvem embaraços, dediquei-me a examinar fatores que compõem a dinâmica da negação e do silenciamento sobre a exploração sexual de crianças e adolescentes (ESCA) no Vale do Jequitinhonha, fatores estes que impactam nas condições de publicidade[3] da causa. Ainda que a ESCA não se configure como uma conspiração de silêncio propriamente dita, no sentido que concerne a todo um sistema social, os elementos levantados por Zerubavel iluminam o olhar sobre tal questão. Inspirada por esses elementos e atenta a outros que surgiram em minha pesquisa de campo para o doutorado, na próxima seção trago um recorte das análises que desenvolvi, focalizando especificamente os aspectos que incidem sobre o caráter público da causa de enfrentamento à ESCA no Vale do Jequitinhonha e em como isso pode ajudar a pensar sobre outras questões embaraçosas ou mesmo nas dinâmicas de formação da opinião pública, em geral.

Um elefante incomoda muita gente?
Um olhar para a ESCA no Vale do Jequitinhonha

O Vale do Jequitinhonha, localizado na mesorregião Nordeste do estado de Minas Gerais, é uma região que abriga inúmeras contradições. Ao olharmos para os aspectos históricos, políticos e sociais que constituem a região, encontramos um cenário cultural e artístico potente, mas, por outro lado, percebemos uma acentuada situação de pobreza, altos índices de analfabetismo e baixa escolarização, um setor de Saúde fragilizado e que não alcança as comunidades rurais, um

---

[3] É importante ressaltar que a perspectiva de publicidade adotada nesta pesquisa está ligada à publicização de informações com o objetivo de promover o entendimento e o envolvimento da sociedade nas questões de interesse público (CALDEIRA, 2017; ESTEVES, 2011).

crescente recrudescimento da violência estrutural (homicídios, furtos, roubos, tráfico de drogas e armas), efetivos precários das organizações policiais, uma baixa presença de instituições judiciais e uma população altamente dependente das políticas de transferência direta de renda. Neste cenário, florescem diversos tipos de violência, entre elas a exploração sexual de crianças e adolescentes (ESCA).

Não obstante, o Vale é cortado pela BR-116, que, em 2003, foi apontada pela Comissão Parlamentar Mista de Inquérito (CPMI) sobre a Exploração Sexual de Crianças e Adolescentes, realizada pelo Congresso Nacional, como uma das principais rotas da exploração sexual infantojuvenil. Após as constatações da CPMI de 2003, o assunto da ESCA ganhou visibilidade pública e veículos de imprensa de alcance nacional realizaram séries de reportagens sobre a questão, trazendo ainda mais à tona a vulnerabilidade da região e reforçando, com isso, sua estigmatização (PIMENTA, HENRIQUES, 2019).

Depois das revelações da CPMI, diversas providências foram tomadas na região. Assim como a nível nacional, houve uma movimentação da sociedade civil, das organizações não governamentais, de universidades e das prefeituras da região para enfrentar o problema através da criação de estratégias de conscientização das famílias, de incentivo às denúncias, de formação profissional dos adolescentes para que eles pudessem ter alternativas de trabalho, e de palestras nas escolas (HENRIQUES; PIMENTA, 2015).

Entretanto, na última década, o encerramento ou enfraquecimento de vários programas governamentais nos âmbitos federal e estadual, somados à aprovação da Emenda Constitucional n.º 55, que restringe os já escassos gastos públicos com a assistência social e com a saúde, desestimularam a articulação regional e limitaram ainda mais a atuação do poder público no enfrentamento da ESCA. Além disso, as entidades não governamentais atuantes na região também sofreram, nos últimos anos, uma retração de recursos e, consequentemente, diminuíram sua capacidade de atuação.

Ainda que o combate à ESCA tenha perdido fôlego, não só na região, mas também no país, ela continua sendo uma realidade constatada pelos profissionais que atuam diretamente no atendimento socioassistencial de famílias, pelos educadores sociais das diversas

ONGs que agem na região e pelos dados do Disque-denúncia, que no período de 2011 a 2018 registrou 86 denúncias de ESCA no Vale do Jequitinhonha. Todavia, minha pesquisa apontou que esse número de denúncias não demonstra a real dimensão do problema, mas é um indicativo de algumas questões como a subnotificação, a dificuldade de se diferenciar abuso sexual de exploração, a ausência de denúncias e até mesmo a resistência em assimilar a prática como uma violação.

Apesar dos poucos registros, minha pesquisa indica que a exploração sexual de crianças e adolescentes persiste no Vale do Jequitinhonha, mas seu *modus operandi* é outro. De uma prática que era visível a todos, cuja oferta era feita à luz do dia, nas margens da BR-116, a ESCA tornou-se camuflada. A oferta e o contato com os clientes e aliciadores passaram a acontecer por meio das redes sociais digitais, principalmente pelo WhatsApp, aplicativo que permite contato direto e privado entre as vítimas e os clientes e aliciadores, o que diminui, ou praticamente anula, a visibilidade da prática e, consequentemente, a percepção de que esta ocorre. Ademais, a rede de enfrentamento tem observado uma (re)naturalização da ESCA, o que dificulta os processos de mobilização. Tais fatores – menor visibilidade e naturalização – só ratificam que a prática está sendo subnotificada e que as denúncias não têm ocorrido, o que obstaculiza as ações de mobilização.

Se as pessoas não mais veem com clareza onde a prática ocorre, ou tampouco consideram as vítimas como de fato vítimas, a mobilização torna-se complexa já nas suas primeiras condições: a afetação dos sujeitos por uma situação-problema e a problematização individual. Foi então que percebi que, para além das condições de coletivização e mobilização da causa, eu precisava apreender os fatores que geram a desmobilização, ou seja, que incidem sobre as condições de publicidade do tema e impedem que ele seja problematizado publicamente.

Em busca dessa compreensão, realizei incursões exploratórias ao Vale e, posteriormente, estabeleci um recorte empírico em duas cidades, Itaobim e Medina, pelo fato destas serem cortadas pela BR-116 e possuírem equipamentos públicos e organizações não governamentais preparadas para a promoção/proteção da população infantojuvenil. Estando o corpus delimitado, realizei doze entrevistas em profundidade semiestruturadas com os atores da rede de enfrentamento à ESCA nesses municípios, tanto do poder público quanto da sociedade civil,[4] no período de 2015 a 2018. Além das entrevistas, fiz observações sistemáticas de situações públicas em que os atores considerados estavam presentes,[5] realizei dois grupos focais com os agentes públicos responsáveis pelo atendimento às vítimas e analisei documentos como relatórios da Pesquisa 18 de maio, desenvolvida pelo Programa Polos de Cidadania da Universidade Federal de Minas Gerais (UFMG), da CPMI de 2003 e da Comissão Especial da Assembleia Legislativa de Minas Gerais (ALMG) para Averiguar a Suspeita de Favorecimento de Prostituição Infantil no Estado de MG, de 2002, assim como o sexto e o sétimo mapeamentos de pontos vulneráveis à ESCA realizados pela Polícia Rodoviária Federal.

Desenvolvi, então, uma análise de conteúdo das falas dos entrevistados e dos participantes dos grupos focais, dos proferimentos dos atores nas situações observadas e das informações dos documentos, por meio da qual consegui levantar sete fatores que atuam como dificultadores/diminuidores das condições de publicidade da causa de enfrentamento à ESCA: (a) a naturalização da prática; (b) o estigma sociocultural; (c) a privacidade das vítimas; (d) a violência estrutural; (e) a concorrência com outras agendas; (f) a falta de investimentos; e (g) a ausência de informações e diagnósticos, conforme detalharei a seguir.

Sobre a naturalização da prática, assim como o "elefante na sala" evocado por Zerubavel (2006), minha pesquisa aponta que a ESCA no Vale é um assunto do qual a grande maioria da população está ciente que existe, mas que poucos estão dispostos a reconhecer publicamente. No período anterior aos trabalhos da Comissão Especial de Combate ao Abuso e à Exploração Sexual de Crianças e Adolescentes realizada

---

[4] Foram entrevistados oito assistentes sociais e psicólogos que lidam com o atendimento cotidiano de crianças e adolescentes nos equipamentos públicos das prefeituras, e quatro gestores das ONG's vinculadas ao ChildFund e à Associação Papa João XXIII.

[5] Observei dois seminários do Fórum Vale Protege, outros encontros promovidos pela rede socioassistencial da região que abordaram a temática, bem como as ações específicas para o Dia Nacional de Combate ao Abuso e à Exploração Sexual Infantojuvenil nos municípios considerados no espaço de quatro anos.

pela ALMG entre 2001 e 2002, às discussões da CPMI de 2003, às pesquisas e intervenções de projetos extensionistas da UFMG na região, os participantes da pesquisa afirmam que era comum ver meninas e meninos, à luz do dia, "se oferecendo" na beira da pista da BR-116. Seja por dinheiro, algumas vezes até por R$ 0,50 (cinquenta centavos) ou em troca de comida ou drogas, a ESCA era uma prática visível a todos, e as crianças e os adolescentes em tal situação já faziam parte da paisagem local. Aliadas a essa presença "natural", os entrevistados pontuam que era corriqueiro ouvir justificativas da sociedade para a prática como sendo uma forma que as crianças e adolescentes encontravam para tirar suas famílias da fome, da miséria que era gritante na região.

Contudo, após as várias intervenções que foram feitas na região do Vale do Jequitinhonha, principalmente após a CPMI de 2003, como dito anteriormente, o *modus operandi* da ESCA mudou: já não encontramos meninos e meninas na beira da pista, eles mudaram a forma de "oferta". Hoje, a "oferta" e também a "procura" se dão por meio das redes sociais digitais, principalmente pelo WhatsApp, o que restringiu o contato a um âmbito muito mais privado e sigiloso. Além disso, basta fazer um passeio nas noites da maioria das cidades da região do Vale para ver crianças e adolescentes em bares, boates e até em portas de hotéis sendo aliciadas por adultos. Esses meninos e meninas "vendem" seus corpos em troca de presentes, de bebidas, de drogas, de comida, de status social e até mesmo de ingressos para shows. As pessoas veem isso acontecer, mas não assumem que ali está ocorrendo uma exploração sexual, fazem vista grossa ou até mesmo negam a prática. Para muitas delas, a criança ou o adolescente que se encontra em tal situação está ali "porque quer", "porque gosta", "porque é safado", "porque é natural de gente desse tipo". Outrossim, como já ressaltado, é recorrente o argumento do legado familiar, ou seja, se a mãe é prostituta, a filha só está trilhando seu caminho ou repetindo o que vê em casa. Tais discursos são frequentemente combinados com outros que justificam a prática como algo culturalmente enraizado, fazendo parte da paisagem da região.

Se as pessoas veem como normal uma criança ou um adolescente em situação de ESCA, torna-se mais complicado mobilizá-las ao enfrentamento. Primeiro porque elas não se sentem afetadas pela questão, não a veem como problemática e, portanto, não desenvolvem problematizações. Segundo, ao negarem a exploração como um problema, elas fragilizam a concretude da causa, ou seja, não há o que combater. Essa ausência de afetação aliada à fragilização da concretude da causa tornam a problematização pública muito mais complexa, o que, consequentemente, impacta negativamente nas condições de publicidade da causa. Aqui é preciso fazer uma ressalva sobre as condições de publicidade: elas devem ser vistas tanto da perspectiva da visibilidade quanto da possibilidade de generalização, pois nem sempre uma causa visível é generalizada. As pessoas precisam estar dispostas a reconhecer o que está visível e, por meio das interações, a levar o assunto à generalidade. Todavia, essa generalização é uma faca de dois gumes. Ao mesmo tempo em que ela permite a difusão da causa, também pode banalizá-la a ponto de transformá-la em algo corriqueiro, que, com o tempo, torna-se natural.

Outro aspecto referente à naturalização é a resiliência dos públicos. Quando acontece alguma coisa excepcional, que choca, os públicos são afetados por um determinado momento. Contudo, eles não conseguem ser afetados todo o tempo pelas mesmas coisas. Isso gera um cansaço, uma sensação de impotência e uma saturação cognitiva, o que leva à adaptação às situações de forma resiliente. O fenômeno da resiliência envolve a naturalização de certos fenômenos para que os públicos consigam se adaptar a algumas situações geradas por algum distúrbio e assim continuem suas rotinas. Tal qual a necessidade de evitar a dor defendida pela teoria de Zerubavel (2006), essa adaptação e naturalização também é uma forma de lidar com o elefante que está na sala.

No que se refere ao estigma sociocultural, este fator está estreitamente associado às questões midiáticas. Quando são veiculadas grandes reportagens de denúncia de ESCA nas localidades do Vale, principalmente nas cidades cortadas pela BR-116, as pessoas sentem-se estigmatizadas. Além da mácula do "Vale da Miséria", surge na mídia o "Vale da Prostituição Infantil". Todavia, este estigma gera sentimentos paradoxais. Ao mesmo tempo em que as pessoas concordam que seja feita a denúncia, que o problema de fato existe e deve ser combatido, elas se sentem constrangidas pelo rótulo que a mídia cria e que, consequentemente, influencia na forma como as pessoas de fora da região a reconhecem. É comum ouvir da população que a mídia só aparece para mostrar coisas ruins da região, como se ela fosse totalmente desvalida e sem solução. Esse rótulo negativo incomoda as pessoas do Vale e as leva, muitas vezes, a uma postura de não querer falar sobre o problema.

Fato é que tais reportagens não foram vistas com bons olhos nas cidades do Vale. Muitos reclamaram que a imprensa só ia à região para mostrar suas desgraças. Algumas pessoas se irritaram, pois sentiram que as reportagens destacavam somente o lado negativo e quase não falavam das ações de enfrentamento que ali eram realizadas. Todavia, também houve aqueles que concordaram com a abordagem da imprensa, acharam-na fundamental e julgaram como hipocrisia a atitude dos que se aborreceram com isso.

Sobre a privacidade das vítimas, o inciso V do artigo 100 do Estatuto da Criança e do Adolescente, que descreve os princípios que regem as medidas específicas de proteção aos direitos infantojuvenis, postula que a promoção e a proteção dos direitos da criança e do adolescente devem ser efetuadas seguindo o respeito pela intimidade, pelo direito à imagem e pela reserva da vida privada (BRASIL, 1990). Além disso, a Norma Operacional Básica dos profissionais do Sistema Único de Assistência Social (SUAS) solicita a proteção da privacidade dos usuários, observando o sigilo profissional, preservando sua intimidade e resguardando sua história de vida (FERREIRA, 2011). Tais prerrogativas de privacidade incidem sobre a forma como a questão da ESCA é tratada publicamente, pois não há como apontar diretamente para as vítimas, expô-las ou usá-las como meio de sensibilização de outras pessoas, tampouco utilizar casos específicos para tais fins.

Um dos fatores que mais reforçam o silêncio em torno da exploração sexual infantojuvenil são as diversas violências que a envolvem. A ESCA com frequência se associa a outras práticas clandestinas e criminosas, como a corrupção de agentes públicos (policiais, assistentes sociais, médicos, juízes e até conselheiros tutelares), o tráfico de drogas, armas e pessoas, formas diversas de crime organizado, entre outras. Fato é que a ESCA não é uma prática isolada. Ela é revestida de um manto de secretismo e clandestinidade que cria obstáculos muito sérios à denúncia e à manutenção desta. Diante desse cenário, as pessoas têm medo de denunciar e, principalmente, de manter a denúncia, temendo sofrer ameaças e retaliações.

O medo aparece de diversas formas na pesquisa, principalmente como fator que coíbe a denúncia dos casos de exploração. Seja por temor à exposição ou por receio de sofrer represálias, as pessoas costumam ficar em silêncio sobre a ESCA e não a denunciam. A ausência de denúncias, por sua vez, não permite que o poder público conheça a dimensão e a natureza da prática e tampouco aja contra os casos de violência. Se não há denúncias, a primeira sensação que se tem é que não há ocorrências, mas a pesquisa demonstrou que isso não é verdade. Existem sim casos, mas as pessoas não falam sobre eles.

As relações de poder coercitivas do crime organizado, do tráfico e da corrupção têm grande potencial de fazer calar, e o fazem. As pessoas se calam por medo de sofrer retaliações e acabam não denunciando. O medo de ter sua identidade revelada, mesmo que se tenha um discurso de sigilo do denunciante, também é um grande silenciador. Além disso, observa-se que a pulverização do problema numa grande teia de operações clandestinas – tem-se um articulador do esquema de exploração, aqueles que agenciam e os que colocam as vítimas em contato com os clientes – também contribui para dificultar o combate à prática, o que faz com que possíveis consequências se deem apenas sobre as partes mais fracas do circuito, diretamente ligadas às vítimas.

No que se refere à concorrência com outras agendas, no contexto de inúmeras vulnerabilidades e da trágica miséria do Vale do Jequitinhonha a ESCA tende a ser considerada um problema de menor gravidade frente às urgências da fome e de outros tipos de violência – homicídios, violência contra a mulher, disputas territoriais, entre outros. A atribuição da própria prática da ESCA à miséria, pelo menos para o senso comum, cria um círculo vicioso, tanto por justificar a exploração como forma extrema de obter condições mínimas de sobrevivência quanto pela ideia de que sua superação só pode acontecer uma vez erradicada a miséria. Este é um argumento difícil de ser desmontado e nem sempre é abrangido com clareza, pois muitas vezes está inscrito nas entrelinhas do discurso da sociedade. Muitos meninos e meninas entram para o circuito da ESCA pois veem nela uma saída para a fome, um meio de ascender socialmente, de diminuir a pobreza da sua família.

Além disso, a situação financeira dos municípios, principalmente nos últimos dois anos, é alarmante. Faltam recursos nos mais diversos setores – tais como assistência social, saúde e educação. Nos pequenos municípios, como os do Vale do Jequitinhonha, além de contarem com equipes pequenas, os equipamentos públicos padecem com a falta de materiais básicos para suas atividades, entre outros recursos. Como dito, nos últimos anos, principalmente após a aprovação da Emenda Constitucional n.º 95, os recursos para a assistência social, a saúde e a educação minguaram. O que já era pouco se tornou praticamente nada. No caso específico dos equipamentos de assistência social, sem materiais para oficinas, sem recursos para contratar oficineiros eles têm que fazer parcerias com as ONG's para conseguir ofertar algumas atividades. A falta de recursos também interfere na articulação de campanhas de combate à ESCA, pois uma campanha robusta de enfrentamento requer investimentos em materiais informativos, de tempo de trabalho, entre outros fatores.

Por fim, a ausência de comunicação e integração entre as diversas entidades que compõem o Sistema de Garantia de Direitos das Crianças e dos Adolescentes na região estudada foi destacada como um fator dificultador da ação de combate à ESCA. Além disso, a falta de sistematização das denúncias e dos dados dos atendimentos realizados de casos de ESCA, bem como de pesquisas sobre a atual natureza e dimensão da prática obstaculizam o planejamento de ações de enfrentamento e, consequentemente, impactam na forma como os atores da rede se articulam para a mobilização da sociedade.

Como destaquei na seção anterior, a literatura sobre a formação e a movimentação de públicos no entorno de uma situação problemática pouco aborda os constrangimentos que existem no processo de problematização. Isso dá a entender que os públicos sempre estarão dispostos e livres para desenvolver suas indagações e realizar trocas comunicativas, o que, como foi constatado, não reflete a realidade. Sabemos que existem fatores que cerceiam até mesmo o falar das pessoas, quiçá suas problematizações e exposições de opinião em público. Este é o caso da ESCA. Ela envolve tabus sociais, negações, silêncios e relações de poder coercitivas que intimidam as pessoas. Em seus estudos, Zerubavel (2006) ressalta que esses fatores implicam os sujeitos num cerco de silêncio e negação que afeta o que eles consideram como problemas sociais.

Ademais, a naturalização da prática, o estigma sociocultural, a privacidade das vítimas, a violência estrutural, a concorrência com outras agendas, a falta de investimentos e a ausência de informações e diagnóstico aparecem como elementos que obstacularizam a problematização pública da ESCA. Fato é que a exploração sexual é um grande elefante que está na sala há muito tempo. Em certos momentos ele fica maior, incomoda mais, em outros ele fica tão pequenininho que quase não dá para vê-lo, mas ele sempre está presente.

"Vou negando as aparências, disfarçando as evidências..."[6]

A exploração sexual de crianças e adolescentes é um fenômeno complexo. Terceiro crime mais lucrativo do mundo, abaixo apenas do tráfico de drogas ilícitas e de armas de fogo, acredita-se que o comércio sexual mundial envolva milhões de crianças e adolescentes e que os lucros provenientes desse tipo de comércio representam bilhões de dólares por ano. Resultado de sua complexidade, a prática é perpassada por contradições discursivas. Existe um pensamento recorrente de que a ESCA é uma opção da criança e do adolescente e, portanto, não se configura como uma violação. Também há a correlação da prática com aqueles mais vulneráveis, de menor status e, consequentemente, mais expostos às violações. Fato é que a ESCA evoca sentimentos controversos. Alguns se revestirão de revolta e buscarão enfrentá-la, outros preferirão silenciar e deixar as coisas como estão, e, ainda, há aqueles que negarão a prática como uma violência.

No decorrer deste texto, procurei observar que a exploração sexual infantojuvenil é perpassada por muitos dos elementos apontados por Zerubavel (2006) em seus estudos sobre as conspirações de silêncio.

---

[6] O título utiliza como metáfora um trecho da música "Evidências", canção composta por José Augusto e Paulo Sérgio Valle em 1989, que se tornou famosa após ser gravada pela dupla sertaneja Chitãozinho & Xororó no álbum *Cowboy do Asfalto*, em 1990. A faixa é uma das mais reconhecidas da dupla, sendo executada até hoje em seus shows e, também, regravada por outros cantores. Na década de 2010, a popularidade da canção entre os jovens cresceu com a produção de memes a seu respeito.

Ela é uma questão que já foi exposta ao escrutínio público pela mídia e tornou-se visível nacionalmente, mas, tal qual o "elefante na sala", continua sendo sistematicamente negada como uma prática violadora dos direitos humanos infantojuvenis. Ademais, muitos evitam falar sobre o assunto, principalmente em cidades pequenas, seja por medo de sofrer retaliações, dadas as relações de poder coercitivas que cercam a prática, ou por estarem inseridas em um contexto em que a ESCA é tão naturalizada que romper com essa naturalização torna-se uma atitude condenável.

Calam-se as meninas e meninos vítimas da exploração, suas famílias, professores que suspeitam da situação, profissionais de saúde que atendem essas crianças em postos e ambulatórios, vizinhos e parentes. Uma conspiração de silêncio mina as condições de publicidade da causa de enfrentamento à ESCA, e, quando o grau de publicidade é pequeno para causar um distúrbio social, há pouquíssimas mobilizações para combatê-lo. Na realidade, assim como a visibilidade da causa e da prática oscilam, os silêncios sobre elas também. Houve momentos em que a questão era tão visível, normal e rotineira que as pessoas simplesmente evitavam falar sobre ela e, quando falavam, justificavam a prática como um recurso para a miséria e a negavam como uma violação. Todavia, houve pessoas e entidades que romperam esse silêncio, fizeram denúncias públicas e, infelizmente, sofreram com as consequências de tal ato. Aqueles que fazem a denúncia sofrem inúmeras ameaças de morte e processos judiciais por parte de pessoas influentes da região. Todo esse clima de medo gera constrangimentos à mobilização e fortalece os silêncios, levando as pessoas a evitar que a causa chegue a condições mais amplas de publicidade.

O medo paralisa, evoca uma ausência de confiança na comunidade, nos pares, na política, no Estado, em tudo. Ele alimenta as conspirações de silêncio. Todavia, silenciar-se frente a esse tipo de violação contraria os pressupostos constitucionais de proteção integral à criança e ao adolescente. Não dá para simplesmente tratar a causa apenas no sigilo. Enfrentar o problema no marco democrático pressupõe controle social, implica a mudança de regras de sociabilidade no local e a operação em condições, ainda que mínimas, de publicidade.

Mesmo diante de todos esses elementos, eu não classificaria o caso da ESCA como uma conspiração de silêncio. Existe sim um clima silencioso e de negações, mas também há inúmeras tentativas de tornar a causa pública, de estimular a denúncia e o enfrentamento, e por isso ela não é uma conspiração de silêncio em si, pois não diz de todo um sistema social. É importante ressaltar, ainda, que o silêncio ao qual estamos nos referindo é multidimensional, ou seja, envolve tanto o negar e o ignorar quanto o evitar algo.

Em linhas gerais, negar é contrariar uma afirmação de que a ESCA existe e é uma violação. Esta ação está intrinsecamente relacionada à naturalização da prática. Se eu não a vejo como problema, claro que vou negar que ela é um problema. Ignorar significa desconhecer que a ESCA é uma violação e, consequentemente, não a problematizar. Já o evitar diz da ação de pessoas que conhecem o problema, sabem que ele é uma violação, mas não falam sobre ele, seja por vergonha, por medo ou por isso se configurar como um tabu.

O silêncio é diferente nesses três sentidos, nessas três dimensões, e é difícil apreender o que realmente leva as pessoas a se silenciarem – se é o negar, o ignorar ou o evitar, ou um misto dessas motivações. Porque, mesmo que a ESCA tenha sua visibilidade, existem muitas pessoas, principalmente na zona rural, que não sabem que ela é uma violação. É tão normal a menina ou o menino "se venderem" para levar dinheiro para casa, sendo quase uma obrigação em alguns casos, que há a ignorância de que aquilo é uma violência. O negar já é mais complexo, envolve imaginários arraigados e pré-conceitos que colaboram para "desproblematizar" a questão, fazem o contrafluxo da mobilização. O evitar possivelmente é o mais comum, principalmente em cenários de coerções como o da ESCA, e está intrinsecamente relacionado tanto aos incômodos quanto à resiliência dos públicos. Seja por medo de represálias, por uma saturação cognitiva ou por uma sensação de impotência, os públicos se adaptam ao cenário de violações, passam a vê-las como elementos da paisagem.

Estes pontos que ressaltei não pretendem, de forma alguma, esgotar as possibilidades que esta pesquisa levantou. Mais do que conclusões peremptórias, acredito que essas questões que foram sedimentadas incitam outros debates. A reflexão sobre as situações embaraçosas nos processos de mobilização e sobre os silenciamentos é profícua, e acredito que possa ser expandida ao se olhar para outros objetos.

Referências

BRASIL. Lei n.º 8.069, de 13 de julho 1990. *Diário Oficial da República Federativa do Brasil*, Brasília, 13 jul. 1990. Disponível em: <https://bit.ly/3ORggRa>. Acesso em: 29 jun. 2015.

CALDEIRA, Jéssica Antunes. *Condições de publicidade em processos de accountability: uma análise a partir da Comforça de Venda Nova*. 124 f. 2017. Dissertação (Mestrado em Comunicação Social) – Programa de Pós-Graduação em Comunicação Social, Faculdade de Filosofia e Ciências Humanas, Universidade Federal de Minas Gerais, Belo Horizonte, 2017.

CECRIA – Centro de Referência, Estudos e Ações sobre Crianças e Adolescentes. *Repensando os conceitos de violência, abuso e exploração sexual de crianças e de adolescentes*. Brasília: CECRIA, 2000.

CEFAÏ, Daniel. Como nos mobilizamos? A contribuição de uma abordagem pragmatista para a sociologia da ação coletiva. Tradução de Bruno Cardoso. *Dilemas – Revista de Estudos de Conflito e Controle Social*, v. 2, n. 4, p. 11-48, 2009.

CEFAÏ, Daniel. Públicos, problemas públicos, arenas públicas... o que nos ensina o pragmatismo (Parte 1). Tradução de Rosa Freire d'Aguiar. *Novos Estudos CEBRAP*, n. 107, p. 187-213, mar. 2017.

DEWEY, John. *The Public and its Problems*. Ohio: Swallow Press Books, 1954.

ESTEVES, João Pissarra. *Sociologia da comunicação*. Lisboa: Fundação Calouste Gulbenkian, 2011.

FERREIRA, Stela da Silva. *NOB-RH Anotada e Comentada*. Brasília: MDS; Secretaria Nacional de Assistência Social, 2011.

HENRIQUES, Márcio Simeone. *Comunicação e mobilização social na prática da polícia comunitária*. Belo Horizonte: Autêntica, 2010.

HENRIQUES, Márcio Simeone. A comunicação e a condição pública dos processos de mobilização social. *Revista Ação Midiática – Estudos em Comunicação, Sociedade e Cultura*, v. 2, n. 1, p. 1-12, 2012.

HENRIQUES, Márcio Simeone. As organizações e a vida incerta dos públicos. In: MARQUES, A.; OLIVEIRA, I.; LIMA, F. (Orgs.). *Comunicação organizacional: vertentes conceituais e metodológicas*. v. 2. Belo Horizonte: PPGCOM/UFMG, 2017. p. 119-129.

HENRIQUES, Márcio Simeone; PIMENTA, Laura Nayara. Assumindo responsabilidades e reafirmando compromissos: perspectivas e avanços no combate à exploração sexual contra crianças e adolescentes no Vale do Jequitinhonha. In: NOGUEIRA, Maria das Dores P. (Org.). *Vale do Jequitinhonha:*

direitos humanos e promoção da cidadania. 1. ed. Belo Horizonte: UFMG/ PROEX, 2015. p. 198-225.

NOELLE-NEUMANN, Elisabeth. *The spiral of silence: public opinion, our social skin.* 2. ed. Chicago: University of Chicago Press, 1993.

PIMENTA, Laura N. *Processos mobilizadores em contextos embaraçosos: a atuação dos agentes implementadores no enfrentamento à exploração sexual infantojuvenil no Vale do Jequitinhonha.* 295 f. 2019. Tese (Doutorado em Comunicação Social) – Programa de Pós-Graduação em Comunicação Social, Faculdade de Filosofia e Ciências Humanas, Universidade Federal de Minas Gerais, Minas Gerais, Belo Horizonte, 2019.

PIMENTA, Laura N.; HENRIQUES, Márcio Simeone. O elefante na sala: dinâmicas do silêncio e obstáculos à efetivação da cidadania no problema da exploração sexual infantojuvenil. *Revista Compolítica*, v. 9, n. 3, p. 39-61, 2019.

REZENDE, Cláudia B.; COELHO, Maria C. Antropologia das emoções. Rio de Janeiro: Editora FGV, 2010.

SILVA, Daniel R. John Dewey, Walter Lippmann e Robert E. Park: diálogos sobre públicos, opinião pública e a importância da imprensa. *Revista Fronteiras*, v. 18, p. 57-68, 2016.

TAYLOR, Charles. As fontes do self. São Paulo: Loyola, 1997.

ZERUBAVEL, Eviatar. *The Elephant in the Room: Silence and Denial in Everyday Life.* Nova York: Oxford University Press, 2006.

ZERUBAVEL, Eviatar. *Hidden in Plain Sight: the Social Structure of Irrelevance.* Nova York: Oxford University Press, 2015.

CAPÍTULO X

Dinâmicas da desmobilização: entraves aos processos de formação e movimentação de públicos

Daniel Reis Silva

A noção de públicos possui grande significação no mundo contemporâneo, desempenhando papéis que vão desde a sustentação do ideal democrático até o balizamento de dimensões dos processos comunicativos, como os relacionamentos entre organizações e sociedade. Desenvolvido por diferentes vertentes e áreas do conhecimento, o conceito deve ser entendido como multifacetado e aberto, sendo perpassado, em seu âmago, por noções de representação política, conflitos de poder, disputas de sentido, formação da opinião pública e construção coletiva de ações.

O presente artigo reconhece a importância do conceito e se alinha com uma corrente de autores de campos das ciências sociais e da comunicação (QUÉRÉ, 2003; ESTEVES, 2011; BABO, 2013; HENRIQUES, 2010; 2017a; 2017b) que desenvolveram, nas últimas décadas, uma renovada – e reflexiva – abordagem sobre os públicos. Distanciando-se tanto das perspectivas deterministas e funcionais que marcam algumas das principais incursões sobre o tema em áreas como as relações públicas, cuja literatura por vezes é excessivamente centrada na operacionalização e classificação de públicos (GRUNIG, 1997), quanto também de discussões políticas normativas acerca do papel desses agrupamentos no arranjo democrático ocidental (Silva, 2016), estes autores ancoraram suas reflexões em um ponto de partida semelhante: a revisitação de obras clássicas de Gabriel Tarde (1992), Herbert Blumer (1978) e, especialmente, John Dewey (1954). Como aponta Henriques, estes trabalhos articulam uma ideia geral dos públicos como "formas de experiências e sociabilidade abstratas e dinâmicas, formadas em função da problematização de eventos e ações na esfera pública" (Henriques, 2017a, p. 56).

É possível considerar que um dos focos teóricos da perspectiva apresentada por tais autores é a exploração dos processos de formação e movimentação dos públicos, com seus trabalhos refletindo sobre dinâmicas sociais e comunicativas que marcam a constituição desses agrupamentos. Nessa vertente, se destacam pesquisas que buscam compreender as lógicas de mobilização social e os desafios comunicativos para a criação e a evolução desses coletivos (Henriques, 2010), o papel da experiência na formação dos públicos (Quéré, 2003) e como os acontecimentos e as subsequentes disputas ao redor de suas interpretações constituem importantes motores para o surgimento e a ação de grupos (Babo, 2013).

O objetivo do presente artigo é colaborar com o avanço da abordagem reflexiva sobre os públicos a partir da exploração ensaística e inicial de um tópico ainda pouco desbravado em tal literatura: as dinâmicas da desmobilização. Tal proposta encontra seu ponto de ancoragem no raciocínio sobre como a mobilização, compreendida enquanto esforços comunicativos para a formação e a movimentação de públicos, tem o seu par dialético na desmobilização, constituída por apelos que visam estabelecer entraves capazes de evitar ou frear a constituição e a ação desses coletivos. Mobilização e desmobilização formam, assim, faces opostas de uma mesma lógica comunicativa sobre os públicos, operando, em frequência inversa, como elementos importantes nas dinâmicas sociais contemporâneas e sendo perpassadas por conflitos e disputas de poder e sentido. Se a mobilização é por vezes referenciada por seu potencial de empoderamento dos coletivos sociais e por sua virtude democrática ao permitir que públicos atuem na defesa de seus próprios interesses, a desmobilização, em uma primeira vista, pode ser problematizada justamente por atuar como um vetor de enfraquecimento desses mesmos grupos.

Há, porém, riscos em um pensamento que reduz a desmobilização apenas como uma força negativa na sociedade, acabando por simplificar demasiadamente o fenômeno. Quando tomada por um viés crítico e trabalhada teoricamente a partir de visões interacionais calcadas nas interações entre os sujeitos, e não por uma suposta linearidade dos processos comunicativos, a desmobilização pode se tornar um importante aporte para pesquisas que buscam compreender as dinâmicas sociais. Em última instância, a noção deve ser pensada enquanto um fator fulcral a ser considerado quando lidamos com as disputas de sentido e com as vulnerabilidades e fragilidades dos públicos, tópicos de grande importância no contexto das democracias ocidentais contemporâneas – especialmente a partir de uma virada ultraconservadora e populista nas Américas e na Europa após a eleição de Donald Trump em 2016 e do recrudescimento do fenômeno das fake news na era digital.

Assumindo a forma de um trabalho que visa estruturar bases sólidas capazes de sustentar investigações futuras propícias para uma ampliação de escopo conceitual e empírico, o presente artigo possui dois objetivos específicos: (a) desenvolver um *framework* inicial acerca das dinâmicas da desmobilização; e (b) demonstrar, ainda que de maneira introdutória, como esse construto pode consistir em uma importante lente capaz de revelar novas facetas de discursos públicos. Para atingir tais marcos, dois movimentos são realizados e estruturam este texto.

O primeiro movimento, de caráter teórico-conceitual, consiste na criação de uma proposta básica sobre as dinâmicas da desmobilização. Apesar do tópico ainda ser pouco trabalhado na literatura sobre os públicos, bases promissoras capazes de ancorar formulações iniciais podem ser encontradas tanto em trabalhos pontuais das relações públicas que lidam com formas de suprimir ativistas quanto nas próprias reflexões sobre a mobilização, tomando-as enquanto raciocínios que buscam apontar para as lógicas comunicativas que regem a formação dos públicos e que podem, por consequência, jogar luzes sobre esforços para evitar a sua constituição. Partindo dessa compreensão, o primeiro movimento é organizado ao redor de três passos. Inicialmente são exploradas as características básicas que embasam a abordagem reflexiva sobre os públicos, identificando, especialmente a partir de John Dewey (1954), elementos e características desses agrupamentos que tecem um quadro complexo e calcado na comunicação. Em seguida, busca-se observar como a desmobilização marca presença, ainda que de forma velada, na literatura de relações públicas, em particular nas lógicas de públicos defendidas por Grunig (1997). Por fim, busca-se aportes na ideia de mobilização e coletivização (HENRIQUES, 2010) para identificar lógicas que configuram a dinâmica da desmobilização, chegando a uma sugestão inicial acerca de "condições de desmobilização".

O segundo movimento, por sua vez, almeja demonstrar – e, de certa forma, dar início a um processo de validação e expansão da proposta formulada anteriormente – como as condições de desmobilização podem auxiliar na compreensão sobre discursos públicos, desvelando elementos que ampliam os horizontes interpretativos e a compreensão sobre os processos e contradições da comunicação pública. Para tanto, as condições são aplicadas enquanto operadores analíticos em uma análise de conteúdo de alguns dos discursos contrários a um evento público de grande visibilidade nacional: a greve dos caminhoneiros de 2018. Ao fim da análise, este artigo traz uma reflexão sobre o potencial da ideia de desmobilização em pesquisas da área de comunicação organizacional, relações públicas e comunicação pública, assim como sobre perspectivas futuras de pesquisa e sobre as limitações da reflexão apresentada.

As dinâmicas da desmobilização: construindo bases conceituais

Conforme mencionado anteriormente, a criação de uma proposta teórica acerca do fenômeno da desmobilização não deve ser encarada como passo isolado. Ao contrário, o argumento que sustenta tal empreitada faz sentido apenas quando ancorado em trabalhos e perspectivas anteriores, que colocam ênfase nos processos de formação e movimentação de públicos. Assim, um primeiro passo em direção às dinâmicas da desmobilização deve, necessariamente, revisitar as bases da abordagem reflexiva atual do tema, identificando nelas algumas pistas no formato de lógicas comunicativas e elementos conceituais. Revisados esses caminhos iniciais, a nossa empreitada segue pelas trilhas abertas pelo tratamento dos públicos na literatura clássica de relações públicas e, por último, nos textos que exploram a dinâmica correlata à desmobilização: a mobilização social.

Pistas iniciais: Lippmann, Dewey e os públicos

Um dos pioneiros no tratamento conceitual dos públicos, Dewey proferiu suas principais contribuições sobre o tema na obra *The Public and Its Problems* (1954). É importante observar, porém, que seu processo de reflexão sobre o tópico começa em um período anterior, marcado especialmente pelo seu contato com duas obras críticas do jornalista Walter Lippmann: *Opinião pública* (2008) e *The Phantom Public* (2011). A ideia de públicos é, assim, componente fundamental do episódio conhecido como controvérsia Dewey-Lippmann, um diálogo entre aspectos conflitantes do pensamento desses autores acerca da democracia e do papel dos públicos em tal sistema político – visões que ecoaram significativamente durante o século XX, "embasando e compondo o pano de fundo de formulações tão díspares quanto a democracia deliberativa de Habermas e o elitismo democrático de Schumpeter e Lipset" (SILVA, 2016, p. 58).

Ainda que não seja o objetivo do atual trabalho adentrar nas minúcias desse episódio, é válido notar como características centrais da afamada ideia de públicos de Dewey tiveram suas origens nas reflexões de Lippmann (2008; 2011) sobre o tema e podem revelar caminhos interessantes para pensar em potenciais dinâmicas da desmobilização desses mesmos coletivos. Para Lippmann, os públicos são, em uma sociedade democrática, múltiplos, voláteis, intermitentes, abstratos e elusivos. Eles surgiriam na cena social de tempos em tempos, atuando no sentido de opinar sobre uma situação controversa, posicionando-se a favor ou contra determinado ator ou medida. Seria, assim, equivocado pensá-los enquanto "um corpo fixo de indivíduos. Eles são meramente as pessoas que se interessam sobre um determinado problema e que podem, pelo seu apoio ou oposição, influenciar os atores envolvidos no mesmo" (LIPPMANN, 2011, p. 67, tradução nossa[1]).

---

[1] No original: "*...a fixed body of individuals. It is merely those persons who are interested in an affair and can affect it only by supporting or opposing the actors*".

É fato que Lippmann não tinha uma opinião demasiadamente lisonjeira sobre os públicos, inclusive de modo a ficar marcado – ainda que injustamente (SCHUDSON, 2008) – como um teórico contrário à democracia. Apesar do posicionamento de Lippmann não ser nosso foco, é importante entender que, para o autor, esses grupos eram marcados pela inexperiência e por discernir apenas distinções brutas, formando-se de maneira lenta e se dissipando rapidamente antes do encerramento de uma controvérsia. Eles eram *outsiders*, formados por pessoas que, por não possuírem conhecimentos especializados, encontravam-se vulneráveis e dependentes dos meios de comunicação, especialmente da imprensa.

Apesar de Dewey ser tradicionalmente tomado como o contraponto do pensamento de Lippmann, a realidade é que as discordâncias entre os autores não eram absolutas (SILVA, 2016). Em sua conceituação sobre os públicos, Dewey resgata e incorpora diversas das noções apresentadas inicialmente nas obras de Lippmann – adotando, porém, um posicionamento bastante distinto acerca da natureza e do potencial desses grupos. A ideia de público formulada por Dewey (1954) é pautada, portanto, na existência das dimensões do sofrer e da ação. Em primeiro lugar, os sujeitos sofrem, com o público consistindo "no conjunto de pessoas que são afetadas pelas consequências indiretas de uma transação" (DEWEY, 1954, p. 15, tradução nossa[2]). Isto significa que esses coletivos são formados a partir de uma situação específica e por meio das interações entre os sujeitos. Afetado, o público reage tentando intervir naquela situação, produzindo e compartilhando sentidos, adotando posicionamentos e fazendo escolhas – assumindo, nesse processo, um papel de agente. O sofrer e o agir são inseparáveis e fazem parte da própria essência do que é um público para Dewey.

Dewey reconhece que o público não é dotado de uma existência apriorística, assumindo configurações diversas a partir da própria variação das situações e do desenrolar dos acontecimentos. Mais ainda, aquele grupo nunca pode ser considerado como um corpo fixo de pessoas, especialmente perante as implicações de um dos aspectos

---

[2] No original: "*The public consists of all those who are affected by the indirect consequences of transactions*".

primordiais do raciocínio composto pelo autor: a percepção de um problema. Para que o público se forme, as pessoas precisam perceber-se como afetadas por um certo acontecimento ou transação, engajando-se em um processo de problematização de tal situação. Essa ideia garante, em parte, a característica volátil do público, na medida em que as percepções das pessoas sobre os problemas que lhes afetam não são fatos imutáveis, mas sim frutos de trocas comunicativas e disputas de sentido entre os sujeitos. As percepções, assim como as opiniões, são produtos de um constante processo de (re)formulação, sofrendo alterações perante o caminhar de uma controvérsia, assim como pela interação entre os diferentes atores e forças sociais.

Até mesmo a ideia de Lippmann sobre como um público demora a se formar e acaba por sair de cena rapidamente não é descabida na perspectiva formulada por Dewey. Um dos maiores desafios apontados pelo filósofo é como, na vasta complexidade de um mundo interconectado, os sujeitos nem sempre conseguem ter clareza sobre o que lhes afeta e sobre os interesses que atravessam os acontecimentos (DEWEY, 1954). Diante dessa concepção, os públicos podem ser, de fato, lentos para se formarem, sendo necessária uma percepção sobre problemas que nem sempre se apresentam de maneira clara e imediata. Além disso, o conceito de público demanda uma dimensão coletiva voltada para a ação, aspecto que também deve ser entendido como potencial constrangimento para a existência de agrupamentos. Como uma literatura que aborda os processos de formação e movimentação de públicos salienta, manter o engajamento das pessoas é sempre desafiante, sendo necessário enfrentar uma tendência de dispersão derivada da própria ausência de uma disponibilidade irrestrita dos sujeitos para agirem conjuntamente visando alterar uma situação (HENRIQUES, 2010).

Assim, os públicos de Dewey não devem ser tomados como agentes desprovidos de limitações. Eles enfrentam dificuldades para se formarem, dependendo de uma solidariedade construída a partir de percepções compartilhadas acerca de situações e acontecimentos complexos – e que envolvem, por vezes, conhecimentos que estão além do domínio imediato dos sujeitos. Sua atuação também é marcada por entraves, especialmente pelo próprio caráter efêmero e vacilante da atenção dos sujeitos e de sua disponibilidade para a ação. Mesmo perante essas dificuldades, Dewey depositava fé no poder de agência do público, apostando que a educação, os *media* e o potencial da mente humana poderiam superar os entraves e barreiras que limitam os públicos em sua atuação enquanto protagonistas do ideal democrático. Apesar disso, em seus textos encontramos não apenas um conceito de públicos que coloca em primeiro plano a comunicação e a interação entre sujeitos, mas também reflexões sobre limitações que podem ser tomadas como um raciocínio embrionário capaz de explicar algumas das dinâmicas de desmobilização – e tais lógicas marcam presença na apropriação que James Grunig (1997; 2005), um dos principais teóricos de relações públicas, realiza da leitura deweyana para embasar sua Teoria Situacional dos Públicos.

Novas trilhas: a desmobilização e as relações públicas

A Teoria Situacional dos Públicos (TSP) deve ser entendida como um conjunto de reflexões e como um programa de pesquisas, ambos capitaneados por James Grunig e orientados para compreender o comportamento comunicacional dos públicos. No âmago da TSP encontra-se o resgate e a sistematização das ideias propostas por Dewey, aproximando-as de um terreno familiar aos estudos de relações públicas: as organizações. Dessa forma, Grunig (1997) observa que os públicos são indivíduos desconectados que, por meio da experiência e afetados pelos comportamentos organizacionais, possuem o potencial de se transformar em coletivos dispostos a agir na defesa de seus interesses. O autor aponta que os públicos são formados a partir do reconhecimento de que algum aspecto da atuação de uma organização causa problemas e os prejudica. Munidos dessa impressão, os indivíduos se organizam para pressionar empresas ou governos, demandando intervenção e regulamentações. Nesses termos, a ideia de públicos lastreia as relações públicas: as organizações passam a precisar dessa atividade na medida em que seus comportamentos criam problemas que podem dar origem aos públicos, sendo que estes, ao evoluir e atuar na sociedade, tem a capacidade de criar constrangimentos e ameaçar a autonomia das organizações (GRUNIG, 1997).

Grunig sistematiza as dimensões da ação e do movimento teorizadas por Dewey, propondo quatro categorias de públicos. A primeira é o não público, consistindo dos sujeitos que não estão cientes de como são afetados pela atuação de uma organização. A segunda categoria é a de públicos latentes, formados por pessoas que reconhecem que são impactados por uma organização, mas não percebem a situação como problemática. Em seguida, há os públicos conscientes, que não apenas entendem as situações que lhes afetam, mas as problematizam. Eles, porém, não agem no sentido de intervir em sua solução. Por último, existem os públicos ativos, que finalmente preenchem todos os critérios propostos por Dewey: se percebem como afetados por uma transação e a reconhecem como problemática, agindo no sentido de intervir em seus rumos.

A TSP se tornou um marco teórico ao fornecer um norte capaz de guiar pesquisadores e profissionais em suas tentativas de entender (e planejar) políticas de comunicação. Consiste, assim, em um arcabouço a partir do qual diretrizes estratégicas podiam ser formuladas, trazendo para um primeiro plano o posicionamento dos sujeitos acerca de uma situação. Entre outras utilizações dessa sistematização, se tornou recorrente empregar o raciocínio para entender como organizações tentam mobilizar públicos – promovendo a transformação de não públicos em públicos ativos – de acordo com seus projetos – como ações voltadas para suas comunidades do entorno ou esforços de marketing social (Grunig, 1997). Porém, uma lógica contrária também é utilizada, e uma aplicação que se tornou particularmente recorrente, em parte por ter sido abordada pela Teoria da Excelência, diz respeito à forma com que uma organização deve se engajar com públicos latentes e conscientes para dialogar, simetricamente, acerca de suas atividades, criando relacionamentos capazes de evitar o desenvolvimento de cenários problemáticos (Grunig, 1997; Grunig; Grunig; Dozier, 2002).

Subjacente a essa segunda aplicação das classificações de Grunig, encontra-se uma das diretrizes menos exploradas da atividade de relações públicas: a tentativa de interromper o processo de formação de públicos. Ponto pouco discutido na literatura da área, especialmente quando apresentado em termos tão incisivos, esse princípio é uma consequência lógica do argumento utilizado por Grunig para ressaltar a importância das relações públicas: se os públicos são capazes de criar constrangimentos e ameaçar a autonomia das organizações, os esforços para influenciá-los adquirem centralidade estratégica, inclusive aqueles voltados para constranger sua atuação, enfraquecer sua movimentação e mesmo, em última instância, evitar que esses grupos sequer se constituam.

Faz sentido, até determinado ponto, que tal aspecto seja pouco mencionado. No pano de fundo de sociedades democráticas, a afirmação que uma atividade visa impedir que públicos se constituam e se movimentem apresenta uma conotação negativa. Apesar do entendimento de certa forma consolidado sobre como públicos mobilizados podem ameaçar a atuação e a sobrevivência de organizações, tais grupos raramente são tratados por uma luz negativa na literatura da área – e é interessante observar como diversas obras, inclusive as de Grunig (1997; 2005), passam a empregar uma espécie de código (ou mesmo um *dog-whistle*) para ocultar suas intenções quando fazem referência aos públicos que, nas perspectivas das organizações, são ameaçadores ou negativos, nomeando-os como grupos ativistas.

Apesar de soar politicamente incorreta em uma primeira leitura, a diretriz estratégica que trata da tentativa de impedir que públicos se formem e atuem não deve ser necessariamente encarada como nefasta. É possível entender essa observação retomando o processo de formação de públicos derivado das ideias de Dewey (1954), em que esses grupos se constituem a partir do reconhecimento de uma dada situação como problemática. A partir dessa colocação, duas leituras distintas ajudam a entender a tentativa de impedir a formação de um público. O enfoque da primeira é no problema em si, relacionado com a possibilidade de uma organização minimizar os incômodos de sua atuação de diversas maneiras. Parte significativa do repertório da atividade de relações públicas foi construído a partir desse raciocínio, apostando que uma aproximação entre organização e sujeitos, mediada por profissionais da área, pode ser eficiente para evitar que públicos se formem. Atuando como um mediador, o profissional estabelece relacionamentos com os sujeitos para compreender os impactos da organização e as inquietações, preocupações e valores daquelas pessoas. A noção bastante difundida sobre como a organização precisa engajar os públicos latentes e conscientes está baseada nessa ideia: estabelecer relações mutuamente benéficas para evitar o surgimento de problemas e, segundo a própria definição, a formação de públicos ativos – e, quando isso não é possível, minimizar o conflito com o mesmo.

Seria, porém, ingênuo acreditar que esse é o único rumo de ações para intervir no processo de formação e movimentação de públicos. O segundo caminho atua sobre a mesma conceituação lógica acerca daqueles grupos, mas foca em outro de seus elementos constitutivos: a percepção. Ao invés de intervir no problema, as estratégias derivadas dessa leitura buscam influenciar as percepções e opiniões daqueles sujeitos de forma que eles não problematizem uma situação. Esta perspectiva dialoga com a preocupação de Dewey (1954) sobre como a falta de clareza dos sujeitos acerca do que lhes afeta constitui uma das principais causas do eclipse do público: se os sujeitos fossem incapazes de perceber uma transação como problemática, os públicos jamais se formariam. Entre as decorrências desse entendimento estão as tentativas de organizações de ocultar seus eventuais malfeitos e esconder indícios que os comprovem, os esforços para maquiar determinadas situações e a criação de dúvidas e incertezas (Silva, 2017).

Apesar de esta ser uma conclusão lógica pautada em conceitos primordiais da área, são raros os textos da literatura de RP que abordam estratégias para evitar a formação de públicos. Uma exceção notável é o ensaio de Philip Lesly nomeado "Coping with Opposition Groups" (1992), publicado no periódico *Public Relations Review* – e não deixa de ser sintomático que mesmo essa entrada seja acompanhada de uma nota do editor esclarecendo se tratar de uma reflexão realizada por um profissional da área, e não uma contribuição acadêmica. De toda forma, o artigo de Lesly aborda o que seria, para muitas organizações, uma "versão negativa" dos públicos – os ativistas, retratados como adversários dessas empresas. O objetivo do autor é entender como um profissional deve lidar com essa oposição. É nesse âmbito que ele sugere a adoção de uma estratégia de desmobilização, observando que a reação natural dos sujeitos diante de dúvidas é não se engajarem em ações e protestos, de maneira que uma tática básica para lidar com a oposição é garantir que as pessoas "permaneçam em dúvida e não tenham motivações para agir. [...] Fomentar publicamente dúvidas ao demonstrar que uma situação não é clara como os argumentos dos oponentes sugerem geralmente basta" para que aqueles sujeitos percam seu ânimo (LESLY, 1992, p. 331, tradução nossa).[3]

Lesly salienta que é um erro de julgamento a obsessão pela busca de mudança de opinião que faria com que os sujeitos simplesmente passassem a apoiar uma dada empresa – e, neste contexto, semear dúvidas visando incapacitar a formação de públicos surge como uma opção superior que, inclusive, acarreta menos riscos para a reputação da empresa. O autor sugere que essa noção estratégica não visa fazer com que todas as pessoas passem a ter incertezas sobre uma situação, mas sim que um número significativo de sujeitos perca a motivação de fazer parte daqueles movimentos ativistas por se sentirem incapazes de decidir sobre os seus méritos, causando um esvaziamento em tais grupos.

Apesar das observações de Lesly descreverem de maneira bastante direta uma lógica da não formação e movimentação de público, a vasta maioria da literatura de relações públicas fornece poucos subsídios capazes de elucidar as dinâmicas de tal processo. Uma alternativa para avançar o estudo sobre o tema é o acionamento de autores que trabalham com a ideia de mobilização social, observando em suas obras quadros de referências capazes de embasar uma versão inicial das dinâmicas da desmobilização.

Consolidando caminhos: a mobilização e as condições de desmobilização

Conforme mencionado previamente, uma frente importante da abordagem reflexiva sobre os públicos está relacionada com a mobilização, constituída por autores cujo foco primário está nos processos comunicativos envolvidos na formação dos públicos (HENRIQUES, 2010). Uma aposta dessa vertente é o olhar microscópico sobre o tema, propício para conferir centralidade às dimensões da visibilidade, disponibilidade e generalidade que configuram as condições de um público expressar-se (HENRIQUES, 2017b). Como um par dialético da

---

[3] No original: "... *so people will have doubts and lack the motivation to take action. [...]. Nurturing public doubts by demonstrating that this is not a clear-cut situation in support of opponents usually is all that is necessary*".

mobilização, a ideia de desmobilização pode ser pensada a partir dessas mesmas dimensões.

Para que um conceito sólido de desmobilização seja concebido, porém, é imperativo ir além da mera formação do ente abstrato conhecido como público. Uma literatura recente de mobilização é instrumental para tanto na medida em que sugere que o entendimento das lógicas comunicativas que regem tais grupos está vinculado a uma exploração das formas de ação coletiva dos públicos (HENRIQUES, 2017b) – observação que dialoga diretamente com a dimensão da ação entendida por Dewey como constitutiva de tais coletivos.

Os públicos são, nessa perspectiva, processos inerentemente dinâmicos percebidos apenas em seu movimento (HENRIQUES, 2017a), o que significa conferir atenção para suas dimensões performativas. Como Henriques (2017a, p. 59) observa, o movimento deve ser encarado "como uma condição elementar: se os públicos são dinâmicos, têm que estar em ação, em movimento – e é assim que precisam ser vistos e reconhecidos". Mais ainda, a ação dos públicos é pautada em uma dinâmica exponencial, na qual o grupo de pessoas precisa se engajar em processos comunicativos capazes de mobilizar um número cada vez maior de sujeitos como forma de intervir em uma situação problemática.

As dinâmicas da desmobilização, nesse prisma, são pautadas na tentativa de constranger e limitar a movimentação desses atores sociais, dificultando tanto suas intervenções voltadas para alterar uma situação quanto seu engajamento em dinâmicas de convocação de outros sujeitos – ou seja, em processos de mobilização centrados no compartilhamento de discursos e na construção de uma causa coletiva. Uma proposta teórica sobre a desmobilização, com base no percurso teórico realizado até o momento, deve entender o fenômeno como uma dinâmica comunicativa orientada para a criação de entraves capazes de frear e enfraquecer a formação e a ação desses agrupamentos.

É a partir deste entendimento que um aporte analítico promissor desponta: a noção de coletivização proposta por Henriques (2010). A coletivização consiste no processo de constituição da causa social que anima um público, com o autor teorizando acerca da existência de condições lógicas que entram em jogo nessa formação. Em seu âmago, tais condições estão atreladas aos preceitos do pensamento de Dewey sobre a formação daqueles grupos, com Henriques destacando, em última instância, atributos necessários para que uma causa seja capaz de mobilizar sujeitos e movimentar públicos.

Assim, a primeira condição de coletivização apontada pelo autor é a concretude de um problema. Henriques destaca como a formação de públicos ao redor de uma causa depende do reconhecimento daqueles sujeitos sobre a existência de aspectos problemáticos em uma situação. Novamente a ideia de percepção passa a ocupar um lugar de grande destaque no processo de formação de públicos, com o autor afirmando que um problema deve ser entendido, essencialmente, como "algo que percebemos em nossa realidade e que nos incomoda" (HENRIQUES, 2010, p. 89).

Apenas esse reconhecimento sobre um problema, entretanto, não é o suficiente para a formação de uma causa pública. Para que isso ocorra, é fundamental uma passagem da dimensão individual, em que "eu" percebo um problema, para uma dimensão coletiva na qual "nós" observamos um problema e entendemos que ele nos afeta. A segunda condição de coletivização apontada por Henriques é, assim, o caráter público do problema, sendo fundamental que as pessoas possam "compreendê-lo em sua dimensão coletiva" (HENRIQUES, 2010, p. 97), o que está relacionado com um processo de compartilhamento das percepções por meio das interações. O autor enfatiza, assim, uma dinâmica coletiva que, apesar de presente no cerne do raciocínio de Dewey, ocupa um papel secundário em muitas das apropriações de seu pensamento.

A terceira condição proposta por Henriques está relacionada com a dimensão da ação. O autor observa que a viabilidade é fundamental para a constituição de uma causa capaz de mobilizar os públicos. Se a tentativa de intervir nos rumos de uma situação é uma característica inata dos públicos, a ação só ocorre quando os sujeitos acreditam na existência de possibilidades de mudanças e de propostas de como agir – em última instância, é necessário que as pessoas se vejam como agentes capazes de transformar uma realidade por meio do esforço coletivo.

Finalmente, a quarta condição está vinculada com a existência de sentidos mais amplos acionados por aquela causa. Tal aspecto se relaciona principalmente com a tentativa de posicionar um público e suas ações no interior de quadros valorativos socialmente aceitáveis, demonstrando para os sujeitos um sentido moral na proposta de atuação do grupo. Um público precisa, nesse ponto, apontar para ideias já cristalizadas em um imaginário social, justificando sua existência e ancorando suas perspectivas nesses sentidos compartilhados – por exemplo, a proteção ao meio ambiente, os direitos humanos e a justiça social.

Estas quatro condições de coletivização constituem uma sistematização lógica que se revela propícia para auxiliar a análise e a formulação de apelos mobilizadores, discursos que buscam influenciar os demais sujeitos para que estes passem a integrar um público. Nesse sentido, públicos que pretendem mobilizar outros atores centram suas mensagens na tentativa de ressaltar a concretude de um problema, em apelos retóricos para demonstrar como uma situação injusta não está limitada ao âmbito privado, em discursos que sugerem a viabilidade de um curso de ação ou trazem alusão aos sucessos já conquistados e no acionamento de valores morais mais amplos como justificativa para sua ação.

Enquanto par dialético da mobilização, é válido imaginar que a desmobilização ocorra a partir de um processo inverso ao da coletivização. É interessante observar, assim, a existência de constantes disputas ao redor da formação de um público, com atores que se entendem como afetados buscando mobilizar outros sujeitos ao mesmo tempo em que forças diversas criam resistências e entraves para esse processo. Nesse sentido, o reconhecimento da recursividade presente no processo de formação e movimentação dos públicos permite sugerir que as práticas marcadas por apelos discursivos voltados para desmobilizar os públicos operam segundo as mesmas lógicas que aquelas que visam mobilizar os sujeitos, porém orientadas por uma valência oposta ao lidar com as condições de coletivização – tentando demonstrar que um problema (a) não é concreto, (b) não é de interesse público, (c) não é passível de solução e (d) não é embasado em valores mais amplos.

Este é um raciocínio que amplia significativamente as possibilidades do conceito de desmobilização, criando bases para compreender como práticas podem intervir no processo de disputas de sentido e enfraquecer a movimentação de públicos. Não se trata, assim, apenas de fazer com que um sujeito não entenda uma situação como problemática – é possível construir apelos capazes de desmotivar os sujeitos sugerindo a falta de um horizonte de ações possíveis, demonstrando que um problema não é passível de solução (ou que a solução proposta por determinado grupo é ineficiente) ou mesmo pela desmoralização daquele público. Essas lógicas visam, em última instância, bloquear o potencial de movimentação daqueles agrupamentos, criando constrangimentos capazes de evitar que os mesmos se formem, cresçam e ganhem protagonismo. Em síntese, são práticas que, por meio de apelos discursivos, almejam tornar pessoas menos dispostas a fazer parte de um determinado público.

Uma noção das dinâmicas de desmobilização, acompanhada de uma sugestão analítica sobre o tema, emergem ao final do trajeto teórico desenvolvido até o presente ponto. O movimento seguinte deste texto, por sua vez, visa demonstrar como tais constructos podem ajudar a desvelar aspectos dos discursos públicos, enriquecendo pesquisas acerca de fenômenos de comunicação organizacional e pública.

A desmobilização como aporte analítico

O objetivo desta seção é desenvolver um exercício empírico capaz de apontar para o potencial das condições de desmobilização em pesquisas da área de comunicação. Considera-se que o êxito de um aporte teórico-analítico em tal campo pode ser observado, dentre outras formas, pela sua capacidade de desvelar novas dimensões das dinâmicas sociais, permitindo ao pesquisador um maior grau de compreensão sobre as forças e os elementos que perpassam as interações que constroem a realidade compartilhada.

Nesse sentido, é imperativo salientar que este artigo não visa produzir um estudo empírico exaustivo, mas sim um breve exemplo analítico de um fenômeno concreto de comunicação pública. As condições de desmobilização são tomadas, assim, como categoria analítica para a investigação de alguns dos discursos contrários à greve dos caminhoneiros ocorrida no mês de maio de 2018. O episódio consistiu-se em uma paralisação de estradas por todo o país, com o bloqueio de rodovias que levou estados a decretarem emergência, a acionarem as Forças Armadas para liberação das vias e a uma negociação entre grevistas e o Governo Federal que culminou com a redução no preço do diesel. Em específico, o que entra em jogo aqui não é a compreensão completa das dinâmicas de mobilização durante a greve, o êxito de discursos mobilizadores ou desmobilizadores ou mesmo a reverberação dos discursos que serão trabalhados, mas sim uma tentativa de compreender como as condições de desmobilização são incorporadas em proferimentos contrários à greve.

Tendo em mente estas ressalvas, foram escolhidos três atores sociais distintos envolvidos no episódio. A seleção foi motivada não por questões de representatividade, mas a partir de um acompanhamento prévio da controvérsia e de uma compreensão sobre o posicionamento assumido por esses grupos. Em suma, eles foram selecionados por se apresentarem publicamente, nas mídias sociais, como contrários à paralisação, apresentando uma série de discursos que buscavam questionar e enfraquecer a legitimidade do movimento perante à opinião pública. Neste sentido, foram selecionados o perfil de Twitter @planalto, canal oficial da presidência da República, e as páginas do Facebook do Movimento Brasil Livre (MBL) e dos Liberais Antilibertários (LA), grupo que se apresenta contrário à utilização recente de ideias libertárias por jovens de direita que pouco compreendem tal pensamento.

Selecionados tais atores, foram coletadas postagens durante o período da greve, assim como o material complementar às mesmas – comentários, no caso das postagens de Facebook, e metadados. No total, 152 postagens foram selecionadas e, em seguida, classificadas como relevantes ou irrelevantes para a pesquisa – sendo irrelevantes aquelas que não mencionam a greve ou suas consequências. Neste artigo, o cerne analítico está nos apelos discursivos – não sendo trabalhados aspectos sobre a linguagem utilizada em tais postagens ou a utilização de memes. Também não há qualquer preocupação em quantificar o número de mensagens que acionam cada uma das condições de desmobilização, mas sim em observar os contornos gerais de sua utilização.

As postagens foram submetidas a uma análise de conteúdo orientada por quatro categorias: (a) disputas acerca da concretude do problema apresentado pelos caminhoneiros; (b) contestação sobre o caráter público do problema; (c) questionamentos sobre as soluções para o problema; e (d) apelos para como a greve estava desalinhada com os valores morais. Abordamos, a seguir, uma síntese dos resultados, ordenados a partir das categorias analíticas.

Disputas acerca da concretude do problema

A primeira condição de desmobilização diz respeito à contestação dos próprios elementos basilares que marcam a problematização de uma situação. No caso da greve dos caminhoneiros, tal aspecto estava diretamente vinculado com os aumentos sucessivos no preço do combustível, o que consistiria, na visão dos grevistas, em um abuso a ser corrigido.

O principal apelo de desmobilização identificado nessa categoria foi proposto pelos LA, com reincidentes questionamentos se o preço do diesel no Brasil realmente era elevado. Esse é o tema, por exemplo, da postagem na qual o grupo apresenta um gráfico do Global Petrol Prices, um banco de dados internacional que compara o preço do combustível ao redor do mundo. Neste gráfico, o Brasil aparece na metade inferior da comparação, com preços abaixo de praticamente todos os países desenvolvidos. A postagem questiona se "o diesel brasileiro é caro ou é nosso setor de transporte de carga que ficou mal-acostumado pela política de subsídio do governo Dilma".[4]

Tal argumento seria, nos dias seguintes, reforçado pela página. Foram questionados, por exemplo, o preço da gasolina perante outros países do BRIC, o preço do diesel frente à renda *per capita* e se o diesel era realmente tributado acima da média nacional de produtos – em todos os aspectos, a conclusão era a de que os caminhoneiros não eram impelidos a problemas concretos. É interessante notar que muitos dos comentários a essas postagens passaram a defender que o problema que animava aquele público não era apenas este, mas o preço da gasolina, o excesso de tributos, a corrupção e as condições das estradas – tais comentários ampliando, perante um discurso que desmontava o mote central da greve, as problematizações do movimento.

A página, por outro lado, permaneceu negando os custos elevados no Brasil e trabalhando a greve como uma consequência das medidas intervencionistas do governo Dilma. O perfil do Planalto também passa, especialmente após o acordo do Governo Federal com os grevistas, a assumir discursos que disputam a concretude do problema. Não se tratava, nesse caso, de sugerir que o problema inicial não existia, mas

---

[4] Disponível em <https://bit.ly/3AuN8L6>. Acesso em: 22 fev. 2019.

sim de apontar que ele havia sido sanado pelo acordo que congelava o preço do combustível. Surge, nesse momento, um dos principais bordões do governo: "O acordo foi feito. O Governo fez sua parte. É hora dos caminhoneiros fazerem a parte deles", sentença que seria repetida dezenas de vezes nas postagens do perfil.

Contestação sobre o caráter público do problema

Enquanto os discursos da primeira categoria disputam a concretude do problema apontado pelos grevistas, a segunda categoria de apelos trilha um caminho distinto: não se questiona se o problema existe, mas sim seu caráter público. Em última instância, o que a análise revelou foram apelos que buscavam demonstrar como a greve era um acontecimento relacionado com interesses privados de um grupo específico, que buscava conquistar benefícios para sua categoria – uma forma que remete a estratégias clássicas de contestação de movimentos grevistas, colocando-os como ações de agentes privados que vão contra (e chegam a ferir) os interesses públicos, instituindo, no processo, um nós (sociedade) contra eles (grevistas).

Os LA fornecem, novamente, uma ilustração desses argumentos, apontando que a questão central da greve não era os benefícios públicos, mas sim os privados. Postagens que trazem esse apelo trabalham com ideias centrais sobre interesses "especiais" e tratamento diferenciado para o setor dos caminhoneiros, como a montagem a seguir (Figura 1), na qual Dilma e Temer aparecem sugerindo um benefício aos caminhoneiros decorrente de um discurso sobre o bem da sociedade. Os apelos que lidavam com essa condição de desmobilização reiteraram que os caminhoneiros ganharam, durante anos, privilégios do governo federal, e que esse tratamento estava no cerne da disputa atual – o que reposiciona o tema na esfera privada. Interessante notar que esses discursos deixam claro que os apelos da página não eram direcionados para os grevistas, mas sim para a opinião pública, buscando enfraquecer o movimento e impedir o mesmo de ganhar maior apoio popular.

Outra estratégia argumentativa recorrente encontrada e que versava sobre essa condição foi a equivalência do movimento dos caminhoneiros com outras greves e invasões do Movimento dos Trabalhadores Rurais Sem Terra (MST), reafirmando que todos esses casos consistem em tentativas privadas de conquistar benefício por meio do governo federal – prejudicando, no processo, o interesse público. Os bloqueios de estrada eram especialmente problematizados nesses termos, com o MBL trazendo postagens que parabenizavam ações de liberação das vias, apontadas como salvaguardas do interesse público.

Figura 1: Caráter privado do problema. Fonte: Liberais Antilibertários (LA).[5]

Questionamentos sobre as soluções para o problema

Os questionamentos acerca da viabilidade das soluções para o problema da greve aparecem com especial força nas postagens do MBL, grupo que não se posiciona veementemente contra o problema central da greve (ao contrário, entende as tributações excessivas como uma

---

[5] Disponível em: <https://bit.ly/3AuN8L6>. Acesso em: 22 fev. 2019.

contestação legítima), mas sim de maneira crítica acerca das medidas propostas pelos caminhoneiros. A linha argumentativa adotada por tais apelos está relacionada com a ideia de quem "irá pagar a conta", apontando que a desoneração do diesel não seria uma solução para os problemas sociais, na medida em que simplesmente repassa os prejuízos para a população, incidindo no aumento de tributos em outros produtos.

Diversas postagens do grupo invocaram esse ponto durante o episódio, como o vídeo protagonizado por Kim Kataguiri e intitulado "Greve dos Caminhoneiros – Quem vai pagar a conta?".[6] Outras postagens apontaram o comentário do Ministério da Agricultura sobre o aumento resultante do subsídio ao diesel nos preços de alimentos. Tais textos construíam uma ideia de que as soluções apresentadas pelos grevistas eram insuficientes e mesmo, no seu extremo, injustas por onerar o restante da população, motivos pelos quais que não faria sentido que os demais sujeitos apoiassem aquele público.

Apelos semelhantes foram encontrados também na página dos LA, na qual múltiplas postagens apontavam para os impactos que os novos subsídios teriam sobre a população e questionavam o corte de impostos sobre os combustíveis. Para o grupo, eram necessárias mudanças capazes de alterar o cenário econômico brasileiro, diminuindo o poder do Estado, abrindo o mercado e minimizando regulamentações – e, na medida que os grevistas não compartilhavam dessa agenda, tal movimento não deveria ser apoiado pela população.

Apelos sobre valores sociais

Por fim, a última categoria de apelos de desmobilização promove uma abordagem distinta, na qual o eixo de questionamento deixa de ser os problemas ou suas soluções, passando para aos valores morais compartilhados por aquele público. No caso, a tentativa de criar entraves e enfraquecer esse público está relacionada com a desmoralização daquele coletivo, o que significa a demonstração (ou mera sugestão) de seu desalinhamento com valores sociais correntes.

---

[6] Disponível em: <https://youtu.be/psM6p8WVaw4>. Acesso em: 22 fev. 2019.

Os principais apelos acerca de valores morais encontrados na análise partiram do próprio Governo Federal por meio de seu perfil no Twitter. O já mencionado bordão "O governo fez sua parte, é hora dos caminhoneiros fazerem a sua" era acompanhado por mensagens sobre os danos causados pela greve em áreas como saúde, educação e alimentação básica. Tais postagens afirmavam que "as ambulâncias não podem ficar sem combustível" e que "com a paralisação das estradas, a distribuição dos medicamentos para doenças graves e de alto custo foi comprometida", estabelecendo uma dicotomia na qual os caminhoneiros seriam responsáveis por prejudicar o acesso a serviços essenciais especialmente pelas camadas mais pobres da população. Algo semelhante aconteceu com exemplos da educação, alimentação, indústria e comércio, apontando para a responsabilidade dos grevistas pelo cancelamento de aulas, por ondas de fome e pelo desperdício de alimentos – todos exemplos sobre o desalinhamento moral daqueles sujeitos, que estariam dispostos a deixar crianças sem cuidados médicos para buscar vantagens financeiras pessoais.

O MBL também apresentou um alto grau de postagens com teor relacionado a esta quarta condição de desmobilização. Um exemplo foi a ênfase nos casos de violência dentro das manifestações, como a reverberação da morte de um caminhoneiro em Rondônia. O episódio sugere que a greve não seria mais pacífica – e, em última medida, legítima. Também relevantes são postagens sobre como a paralisação estaria sendo conduzida, após os acordos com o governo, por infiltrados de partidos políticos e sindicatos. Tais discursos apontam para supostos valores morais compartilhados – paz, autenticidade, coerência, liberdade –, ao mesmo tempo em que sugerem um desalinhamento daquele público com tais noções, minando seu potencial de ação na sociedade.

Conclusão e perspectivas futuras

As dinâmicas da desmobilização consistem em uma dimensão até então pouco problematizada dos processos de formação e movimentação de públicos. Pensar a desmobilização não significa, evidentemente, negar a ideia de mobilização, apoiar visões unilaterais sobre a comunicação ou abandonar perspectivas reflexivas acerca dos públicos. Ao contrário, trabalhar tal conceito implica avançar na compreensão sobre as interações e os vetores de força que entram em jogo e configuram tanto a constituição desses agrupamentos quanto suas possibilidades de atuação na sociedade.

De um ponto de vista prático, a proposta do presente artigo busca abrir uma nova frente de reflexões profundamente imbricadas com perspectivas críticas, instituindo as disputas de sentido e poder como elementos centrais da investigação sobre os públicos. Trata-se de uma aposta na retomada de discussões clássicas sobre as fragilidades e vulnerabilidades dos públicos, reconhecendo a necessidade de aportes e entendimentos que abarquem os conflitos e contradições que perpassam tal fenômeno social.

A concepção das condições de desmobilização deve ser entendida como um passo no sentido de aprofundar ainda mais o entendimento das dinâmicas de formação e movimentação dos públicos. Esse construto não busca oferecer respostas conclusivas para os dilemas da desmobilização, mas sim indicar caminhos reflexivos. No breve exercício relatado, as condições ajudaram a refletir sobre discursos contrários à greve dos caminhoneiros de 2018, fornecendo uma concepção enriquecida sobre as disputas travadas na esfera pública. Apesar de suas limitações, ele demonstra, por exemplo, como a página dos LA centrou seus discursos na contestação da concretude e do caráter público da greve, enquanto o MBL e o Planalto focaram em valores morais – permitindo uma melhor visualização sobre o *modus operandi* e as táticas desses atores para enfraquecer a greve. Entre outros elementos, as condições auxiliam na compreensão acerca das construções simbólicas e das tensões entre interesses públicos e privados, bem como sobre a desqualificação e a desmoralização estratégica de movimentos sociais e coletivos por parte de organizações e instituições.

Múltiplos elementos que foram deixados de lado nesta análise preliminar sugerem caminhos para pesquisas subsequentes. Os comentários acerca dos discursos analisados podem, por exemplo, revelar indícios sobre como os sujeitos navegam e interagem com os apelos de desmobilização, permitindo observar a recursividade dialógica que os perpassa. Outra possibilidade instigante diz respeito a investigações sobre como membros de coletivos e públicos diversos lidam com discursos desmobilizadores, o que permitiria compreender e aferir aspectos sobre a efetividade de tais proferimentos, ampliar a compreensão sobre as condições de desmobilização e repensar o próprio jogo estratégico envolvido em dinâmicas sociais.

No que tange aos desenvolvimentos conceituais futuros sobre a desmobilização, indicativos sobre possíveis trajetos a serem percorridos são fornecidos pelas próprias reflexões atuais sobre mobilização. A exploração das dimensões de visibilidade, disponibilidade e generalidade, constitutivas da noção de públicos (HENRIQUES, 2017), por exemplo, pode trazer à tona facetas sobre as dinâmicas comunicativas que visam instituir entraves para a formação e a movimentação de coletivos. Igualmente promissoras são investigações focadas na desqualificação e desmoralização, inclusive estética, de grupos mobilizados, assim como na compreensão de que os esforços de desmobilização podem, em última instância e de forma aparentemente paradoxal, ser estopins para a mobilização de novos públicos.

Em um trabalho anterior (SILVA, 2017), observo como a campanha global de desmobilização decorrente da campanha que visa gerar dúvidas acerca da existência do aquecimento global antropogênico, capitaneada por institutos como o Heartland Institute, acaba por mobilizar sujeitos que se convencem das incertezas acerca do tema e procuram contrapor ambientalistas e cientistas climáticos. Por fim, cabe destacar que a noção de desmobilização oferece novas possibilidades para a compreensão de temas relacionados com a comunicação organizacional e as relações públicas, ampliando o leque de opções teóricas capazes de explorar os impactos das práticas de organizações no mundo contemporâneo.

Referências

BABO, Isabel. O acontecimento e os seus públicos. *Comunicação e Sociedade*, v. 23, p. 218-234, 2013.

BLUMER, Herbert. A massa, o público e a opinião pública. In: COHN, Gabriel (Org.). *Comunicação e indústria cultural*. São Paulo: Companhia Editora Nacional, 1978, p. 9-21.

DEWEY, John. *The Public and its Problems*. Ohio: Swallow Press Books, 1954.

ESTEVES, João Pissarra. *Sociologia da comunicação*. Lisboa: Fundação Calouste Gulbenkian, 2011.

GRUNIG, James. A Situational Theory of Publics: Conceptual History, Recent Challenges and New Research. In: MOSS, Danny; McMANUS, Toby; VERCIC, Dejan (Orgs.). *Public Relations Research: an International Perspective*. Londres: International Thompson Business Press, 1997, p. 48-81.

GRUNIG, James. Situational Theory of Publics. In: HEATH, Robert L. (Org.). *Encyclopedia of Public Relations*. v. 2. Londres: Sage, 2005, p. 778-780.

GRUNIG, Larissa; GRUNIG, James; DOZIER, David. *Excellent Public Relations and Effective Organizations*. Mahwah: Lawrence Erlbaum, 2002.

HENRIQUES, Márcio Simeone. *Comunicação e mobilização social na prática da polícia comunitária*. Belo Horizonte: Autêntica, 2010.

HENRIQUES, Márcio Simeone. Dimensões dos públicos nos processos de comunicação pública. In: SCROFERNEKER, Cleusa M. A.; AMORIM, Lidiane R. (Orgs.). *(Re)leituras contemporâneas sobre comunicação organizacional e relações públicas*. Porto Alegre: EDIPUCRS, 2017a, p. 53-65.

HENRIQUES, Márcio Simeone. As organizações e a vida incerta dos públicos. In: MARQUES, Ângela C. C.; OLIVEIRA, Ivone; LIMA, Fábia P. (Orgs.). *Comunicação organizacional: vertentes conceituais e metodológicas*. Belo Horizonte: Selo PPGCOM-UFMG, 2017b, p. 119-130.

LESLY, Philip. Coping with Opposition Groups. *Public Relations Review*, v. 18, n. 4, p. 325-334, 1992.

LIPPMANN, Walter. *Opinião pública*. Petrópolis: Editora Vozes, 2008.

LIPPMANN, Walter. *The Phantom Public*. New Brunswick: Transaction Publishers, 2011.

QUÉRÉ, Louis. Le public comme forme et comme modalité d'expérience. In: CEFAÏ, Daniel; PASQUIER, Dominique (Orgs.). *Le sens du public: publics politiques, publics médiatiques*. Paris: PUF, 2003. p. 113-133.

SCHUDSON, M. The "Lippmann-Dewey Debate" and the invention of Walter Lippmann as an Anti-Democrat. *International Journal of Communication*, v. 2, p. 1031-1048, 2008.

SILVA, Daniel Reis. John Dewey, Walter Lippmann e Robert E. Park: diálogos sobre públicos, opinião pública e a importância da imprensa. *Revista Fronteiras,* v. 18, p. 57-68, 2016.

SILVA, Daniel R. *Relações públicas, ciência e opinião: lógicas de influência na produção de (in)certezas*. 339 f. 2017. Tese (Doutorado em Comunicação Social) – Programa de Pós-Graduação em Comunicação Social, Faculdade de Filosofia e Ciências Humanas, Universidade Federal de Minas Gerais, Belo Horizonte, 2017.

TARDE, Gabriel. *A opinião e as massas*. São Paulo: Martins Fontes, 1992.

PARTE IV

Agência de Comunicação Solidária: colaboração e experimentação

CAPÍTULO XI

Agência de Comunicação Solidária: uma busca por inéditos possíveis

Rafaela Pereira Lima
Emanuela de Avelar São Pedro
Raissa Fernandes Faria

Paulo Freire cunhou o termo *inédito-viável* para indicar a possibilidade humana de, pela ação com reflexão, enfrentar e superar situações-limite: as barreiras à busca por autonomia arraigadas socialmente – tidas como dadas, imutáveis – para transpor a "fronteira entre o ser e o ser mais". É assim que Nita Freire, viúva do filósofo, resume esse conceito tão fundamental. Nita nos conta que inédito-viável é uma palavra-ação que Paulo Freire criou

> [...] para expressar, com enorme carga afetiva, cognitiva, política, epistemológica, ética e ontológica, os projetos e os atos das possibilidades humanas. Uma palavra que carrega no seu bojo, portanto, crenças, valores, sonhos, desejos, aspirações, medos, ansiedades, vontade e possibilidade de saber, fragilidade e grandeza humanas. Carrega inquietude sadia e boniteza [...] Palavra na qual estão intrínsecos o dever e o gosto de mudarmos a nós mesmos dialeticamente mudando o mundo e sendo por este mudado (FREIRE, 2008, p. 223-225).

É com essa palavra-ação poética e inspiradora de Paulo Freire que iniciamos nossa reflexão sobre a Agência de Comunicação Solidária (ACS), experiência da Agência de Iniciativas Cidadãs (AIC) desenvolvida em intensa parceria com o Mobiliza UFMG. A principal situação-limite que levou à emersão da ACS é a comunicação organizacional tradicional, usualmente percebida como um recurso estratégico caro e cercado por um aparato de saberes e instrumentos que estariam nas mãos de poucos. E o inédito-viável que anima a iniciativa, desde os seus primeiros ensaios no final dos anos 1990, é a democratização de tal comunicação, de modo que ela seja acessível aos coletivos populares. A seguir, apresentaremos essa experiência que transforma fazeres e, nesse movimento, gera transformações em todos os sujeitos envolvidos.

Proposta, origens e história

ACS é uma experiência que promove o acesso de coletivos, organizações e movimentos da sociedade civil à comunicação e a outros recursos estratégicos necessários para que assegurem suas condições de existência e se desenvolvam. O propósito é apoiar tais iniciativas em seus esforços pela sustentabilidade[1] e em sua busca por mobilizar a sociedade em prol de causas de interesse público.

A história e até o nome dessa iniciativa se confundem com os de sua criadora: a AIC (Agência de Iniciativas Cidadãs), organização da sociedade civil originada de uma experiência de TV comunitária da Universidade Federal de Minas Gerais (UFMG) dos anos 1990, a TV Sala de Espera.[2] Desde a sua origem, em 1993, até os dias atuais,[3]

---

[1] Jorge Miguel Gonçalves (2019) indica que, para as organizações sem fins lucrativos com atuação social, sustentabilidade é um termo usualmente utilizado, sobretudo, para descrever uma desejada realidade financeira equilibrada e confortável, capaz de garantir a capacidade da instituição de sustentar projetos a longo prazo, perpetuando e cumprindo sua missão. Diz respeito à garantia da sobrevivência futura, mantendo sua consistência ao longo do tempo (GONÇALVES, 2019). Observamos que o conceito tem de fato a ver com as condições de sobrevivência (atual e futura), cumprimento da missão e permanência da ação, mas vai além das condições financeiras, conforme discutiremos neste artigo.

[2] TV Sala de Espera foi um projeto de extensão da UFMG, realizado de 1993 a 1996, cuja proposta era a criação de programas televisivos comunitários para a abordagem de temas de saúde e cidadania. Os programas eram veiculados em salas de espera de centros de saúde públicos de bairros periféricos da região Nordeste de Belo Horizonte (Minas Gerais).

[3] Parte dos envolvidos com a TV Sala de Espera fundou, em 1997, a então Associação Imagem Comunitária. Ao longo de sua história, a organização expandiu seu âmbito de atuação – originalmente, a comunicação comunitária –, passando a englobar ações em educação, cultura e promoção do desenvolvimento humano. Em 2020, adotou o

a AIC tem como propósito trabalhar pela promoção de direitos via fortalecimento dos processos de mobilização da sociedade civil.

Nascida de experiências de comunicação comunitária realizadas em variados territórios da RMBH, a AIC sempre teve um diálogo muito próximo com coletivos e entidades os mais variados. Dessa forma, já em seus primeiros anos de vida, às voltas com seus próprios desafios para se fazer visível e sustentável, essa OSC[4] buscava compartilhar os aprendizados adquiridos ao longo de seus esforços para se formalizar, construir sua comunicação e buscar recursos. De forma convergente, os grupos e as entidades das comunidades recorriam a ela em busca de viabilizar diversas demandas pontuais relacionadas a essas áreas. No improviso, os estudantes e profissionais de comunicação que faziam parte da iniciativa iam atendendo o que era possível.

Foi com base nesse movimento de "quebrar o galho" dos grupos em demandas que iam além da TV Sala de Espera que, por volta de 1996, surgiram as ações embrionárias da ACS: atendimentos gratuitos pontuais a demandas, apresentadas por iniciativas comunitárias e pró-direitos, de apoio à criação de peças de comunicação, à elaboração de projetos para captação de recursos e a ações voltadas à sua formalização como instituições sem fins lucrativos. Durante uma década, os atendimentos foram esparsos e com base exclusivamente em voluntariado.

Em 2006, a AIC decidiu estruturar melhor o trabalho e torná-lo continuado. A instituição alcançava, à época, um patamar de estrutura e estabilidade institucional que lhe permitia criar um projeto específico para aquela ação tão estimada, mas ainda improvisada. A ACS – Agência de Comunicação Solidária[5] se tornava, assim, um projeto.

---

nome Agência de Iniciativas Cidadãs, mantendo a sigla AIC, para sinalizar seu propósito ampliado. A AIC realiza todos os anos dezenas de projetos e programas que promovem direitos por meio da construção de diálogos entre coletivos, entidades e redes do terceiro setor, empresas e órgãos públicos. Seu trabalho é reconhecido internacionalmente, com premiações de ONU-Cidades, UNESCO e UNICEF, entre outras. Informações sobre a instituição estão disponíveis em www.aic.org.br.

[4] Sigla para Organização da Sociedade Civil, expressão que designa instituições sem fins de lucro e voltadas ao desenvolvimento de ações e projetos no campo da promoção da cidadania.

[5] Pedimos ao leitor e à leitora atenção à distinção entre as siglas ACS (Agência de Comunicação Solidária) e AIC (Agência de Iniciativas Cidadãs). Conforme já indicamos,

Em 2009, a experiência deu outro importante salto: foi firmada uma parceria entre a AIC e o Mobiliza UFMG que abriu caminho a importantes incrementos. Por meio dela, o professor Márcio Simeone Henriques, e posteriormente a professora Fábia Lima, com suas turmas de alunos, somaram forças ao atendimento aos grupos, que passou a abranger demandas de planejamento da comunicação. Somaram forças, ainda, à equipe da ACS em sua busca por aprimorar e sistematizar a metodologia.

ACS Lab

Em 2009, o curso de Relações Públicas da UFMG estabeleceu uma parceria com a então Associação Imagem Comunitária (hoje Agência de Iniciativas Cidadãs – AIC) para transformar a experiência em curso na Agência de Comunicação Solidária num laboratório de ensino, pesquisa e extensão. A ACS desdobrava-se, assim, no ACS Lab – Laboratório Agência de Comunicação Solidária. O laboratório passou a acolher cerca de vinte estudantes de graduação por semestre para a realização de planejamentos de comunicação organizacional voltados às demandas de entidades da sociedade civil. O processo passou a envolver o apoio de profissionais da OSC AIC e, ainda, a participação de um estudante de pós-graduação, atuando como estagiário docente.

Desde então, cada turma de alunos do ACS Lab é dividida em grupos de cerca de cinco integrantes, e cada grupo passa a atender um coletivo que atua na promoção de direitos. Em treze anos, estima-se que mais de quinhentos estudantes participaram da experiência discente e que o ACS Lab, juntamente com a AIC, já tenha atendido mais de cem coletivos – impactando, no mínimo, dez mil pessoas, se considerarmos que cada entidade atua junto a, pelo menos, cem pessoas.

Em paralelo à atividade docente, e como um meio de fortalecê-la, há uma preocupação constante de envolver a equipe da AIC e o

---

a primeira sigla (ACS) diz respeito a um projeto; a segunda (AIC), à instituição que o realiza.

Mobiliza UFMG nas discussões relacionadas à dimensão metodológica dessa experiência – que contempla tanto a metodologia de trabalho da ACS como um todo quanto a metodologia de ensino no âmbito do ACS Lab.

Vale indicar, por fim, o caráter indissociável da extensão: com base na metodologia da ACS, Mobiliza UFMG e AIC desenvolvem, desde 2009, ações de formação e produção de mídias comunitárias junto aos jovens do Vale do Jequitinhonha (Minas Gerais) dentro das ações do Programa Polo UFMG no Vale do Jequitinhonha. Além disso, há desdobramentos que geram novos projetos de extensão para o fortalecimento da sociedade civil, como o recente Periferia Viva, realizado em 2020 e 2021 para apoiar coletivos periféricos no enfrentamento à pandemia da covid-19.

Conforme destacam os professores Márcio Simeone Henriques e Fábia Lima, o ACS Lab alinha-se às diretrizes pedagógicas da UFMG ao investir na construção de uma formação cidadã baseada no princípio da solidariedade e no protagonismo dos estudantes na construção do conhecimento, bem como na promoção do acesso dos estudantes a novas perspectivas conceituais e metodológicas em comunicação organizacional. A experiência tem se mostrado transformadora não apenas para os coletivos que se apropriam da comunicação para a defesa de suas causas, como também para os estudantes, que ampliam seu repertório de conhecimentos e métodos, ao mesmo tempo em que vivenciam os impactos sociais de sua prática profissional.

Encerramos esta introdução fazendo um brevíssimo balanço dos 25 anos de percurso da iniciativa, sendo 15 deles como experiência formalizada como um projeto da AIC. Uma importante conquista alcançada foi a perenização: desde que se tornou um projeto estruturado, em 2006, a ACS é realizada de forma ininterrupta, combinando recursos próprios da organização realizadora, originados de prestações de serviços, e recursos oriundos de parcerias. O rol de parceiros ao longo dos anos inclui a Prefeitura Municipal de Belo Horizonte, a Lei Estadual de Incentivo à Cultura de Minas Gerais, a Gerdau, o Instituto Oi Futuro e o Fundo Nacional de Cultura.

No que diz respeito aos resultados gerados, destacamos que a ACS contabiliza mais de seiscentos apoios a coletivos e movimentos da sociedade civil, com uma abrangência total de mais de sessenta mil pessoas. Também já gerou mais de R$ 10 milhões em recursos diretos para os grupos atendidos.

Tão importantes quanto estes expressivos números é a qualidade da construção em curso. Em uma recente avaliação coletiva do trabalho, a liderança do Comitê Mineiro de Apoio à Causa Indígena Avelin Buniacá Kambiwá afirmou que a comunicação desenvolvida pelo comitê em parceria com a ACS significa uma "verdadeira criação de novos modos de lutar", reinventando as estratégias e linguagens, de modo a traduzir as causas indígenas para interlocutores além da "bolha" dos simpatizantes. Na avaliação de Avelin, foi possível construir uma compreensão de quais diálogos são importantes e quais as estratégias possíveis para tecê-los, abrindo caminho para quebrar a invisibilidade e para viabilizar ações em rede cada vez mais consistentes.

Ano após ano, a ACS se dedica a fazer da comunicação e de outras estratégias de ação pela sustentabilidade institucional realidades possíveis para os grupos, coletivos e redes da sociedade civil. É importante indicar, contudo, que esta iniciativa está em constante mutação. Na perspectiva freiriana de que fazer e pensar são um todo, cada ação da ACS gera uma reflexão e abre novas perspectivas para a compreensão e o refinamento do método. Assim, ao longo da experiência, são constantemente ampliados o entendimento dos modos de construir estratégias e práticas de comunicação para o fortalecimento dos grupos populares, bem como de ampliar as perspectivas de sustentabilidade de tais grupos. E é este fazer inquieto e mutante o assunto de nossa próxima seção.

Do instrumento ao vínculo

Conforme já indicamos, nos primeiros anos de sua experiência – e, de forma mais estruturada, de 2006 a 2008 –, a ACS atendeu variados grupos populares e iniciativas de promoção de direitos em suas solicitações de criação de peças de comunicação. Além disso, também assessorou tais grupos, sempre que possível, em procedimentos de formalização, bem como na escrita de projetos para busca de financiamento junto a editais públicos e privados. Havia uma grande preocupação em atuar de forma dialógica, envolvendo os sujeitos nas escolhas ao longo dos processos. Mas, em termos gerais, o trabalho da equipe era sobretudo o de criar peças e outros produtos de comunicação que eram demandados pelos grupos.

Por mais de uma década, portanto, o trabalho da ACS espelhava o que seria o principal atendimento prestado por uma agência de comunicação tradicional: atender demandas de produtos. Isso se dava, em grande medida, pelo funcionamento reativo do projeto. Sempre havia uma imensa "fila" de grupos à espera de um atendimento com um produto específico, identificado por cada solicitante como necessário para ter mais visibilidade, para divulgar mais o trabalho. E a equipe fazia um enorme esforço para atender o que já se apresentava como demanda. Havia, por parte dos profissionais do projeto, um incômodo e a percepção de que seria importante convidar os coletivos a um exercício de planejamento, a ampliar o seu olhar em relação à comunicação. Contudo, nunca havia fôlego para isso.

Em 2009, com a parceria com o Mobiliza, o atendimento aos grupos foi ampliado, passando a envolver diagnósticos e planejamentos de comunicação. Mas a visada originalmente lançada ao processo de planejamento ainda era impregnada pelo viés instrumental. Calcados no modo de fazer da comunicação organizacional tradicional, os planejamentos eram exercícios que envolviam duas ações centrais: 1) a identificação de problemas de comunicação que os grupos usualmente atribuíam à falta de visibilidade e/ou à visibilidade distorcida de sua iniciativa; 2) o levantamento de ações e produtos de comunicação capazes de melhorar a comunicação do grupo (no entendimento usual, melhorar a visibilidade).

Evidentemente, tornar-se capaz de uma ação intencionalmente orientada para o incremento da visibilidade significava, e ainda significa, um importante passo – não só para os grupos populares, mas para qualquer organização. Contudo, no dizer de Rudimar Baldissera

(2009), quando o foco se atém a esse viés, não se trata de uma comunicação organizacional, mas de uma organização comunicada. A prática se reduz a procedimentos formais da instituição ou grupo para criar discursos sobre si que possam gerar bons retornos de imagem, legitimidade e capital simbólico.

Nesta perspectiva, comunicação é sinônimo de uma transmissão de informação que se dá via determinados meios, procedimentos, técnicas. A metáfora é a do instrumento ou ferramenta (cf. Putnam; Phillips; Chapman, 2004). Segundo tal abordagem tecnicista, elaborar a comunicação de uma organização seria um fazer sob o domínio de técnicos com um saber especializado, relacionado ao manejo de determinados instrumentos. Um saber que estaria, portanto, fora do universo cotidiano dos grupos populares. No caso da ACS, a busca por quebrar essa lógica extremamente frustrante e oposta ao ideal da efetiva democratização da comunicação tem sido um longo processo de experimentação.

Nas primeiras incursões a planejamento da comunicação com os coletivos, datadas da primeira década do século XXI, o grupo envolvido com a ACS tinha, de um lado, toda a referência dos estudos da comunicação para a mobilização social tecidos em anos de pesquisa do Mobiliza. Mas, de outro lado, faltava um método de trabalho capaz de colocar o ideal da comunicação dialógica na prática do planejamento da comunicação organizacional.

Essa contradição se evidenciou nas formações e debates sobre o planejamento da comunicação realizados em 2009 e 2010 junto aos grupos. Nas discussões com os coletivos, havia uma forte preocupação em fomentar uma visada ampliada e interacional à comunicação. O entendimento da comunicação que a associa às interações cotidianas e à tessitura de vínculos entre públicos na construção de processos de mobilização social para a promoção de causas de interesse amplo da sociedade (conforme postula Henriques em seus inúmeros escritos sobre o tema), caro ao Mobiliza, era sublinhado. Mas, na construção dos planejamentos de comunicação em si, foram feitas algumas tentativas de adaptação de modelos e ferramentas que até hoje são comumente usados nas práticas de mercado. Houve trabalhos com coletivos em que foram aplicados instrumentos padronizados, como a matriz SWOT[6] e outras estruturadas em torno de objetivos estratégicos de comunicação – em linhas gerais, planilhas com listas de produtos a serem criados e de ações informativas e de divulgação a serem realizadas.

Não há nada de essencialmente problemático no uso desse tipo de matriz, exceto, no caso em questão, o seu caráter prescritivo: os grupos não tinham familiaridade nem conectavam os instrumentos à sua vivência concreta. O planejamento da comunicação seguia, assim, a lógica burocrática da consultoria: uma lista de recomendações, elaborada sobretudo por um agente externo a partir de uma escuta pontual. Nada diferente do modo como esse tipo de trabalho costuma ser executado no mundo corporativo.

Rapidamente, os envolvidos perceberam que os instrumentos tradicionais se chocavam frontalmente com a perspectiva interacional, participativa e colaborativa que se buscava. Mantinham os coletivos numa condição heterônoma (negando, portanto, o ideal de autonomia) em relação ao planejamento da sua comunicação e tinham premissas e lógicas que não se aplicavam ao contexto dos grupos e dos movimentos sociais. Era necessário, portanto, criar uma metodologia própria. Assim, em 2011, AIC, Mobiliza e coletivos arregaçaram as mangas para construir essa metodologia, numa ação que, até hoje, uma década depois, permanece como um processo em permanente reinvenção.

Essa construção, conforme trataremos de forma detalhada adiante neste texto, envolve conceitos e princípios de comunicação para mobilização social do Mobiliza; métodos de facilitação de diálogo desenvolvidos pela AIC ao longo de sua história; ferramentas de diagnóstico participativo, utilizadas há décadas pelos movimentos sociais, adaptadas ao contexto da ACS pela equipe da AIC com a colaboração do Mobiliza.

---

[6] Matriz SWOT é um modelo de planejamento que reúne, num quadro, quatro grandes pontos de atenção relacionados ao contexto e à atuação de uma iniciativa ou organização, de modo a identificar os problemas e oportunidades e assim traçar estratégias. Cada quadrante representa uma letra da sigla SWOT: Strengths (Forças), Weaknesses (Fraquezas), Opportunities (Oportunidades) e Threats (Ameaças). Em português, a sigla seria FOFA – outro nome pelo qual a matriz é conhecida.

Metodologia de planejamento da comunicação[7]

> Por muitos anos, nós consideramos que a comunicação era sinônimo de criação de materiais informativos e de divulgação. Mas hoje sabemos que a comunicação, para ser estratégica, é muito mais ampla. Tem a ver com olhar para os nossos públicos e para as relações que temos com eles – para, então, pensar em como fortalecer essas relações (Depoimento de João Henrique de Azevedo Xavier, integrante do Grupo Aroeira, coletivo belo-horizontino de agroecologia urbana).

Esta fala de um integrante do Aroeira indica a concepção de comunicação que orienta o trabalho da ACS. Como destacamos acima, desde 2011 a ACS, para dar concretude a essa concepção, investe no desenvolvimento de uma metodologia própria, calcada em processos participativos e colaborativos, de planejamento da comunicação no contexto dos grupos populares. Metodologia esta, que, como bem destaca o integrante do coletivo Aroeira, dirige o olhar para os públicos e para as relações.

A seguir, descreveremos como se dá o processo de construção de cada etapa do planejamento, discutindo os princípios, procedimentos e ferramentas envolvidos. Indicamos que o conteúdo foi formulado com base em conversas e sistematizações envolvendo outras pessoas da equipe da ACS e do ACS Lab nos últimos dez anos – em especial, Eveline Xavier, Nathália Vargens, Márcio Simeone Henriques e Fábia Lima.

Pactuação da parceria e alinhamento metodológico

De início, um ou dois encontros são realizados para "quebrar o gelo", dar a largada nas conversas, criar as bases para o trabalho colaborativo. Equipe e coletivo se apresentam e passam à construção de um alinhamento em relação ao que se espera do processo que virá. Nesse momento, o grupo é convidado a falar de aspectos que o definem: o

---

[7] Conforme destacamos insistentemente, a metodologia da ACS é uma criação sempre em processo, sempre com incrementos a partir dos aprendizados de cada experiência realizada com cada grupo. Assim, o passo a passo que sintetizamos no presente artigo é um "retrato" do que temos, hoje, como resultado do caminho até aqui percorrido. Daqui a alguns meses, certamente já teremos novos elementos

contexto em que atua, seus propósitos, modo de funcionamento, o que realiza e o que pretende realizar, quais são suas práticas comunicativas e os desafios a elas relacionados.

O entendimento do grupo sobre a comunicação também é colocado em debate. Os integrantes do coletivo são incentivados a contar sobre suas percepções, vivências, entendimentos, demandas e expectativas em relação ao trabalho de planejamento da comunicação.

Por fim, a equipe explicita o entendimento de comunicação para a mobilização social que norteia o trabalho da ACS e apresenta os conceitos-chave e o percurso de atividades propostos pela metodologia da ACS para o planejamento da comunicação. Em seguida, abre-se espaço a dúvidas e considerações.

Conceitos-chave

Aproveitamos o ensejo da descrição dessa etapa do processo em que os conceitos orientadores do trabalho são apresentados ao grupo para apresentar, também ao leitor deste texto, quais são os conceitos-chave que alicerçam o trabalho de planejamento da comunicação na ACS.

Mobilização social: Para Henriques, Braga e Mafra (2004, p. 8), "a mobilização social é a reunião de sujeitos que definem objetivos e compartilham sentimentos, conhecimentos e responsabilidades para a transformação de uma dada realidade, movidos por um acordo em relação a determinada causa de interesse público". Identificar a causa de interesse público e buscar a corresponsabilidade de outros públicos em relação à atuação em prol de tal causa são, portanto, as ações centrais da mobilização social.

Causa de interesse público: A proposição de uma causa e a convocação, feita a diferentes públicos, para se movimentarem em prol dela precisam ter um lastro. Esse lastro é a existência de um interesse público. A causa deve remeter "à ideia de uma vontade geral e de um bem comum; uma vez postulada como sendo de interesse público, aqueles que a defendem precisarão esforçar-se todo o tempo para posicioná-la como sendo, de fato, algo que potencialmente interessa a todos" (Henriques, 2012, p. 8).

Públicos, mobilização de públicos: Com base numa clássica definição de Dewey (1927), Henriques (2012) define públicos como agregados dinâmicos de sujeitos que, ao se perceberem afetados por um problema em comum, se constituem como um público que se movimenta, que age para transformar tal problema. E essa busca por transformação exige sensibilizar outros públicos para que atentem para tal problema, percebam que também têm uma responsabilidade na ação para transformá-lo (aqui, entra em cena outro conceito importante: o de corresponsabilidade) e se coloquem em ação. Assim, uma vez corresponsáveis pela causa, novos grupos passam a integrar a rede em mobilização.

Mapeamento de públicos: processo de identificação, segmentação e classificação dos vários públicos relevantes para o projeto mobilizador com os quais o grupo se relaciona. Tendo em vista a natureza da relação estabelecida entre os públicos e o projeto mobilizador, são utilizadas três categorias para classificá-los (cf. Henriques; Braga; Mafra, 2004): beneficiados, legitimadores e geradores (B, L, G).

Beneficiados, que constituem o público de maior amplitude, são todos dentro da área de abrangência e/ou do âmbito de atuação do projeto mobilizador, mesmo aqueles que são contrários ao projeto, os que não possuem informações sobre sua existência ou aqueles que possuem apenas informações básicas sobre a questão. São todos os que se beneficiarão caso haja conquistas em relação à consecução da causa de interesse público.

Legitimadores são o público constituído por pessoas ou instituições capazes de reconhecer o trabalho desenvolvido pelo grupo como algo útil e importante, e que, com tal reconhecimento, chancelam, legitimam o grupo socialmente.

Geradores são as pessoas ou grupos que se implicam na construção das condições que asseguram a própria existência do trabalho do grupo e/ou que atuam como agentes de mobilização.

Início do trabalho: a reflexão sobre a causa

O trabalho efetivo de planejamento da comunicação começa com um convite ao grupo para que dirija o olhar ao coração da mobilização social que empreende: a causa que o move. Uma reflexão sobre a causa do grupo é realizada numa roda de conversa mediada pela equipe, que propõe algumas questões disparadoras de discussões.

As questões disparadoras são:

- Quais desafios levaram à criação da iniciativa?
- Esses desafios são de interesse público?
- Eles são passíveis de soluções? Que soluções o grupo vem buscando/ajudando a construir?
- O grupo associa sua imagem e fazeres a valores mais amplos (relacionados ao bem comum)? Quais são eles?

A partir deste processo, são construídas duas percepções coletivas cruciais:

- A enunciação da causa de interesse público;
- O vislumbre do horizonte estratégico: o entendimento do papel que o grupo pretende desempenhar na construção da causa e onde ele pretende chegar em termos de reconhecimento e visibilidade em relação a esse seu papel social.

Mapeamento de públicos

Uma vez identificada a causa do grupo, vem uma nova pergunta: com quais públicos ele precisa dialogar e atuar junto (ou dialogar e atuar mais) para construí-la? Esta é a grande questão que orienta a ação de mapeamento de públicos. Para responder a esta questão tão fundamental, a ACS criou uma ferramenta metodológica específica: o mapeamento de públicos com a utilização do Diagrama de Venn. Antes de explicar o significado deste nome, cabe ressaltar que tal ferramenta tem sido apontada pelos coletivos como o "pulo do gato" para que compreendam os elementos chave da comunicação estratégica e para que assumam o protagonismo no planejamento dessa comunicação.

Mas vamos à explicação. Mapeamento de públicos, como já indicamos, é um método de comunicação para a mobilização social, desenvolvido por Henriques e colaboradores, que considera um olhar sobre os públicos a partir da causa mobilizadora. Busca-se compreender quais públicos são beneficiados, legitimadores e geradores da construção da causa. Para além disso, busca-se uma reflexão sobre os vínculos que o coletivo tem com cada um deles. O fortalecimento desses vínculos, postulam os autores, é a ação central da mobilização social.

Compartilhando dessa percepção, a ACS foi em busca de uma ferramenta capaz de dar concretude à reflexão sobre públicos e vínculos, de uma ferramenta que tornasse os públicos palpáveis e visualizáveis, tanto em sua especificidade quanto no âmbito ampliado do contexto de atuação do grupo. Nessa busca, encontrou os métodos de DRP (Diagnóstico Rural Participativo), que foram inicialmente desenvolvidos junto a comunidades rurais na Tailândia, nos anos 1970, e desde então têm sido aplicados e incrementados em inúmeros contextos de mobilização de grupos populares na América Latina.

Faria e Neto (2006) nos contam que o DRP é um método semiestruturado de diagnóstico fundamentado na construção participativa de diagramas visuais e interativos que tratam de quatro dimensões da realidade das comunidades: relações, fluxos, espaço e tempo. A ideia é que todos os envolvidos na construção do diagnóstico possam acrescentar elementos aos diagramas, e que estes sejam totalmente imagéticos e, assim, facilmente compreensíveis por todas as pessoas, mesmo as não letradas.

Um dos diagramas do DRP é o Diagrama de Venn: uma ferramenta, originária da Matemática de Conjuntos (John Venn é o matemático que o criou, em 1881), em que círculos de diferentes tamanhos são dispostos de modo a evidenciar as relações existentes entre eles. No DRP, o Diagrama de Venn é utilizado para processos em que se busca identificar relações entre diferentes grupos sociais. Na ACS, usamos tal diagrama para identificar as relações entre os diferentes públicos e entre eles e a causa mobilizadora proposta pelo grupo que promove a mobilização.

Uma vez explicado o conceito, vamos à descrição do mapeamento de públicos com o Diagrama de Venn. De início, é criada a imagem que fica no centro do diagrama: um círculo no qual o grupo escreve seu nome junto com uma definição resumida de sua causa mobilizadora. Em seguida, na "órbita" desse círculo central, são posicionados diversos outros círculos, que representam os públicos. Assim, no diagrama formado pelo núcleo causa e pelos públicos orbitando em torno da causa,

três elementos visuais indicam importantes aspectos do relacionamento público/causa/grupo mobilizador. Os elementos são:
- A cor dos círculos, que indica o tipo de público em questão: beneficiado, legitimador ou gerador.
- O tamanho dos círculos, que indica a importância de cada público para o coletivo, tendo em vista sua causa mobilizadora e seu horizonte estratégico. Quanto maior a importância do público para o coletivo, maior o círculo que o representa.
- A distância dos círculos, que diz da distância dos relacionamentos. Quanto mais o público é acionado por ou aciona o coletivo, quanto maior e mais frequente o fluxo de trocas e colaborações entre coletivo e determinado público mais próximo o círculo que representa tal público deve ser colocado do centro do diagrama.

A seguir, apresentamos o mapa de públicos criado com a Vokuim – entidade da cidade de Rubim, Minas Gerais, localizada no Vale do Jequitinhonha – que atua na garantia do acesso a direitos por parte das crianças e adolescentes da cidade. O processo foi realizado no âmbito do trabalho da ACS.

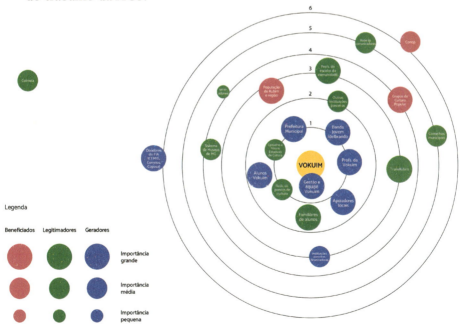

Figura 1: Mapa de Públicos Vokuim. Fonte: Acervo da Agência de Iniciativas Cidadãs (ACS).

Vale mencionar que, ao longo da montagem do diagrama, a equipe registra, em uma planilha (a planilha de análise dos relacionamentos), as considerações do grupo sobre a importância estratégica de cada público e a situação do relacionamento com ele. Em tal planilha, são registradas observações acerca dos desafios e das possibilidades de ação frente a tais desafios que vão sendo mencionadas pelo grupo ao longo do mapeamento de públicos. Além disso, reflexões transversais, que dizem respeito ao relacionamento com mais de um público, são destacadas nesse documento.

Para exemplificar a tabela da análise dos públicos, reproduzimos aqui um breve trecho do diagnóstico da entidade Vokuim, citada anteriormente. No exemplo, pode-se perceber como é, na prática, a planilha de análise do relacionamento com os públicos beneficiados.

Público	Categoria	Distância	Importância	Situação do relacionamento
Banda Jovem Idelbrando Santana	Geradores	2	Grande	Há um entendimento de que a Banda é um projeto muito importante e que apresenta a ONG para a cidade, mas ao mesmo tempo foi apresentada uma desvalorização por parte das instituições e pessoas que solicitam apresentações. Falta enxergar a Banda enquanto prestadora de serviços, que tem uma agenda e requisitos para se apresentar. Parceiros como a escola, que são diretamente beneficiados pelo trabalho da Banda, nunca a convidaram para se apresentar formalmente. O elemento formativo dela ainda precisa ser mais explorado/valorizado. A cidade precisa reconhecer a Banda como parte de sua cultura e identidade.
Professores da Vokuim	Geradores	2	Grande	Têm níveis de envolvimento diferentes com a ONG. É preciso trazê-los mais para perto, de forma que todos se tornem mais corresponsáveis também pela manutenção da ONG.
Apoiadores Locais	Geradores	3	Grande	Há muito potencial nesse público, mas ainda há poucas parcerias efetivadas. É preciso que a ONG se apresente mais e deixe mais claras as oportunidades de parcerias, apadrinhamentos e patrocínios. As empresas de ônibus TransRubim e Translins e o Hotel Haras são as parcerias já constituídas hoje.

Figura 2: Tabela de análise de públicos Vokuim.
Fonte: Acervo da Agência de Iniciativas Cidadãs (ACS).

No exercício de escolher cores e tamanhos para representar cada público e de posicioná-lo a determinada distância da causa, os integrantes desse grupo refletem e discutem sobre quais são os seus públicos estratégicos, como está o relacionamento com cada um deles, o que precisa melhorar nesse relacionamento e, ainda, começam a pensar em modos de construir os incrementos necessários. Ao longo do processo, a reflexão ganha complexidade e passa a contemplar não só o contexto do relacionamento com cada público, mas questões ampliadas, transversais ao contexto dos diálogos tecidos pela entidade. No percurso, os grupos elaboram, enfim, os elementos básicos de um planejamento profundo – e não apenas instrumental – da comunicação.

Eduardo de Jesus, professor da UFMG que participou do mapeamento de públicos de um projeto social feito pela ACS, faz o seguinte comentário sobre o processo de construção de tal diagrama:

O diagrama tem uma dinâmica muito forte: com simples bolinhas, a gente constrói uma cartografia das relações; o planejamento vai tomando forma numa matriz relacional da comunicação. Assim, o diagnóstico concretiza uma visão contemporânea da comunicação: ele é em si um processo e, ao mesmo tempo, valoriza a dimensão processual da reflexão empreendida. E não tem nada de linear: conforme as bolinhas vão aparecendo, a gente vai reposicionando tudo. Por isso, construir o diagrama foi uma experiência absolutamente efetiva, ativou discussões e diálogos, apontou várias tensões e estrangulamentos e, ao mesmo tempo, dali nasceram estratégias concretas para as nossas ações.

Diretrizes estratégicas e plano de ações

A elaboração do Diagrama de Venn e o decorrente exercício de qualificação dos vínculos, feito na planilha de análise dos relacionamentos, revelam os mais diversos desafios na relação do coletivo com seus públicos. Alguns são bem específicos, ligados à natureza de cada público, mas boa parte deles são transversais: remetem à forma como o coletivo tem se organizado e construído suas interações. O passo seguinte, portanto, é sistematizar essas questões transversais mais relevantes: os pontos mais estruturantes que precisam ser trabalhados para o fortalecimento dos vínculos do coletivo com os públicos mais estratégicos.

Para fazer isso, grupo e equipe se debruçam sobre os dois produtos da etapa anterior (mapeamento e planilha) e realizam um exercício de síntese – o convite é para que identifiquem até cinco grandes desafios ou problemas principais. Para cada problema central selecionado, o grupo faz uma reflexão, que é balizada por perguntas como: por que isso é um problema? Quais são as causas desse problema? Quais públicos é necessário envolver e como articulá-los na solução desse problema, de forma coesa e transversal, considerando o conjunto dos desafios do coletivo?

Diagnóstico e plano de ações em comunicação

ONG Vokuim

SUMÁRIO

APRESENTAÇÃO
METODOLOGIA
IDENTIDADE INSTITUCIONAL
MAPA DE PÚBLICOS
ANÁLISE DOS PÚBLICOS
EIXOS ESTRATÉGICOS PARA AS AÇÕES DE COMUNICAÇÃO COM OS PÚBLICOS

1) Eixo 1: Ser conhecido, compreendido e reconhecido localmente;
2) Eixo 2: Ampliar a rede de financiadores;
3) Eixo 3: Fortalecer o pertencimento de quem está dentro de casa;
4) Fortalecer as articulações com a sociedade civil e a incidência política.

APRESENTAÇÃO

Este documento contém relatórios descritivos do processo de construção colaborativa do diagnóstico de relacionamento da ONG Vokuim com seus públicos, juntamente com uma análise dos vínculos e propostas de ações estratégicas de comunicação para a organização.

O objetivo é que este documento seja usado como base para as o planejamento de comunicação da Vokuim e contribua para seu fortalecimento institucional.

A construção deste diagnóstico é fruto de uma série de 8 encontros remotos da equipe da AIC com a comissão designada pela Vokuim para participar do processo. Para o levantamento e a análise da relação de públicos com o grupo e para a proposição de ações estratégicas e de comunicação dirigida a esses públicos foi essencial a participação de pessoas que fazem parte da organização e do cotidiano da ONG.

METODOLOGIA

O diagnóstico construído, bem como as ações de comunicação propostas nesse trabalho, tem como referências metodologias de comunicação voltada para processos de mobilização social combinadas com ferramentas de diagnóstico participativo. Trata-se de uma abordagem que nos permite traçar oportunidades e desafios de comunicação da entidade a partir de um processo colaborativo de reflexão e debates.

A dimensão da mobilização social ressalta para nós a potência transformadora da instituição, que lida diariamente com uma causa social de interesse público, com foco na mudança da realidade de determinada(s) comunidade(s). Nesse sentido, é essencial identificar essa causa e analisar o relacionamento que a instituição estabelece com cada um de seus públicos, na busca por gerar envolvimento dos mesmos com a causa. É preciso construir também uma compreensão sobre como os públicos percebem e se relacionam com a causa mobilizadora proposta pela instituição.

Figuras 3-6: Plano de comunicação Vokuim.
Fonte: Acervo da Agência de Iniciativas Cidadãs (ACS).

Por fim, essa síntese é organizada num quadro de eixos estratégicos e de ações no qual, de um lado, são apontadas as principais questões problemáticas e, de outro, as principais linhas de solução traçadas pelo grupo. O quadro é submetido à discussão e validado pelo coletivo. Como culminância do processo, a equipe elabora um documento que reúne o diagnóstico e o plano de ações em comunicação. No documento, de modo coerente com toda a proposta, não são apresentados apenas os produtos – diagnóstico e plano de ações –, mas descrito todo o rico processo de construção dos mesmos.

Para possibilitar uma melhor compreensão do documento, recorremos mais uma vez ao exemplo do processo realizado junto à equipe da entidade Vokuim, de Rubim.

Ferramentas de diálogo para o desenvolvimento institucional

Conforme já indicamos, a ACS, desde os seus primórdios, conjuga ações no campo da comunicação a um apoio aos grupos em outras dimensões de seu desenvolvimento institucional. Desenvolvimento institucional (DI) é um conceito proposto por Domingos Armani como referência para a ação das organizações da sociedade civil. Segundo ele, o desenvolvimento institucional engloba os processos e as iniciativas voltadas a "assegurar de forma duradoura a realização da missão institucional e fortalecer o posicionamento estratégico de uma determinada organização na sociedade" (ARMANI, 2001, p. 26). O autor destaca que essa é uma abordagem sistêmica, que abarca o desenvolvimento da dimensão interna da instituição e da projeção pública da mesma com vistas ao alcance da sustentabilidade. Ressalta ainda que DI diz respeito a "esforços sistemáticos para fortalecer a capacidade de uma organização exercer protagonismo em processos de mudança social" (ARMANI, 2013, p. 71).

Aqui, o conceito de sustentabilidade de uma OSC é mais amplo e profundo do que o usual, restrito às condições financeiras para realização da missão. Considera os aspectos de ordem propriamente financeira (volume de receitas, diversidade de fontes de recursos etc.), mas também engloba inúmeros outros fatores que afetam a vida institucional, tais como: o grau de envolvimento e participação dos/as integrantes; a compreensão do papel político exercido pela instituição na sociedade; as práticas de transparência e prestação de contas; a qualidade do trabalho realizado; a existência de um sistema de planejamento, monitoramento e avaliação; a capacidade de produzir conhecimentos.

Também nos inspiramos em Armani para propor às entidades que troquem uma expressão comumente utilizada por elas – captação de recursos – por outra, que se mostra mais adequada: mobilização de recursos. Esse conceito reforça uma compreensão de sustentabilidade que vai muito além da dimensão financeira.

> [...] fatores como recursos técnicos, recursos humanos, recursos políticos, recursos logísticos, recursos tecnológicos, recursos financeiros (públicos, privados, individuais), entre outros, são componentes desta visão ampliada. Todos estes elementos compreendem o que chamamos de fontes de recursos diversificadas. Esta visão se inscreve em uma percepção de que, ao olharmos uma organização, todas as dimensões nela existentes – identidade,

valores, ação técnica, gestão, recursos – são enxergadas como vivas, dinâmicas e corroboram com o movimento da sua sustentabilidade (ARMANI, 2013, p. 98).

Nessa perspectiva sistêmica, parcerias, trocas, credibilidade, conhecimento em rede são alguns exemplos de aspectos caros à sustentabilidade de qualquer grupo ou organização. É vital mobilizar – colocar em movimento – esse tipo de recurso.

Por tudo isso, a ACS, além de ser parceira dos grupos no planejamento da comunicação e no desenvolvimento de estratégias, ações e produções comunicativas, também contempla, em suas ações, outras dimensões do desenvolvimento institucional. Promove, junto aos grupos, processos formativos práticos relacionados a aspectos variados desse campo, tais como: planejamento estratégico; planejamento de mobilização de recursos; elaboração de projetos para editais públicos e privados de financiamento a ações sociais e culturais; gestão da implantação, gestão financeira e prestação de contas financeira de projetos; formalização de uma OSC; obtenção de qualificações necessárias a parcerias e incentivos fiscais (inscrições em conselhos de direitos e em sistemas públicos de incentivo). Nessas diversas frentes, a equipe da AIC compartilha aprendizados acumulados ao longo da própria história da entidade, na lida com os desafios relacionados à sobrevivência e ao desenvolvimento.

E, como viemos enfatizando ao longo do texto, há um modo específico de realizar todas essas coisas: a partir de proposições abertas, não prescritivas em que os participantes elaboram o que aprendem. Nas proposições que são disparadoras e organizam cada processo realizado, a ACS utiliza, via de regra, procedimentos e materiais criados com a finalidade específica de fomentar e mediar interações que geram conhecimentos coletivos. A essa mescla de processos e materiais mediadores damos o nome de ferramentas de diálogo.

Na verdade, a expressão "ferramentas de diálogo" é tomada emprestada de Andréa Alice Faria e Paulo Sérgio Ferreira Neto, que a utilizam para nomear os procedimentos do DRP. O empréstimo é um reconhecimento do DRP como matriz vital do trabalho da ACS e, ainda, a afirmação do propósito principal do trabalho em curso: desenvolver e aprimorar métodos, instrumentos e práticas coletivas colaborativas para a comunicação e o fortalecimento dos coletivos populares.

Ferramentas de diálogo

Nos variados processos realizados junto aos coletivos, a ACS utiliza uma ampla gama de ferramentas de diálogo. Para ampliar a discussão, trazemos aqui exemplos de algumas das ferramentas mais utilizadas no trabalho.

Mapeamento afetivo

Os "mapas falados" ou "mapas afetivos"/"mapas de afetos" são uma ferramenta de diagnóstico colaborativo de territórios. São basicamente mosaicos de imagens e pequenos textos que representam um espaço qualquer – que pode ser uma escola, um bairro, uma comunidade, um estado etc. O mosaico que constitui esse tipo de mapa peculiar é uma mistura de desenho, colagem, bordado, entre outras possibilidades criativas, além de anotações de frases sobre aspectos significativos, percepções, experiências e emoções. Importante destacar que ele é criado de forma dialogada pela comunidade ou por um grupo de pessoas mobilizadas para atuar num determinado território. Cada um escolhe o que quer representar no mapa e de que forma. Trata-se de uma atividade que suscita reflexões e diálogos em torno dos sentidos individuais e coletivos atribuídos aos espaços e às relações entre os sujeitos que os habitam.

Essa ferramenta de diálogo foi utilizada, por exemplo, numa atividade formativa sobre mobilização comunitária promovida pela AIC junto a grupos e coletivos socioculturais de BH em 2016. A atividade tinha como objetivo, além de suscitar a reflexão sobre os territórios físicos e/ou virtuais ocupados pelos grupos, mapear os lugares de afeto, os atores e fluxos de comunicação que atravessavam tais espaços. A partir da criação coletiva do mapa e da identificação desses elementos mencionados, o grupo era convidado a uma reflexão a respeito das estratégias de ação possíveis para articulação e mobilização dos públicos de interesse em torno de sua causa social. Deixamos, a seguir, imagens de alguns dos mapas produzidos nessa atividade.

Figuras 7-9: Mapas afetivos.
Fonte: Acervo da Agência de Iniciativas Cidadás (ACS).

Design colaborativo

Para possibilitar a elaboração coletiva de diagnósticos, planos ou projetos, nos valemos da proposição de processos colaborativos em que todos os integrantes de um determinado grupo se engajam no desenho de percepções, ideias, imagens e propostas de ação – ou seja, em processos de design colaborativo.

Um exemplo desse tipo de processo foi a atividade de concepção participativa e colaborativa – envolvendo crianças, equipe, famílias e moradores locais – das diretrizes para a reforma e a revitalização da Creche Comunitária Leonardo Ferreira Franco (Santa Luzia, Minas Gerais). A atividade foi promovida, em 2015, pela AIC no âmbito de um projeto de diálogo comunitário realizado pela MRV. Os participantes foram convidados a participar do processo de concepção coletiva e colaborativa de melhorias na creche. Para isso, uma das atividades proposta pela AIC às crianças foi a construção coletiva de maquetes que representassem os sonhos delas para os espaços. A seguir, apresentamos algumas imagens do processo de criação das maquetes.

Figura 10: Contação de história para sensibilização das crianças para o desafio de repensar o espaço físico antes da atividade de construção de maquetes. Fonte: Agência de Iniciativas Cidadãs (ACS) – Divulgação.

Figura 11: Maquete criada por crianças de 5 anos em processo de diálogo sobre o que elas desejavam no espaço da creche. Fonte: Agência de Iniciativas Cidadãs (ACS) – Divulgação.

Figuras 12-13: Processo de construção das maquetes.
Fonte: Agência de Iniciativas Cidadãs (ACS) – Divulgação.

Figuras 14-15: Monitoras em escuta das crianças no processo de construção das maquetes.
Fonte: Agência de Iniciativas Cidadãs (ACS) – Divulgação.

Figura 16: Facilitação gráfica Instituto Transformação.
Fonte: Agência de Iniciativas Cidadãs (ACS) – Divulgação.

Facilitação gráfica

Outra ferramenta é a facilitação gráfica (sistematização visual de ideias, informações e fluxos), com o propósito de registrar e sintetizar discussões ocorridas ou para evidenciar questões que precisam ser discutidas e guiar as etapas de uma conversação.

Essa ferramenta foi utilizada no trabalho de diagnóstico realizado com o grupo de idealizadores do Instituto Transformação, voltado à promoção da capoeira na região do Barreiro (Belo Horizonte). Especificamente, ela foi acionada para o momento de discussão, pelo grupo, de qual seria a causa social do Instituto Transformação. A atividade ocorreu em 2016, no atendimento que a ACS fez para esse grupo.

Partilha da memória

A memória, segundo o Museu da Pessoa, "reúne as experiências, os saberes, as sensações, as emoções, os sentimentos que, por um motivo ou outro, escolhemos para guardar" (Lopez, 2008, p. 17). Em ações de mobilização, processos de reflexão em torno da memória podem ser um importante elemento catalisador para a sensibilização.

Um espaço de construção e compartilhamento de memórias é a roda de contação de histórias de vida. Trata-se de uma atividade na qual, dispostos no formato de uma roda, os integrantes de um grupo são convidados a compartilhar lembranças, em suas histórias de vida, acerca de questões comuns ao grupo. Uma vez que todos tenham falado um pouco de suas histórias, pode ser feita, ainda, uma conversa sobre o entrelaçamento entre as histórias. Ao compartilhar memórias pessoais e perceber uma conexão delas com a memória coletiva, os participantes fortalecem o sentido de protagonismo na construção da memória local.

Reflexões finais

Ao longo deste artigo, descrevemos e tecemos reflexões acerca de caminhos traçados pela ACS para a construção colaborativa de planejamentos e de ações, nos campos da comunicação organizacional e da mobilização de recursos, efetivamente protagonizados por grupos e por coletivos da sociedade civil.

Nossa aposta, conforme discutimos, é que processos colaborativos geram aprendizados para todos os envolvidos; abrem caminho para a apropriação dos fazeres, linguagens e tecnologias; possibilitam problematizações coletivas em torno de elementos que alicerçam a mobilização social, como a compreensão compartilhada da causa em comum que dá sentido ao grupo, do contexto dos públicos em movimento em torno de tal causa, dos diálogos e vínculos necessários para a ação em prol da transformação social almejada.

Cabe destacar, aqui, a palavra colaboração. Segundo o Glossário Colabora, tal palavra tem um sentido mais profundo e significativo do que o de outro termo usualmente tratado como correlato: cooperação. O glossário indica que a cooperação diz respeito a uma ação conjunta, combinada por determinada coletividade, para atingir certo objetivo comum. Nesse combinado, cada um/a cumpre com a sua parte para que o grupo atinja o resultado esperado. Ocorre uma soma de recursos e competências, visando à otimização dos resultados.

Já na colaboração, há o engajamento dos sujeitos ao longo de toda a criação de um projeto ou da construção da solução para um problema; há corresponsabilidade em todo o processo, desde a definição do objetivo a ser alcançado. Além disso, mais do que o resultado da soma de esforços (a ação coletiva em que cada um/a "faz a sua parte"), colaborar envolve porosidade e afetação recíproca, ensinar e aprender. É um processo em que as capacidades individuais são incrementadas e/ou fortalecidas na interação. Mais do que somar recursos, o que está em jogo é criar algo novo – um amálgama nascido da interação – e gerar algo de novo para a compreensão de cada um dos envolvidos.

O biólogo Humberto Maturana (1999) destaca a aceitação mútua e a colaboração como dinâmicas fundamentais à sobrevivência de qualquer organismo, individual ou social. Afinal, lembra o autor, a manutenção da vida acontece no fluir de trocas e adaptações mútuas entre os seres. Esta breve digressão para tratar do conceito de colaboração, trazendo a reflexão de Maturana sobre o caráter vital da mesma, tem o objetivo de sublinhar o quanto os processos colaborativos são essenciais para a própria sobrevivência dos coletivos e grupos. É nas trocas e adaptações recíprocas das interações cotidianas que os grupos geram as condições de seu existir.

Por isso, acreditamos que participar dos processos colaborativos de planejamento e construção da comunicação propostos pela ACS abre perspectivas de incremento da dimensão cognitiva da mobilização social: cria, para o coletivo envolvido, uma oportunidade de perceber-se como público em mobilização, num processo de autoformação e autoafirmação (cf. HENRIQUES, 2017). A partir da tomada de consciência de si como um público que se constitui, se movimenta e se afirma na interação com outros públicos, faz-se possível a construção de um processo contínuo de reflexão e ação (ambas se retroalimentando) sobre o contexto das interações. Esse processo possibilita que um agir em congruência com o contexto seja continuamente engendrado e, assim, sejam criadas as condições necessárias à perenização da atuação do grupo.

As experiências colaborativas empreendidas, portanto, são ricas em aprendizagens significativas, nas quais os sujeitos constroem as suas próprias possibilidades de ação no campo de comunicação organizacional. Emerge a possibilidade da autonomia, de fazer as próprias escolhas e construir um caminho próprio e singular.

Destacamos (mais uma vez com base em HENRIQUES, 2017) que os processos da ACS também impactam a dimensão organizativa dos grupos. Afinal, tal dimensão diz respeito ao processo de autoconstituição por meio do qual um público mobilizado define o seu agir e se organiza para viabilizá-lo. Esse processo envolve um exercício coletivo de imaginação e de projeção, o de imaginar/projetar seus interesses em público, e, com base em tais interesses, adquire uma determinada estrutura, uma configuração para a ação.

Em cada processo de planejamento da comunicação, a ACS propõe aos participantes um exercício de percepção e imaginação, de consciência do contexto e de projeção de sua causa em público. O exercício de pensar/agir como um público atento à dinâmica de interações de seu contexto de mobilização gera, para o grupo, uma reflexão ampliada sobre os modos como se organiza e age e, assim, abre possibilidades de busca de melhores modos de se organizar e agir.

Em função dessa dinâmica colaborativa que gera para todos os envolvidos um processo contínuo de aprendizagem e de incremento da ação, acreditamos que os processos de planejamento e de construção da comunicação promovidos pela ACS podem ser incorporados de forma efetiva pelos grupos e levados à prática cotidiana dos mesmos, posto que são construções próprias das pessoas que os integram. Assim, tais processos, à medida em que se tornam uma ação-reflexão-ação cada vez mais colaborativa, vão ampliando sua solidez e potência, assumindo um papel formativo e organizador que fortalece a experiência coletiva dos grupos.

Referências

ARMANI, Domingos. O desenvolvimento institucional como condição de sustentabilidade das ONGs Brasileiras. In: BRASIL. *Aids e Sustentabilidade: sobre as ações das organizações da sociedade civil*. Brasília: Coordenação Nacional de DST e Aids; Ministério da Saúde, 2001. p. 17-33.

ARMANI, Domingos (Org.). *Organizações da sociedade civil: protagonismo e sustentabilidade*. Barueri: Instituto C&A, 2013.

BALDISSERRA, Rudimar. Comunicação organizacional na perspectiva da complexidade. *Organicom*, São Paulo, v. 10-11, p. 115-120, 2009.

DEWEY, John. *The Public and Its Problems: an Essay in Political Inquiry*. Nova York: Henry Holt and Company, 1927.

FARIA, Andréa Alice; NETO, Paulo Sérgio Ferreira. *Ferramentas do diálogo: qualificando o uso das técnicas do DRP – diagnóstico rural participativo*. Brasília: MMA; IEB, 2006.

FARIA, Raissa Fernandes. *Percurso da Agência de Comunicação Solidária e do ACS Lab*. Belo Horizonte: Agência de Iniciativas Cidadãs, 2020.

FREIRE, Ana Maria Araújo. Inédito-viável. In: STRECK, Danilo; REDIN, Euclides; ZITKOSKI, Jaime (Orgs.). *Dicionário Paulo Freire*. Belo Horizonte: Autêntica, 2008. p. 223-225.

FREIRE, Paulo. *Pedagogia do oprimido*. 11. ed. São Paulo: Paz e Terra, 1987.

GONÇALVES, Jorge Miguel. *Estratégias de sustentabilidade financeira das instituições particulares de solidariedade social*. 95 f. 2019. Dissertação (Mestrado em Ciências Empresariais) – Instituto Politécnico de Setúbal, Escola Superior de Ciências Empresariais, Setúbal, 2019.

HENRIQUES, Márcio Simeone (Org.). *Comunicação e estratégias de mobilização social*. 2. ed. Belo Horizonte: Autêntica, 2004.

HENRIQUES, Márcio Simeone. A comunicação e a condição pública dos processos de mobilização social. *Revista Ação Midiática – Estudos em Comunicação, Sociedade e Cultura*, v. 2, n. 1, p. 1-12, 2012.

HENRIQUES, Márcio Simeone. Dimensões dos públicos no processo de comunicação pública: formas de conhecimento, ação e organização. In: SCROFERNECKER, Cleusa M. A.; AMORIM, Lidiane R. de. (Orgs.). *(Re) leituras contemporâneas sobre comunicação organizacional e relações públicas*. 11. ed. v. 1. Porto Alegre: Ed. PUCRS, 2017. p. 53-66.

HENRIQUES, Márcio Simeone; BRAGA, Clara Soares; MAFRA, Rennan L. Martins. O planejamento da comunicação para a mobilização social: em busca da corresponsabilidade. In: HENRIQUES, Márcio Simeone (Org.). Comunicação e estratégias de mobilização social. 2. ed. Belo Horizonte: Autêntica, 2004. p. 33-57.

LOPEZ, Immaculada. *Memória social: uma metodologia que conta histórias de vida e o desenvolvimento local.* São Paulo: Museu da Pessoa e Senac São Paulo, 2008.

MATURANA, Humberto. *Emoções e linguagem na educação e na política.* Belo Horizonte: Editora UFMG, 1999.

PUTNAM, Linda L.; PHILLIPS, Nelson; CHAPMAN, Pamela. Metáforas da comunicação e da organização. In: CLEGG, Stewart; HARDY, Cynthia; NORD, Walter R. (Orgs.). *Handbook de Estudos Organizacionais – volume 3: Ação e análise organizacionais.* São Paulo: Atlas, 2004. p. 77-125.

CAPÍTULO XII

Propósitos, princípios e desafios da Agência de Comunicação Solidária

Rafaela Pereira Lima
Eveline Xavier
Nathália Vargens

O trabalho pelo incremento das ações em comunicação empreendidas por comunidades e por grupos de ativismo por direitos está presente em toda a história da organização da sociedade civil Agência de Iniciativas Cidadãs (AIC). Contudo, a própria intencionalidade, as ferramentas metodológicas, a estrutura institucional e a compreensão dos propósitos desse trabalho foram – e são – construídas e amadurecidas paulatinamente ao longo das quase três décadas de vida da instituição. O projeto ACS (Agência de Comunicação Solidária) tem sido um campo fértil para essa construção e esse amadurecimento.

Como muitas das iniciativas empreendidas pelos grupos, entidades e movimentos da sociedade civil, a ACS nasceu de modo espontâneo, a partir de inquietações e sonhos originados na lida cotidiana da equipe da AIC com os desafios do trabalho de comunicação para a mobilização social. Contudo, exatamente por ser fruto de inquietações e do forte desejo da equipe de incidir no âmbito da comunicação organizacional dos grupos populares, a iniciativa acabou se tornando um dos projetos estruturantes da entidade nos últimos quinze anos.

No presente artigo, buscamos sistematizar as principais construções da história da ACS, tecendo reflexões sobre propósitos, princípios e desafios do trabalho desse projeto tão crucial à nossa instituição.

Democratização da comunicação

> Todo ser humano tem direito à liberdade de opinião e expressão; este direito inclui a liberdade de, sem interferência, ter opiniões e de procurar, receber e transmitir informações e ideias por quaisquer meios e independentemente de fronteiras (Artigo 19 da Declaração Universal dos Direitos Humanos, de 1948).

Este artigo da Declaração Universal dos Direitos Humanos que escolhemos para abrir nossas reflexões nos fala de um conceito de grande importância: o de direito à comunicação. Ele diz respeito à possibilidade, que deveria ser assegurada aos cidadãos e às coletividades, de ter acesso às mais diversas informações e mensagens que circulam socialmente e de fazê-lo em condições em que seja possível posicionar-se de forma crítica e problematizadora, formar livremente opiniões. Diz respeito, ainda, à oportunidade, que também deveria ser assegurada a todas e todos, de expressão – de construir, colocar em circulação pública e tecer diálogos em torno de ideias, informações e mensagens relacionadas às mais variadas questões que atravessam a existência humana.[1]

A possibilidade de expressão em condições de publicidade – ou seja, fazendo-se visível para qualquer um e sendo potencialmente capaz de envolver a todos[2] – é crucial à cidadania. Afinal, é por meio dela que sujeitos e grupos conseguem conferir visibilidade pública, colocar em debate e gerar o engajamento social necessário ao enfrentamento de problemas coletivos e de situações de negação dos direitos básicos para a vida com dignidade. Por isso, o direito de participar de forma ativa da esfera da comunicação social é um direito humano fundamental: acessá-lo gera condições para a construção de outros direitos.[3]

---

[1] Cabe observar que uma das características essenciais dos direitos humanos é a complementaridade, ou seja, o exercício de um direito não pode significar a violação de outro; disso apreende-se que o exercício do direito à expressão é subordinado à premissa de não violação dos direitos de cidadania de sujeitos e populações.

[2] Cf. Henriques (2017) e Caldeira (2017).

[3] A reflexão sobre o direito à comunicação aqui apresentada de forma sintética baseia-se em uma discussão sobre o tema proposta em um artigo de Lima e Lima (2019). No artigo, as autoras chamam a atenção para a indivisibilidade, a inter-relação e a

Há, portanto, que se democratizar os processos, tecnologias, ferramentas e meios necessários à circulação pública de ideias e informações e à construção de debates em torno de temas de interesse público – há que se democratizar a comunicação.

A ACS é uma iniciativa que existe, fundamentalmente, para afirmar a comunicação como um direito e para construir possibilidades de democratização dela e de promoção do acesso de grupos populares a processos, ferramentas, linguagens e meios necessários para participarem ativamente dos circuitos públicos de produção e de trocas comunicativas.

Ao longo de sua trajetória, originada nos anos 1990, a ACS vem concretizando esse propósito de fortalecer a comunicação dos grupos e, com isso, contribuir para que eles ampliem seu poder de articulação e o impacto de suas ações. Esse posicionamento da ACS, diretamente atrelado ao propósito da democratização da comunicação, foi ganhando solidez ao longo da história da iniciativa. As ações embrionárias dos anos 1990 e início dos anos 2000 eram mais pautadas por um olhar instrumental, advindo de um desejo de compartilhar os saberes que a AIC – que, como já indicamos, é a Organização da Sociedade Civil (OSC) realizadora da experiência – ia acumulando ao longo de sua história. O esforço voltava-se ao atendimento de demandas esparsas, apresentadas pelos grupos das comunidades, de apoio à produção de peças de comunicação e à formalização de seus projetos e entidades.

Conforme já apontamos no artigo de apresentação da iniciativa que integra o presente livro, foi só em 2006 que a AIC ganhou robustez institucional e pôde transformar o atendimento improvisado a demandas pontuais dos grupos comunitários em um projeto – que, então, passou a buscar modos de possibilitar que os coletivos atendidos se apropriassem (e recriassem) das lógicas, fazeres e instrumentos da comunicação organizacional. Quando passou a fomentar e a criar aportes para possibilitar tais apropriações, a ACS deixou de ser uma

---

interdependência entre os direitos humanos. Em consequência disso, é insuficiente respeitar alguns direitos humanos e outros não, e a violação de um direito fragiliza todos os demais. Na mesma perspectiva, a afirmação de um direito abre caminho para o fortalecimento de todos os outros.

ação pontual de atendimento a grupos e passou a se constituir numa ação com incidência efetiva na democratização da comunicação, dedicando-se a fazer da comunicação organizacional uma realidade possível para os grupos periféricos.

Desse modo, ao criar perspectivas de exercício do direito à comunicação pelos grupos que atuam no campo dos direitos humanos, e ao atuar pela visibilidade das causas que tais grupos defendem, a ACS promove a democratização da comunicação e, com isso, fortalece a mobilização social voltada ao enfrentamento a variadas violações de direitos e à defesa do direito à cidadania.

Diálogo e vínculo

Nascida de práticas monológicas – ações de receber e atender demandas, sendo a comunicação reduzida a peças de comunicação –, a ACS foi criando aos poucos condições para se configurar como um campo de práticas dialógicas. O diálogo, nos termos de Paulo Freire, diz respeito à relação humana em que há interação e partilha de mundos diferentes a partir da abertura ao outro e do propósito de, na interação, construir um mundo em comum.[4]

Em 2011, a ACS sistematizou uma metodologia cujo propósito era – e é até os dias atuais – possibilitar uma parceria dialógica entre a equipe da AIC e os grupos atendidos no planejamento e na implementação da comunicação organizacional de tais grupos. Trata-se de uma metodologia calcada na experiência da AIC, nos princípios dos estudos do Mobiliza UFMG e em ferramentas de facilitação de diálogos constituídas por elementos visuais dinâmicos, largamente utilizadas em processos de Diagnóstico Rural Participativo (DRP) desde a segunda metade do século XX.[5]

Naqueles idos do início dos anos 2010, portanto, a ACS realizou três importantes incrementos qualitativos: 1) construiu um olhar mais

---

[4] Cf. verbete Diálogo/Dialogicidade do *Dicionário Paulo Freire* (STRECK; REDIN; ZITKOSKI, 2008). O verbete é de autoria de Jaime José Zitkoski.

[5] Sobre as ferramentas de diálogo e DRP, ver artigo de apresentação da ACS que integra o presente livro.

complexo à comunicação dos grupos, incorporando a dimensão do planejamento de tal comunicação; 2) com isso, criou a possibilidade de construção de uma reflexão mais complexa sobre as interações comunicativas dos grupos – reflexão esta que passou a ser organizadora e integradora das práticas e produções comunicativas; e 3) criou aportes metodológicos para que todos os processos empreendidos tivessem uma base dialógica.

É importante destacar que o processo de planejamento da comunicação dos coletivos passou a ser realizado a partir do mapeamento de públicos estratégicos e da análise dos vínculos de cada um dos públicos com o coletivo e com a causa de interesse público que ele defende. Esse mapeamento e essa análise são a base para a construção coletiva e colaborativa de propostas de ações de comunicação dirigida, cujo objetivo é fortalecer os vínculos entre coletivo e públicos.

A construção e o fortalecimento de vínculos ganham centralidade. Afinal, conforme bem lembra Henriques (2013, p. 31), os grandes desafios da comunicação para a mobilização social são "garantir que os sujeitos se vinculem" – entre si e com a causa – e fomentar a ampliação dos vínculos dos sujeitos à causa.

A ACS entende, por fim, que comunicação é sinônimo de interagir e tecer conversações. Sendo assim, é possível criar perspectivas para que ela seja acessível e possível para os grupos populares, de modo a fortalecer tais grupos, as causas que promovem e o engajamento dos variados públicos a tais causas.

Ao compreenderem e se implicarem nessa lógica de diálogos e de construção de vínculos, os grupos compreendem a essência da ação estratégica em comunicação. O entendimento sobre a comunicação se expande, ela se populariza e se democratiza. Passa a ser possível aos grupos da ACS projetar suas lutas no espaço público, conquistar visibilidade e engajar sujeitos ao promover, no dia a dia, ações dirigidas a públicos específicos, tais como (só para mencionar alguns exemplos): realização de rodadas de conversa com parceiros estratégicos; desenvolvimento de campanhas voltadas a gerar corresponsabilidade dos moradores de determinada comunidade em relação a questões de interesse público; incidência junto à imprensa, fomentando que determinados temas sejam pautados. Tais práticas, articuladas em uma reflexão estratégica ampliada, fazem sentido e são factíveis no contexto de atuação cotidiana do grupo.

O papel coordenador da comunicação

Afirmamos acima que o propósito da ACS é possibilitar que os coletivos e entidades possam construir uma comunicação estratégica capaz de impulsionar o seu desenvolvimento. Também indicamos que essa agência singular tem seu trabalho pautado por uma forte preocupação em se afastar de certos entendimentos cristalizados e de certas práticas engessadas de comunicação organizacional.

A busca é por caminhos alternativos à orientação instrumental que se faz presente em grande parte dos manuais técnicos e no discurso das assessorias de comunicação: de modo geral, são prescritos aparatos de meios, conteúdos e atividades a serem realizadas pelas instituições para que se posicionem de forma adequada nos contextos de disputa de sentido[6] e para que alcancem, junto aos receptores, o melhor conceito possível,[7] uma imagem positiva.

> Relações eficazes entre grupos de indivíduos e organizações se fortalecem quando as imagens são positivas e o comportamento e a comunicação da empresa são capazes de criar mensagens cujos valores criem identidade e identificação com o receptor (SCHEID; MACHADO; PÉRSIGO, 2018, p. 72).

Para promover uma comunicação organizacional articulada de forma distinta dessa perspectiva prescritiva, a ACS, conforme já afirmamos, tem dirigido o olhar às interações e aos vínculos. Mas é importante destacar que essa abordagem não é apenas procedimental: não se trata só de uma mera troca da ênfase em produtos e instrumentos

---

[6] Segundo o *Dicionário da Comunicação Organizacional* (SHEID; MACHADO; PÉRSIGO, 2018, p. 32), a "comunicação estratégica é alicerçada na articulação de informações, de recursos e na previsão de cenários para a tomada de decisões", com vistas a incidir nos "modos como os emissores e os receptores constroem e disputam os efeitos de sentido na teia comunicacional".

[7] Segundo o *Dicionário da Comunicação Organizacional* (SHEID; MACHADO; PÉRSIGO, 2018, p. 36), o desafio é "elevar o conceito de uma organização a um patamar tão alto que dela não se duvide".

por uma ênfase em processos, interações e vínculos. Há uma dimensão epistemológica em jogo.

Identificamos, nas práticas tradicionais de comunicação organizacional, uma orientação calcada na fórmula que define comunicação como um processo linear de emissão, recepção e resposta, proposta por Lasswell no início do século passado. E, se a ACS tem como premissa a dialogicidade – a interação que faz emergir um mundo em comum –, caem por terra a cisão entre emissor e receptor e o entendimento da comunicação como emissão de mensagens. Cabe trazer Paulo Freire mais uma vez para a nossa discussão. Para ele, a comunicação verdadeira não é a transferência ou a transmissão do conhecimento de um emissor a um receptor, mas sim a coparticipação dos sujeitos nos atos imbricados de criar e de compreender a significação do significado.[8]

Consideramos oportuno aproximar essa acepção de Freire a postulações de Humberto Maturana (1999; 2001) acerca da comunicação. O biólogo chileno, que deu importantes contribuições à compreensão contemporânea do caráter interacional da produção da vida e da cognição, afirma que os seres vivos geram as condições de sua existência num fluxo de trocas ininterruptas com o meio. Nesse fluxo, os seres em interação se modificam mutuamente todo o tempo, de modo a operar em congruência com o seu entorno – o que é essencial à manutenção da vida.

Maturana (1999) aponta ainda que o fluxo recorrente das interações gera um sistema de orientações consensuais que coordena a ação dos seres envolvidos, possibilitando as modificações e adaptações recíprocas que fazem justamente com que o fluxo de interações possa seguir em curso. E esse sistema de orientações, no caso dos seres humanos, é embasado na linguagem – numa estrutura recursiva de descrições e conceitos –, e a comunicação, segundo ele, é a ação de coordenar esse sistema, que é fruto e base das interações recorrentes, de orientações para a ação recíproca.

Aplicando tais formulações de Maturana ao contexto que temos discutido, postulamos que a comunicação é a ação, empreendida pelas pessoas e coletividades, de coordenar, articular, organizar, as ações,

---

[8] Cf. verbete Comunicação do *Dicionário Paulo Freire* (STRECK; REDIN; ZITKOSKI, 2008).

Propósitos, princípios e desafios da Agência de Comunicação Solidária

reciprocamente coordenadas, dos sujeitos em interação. Em nosso entendimento, a atuação em comunicação organizacional coerente com essa matriz conceitual deve se basear na busca pela compreensão do contexto de cada interação. Na mesma direção, as práticas e as produções comunicativas devem ser entendidas como processos voltados a fomentar, articular, concatenar, organizar e fortalecer os fluxos das interações cotidianas. Nessa perspectiva, são inconcebíveis tanto a ideia de uma comunicação criada fora do domínio das interações dos sujeitos quanto a premissa de que comunicar seria transmitir algo.

Na prática, temos verificado, em inúmeras experiências da ACS, esse caráter articulador e organizador do fazer comunicativo. Os processos coletivos colaborativos de elaboração de produções e de ações em comunicação (a criação de uma identidade visual, o planejamento de uma campanha, um diagnóstico de comunicação, entre outros) são todos calcados numa lógica de criar ao mesmo tempo em que se problematiza o que se cria e em qual contexto. Isso acaba gerando uma problematização ampla, na qual a ação dos grupos é colocada em perspectiva. Desse modo, o foco do grupo, geralmente voltado exclusivamente a ações específicas e à busca por resultados imediatos – poderíamos dizer: o foco instrumental –, vai aos poucos se direcionando a uma busca por compreender, concatenar e coordenar melhor as ações do cotidiano – poderíamos dizer: o foco vai se dirigindo à coordenação e ao incremento da ação cotidiana dos sujeitos.

Assim, ao tratarem de sua comunicação na perspectiva proposta pela ACS, os coletivos acabam percebendo e buscando soluções para uma variedade de questões, como os modelos de gestão, as relações de poder, as práticas administrativas, os processos de mobilização de recursos, os arranjos institucionais e burocráticos. Então, o trabalho com a comunicação acaba tendo uma incidência em problemas de ordem variada: cumpre o papel de coordenar e articular a ação cotidiana, de organizar o trabalho, de abrir caminhos. Comunicação é, assim, um recurso vital para grupos e entidades compreenderem seu contexto e, assim, transformá-lo.

Então, a oportunidade de construir uma reflexão aprofundada sobre a comunicação é também a chance de pensar sobre diversas coisas que, na correria do dia a dia, acabam não sendo objeto de problematização, e para que enunciados até então tácitos sejam revistos, sistematizados e formalizados, para que ideias e percepções sejam colocadas em cheque e consensos possam ser construídos. Ao vivenciar esses processos, os grupos se dão conta de que a comunicação é muito mais do que veículos, tais como cartazes, murais e vídeos. Ao percebê-la como um campo de interações e de tessitura de vínculos, os coletivos percebem também que a comunicação está muito mais próxima de seu cotidiano do que antes imaginavam.

O papel educativo da colaboração

Todos os processos da ACS são colaborativos. Adotar a colaboração como princípio de trabalho é um fundamento ético e, ainda, uma aposta educativa. A colaboração, como já discutimos no artigo anterior, envolve a implicação conjunta dos sujeitos em cada escolha feita e vai muito além da ideia de "cada um fazer a sua parte" para o alcance de um objetivo em comum. Envolve abertura ao diferente, escuta, troca, aprender e ensinar ao longo do processo, criar algo que vai além da soma de contribuições individuais – algo novo que nasce da mescla, da mistura.

Uma das vantagens de um processo colaborativo é o fato de reunir sujeitos diversos em uma situação de interação, ao longo da criação conjunta de algo. O processo exige que decisões sejam tomadas, que consensos sejam construídos. A deliberação desencadeada impele os participantes a reavaliar os próprios pontos de vista à luz do olhar dos outros e das novas perspectivas que lhes são apresentadas, o que proporciona um ganho em termos da diversidade de ideias e visões.

Por todos esses motivos, quando iniciamos um processo colaborativo na ACS solicitamos que um bom número de participantes participe do processo e também pedimos que seja feito um esforço para que gestores, funcionários e beneficiados participem. Afinal, é muito importante diversificar os lugares de fala. Quando há essa diversidade, diferentes visões são colocadas em discussão, conflitos emergem, são buscados caminhos para que eles sejam resolvidos em conjunto, instaurando negociações para a construção de consensos. Esse processo gera importantes lições sobre a abertura ao outro, a lida com a diversidade, a importância da escuta, o caráter crucial e a efetiva possibilidade de construir processos de deliberação mais democráticos no dia a dia do grupo ou entidade.

Planejamento colaborativo e valores emancipatórios

Planejar é uma função contínua e dinâmica que funciona como eixo estruturante de uma organização – seja ela uma casa, uma escola primária, um movimento de luta por moradia ou um grande conglomerado. Essa função pode ser encarada como um processo estritamente gerencial, em que poucos definem diretrizes a serem obrigatoriamente seguidas por muitos. Mas é possível e necessário pensá-la numa perspectiva dialógica e colaborativa – e é essa a reflexão que propomos na presente seção deste artigo.

A visão de planejamento como uma prática autoritária, orientada pelos interesses de poucos está ligada ao modo de operação de instituições muito verticalizadas, em que as tarefas primárias do planejamento estratégico são a ampliação dos ganhos e a competitividade. Nesse contexto, a função do planejamento estratégico se concentra no núcleo gestor e conta com pouca contribuição dos membros das esferas de base. Em tais casos, é possível observar que a possibilidade de intervenção no desenho das decisões é inversamente proporcional à quantidade e à diversidade de empregados.

Mas em um grupo organizado com a finalidade primária de contribuir para a transformação de uma realidade social, em que os sujeitos são convocados a se envolver com base em crenças e afetações pessoais com relação a essa realidade, a ação de planejar assume contornos totalmente distintos. Desde o momento inicial de mobilização e agrupamento dos interessados, entra em perspectiva a autogestão – sobretudo como apelo da própria convocação dos sujeitos à participação.

Vale tecermos breves considerações em torno de nosso entendimento do termo autogestão, dado o seu caráter polissêmico. Rigo (2014, p. 21) indica que, ainda que sejam muito diversificados os significados atribuídos a essa palavra, no contexto das organizações coletivas ela se associa "à busca e à configuração de processos ou modos organizacionais justos e democráticos", nos quais os membros da instituição possam se engajar nos processos de tomada de decisão, nas atividades e nos controles organizacionais.

A autora observa ainda que "a autogestão possui um caráter multidimensional: social, político, econômico e técnico. Ela marca a distância das relações de subordinação" (RIGO, 2014, p. 23) e, ao possibilitar a participação direta dos envolvidos, rompe com os modos de estruturação do poder baseados na heterogestão – como os geralmente adotados pelas empresas capitalistas. Nesse sentido, é um conceito que vai além da ideia de processos decisórios exercidos pelos membros da organização: "[...] a prática autogestionária, em sua essência, representa a construção cotidiana da autonomia dos associados, rompendo com qualquer prática autoritária" (RIGO, 2014, p. 23).

O conceito se alinha ao de gestão participativa, que Maria Suzana Moura define como o processo no qual atores diversos compartilham decisões e ações no processo de cocriação e/ou implementação de políticas, programas e projetos coletivos. E este processo se constitui num "campo de aprendizagem e de prática de valores emancipatórios (solidariedade, cooperação, justiça, respeito à diferença, democracia e zelo com a vida)" (MOURA, 2014, p. 75).

É importante destacar, contudo, que há muitas nuances entre a heterogestão e a autogestão; do mesmo modo, não há uma maneira única de construir o planejamento colaborativo. Planejamento colaborativo é planejamento. Portanto, é pautado pelas políticas, pelas filosofias e pelas realidades nas quais estão inseridos os grupos organizados em torno de causas sociais. Assim, os processos usuais de planejamento podem ser mais ou menos horizontais, a depender da natureza e da dimensão de cada organização.

Atuando junto a um conjunto diverso de grupos e organizações – de coletivos informais a entidades antigas e tradicionais –, a ACS, evidentemente, respeita e dialoga com as diferentes configurações institucionais ao propor processos de planejamento colaborativo. No entanto, cabe destacar que há o propósito de que tais processos sejam democráticos – ou seja, abertos à participação de todos os públicos concernidos. Por isso, a ACS propõe, nos processos de planejamento – seja da comunicação, seja de estratégias de mobilização de recursos e de desenvolvimento institucional – que empreende, que a diversidade de públicos que constituem o grupo ou entidade se implique na ação de planejar.

Além da diversidade de sujeitos envolvidos, propõe também uma lógica participativa – indica que o ideal é que o processo seja aberto a todos; que todo mundo possa participar, cada um do seu jeito – e calcada em colaborações, em interações, trocas, na construção de entendimentos em comum a partir de diferentes modos de olhar para as questões.

Planejamento colaborativo e coletivização

A ACS, conforme indica o detalhamento da metodologia apresentado no artigo anterior, promove, junto aos grupos atendidos, processos participativos e colaborativos de planejamento da comunicação. Planejar a comunicação, na perspectiva proposta, é uma prática gradual e ruminante de autorreconhecimento, de percepção, problematização e formulação coletiva de um conhecimento sobre si (causa mobilizadora, contexto de atuação, objetivos, públicos com os quais se dialoga, situação dos diálogos em curso) e de reconhecimento, pelos sujeitos que constituem o grupo, desse conhecimento como alicerce para o seu engajamento e para a sua ação.

Desse modo, a coletivização – o processo de engajar um corpo coletivo na construção das compreensões e dos fazeres que constituem a mobilização social – é uma dimensão central dos processos empreendidos de planejamento da comunicação. A experiência da ACS indica que essa centralidade é bastante oportuna, posto que é comum nos depararmos com organizações em que – ora pelos desafios que se colocam para elas, ora pela diversidade de acúmulos e repertórios dos sujeitos, ora pelas dissonâncias – se acaba por levar à concentração dos processos de desenho de objetivos e de boa parte da gestão executiva em uma única ou em poucas figuras. Encontramos essas figuras, em geral, sobrecarregadas e perdidas em relação à dimensão estratégica da organização – é difícil estabelecer e seguir prioridades, uma vez que atuam sempre para "apagar incêndios". Mas o desejo de que outros sujeitos se corresponsabilizem é constante, e há uma profunda compreensão da importância de que novos públicos se aproximem cada vez mais da causa. O que geralmente falta é estruturar, de maneira compartilhada e corresponsável, o caminho que transforma esse desejo em prática.

Destacamos que, em nosso entendimento, o planejamento da comunicação calcado numa lógica colaborativa favorece a coletivização em duas dimensões. A primeira dimensão é a do processo de construção do planejamento, que é uma ação em si, a partir da qual se faz possível identificar e aproveitar forças que de alguma maneira já tenderiam a se mobilizar, além de traçar caminhos para torná-las mais criativas e produtivas, gerando um sentido comum para a mobilização capaz de orientar a ação das pessoas. A outra dimensão é a das ações planejadas: a realização de ações que potencializem participação, colaboração e engajamento leva à maior corresponsabilidade e ao reforço dos vínculos – no próprio grupo e deste com outros grupos, públicos e instituições.

A concentração da responsabilidade pelo planejamento e pela gestão em um grupo reduzido de pessoas, bem como a forte demanda por mudar essa lógica, investindo em processos de coletivização, foram questões muito recorrentes nas primeiras conversas que a equipe da ACS teve com o grupo de criadores do Angola Janga, um bloco afro de axé dedicado ao empoderamento negro. Atualmente, ele está entre os blocos que reúnem o maior número de foliões durante o carnaval belo-horizontino. Em 2016, primeiro ano do bloco na rua, quase dez mil pessoas acompanharam o carro do Angola Janga. Em 2017, ano em que o grupo passou pelo processo de planejamento colaborativo da comunicação da ACS, o número já havia dobrado e sinalizava uma forte tendência de expansão, que se confirmaria nos anos seguintes: nos carnavais de 2018, 2019 e 2020, o bloco levou para as ruas de BH uma multidão de mais de cem mil pessoas.

No ano em que o planejamento foi construído, o bloco já havia se tornado muito maior do que seus criadores haviam sonhado e seguia em expansão. Também era vasto seu leque de atividades: oficinas gratuitas musicais e de dança, tratando de temas relevantes como negritude, feminismo negro, diversidade sexual e de gênero, afroempreendedorismo e afrocentricidade, ações educativas e de fomento ao empreendedorismo de pessoas negras.

O grupo gestor do bloco associava os enormes sucesso e crescimento à projeção pública de seu mote – Angola Janga, expressão da língua quimbundo que significa "pequena Angola" e era o nome pelo qual o Quilombo dos Palmares era conhecido por seus integrantes. Esta é uma expressão, portanto, que se associa a um dos mais importantes símbolos de resistência dos povos negros à escravidão e à opressão na história do Brasil. O bloco Angola Janga promove a resistência negra no Carnaval de BH por meio de um intenso comprometimento em representar essa população em todos os elementos de suas performances e em todas as temáticas de seus desfiles, bem como em estabelecer um lugar significativo e seguro na rua, no centro da cidade, para os foliões negros.

Naquele ano de 2017, o bloco contava com uma equipe de coordenação, uma banda e um corpo de baile como públicos estruturantes. A visibilidade cresceu, as relações institucionais e as formalidades necessárias para fazer o Carnaval acontecer se ampliaram, assim como as demandas dos mais variados tipos – sejam resoluções de conflitos entre os membros e situações que requeriam a intervenção da coordenação, sejam participações em mesas redondas ou em eventos de naturezas diversas, ou ainda a construção de novas parcerias.

Os fundadores desejavam expandir e fortalecer as ações formativas, um diferencial do bloco capaz de mantê-lo bem alinhado à causa, além de tornar os fluxos de comunicação com os diversos públicos mais organizados e eficientes. Mas a expansão do bloco também havia significado a expansão de ruídos e contradições relacionados à sua visibilidade. O pequeno grupo de coordenadores via-se em meio a um turbilhão, perdidos em relação ao que priorizar. Sentiam-se em condição apenas de apagar grandes incêndios entre os públicos estruturantes e de atender apenas uma parte das demandas que chegavam.

Já no primeiro encontro, em que conversamos e levantamos informações sobre a natureza e o histórico do grupo, foi possível perceber que, a despeito da vocação formativa do bloco, os membros mais antigos pressupunham que havia uma apropriação natural das causas mobilizadoras pelas pessoas jovens das equipes. Contudo, ao longo das etapas do diagnóstico, os próprios coordenadores perceberam que essa suposição era irreal. Perceberam também um caráter personalista na concepção dos objetivos e do projeto mobilizador do Angola Janga. Identificaram, ainda, que a própria coordenação não tinha um alinhamento sobre o papel a ser desempenhado pelo bloco na construção das causas que o animavam, apesar dos acúmulos riquíssimos e dos repertórios que cada um trazia consigo.

Tais constatações levaram os coordenadores a uma reflexão sobre o papel do bloco e sobre a necessidade de promover diálogos para a construção coletiva de um entendimento sobre tal papel, bem como para a definição de ações estratégicas para gerar uma visibilidade mais coesa e potente para o bloco, além de criar entendimentos consensuais internos em relação às diretrizes e às ações das equipes, reduzindo as dissonâncias entre os membros.

Tal definição acabou sendo a base para um processo de convocar um número maior de membros à corresponsabilidade nos âmbitos do planejamento e da gestão, de modo a promover uma descentralização na tomada de decisões, a diminuir a carga excessiva de atividades assumida pela equipe coordenadora e, assim, dar aos integrantes do Angola Janga o fôlego necessário para a ampliação de sua atuação formativa e para a construção de caminhos para incrementar a comunicação com os diversos públicos. O exercício de planejar possibilitou ao grupo compreender o alinhavo entre o reconhecimento de si, a coletivização e o incremento da estratégia.

Este alinhavo envolveu, ainda, a identificação dos públicos estratégicos e a construção de táticas para acessá-los e convocá-los à ação. Um dos resultados desses processos foi a compreensão, pelos integrantes, de um princípio: se o grupo se propõe a uma interferência na realidade para gerar transformações que são de interesse público, não é possível elaborar soluções para os problemas relacionados ao contexto em que se pretende incidir sem conversar adequadamente com cada público, fomentando e fortalecendo a vinculação deles com a causa.

Nas experiências de planejamento da comunicação realizadas na década passada, outro aspecto muito fortemente evidenciado foi a escassa compreensão, pelos grupos, da amplitude e da diversidade de públicos em sua órbita de interações. Frequentemente, durante os exercícios de mapeamento de públicos e de análise dos vínculos, ao se darem conta desse universo tão rico e pouco explorado de possibilidades de ampliar exponencialmente a coletivização da causa e suas perspectivas de atuação, era como se, de repente, "luzes se acendessem" diante deles e um novo caminho de compreensão e ação se abrisse.

Propósitos, princípios e desafios da Agência de Comunicação Solidária

Há sempre diversas pistas que a experiência vai apontando, mas a reflexão intencional e coletiva sobre o que se faz, o que se busca e as estratégias possíveis pode gerar importantes incrementos à ação concreta dos grupos. Os métodos de planejamento participativo e colaborativo da comunicação são convites a essa construção coletiva de conhecimentos significativos sobre a iniciativa, abrindo caminhos para que mais pessoas se engajem, de forma mais significativa, na construção de reinvenções possíveis dos fazeres cotidianos.

Foi assim com a Laço – Associação de Apoio Social, que desde o início dos anos 2000 promove o atendimento psicossocial gratuito a pessoas em situação de vulnerabilidade, com foco especial nos moradores do Aglomerado da Serra, que é um dos maiores conjuntos de vilas e favelas de Belo Horizonte (a organização fica bem próxima a tal aglomerado).

A ACS promoveu um processo de planejamento colaborativo com a Laço em 2016. Ao final da ação de mapeamento de públicos, a fundadora e diretora da Laço olhou para o mapa na parede e exclamou, surpresa: "Nossa! Então essa é a cara que a gente tem!". A iniciativa já tinha excelentes capilaridade e aceitação na comunidade, havia recebido muito reconhecimento e várias premiações dentro e fora do Brasil, era objeto de estudos de escolas de Psicologia e Psiquiatria, mas tinha uma ação reativa às demandas que apareciam. A equipe não percebia a amplitude do impacto que promovia na realidade do Aglomerado, de Belo Horizonte e mesmo dos campos de estudo com os quais dialogavam. Além disso, havia uma demanda contínua por ampliação das vagas de atendimento, mas para isso faltavam recursos físicos e humanos.

As estratégias para lidar com tais pontos problemáticos começaram a surgir já naquele momento da exclamação da diretora e da descoberta do número expressivo de públicos e da forte vinculação com boa parte deles. Aqueles que estavam sempre ali no dia a dia da Laço – profissionais, atendidos e os familiares dos atendidos – mantinham um forte vínculo de corresponsabilidade com a instituição e seu espaço. Uma vez percebidas essas potencialidades, durante o planejamento foram concebidas campanhas colaborativas e eventos para assinalar, valorizar, celebrar e fortalecer ainda mais os vínculos. Também foram pensados modos de acionar as redes para mobilizar recursos e aproximar outros públicos da associação.

Por fim, foram traçados processos mais estruturados e dinâmicos para consolidar a Laço como uma grande instituição formadora na área de saúde mental (como um amplo espaço de estágio e de residência clínica), uma vez que foi constatado que o trabalho na Laço era percebido, por residentes de Psiquiatria e estudantes de Psicologia, como uma oportunidade formativa ímpar. Ao se consolidar como essa referência, a entidade criava, assim, as bases para ampliar sua equipe e, em consequência, para ter uma capacidade maior e mais estruturada de resposta à sempre intensa demanda por atendimento.

Planejamento é, portanto, uma ação concreta capaz de reconfigurar os modos como as pessoas se movimentam pela construção da causa mobilizadora; é uma ação capaz de impulsionar a coletivização. Planejar de forma coletiva e colaborativa engaja as pessoas, que têm a oportunidade de experimentar a corresponsabilidade na prática. Assim, cria-se condições para que mais pessoas se vinculem – e de forma mais intensa – com os fazeres imbricados de pensar e construir a mobilização social.

Estratégia: do alvo à bússola

Na experiência da ACS, durante atendimentos prestados a grupos, coletivos e movimentos que atuam no campo da promoção da cidadania, a palavra estratégia, atualmente usada à exaustão em áreas como administração e marketing, também é invocada com frequência. É importante, contudo, fazer uma distinção entre os sentidos atribuídos ao termo no âmbito da ação de empresas e governos e os que fazem sentido no contexto específico dos coletivos, instituições e redes da sociedade civil.

Estratégia é uma palavra cuja aplicação usual, nos campos da administração e da comunicação organizacional, faz uma relação direta entre o ambiente das organizações e o campo de batalha. "A necessidade da estratégia está ligada à existência de competição, seja uma guerra, seja a conquista de um mercado", afirmam Carvalho e Laurindo (2010, p. 18). Desse modo, conforme destaca Porter (1998, p. 11), "a essência da formulação estratégica é lidar com a competição". Nesse contexto, a construção da estratégia pelas corporações considera os públicos com os quais dialoga, mas é fortemente influenciada pelas corporações com as quais compete.

Em um apanhado da história e das acepções do termo, Camargos e Dias (2003) indicam que sua origem remonta à Grécia Antiga e é associada a uma habilidosa construção, feita pelo general, da melhor configuração das forças de um exército para chegar à vitória, o que alude "ao fato de que, em algum ponto da história militar, o comandante da ação passou a se afastar da linha de frente para poder ter uma visão de conjunto das batalhas, em vez de se envolver diretamente na ação e ter sua visão reduzida a pequeno campo" (BETHLEM, 1981, p. 9 *apud* CAMARGOS; DIAS, 2003, p. 28).

Os mesmos autores informam que, entendida inicialmente como a ação de comandar ou conduzir os esforços de guerra, o conceito, ao longo da história, foi sendo incorporado a outros campos, como as arenas da política e da economia, além de ao contexto empresarial. Mas, em todos os seus usos, manteve sua raiz semântica, que se associa à ideia de determinar diretrizes e estabelecer um curso de ações para atingir um determinado objetivo num contexto competitivo.

Pensar e propor ações estratégicas no contexto da mobilização social pela cidadania exige a busca de outros sentidos para a palavra — que, em linhas gerais, como vimos, costuma designar um ato, conduzido por um agente externo, de guiar uma força de ataque até um alvo.

No contexto da ação cívica, ainda que não caibam maniqueísmos e um olhar ingênuo que negue as situações de competição, essa metáfora não se aplica principalmente porque as forças que se mobilizam em torno de uma causa de interesse público, bem como as forças que se opõem a tal causa, não são pré-definidas *a priori*, como no tabuleiro de guerra de dois exércitos posicionados num campo de batalha por forças externas a eles. Não há agente externo, alvo estanque nem caminho linear até o alvo. Até mesmo a causa, coração da mobilização social, é um entendimento coletivo sempre em construção.

Desse modo, é preciso buscar outras possibilidades de olhar para a palavra estratégia. Mantendo o caminho da metáfora, talvez a imagem da bússola faça mais sentido. A bússola é um instrumento de localização no espaço que permite a quem a usa se localizar e se orientar no espaço geográfico. Conforme explica a professora de Geografia

Paloma Guitarrara, tal instrumento tem uma agulha magnetizada que aponta sempre para o norte, e, a partir dessa informação, faz-se possível identificar a posição dos demais pontos de referência. Dessa forma, arremata a professora, "a leitura da bússola permite não somente realizar deslocamentos de um ponto A até um ponto B, mas também conhecer a posição de determinado objeto, local ou pessoa com relação a um referencial" (GUITARRARA, 2021, [s.p.]).

Propomos então, para o campo em que a ACS se inscreve, o entendimento da estratégia como uma referência orientadora da atuação de cada grupo, tendo em vista a construção da causa de interesse público pela qual ele atua e o fortalecimento do vínculo com os públicos com os quais ele se relaciona. É importante destacar que essa referência orientadora é alicerçada numa compreensão – coletiva, processual, dinâmica – do horizonte de possibilidades e de desafios do contexto de mobilização social do grupo.

Na ACS, o plano de ação construído com cada grupo é essa referência orientadora da atuação. É um documento que reúne proposições de ação que dizem respeito à compreensão do contexto de relacionamentos e vínculos identificado pelo grupo mobilizado. Tal documento, é importante ressaltar, é fruto do reconhecimento de si construído pelo grupo ao longo do processo inicial de diagnóstico, mas que também se constitui numa projeção: o que o coletivo estabelece como metas e ações possíveis para o incremento dos vínculos com os públicos com os quais se relaciona.

O horizonte médio de tempo para esse documento, constituído por proposições de ação, é de dois anos, e a ideia é a de rever todo o processo, do diagnóstico à concepção do plano, após esse tempo, ou mesmo antes, caso o grupo detecte mudanças bruscas em seu contexto de atuação e de relações.

O plano tem ações de curto, médio e longo prazos. Ao concebê-las, os integrantes do grupo fazem uma reflexão ampliada, que não é atrelada apenas às demandas emergenciais e/ou do momento. Com isso, o processo de ampliação do olhar iniciado no mapeamento de públicos se consolida. Isso impacta não apenas o conjunto de ações pensadas e organizadas no plano, mas também a relação dos membros do coletivo com o seu próprio fazer.

Propósitos, princípios e desafios da Agência de Comunicação Solidária

Ao apurar o olhar em relação ao contexto e às possibilidades de incidir nele, as pessoas envolvidas no processo criam um nexo cognitivo com o que há de mais importante na causa, e que não é da ordem da atuação imediata, voltada apenas para "apagar os incêndios" do cotidiano: a visão de futuro, os ideais e valores, o horizonte ético. Esse salto cognitivo cria as bases para a corresponsabilidade, a coesão e a continuidade – pilares da mobilização social, conforme destaca Márcio Simeone Henriques; assim, "a ação corresponsável tende a emergir quando transcende as ações pontuais e se insere em quadros simbólicos, valorativos, que reforçam a coesão e tendem a promover uma continuidade das mesmas ações" (Henriques, 2013, p. 32).

Público sem alvo

O entendimento da ação estratégica como uma ação que acontece num contexto dinâmico de movimentação dos públicos em determinado contexto de mobilização social é desafiante no trabalho da ACS. O primeiro desafio é exatamente desconstruir a relação quase automática que geralmente se faz entre as palavras público e alvo.

Muitas vezes, durante os atendimentos na ACS, os públicos são inicialmente vistos pelos componentes dos grupos como elementos estáticos. Quando nós, mediadoras dos processos, trazemos o termo "públicos" para a mesa de debate, quase como num passe de mágica, a palavra "alvo" surge do lado de lá. Mas a compreensão dos conjuntos de atores que interagem com os grupos como agentes, ao invés de receptores cristalizados, se faz possível quando perguntamos: "Mas como é a relação com eles?". "Ah, é boa" provavelmente é a resposta universal quando, ao iniciar o mapeamento dos públicos, conversamos sobre o primeiro público. Mas é a partir da qualificação da descrição de "boa", "ruim" ou "normal" que partimos juntos para um entendimento mais complexo de cada relacionamento. Esse é o exercício basilar da construção dos diagnósticos e dos planos de ações.

Compreender as dinâmicas de construção dos vínculos com os públicos e estruturar um agir com base nessa compreensão é, em suma, o trajeto percorrido no trabalho que vai do diagnóstico ao plano de ações. Esse entendimento foi muito bem traduzido por uma liderança comunitária que presidia uma ONG no Vale do Jequitinhonha. Ao recomendar os serviços prestados pela ACS para uma conterrânea, ela disse que nós não fazíamos só ações de comunicação, mas propiciávamos uma espécie de "terapia do grupo", na qual cada relação construída pela/na entidade era problematizada.

Nesse exercício de problematização das relações tecidas, são identificadas questões específicas de relacionamento com determinados públicos. Mas o essencial é que, ao olhar para esse "miúdo" das relações, questões transversais vão sendo identificadas e, com isso, vai sendo construído um pensamento mais abrangente, que diz respeito a um entendimento ampliado do contexto em que se atua.

Emerge, assim, uma característica que consideramos essencial à estratégia: o olhar sobre o todo, entendendo que ele não é só uma junção de variadas partes, mas um complexo emaranhado de elementos interconectados e que se afetam mutuamente. Mas o olhar sobre o todo, aqui, não é o olhar do agente externo, abstraído da ação, como ocorre na estratégia em sua acepção tradicional. É o olhar encarnado dos sujeitos em ação e interação.

Há que se destacar, ainda, um elemento essencial do plano de ações construído com cada grupo: os eixos de atuação estratégica, que são proposições orientadoras, de caráter transversal, de ações de fortalecimento dos vínculos com os públicos. Tais eixos dizem respeito a questões abrangentes: sintetizam os grandes desafios e as principais oportunidades de incremento do relacionamento com o conjunto dos públicos. Para cada um dos eixos, são definidas ações de curto, médio e longo prazos, bem como ações direcionadas a cada público e a conjuntos de públicos.

Há um nexo importante, portanto, entre a reflexão referente à concretude de cada vínculo e a reflexão acerca do contexto como um todo. No caso da ACS, o nexo é construído a partir do diagnóstico, quando a relação específica com cada público é discutida. À medida que a construção do mapeamento de públicos avança, a discussão vai ganhando maior complexidade: questões transversais vão surgindo na reflexão dos participantes. Na etapa seguinte, de elaboração do plano de ações, as questões transversais são sistematizadas e organizadas. No plano, acontece também uma retomada do direcionamento do foco ao vínculo com cada público, no momento de construção das ações específicas – mas elas, nesse estágio, já são consideradas em articulação com o todo.

Para exemplificar essa lógica de construção, podemos citar um atendimento feito à Vokuim, organização que atua no município de Rubim, Minas Gerais, na promoção da cidadania de crianças e adolescentes por meio da realização de atividades artísticas, culturais e educacionais. No caso da Vokuim, foram identificados quatro grandes eixos de ação a partir de reflexões acerca dos desafios do grupo naquele momento e de sua visão de futuro, sendo eles: 1) Ser conhecido, compreendido e reconhecido localmente; 2) Ampliar a rede de financiadores; 3) Fortalecer o pertencimento de quem está "dentro de casa"; 4) Fortalecer as articulações com a sociedade civil e a incidência política.

Os eixos citados apontam de forma clara a necessidade de, ao elaborar um diagnóstico e um planejamento em comunicação, pensar estratégia global e ação específica de modo encadeado. Ser conhecido, compreendido e reconhecido localmente era o ponto principal da estratégia elaborada. Isso porque, ao mapear os públicos do município de Rubim, notamos – nós da AIC e os colaboradores da ONG – que, mesmo ela atuando na cidade há décadas, muitos moradores não sabiam bem no que se baseava sua atuação ou por que, por exemplo, era importante para o desenvolvimento da cidade que crianças e adolescentes fizessem parte de uma banda.

Variadas ações, relacionadas aos públicos identificados no diagnóstico, foram pensadas para tal eixo: a sinalização da antiga casa que sedia a Vokuim, a realização de reuniões com as diretoras das escolas e a criação de uma identidade visual e de falas institucionais nas apresentações da Banda Jovem Idelbrando Santana, um xodó da cidade.

O segundo eixo, que visava ampliar a rede de financiadores de modo a viabilizar a sustentabilidade e a ampliação das atividades da Vokuim, não poderia acontecer sem a execução das ações do primeiro eixo. Como bem disse um dos voluntários durante os últimos encontros de planejamento: "[...] se ninguém da cidade botar fé na gente, por que os comerciantes vão querer nos patrocinar?". Esse entendimento complexo sobre os impactos que as relações com determinados públicos têm nos outros vínculos da organização foi essencial para a proposição das ações de sensibilização e engajamento dos comerciantes da cidade.

Do mesmo modo, o processo como um todo dependia de uma ação coesa da equipe (eixo 3), e uma série de ações cotidianas foi pensada para tal fim. A articulação em rede e a incidência no âmbito da construção de políticas públicas (eixo 4), meta para a qual todos os eixos anteriores convergiam, também teve sua concretização pensada a partir de cada contexto relacional da Vokuim.

O pensamento encadeado entre contexto específico/estratégia global/contexto específico, concatenado à estratégia global, leva a uma percepção mais sólida em relação ao que é mais importante fazer tendo em vista os recursos de que se dispõe. Acreditamos que, com isso, são criadas as bases para uma ação de comunicação estratégica possível – significativa e factível para quem a constrói e aplicável ao contexto cotidiano de cada grupo.

Referências

CALDEIRA, Jessica A. *Condições de publicidade em processos de* accountability: *uma análise a partir da Comforça de Venda Nova*. 124 f. 2017. Dissertação (Mestrado em Comunicação Social) – Programa de Pós-Graduação em Comunicação Social, Faculdade de Filosofia e Ciências Humanas, Universidade Federal de Minas Gerais, Belo Horizonte, 2017.

CAMARGOS, Marcos Antônio; DIAS, Alexandre Teixeira. Estratégia, administração estratégica e estratégia corporativa: uma síntese teórica. *Caderno de Pesquisas em Administração*, São Paulo, v. 10, n. 1, p. 27-39, jan.-mar. 2003.

CARVALHO, Marly Monteiro de; LAURINDO, Fernando José Barbin. *Estratégia competitiva: dos conceitos à implementação*. 2. ed. São Paulo: Atlas, 2010.

GUITARRARA, Paloma. Bússola. *Brasil Escola*, [s.d.]. Disponível em: <https://bit.ly/3uoIKJO>. Acesso em: 2 out. 2021.

HENRIQUES, Márcio Simeone (Org.). *Comunicação e estratégias de mobilização social*. 2. ed. Belo Horizonte: Autêntica, 2004.

HENRIQUES, Márcio Simeone. *Comunicação e mobilização social na prática de polícia comunitária*. Belo Horizonte: Autêntica, 2010.

HENRIQUES, Márcio Simeone. A comunicação e a condição pública dos processos de mobilização social. *Revista Ação Midiática – Estudos em Comunicação, Sociedade e Cultura*, v. 2, n. 1, p. 1-12, 2012.

HENRIQUES, Márcio Simeone. A dinâmica da comunicação para a mobilização social nas práticas da extensão universitária. *Interfaces – Revista de Extensão da UFMG*, [s. l.], v. 1, n. 1, p. 24-34, 2013.

HENRIQUES, Márcio Simeone. As organizações e a vida incerta dos públicos. In: MARQUES, Ângela (Org.). *Comunicação organizacional: vertentes conceituais e metodológicas*. Belo Horizonte: PPGCOM UFMG, 2017. p. 119-129.

LIMA, Fábia; LIMA, Rafaela. Reflexões sobre o direito à comunicação: a experiência da Agência de Comunicação Solidária. In: MARQUES, Ângela Cristina Salgueiro; SILVA, Daniel Reis; LIMA, Fábia Pereira (Orgs.). *Comunicação e direitos humanos*. Belo Horizonte: PPGCOM/UFMG, 2019. p. 193-205.

MATURANA, Humberto. *Emoções e linguagem na educação e na política*. Belo Horizonte: Editora UFMG, 1999.

MATURANA, Humberto *et al. Cognição, ciência e vida cotidiana*. Belo Horizonte: Editora UFMG, 2001.

MOURA, Maria Suzana de Souza. Gestão participativa. In: BOULLOSA, Rosana de Freitas (Org.). *Dicionário para a formação em gestão social*. Salvador: CIAGS/UFBA, 2014. p. 74-76.

PORTER, M. E. Como as forças competitivas moldam a estratégia. In: MONTGOMERY, C. A.; PORTER, M. E. (Orgs.). *Estratégia: a busca da vantagem competitiva*. Rio de Janeiro: Campus, 1998. p. 11-27.

RIGO, Ariádne Scalfoni. Autogestão. In: BOULLOSA, Rosana de Freitas (Org.). *Dicionário para a formação em gestão social*. Salvador: CIAGS/UFBA, 2014. p. 21-23.

SCHEID, Daiane; MACHADO, Jones; PÉRSIGO, Patrícia Milano. *Estrato de verbetes: dicionário de comunicação organizacional*. Santa Maria: Facos-UFSM, 2018.

STRECK, Danilo; REDIN, Euclides; ZITKOSKI, Jaime (Orgs.). *Dicionário Paulo Freire*. Belo Horizonte: Autêntica, 2008.

CAPÍTULO XIII

Campanhas colaborativas da Agência de Comunicação Solidária: a comunicação estratégica em ação

Raissa Fernandes Faria
Isabelle Chagas

Para começo de conversa, é importante indicar que, no presente artigo, adotamos a concepção de campanha[1] de comunicação mais corriqueira da prática da comunicação organizacional: a que a associa a um conjunto de ações de comunicação, concebidas e desenvolvidas por uma organização ou por um coletivo, que são definidas, articuladas e coordenadas para o alcance de um objetivo específico de engajamento de públicos em relação a determinada questão, considerada estratégica para a atuação da organização ou do coletivo. Há uma dimensão temporal incorporada nesse conceito de campanha: ele indica uma temporária concentração de esforços de comunicação, combinada a uma focalização – à geração de pontos focais relacionados à causa defendida ou ao tema proposto que chamam a atenção dos públicos.

---

[1] Cabe mencionar que, assim como estratégia, campanha também é uma palavra relacionada ao contexto militar, no qual indica um conjunto de operações que integram determinada fase da ação de um exército num contexto de guerra. Mas vale destacar, também, que a etimologia da palavra remete ao latim *campus*, que significa uma área delimitada, cercada por elementos naturais (como arbustos) ou por cercas e muros. A palavra passou a ser usada no contexto militar em função de a guerra se desenvolver em campo aberto (o campo de batalha). No artigo, adotamos a acepção associada à palavra *campus* para indicar um conjunto delimitado de ações relacionadas a objetivos específicos de um processo de mobilização social.

Ressaltamos, contudo, nosso entendimento de que uma campanha de comunicação, ainda que possa se associar a uma demanda de comunicação específica e pungente, bem como a um recorte bem delimitado de tempo e de esforços, tem sua potência ampliada quando integra um contexto de atuação de comunicação de longo prazo, ancorada na própria causa (ou causas) do grupo que a realiza. Enfatizamos, ainda, que o próprio processo de construção colaborativa de uma campanha pode gerar importantes aportes para a ação estratégica,[2] estendida no tempo, do grupo – aspecto que discutiremos adiante.

O percurso que vai do diagnóstico ao planejamento de comunicação realizado pela Agência de Comunicação Solidária (ACS), como temos afirmado nos artigos anteriores, fomenta a construção de um olhar estratégico para a mobilização em torno de uma causa de interesse público, num processo profundo e desafiador para os coletivos e movimentos sociais envolvidos. A metodologia colaborativa desenvolvida pela ACS para tal planejamento tem, entre outros objetivos, o de possibilitar que o grupo construa o pensamento estratégico a partir da materialidade de cada atividade que integra o processo, de cada relacionamento problematizado. Desse modo, cria-se condições para que o planejamento não seja uma abstração separada da ação concreta, se torne palpável e incremente a experiência coletiva dos grupos.

Acreditamos que a construção colaborativa de uma campanha de comunicação também pode ser um espaço de emersão de um olhar estratégico em relação aos processos de mobilização social. Se, muitas vezes, o planejamento representa um desafio de abstração, as campanhas têm uma dimensão concreta que pode ser de grande valia para a construção de reflexões que conectem o contexto global e a dimensão de cada ação, bem como identifiquem articulações entre ações. E essa

---

[2] Adotamos aqui a concepção de estratégia defendida no artigo anterior: "[...] uma referência orientadora da atuação de cada grupo, tendo em vista a construção da causa de interesse público pela qual ele atua e o fortalecimento do vínculo com os públicos com os quais ele se relaciona. É importante destacar que essa referência orientadora é alicerçada numa compreensão – coletiva, processual, dinâmica – do horizonte de possibilidades e de desafios do contexto de mobilização social do grupo" (LIMA; XAVIER; VARGENS, 2022, p. 337).

mesma dimensão da concretude pode ser facilitadora de processos nos quais a busca é por articular e coordenar ideias e ações dispersas.

Mas como esse papel de coordenação e articulação se dá na prática? Imaginemos juntos o exemplo de um grupo de uma cidade do interior de Minas Gerais que trabalha fortalecendo a cultura popular local e assessorando comunidades tradicionais, mas também oferece aulas de informática e de capoeira, cursos profissionalizantes... e ainda tem como pauta a luta contra a violência doméstica.

Ao olhar para as práticas desse coletivo, à primeira vista muito dispersas, é possível imaginar o que essas ações têm em comum, para onde apontam, aonde almejam chegar. O coletivo tem como foco o desenvolvimento sociocultural e comunitário do território? Ou na verdade sua estratégia é voltada ao empoderamento e à emancipação feminina, sendo que todas as suas ações e ofertas têm esse como seu objetivo final? Fato é que, em muitas situações, o próprio coletivo não tem isso tão claro ou compartilhado coletivamente. Realizar os processos colaborativos de diagnóstico e planejamento de comunicação pode ser um divisor de águas para isso, como discutimos no artigo anterior.

Contudo, nem sempre os coletivos socioculturais estão no momento de organização interna ou de disponibilidade de tempo e/ou de recursos para empreender esse processo mais profundo e estruturado de planejamento. O que percebemos a partir de experiências da ACS é que, em situações assim, muitas vezes a experiência de idealizar, planejar e executar uma campanha do início ao fim pode ser um exercício de planejamento, focado num contexto específico, no qual o entendimento da causa de interesse público e do nexo entre as ações, a partir de tal causa, é trabalhado. Pode ser ainda um caminho para que o coletivo visualize e experiencie de maneira prática os retornos e a potência que uma ação comunicativa organizada, com objetivos claros e estratégias bem definidas pode alcançar.

Eleger e atuar frente a um desafio que seja profundamente compartilhado entre todos e compreendido como fundamental pode ser um bom pontapé inicial para ações mais amplas de planejamento da comunicação. Afinal, por meio de uma campanha, num período relativamente curto, o coletivo tem uma experiência intensa de construção de ações estratégicas.

Dessa forma, a realização de campanhas colaborativas junto a coletivos socioculturais exerce pelo menos dois papéis: a) pode ser a concretização de parte de um amplo planejamento feito anteriormente, integrando uma estratégia global já desenhada; b) pode ser a experimentação prática de uma ação estratégica específica – ou de ações estratégicas específicas – de comunicação. Trabalharemos aqui exemplos de experiências da Agência de Iniciativas Cidadãs (AIC) nessas duas situações: a campanha realizada como fruto de definições de um planejamento de comunicação prévio e a campanha que é uma ação pontual, mas que pode ter importantes impactos na organização do coletivo.

Mas, antes de adentrarmos esses dois exemplos, é importante compartilhar o percurso básico de construção do que, no âmbito da ACS, é chamado de campanha colaborativa. Destacamos que a esse percurso sempre são acrescentadas ferramentas de facilitação de diálogo e que as questões problematizadoras são adaptadas ao contexto específico de cada situação.

O percurso de construção de uma campanha colaborativa

Conforme já indicamos, compreendemos por campanha de comunicação um conjunto de ações comunicativas articuladas, realizadas em um intervalo de tempo determinado, voltadas a determinados públicos e orientadas por determinados objetivos estratégicos. Quando esse processo é realizado – desde sua idealização e concepção até sua execução – de forma compartilhada entre diversos sujeitos que integram os públicos em mobilização frente a uma causa em comum, consideramos que ele é uma campanha colaborativa.

Para facilitar a participação qualificada de todos os envolvidos no processo de idealização da campanha de forma que tenham espaço real para contribuir na construção a partir de seus repertórios, alguns aspectos são importantes. O primeiro deles é a premissa da escuta atenta. Uma estratégia muito utilizada na ACS nesse sentido é a de criar oportunidades para que as pessoas contribuam individualmente com as principais questões propostas, tendo tempo para reflexões particulares, mesmo num processo coletivo de criação.

Conversas em grupo, muitas vezes, não oferecem o tempo de ouvir o próprio pensamento, de pensar individualmente sobre a problematização em questão. Por isso, nos processos de criação conjunta, buscamos sempre oferecer esses espaços de reflexão individual, que são seguidos do compartilhamento em grupo das ideias e que culminam em um terceiro resultado, que não é a soma das ideias individuais, mas sim algo novo, criado pela e na troca.

Outro aspecto fundamental é a necessidade de criar espaços propícios ao aparecimento dos conflitos, do dissenso, da divergência. Uma referência importante nesse sentido é o "Diamante da Participação" proposto por Sam Kaner (2014). O esquema proposto pelo autor é um mapa que aponta três fases pelas quais uma conversação coletiva passa. Ele as chama de: 1) *divergent zone* (zona divergente); 2) *groan zone* (zona emergente); e 3) *convergent zone* (zona divergente).

Figura 1: Diamante da participação.
Fonte: Adaptado de Kaner (2014, p. 364).

O percurso das conversas coletivas geralmente tem uma etapa inicial de ampla divergência, momento em que há discussões abertas e dispersas. Depois, é possível passar à emergência, ao estágio em que as ideias estão se assentando. Muitas vezes, nesse estágio, há a sensação de que os elementos ainda estão muito desconexos. Evidencia-se um repertório compartilhado, mas ainda não estão claros os caminhos a serem seguidos. Pode haver também um desconforto, uma sensação de que a conversa não está sendo produtiva e que pode não levar a caminhos interessantes. Mas o que Kaner

(2014) argumenta é que essa etapa é fundamental e inerente a qualquer processo de cocriação. É o tempo necessário para observar a desordem, amadurecer e aprofundar as ideias divergentes. Acelerá-lo, na tentativa de pular rapidamente para a convergência, muitas vezes faz com que as conversas não sejam tão significativas quanto poderiam ser, ou que novas e mais complexas ideias não tenham espaço para surgir e amadurecer.

Mas há também situações em que o grupo fica estagnado na etapa da emergência, com dificuldades de negociação das ideias. Esse também é um risco, que pode ser desmobilizador no processo de cocriação. A chave aqui é compreender o ciclo natural das conversas coletivas e promover uma mediação atenta, criando caminhos para que todas as três etapas – divergência, emergência e convergência – sejam plenamente vivenciadas.

A etapa da convergência, por fim, é o ponto em que, depois de uma ampla depuração de ideias e possibilidades, faz-se a síntese, organiza-se, classifica-se as ideias e chega-se a conclusões compartilhadas coletivamente. Tendo em vista essa discussão sobre a importância de dar espaço à divergência, à emergência e à convergência nos processos de cocriação, apresentamos o percurso-base proposto pela ACS para o desenvolvimento de uma campanha colaborativa, que organizamos didaticamente em cinco etapas articuladas em torno de grandes questões problematizadoras, das quais podem derivar muitas outras subquestões e que podem envolver a utilização de diferentes ferramentas de diálogo.

Destacamos, contudo, como ferramenta imprescindível para esse processo a facilitação gráfica, que consiste em uma síntese visual das ideias que vão surgindo. À medida que o diálogo se desenvolve, as ideias vão sendo sintetizadas e organizadas em painéis visuais observáveis por todos. Esses painéis podem ser feitos utilizando diferentes técnicas e suportes: ilustrações, *post-its*, tarjetas coloridas etc. O fundamental é que todos consigam acompanhar e visualizar o andamento das conversas a partir dessa síntese ao longo das discussões.

Percurso básico de desenvolvimento de uma campanha colaborativa

Para efeitos didáticos, organizamos o processo de desenvolvimento de uma campanha colaborativa em cinco grandes etapas, cada uma delas relacionada à definição de um ponto-chave a ser desenvolvido: 1) problema/desafio; 2) objetivos; 3) ações de comunicação; 4) elementos significantes; 5) atividades de implantação.

Figura 2: Percurso de desenvolvimento de campanha.
Fonte: Figura desenvolvida pelas autoras.

1) *Qual nosso problema/desafio?*

O ponto de partida é a busca por compreender, definir e pactuar coletivamente qual será a questão-problema central que a campanha vai enfrentar por meio de ações de comunicação. Essa é uma problematização importantíssima, porque é ela que define as bases de todo o processo. A questão central é: entre o vasto universo de desafios que este grupo enfrenta, qual será o desafio dessa campanha? Apenas compreendendo qual é o desafio é possível idealizar objetivos.

Um modo de dar início à abordagem dessa etapa é propor que as pessoas reflitam individualmente sobre quais são esses desafios e depois compartilhem coletivamente suas ideias, sintetizadas em tarjetas (pequenos cartões de papel, geralmente coloridos). Um panorama de questões levantadas individualmente costuma já apontar as dissonâncias, repetições e eventuais contradições de compreensão que existam em relação à questão-problema central.

O exercício de cocriação aqui é visualizar o que as pessoas trazem à mesa como questões pulsantes individualmente e, a partir disso, refletir sobre o que atravessa todas essas noções para agrupar e confrontar ideias, negociando coletivamente e chegando a pontos em comum. Vale sempre dizer que esse processo não consiste numa votação de qual seria "a melhor ideia". Trata-se de compreender a percepção que cada envolvido traz e de cotejar e mesclar as percepções para se ter uma visão mais complexa a respeito do problema coletivo em questão, compreendendo seus aspectos principais e definindo priorizações de forma dialogada. E isso vale para todas as etapas do percurso.

2) *Quais são os nossos objetivos?*

Tendo clara e compartilhada a questão-problema que será enfrentada, o próximo passo é definir, dentro desse desafio, quais objetivos, passíveis de serem alcançados por meio de ações comunicativas, serão especificamente almejados com a campanha. Via de regra, os desafios serão maiores do que o âmbito de uma campanha de comunicação. Por isso, o exercício de definir quais serão os objetivos é novamente um movimento de delinear coletivamente o que é mais estratégico e factível.

Nessa etapa, muitas vezes, surge o mote da campanha, que poderá ser burilado ou mesmo alterado nas etapas seguintes, uma vez que o processo criativo não é linear – muitas vezes, ocorrem recorrências das questões e momentos de revisão das elaborações em curso.

3) *Como concretizar o que foi pensado? Quais ações de comunicação podem ser desenvolvidas?*

Objetivos definidos, o momento é de idealizar caminhos possíveis. Primeiro, refletindo que públicos precisarão ser envolvidos para a concretização dos objetivos e qual a vinculação que esses públicos têm hoje com o problema (ou o recorte dentro da causa do grupo) em questão. Em seguida, o exercício é de imaginar as ações comunicativas possíveis para engajar os públicos na construção de soluções para o problema. Em geral, esse é o espaço para uma ampla chuva de ideias e para todo o processo de divergência, emergência e convergência indicado por Sam Kaner acontecer.

4) *Qual é a cara dessa campanha?*

A partir das ideias de ação, o próximo passo do percurso é imaginar que referências iremos acionar para gerar identificação e coletivização em relação ao problema que se busca enfrentar.

O desafio aqui é construir imaginários, acionando repertórios simbólicos compartilhados com os públicos com quem vamos dialogar. Que sentimentos queremos provocar a partir das ações da campanha? Que argumentos criativos poderemos utilizar para isso? Que referências imagéticas, sonoras e conceituais podem dialogar com esses argumentos? Esse exercício de criação da identidade da campanha é feito sobretudo a partir de processos de design participativo que serão abordados no próximo artigo.

5) *Qual atividade teremos que implantar? Elas serão realizadas quando e por quem?*

Por último, ocorre a etapa de organização do processo, que ordena e coloca no curso do tempo as atividades necessárias para a implantação das ações de comunicação previstas. Na etapa, o grupo pactua a divisão de responsabilidades e estrutura – em um plano com começo, meio e fim – todo o curso de atividades envolvidas na construção criativa almejada. Essa etapa do processo é fundamental porque é ela que viabiliza a ação coletiva organizada para enfrentar o desafio posto. É muito importante que ela contemple ações de avaliação e reflexão sobre o processo, de maneira que, para além dos resultados da campanha, o processo em si de realizá-la contribua para o aprimoramento do fazer coletivo dos envolvidos.

As campanhas na prática: reflexões a partir da experiência da ACS

Conforme temos discutido, na experiência da ACS as campanhas de comunicação são geralmente desenvolvidas em dois contextos: como parte de um plano de ações de comunicação construído anteriormente, no contexto de um planejamento colaborativo da comunicação, ou como ação pontual, num contexto em que não é possível fazer um exercício prévio de planejamento global da comunicação do grupo ou da rede. Nessa segunda situação, a busca é por que a atividade fomente e dê subsídios para a construção de um olhar mais estratégico do coletivo em relação à comunicação; por que seja uma oportunidade, para o grupo, de experimentar a construção de um pensamento mais estruturado em relação ao seu contexto comunicativo.

A seguir, apresentaremos campanhas relacionadas a esses dois contextos, levantando reflexões sobre os processos de construção das mesmas.

"Faz Diferença": quando a campanha é fruto de um planejamento anterior de comunicação

Origens da campanha: o plano de ações em comunicação

No final de 2019, a AIC e a Comissão de Prevenção à Letalidade de Adolescentes e Jovens do Fórum Permanente do Sistema de Atendimento Socioeducativo de Belo Horizonte[3] se reuniram a partir de um desafio: produzir um plano de ações estratégicas de comunicação para a mobilização social em torno da pauta do enfrentamento ao genocídio da juventude negra em Belo Horizonte, tendo como público principal adolescentes e jovens atendidos/as e agentes implementadores das medidas socioeducativas em meios aberto e fechado.[4]

Naquele momento, a comissão se encontrava diante de um impasse. Apesar do intenso trabalho que vinha realizando nos últimos cinco anos, desde o cruzamento e a análise de dados à promoção de rodas de conversa e seminários, as discussões em torno da morte precoce de adolescentes e jovens não conseguiam alcançar a profundidade e a complexidade necessárias entre os próprios atores do sistema socioeducativo

---

[3] É uma das doze comissões que integram o Fórum Permanente do Sistema de Atendimento Socioeducativo de Belo Horizonte, fundado em 2014.

[4] Segundo o Sinase, se configuram como medidas socioeducativas em meio aberto a Prestação de Serviço à Comunidade (PSC) e a Liberdade Assistida, enquanto as em meio fechado são Semiliberdade, Internação Provisória e Internação.

, de forma ampliada, do Sistema de Garantia de Direitos.[5] Ao longo do tempo, o grupo consolidou a percepção de que não eram os adolescentes que não conseguiam se vincular às políticas e aos serviços públicos, mas que o que se entendia como oferta deveria se transformar para, de fato, alcançá-los. Toda a lógica de funcionamento do sistema é que precisaria ser objeto de profunda reflexão, com vistas à construção de mudanças.

Durante as ações de levantamento e análise da relação dos públicos de interesse com a causa da promoção da vida e dos direitos desses adolescentes, etapa essencial para a elaboração de uma proposição de ações estratégicas de comunicação, percebeu-se que os/as profissionais que atuam na ponta, diretamente com os adolescentes e os jovens têm grande potencial para gerar impacto positivo na preservação da vida desse público, mas que, muitas vezes, os saberes de tais sujeitos não são valorizados ou sequer reconhecidos.

"Faz Diferença" era o termo que os próprios integrantes da comissão utilizavam, constantemente, para falar daquilo que observavam em suas experiências enquanto trabalhadores de políticas públicas nos âmbitos municipal, estadual e federal, bem como ativistas e integrantes de movimentos sociais da cidade. Diante desse achado, a principal proposição do plano de ações em comunicação elaborado em 2019 pela comissão foi a criação de uma campanha que trabalhasse com essa dimensão das práticas cotidianas capazes de gerar transformações.

O desenvolvimento da campanha #FAZ DIFERENÇA: um convite para comprometer-se com a vida de adolescentes e jovens

I – *Contexto de implantação*

Em 2020, para começar a colocar o plano de ações de comunicação em prática, a Comissão de Prevenção à Letalidade dedicou-se à implantação da campanha, que era a principal ação indicada. Para isso, estabeleceu um diálogo com os profissionais do Sistema Socioeducativo,

---

[5] O Sistema de Garantia de Direitos da Criança e do Adolescente engloba os diversos atores do Estado e da sociedade civil voltados à promoção, à defesa e ao controle da efetivação dos direitos preconizados pelo Estatuto da Criança e do Adolescente (ECA).

com vistas a mapear as boas práticas em curso no cotidiano, mas sem espaço e visibilidade nos fluxos e protocolos institucionais.

Ao identificar e criar caminhos para dar visibilidade a tais ações, o objetivo era valorizá-las, provocar a sua replicação na rede de atendimento e apoio às trajetórias de vida de adolescentes e jovens, além de evidenciar questões estruturais que mereciam amplas reflexão e discussão. A proposta era, ao apresentar compreensões e propósitos presentes nos exemplos concretos de práticas transformadoras, dar materialidade tanto ao brutal fenômeno da letalidade juvenil massiva[6] quanto aos princípios, pautados na perspectiva da promoção de direitos e oportunidades, defendidos pela comissão e pelas redes de promoção da cidadania como básicos para a mitigação da letalidade de adolescentes e jovens por homicídio.

Essa escolha, que tinha um explícito posicionamento político no contexto dos debates relacionados às políticas de segurança pública, implicou ainda em uma questão bastante sensível: conseguir pautar e incentivar o que é realizado individualmente, com rosto e nome próprio, não perdendo de vista a necessidade de articulação coletiva, de forma a gerar corresponsabilidade, numa cadeia envolvendo desde quem atua na ponta até aqueles que estão nos cargos de gestão, com poder decisório, alcançando também a sociedade de forma geral.

II – *Desafios*

Apesar dos dados contínuos e sistemáticos que são produzidos sobre o fenômeno da letalidade juvenil no país, com sua incidência majoritária entre a população negra e pobre, foi possível diagnosticar com os profissionais que esses números não geram a implicação social necessária. Mais do que isso, o aumento, ano após ano, nas estatísticas de jovens assassinados/as parecia ir na contramão, naturalizando o cenário. O primeiro e principal desafio foi, então, utilizar tais dados de forma estratégica, sempre atrelados às histórias de vida dos sujeitos envolvidos, das famílias e das comunidades. O mote "Faz Diferença",

---

[6] Segundo o *Atlas da Violência 2021* (CERQUEIRA, 2021), de 2009 a 2019 333.330 jovens (pessoas de 15 a 29 anos) foram vítimas da violência letal no Brasil – uma das maiores taxas de letalidade juvenil por homicídio do mundo. Cerca de 94% dos assassinados são homens e 77% deles são negros – sendo a chance de um negro ser assassinado no Brasil 2,6 vezes superior àquela de uma pessoa não negra.

assim, surgiu como uma convocação do olhar às trajetórias de vida em risco, à necessidade e à possibilidade de transformá-las; surgiu, ainda, como um convite a uma ação capaz de se contrapor à indiferença.

E os públicos que podem fazer – e efetivamente fazem – a diferença são diversos – dos profissionais que atuam no dia a dia dos serviços aos que estão nos cargos de gestão, passando pelos sujeitos e instituições que produzem pesquisas acadêmicas e pelas entidades, redes e movimentos sociais organizados que se dedicam à promoção dos direitos das juventudes. Dialogar com essa diversidade de públicos foi outro grande desafio. Depois de um longo processo de discussão e alinhamento acerca das melhores formas de promover os diálogos necessários, optou-se pela realização de encontros coletivos, que se dariam tanto entre grupos já existentes quanto por outros, transversais e organizados pela ACS.

Contudo, quando os encontros foram finalmente planejados, veio o isolamento social imposto pela pandemia da covid-19, impondo diversas barreiras para o processo de escuta. E como realizá-la de forma remota, diante das inúmeras dificuldades de acesso, em um momento em que ainda não estávamos tão habituados às reuniões via telas? Como prescindir da potência do corpo a corpo e do olho no olho, das vozes e opiniões que se chocam e se entrecruzam, para tratar de um fenômeno tão sensível? Apesar de todas essas questões, havia o desejo de dar continuidade às ações, principalmente pela urgência que se evidenciou ao enxergamos o nosso público – adolescentes e jovens negros e moradores de periferia – tornar-se um dos mais vulneráveis à crise sanitária e social, e ao mesmo tempo um dos mais negligenciados pelo poder público em suas demandas, naquele contexto tão adverso.

III – *Objetivo*

Realizar uma campanha sobre a letalidade juvenil em Belo Horizonte a partir do mapeamento de boas práticas de pessoas e profissionais que atuam na ponta, diretamente com adolescentes e jovens, na promoção da vida desse público.

IV – *Argumentos criativos*

Um dos pontos mais sensíveis da campanha era dar visibilidade à morte sistêmica de adolescentes e jovens como ponto de partida para falar das estratégias para a valorização e a promoção das vidas dessas pessoas. Para isso, a campanha foi dividida em seis eixos, sendo que todos eles justamente lançaram um olhar para as trajetórias interrompidas enquanto fenômeno social e passaram à singularização das histórias para, por fim, indicar perspectivas de transformação desse cenário a partir da ação cotidiana dos sujeitos e das redes.

Verbos no infinitivo ajudaram a conferir "movimento" e "ação" às proposições, num todo que se oferecia como um "convite" à corresponsabilização de todos – afirmando que cada ação faz diferença. Cada eixo de abordagem do tema teve, então, sua proposta enunciada por um verbo, a saber:

- ENXERGAR as trajetórias de vida de adolescentes, jovens e familiares dramaticamente impactadas pela morte;
- PERCEBER cada adolescente e jovem como um ser humano singular;
- HUMANIZAR os serviços e os profissionais que atuam na rede de atendimento e apoio às trajetórias de vida de adolescentes e jovens;
- DIALOGAR com o adolescente e jovem;
- SOMAR às famílias e redes, atuando com elas na perspectiva da corresponsabilidade de todos;
- TRANSFORMAR o ciclo de um destino já traçado para esses adolescentes e jovens.

Outra escolha relacionada à construção de sentidos para a campanha foi a decisão de utilizar diversas cores, para além do preto e do amarelo – comuns nas campanhas sobre letalidade juvenil. Também se optou por apresentar figuras de adolescentes e jovens inspiradas em fotos de pessoas reais. Com isso, buscou-se criar uma visualidade que aludisse à vida. Por fim, vale mencionar que, como a campanha apostou na escuta, o destaque de todos os produtos de comunicação criados foram falas com histórias e nomes próprios, reforçando o argumento principal.

V – *Ações comunicativas*

Na fase da escuta, foram entrevistadas 35 pessoas, entre jovens e seus familiares, representantes de movimentos sociais, trabalhadores das políticas públicas e pesquisadores, em encontros individuais e coletivos realizados por meio de aplicativos de videoconferência e de ligações telefônicas. Esse material foi transcrito e discutido nas reuniões da comissão, dando origem a um livro e a pílulas audiovisuais para divulgação em redes sociais. Em paralelo, foi produzida uma série de *podcasts*, cartazes e bótons adesivos. Todas as produções se organizaram em torno dos seis eixos temáticos da campanha, que contou com perfis nas redes sociais (Instagram, Facebook, YouTube e Spotify) e com um site (https://fazdiferenca.webflow.io/). Tais mídias, além de disponibilizarem os produtos de forma acessível e gratuita, contaram com conteúdos próprios, que ampliaram o escopo das ações inicialmente previstas. Foram realizadas *lives* de lançamento e conversas temáticas que foram utilizadas como "ganchos" para a assessoria de imprensa.

Um kit com o livro, um boton adesivo e um cartaz foi enviado para os/as participantes do processo, para as redes mapeadas e para as pessoas, ligadas ao Sistema de Garantia de Direitos, que expressaram desejo de realizar ações multiplicadoras em seus contextos de atuação. Ao todo, cinquenta participaram pessoas diretamente do processo de produção. Além disso, mais de quinhentos multiplicadores receberam os materiais e participaram das atividades de lançamento.

Figura 3: Kit #FazDiferença.
Fonte: Divulgação – Agência de Iniciativas Cidadãs (AIC).

Figura 4: Banner do site #FazDiferença.
Fonte: Site #FAZDIFERENÇA – Reprodução.

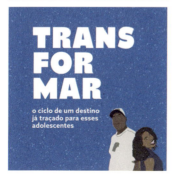
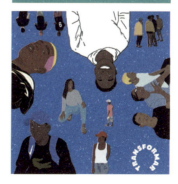

Figura 5: Artes utilizadas em posts do Instagram @oquefazdiferenca.
Fonte: Instagram @oquefazdiferenca – Reprodução.

VI- *Desdobramentos*

Mais do que cumprir o objetivo de dar visibilidade ao tema da letalidade juvenil, o processo de produção da campanha #FAZDIFE-RENÇA auxiliou a comissão em sua organização interna, traçando uma agenda estratégica para o trabalho em rede. A materialidade de ações e produtos representou um marco para o grupo, que, paradoxalmente, até então produzia muito conhecimento, mas dava pouca ou quase nenhuma visibilidade às suas produções. Por meio das redes sociais, um número significativo de pessoas demonstrou interesse em conhecer e participar da comissão, surpreendendo o grupo, que, historicamente, encontrava empecilhos para alcançar novos/as integrantes para além da bolha dos profissionais das redes já conhecidas.

Além disso, ao se conectar com grupos da sociedade civil e com juventudes as mais diversas, a comissão acabou realizando atividades mais informais, que não demandavam os protocolos burocráticos que são usuais nos serviços públicos. A experiência abriu caminho para novos processos de construção de ações desburocratizadas envolvendo redes da sociedade civil.

Outro novo caminho experimentado foi o da relação com a imprensa – até então vista como um dos públicos menos sensíveis à causa, numa relação que parecia ser quase da ordem do impossível. Foi uma surpresa quando um número significativo de veículos demonstrou, de forma espontânea, interesse pela campanha, abrindo canais de diálogo possíveis de serem explorados e qualificados em ações futuras.

Como é possível perceber nesse exemplo da #FAZDIFEREN-ÇA, a realização de uma campanha que é fruto de um planejamento qualificado dá materialidade às ações estratégicas traçadas pelo grupo no processo anterior, de planejamento. Transforma-se num exercício prático de articulação, mobilização e trabalho em rede, dando a ver – e criando modos de lidar com – as fragilidades e também potencialidades que se apresentam no momento da ação concreta.

Para temáticas tão sensíveis quanto a do genocídio da juventude negra, sobre a qual muito se produz, mas que encontra desafios de ordem estrutural para alcançar a visibilidade desejada e a sensibilidade social tão necessária, o planejamento se apresenta como uma etapa de grande importância. Ainda mais quando exige a articulação entre públicos tão heterogêneos, que muitas vezes não têm o costume ou mesmo não apresentam interesse em dialogar e colaborar. A campanha tem o papel de conectar as estratégias concebidas no planejamento às condições concretas de interação com tais públicos. No processo de construí-la, institui-se uma dinâmica de aprimoramento contínuo de duas dimensões que se retroalimentam: a compreensão do contexto e a ação.

Outro ponto a ser considerado é que os realizadores da #FAZDI-FERENÇA enfrentaram, e enfrentam até a presente data, o desafio de construir uma "segunda vida" para a campanha, tamanhas foram a repercussão e a demanda por atividades, como conversas e encontros, a partir dos materiais criados. A iniciativa demonstrou uma potencialidade de mobilização que extrapolou o curto período de tempo e a rede de diálogos considerados como horizontes iniciais do trabalho. Com tamanho alcance, de campanha começou a ganhar ares de projeto, com muitas demandas por novos desdobramentos. Um ponto que parece ter sido decisivo para essa amplitude inesperada foi a força do mote proposto. O chamado à corresponsabilidade em ações cotidianas garantidoras da vida demonstrou uma potencialidade tal que acabou por se tornar um mote ampliado para o trabalho da Comissão da Letalidade como um todo. Em consequência de tudo isso, a Comissão de Prevenção à Letalidade e a AIC têm atuado, desde então, na construção de novos circuitos de conversa e debate envolvendo as proposições e os materiais da campanha.

"Periferia Viva – Força-Tarefa Covid-19": quando as campanhas abrem caminho a novas práticas

A rede Periferia Viva

Periferia Viva – Força-Tarefa Covid-19 é um projeto da AIC, realizado em parceria com o Mobiliza – Grupo de Pesquisa em Comunicação, Mobilização Social e Opinião Pública da UFMG, o Fórum das Juventudes da Grande BH e a Laço – Associação de Apoio Social. O projeto nasceu em abril de 2020 para dar visibilidade e articular iniciativas já em curso, protagonizadas por pessoas e grupos dos mais diversos territórios periféricos mineiros, voltadas a mitigar os impactos da pandemia da covid-19 em tais territórios. Pessoas e coletividades periféricas se mobilizaram diante da percepção (que infelizmente se confirmaria) de que suas localidades seriam as mais gravemente atingidas por tal pandemia, tanto no que diz respeito aos índices de infecção e letalidade quanto no que diz respeito ao agravamento da pobreza e da fome.

O Periferia Viva se constituiu como uma plataforma de articulação e apoio às iniciativas espontâneas, de fomento à colaboração interinstitucional e de criação de campanhas de comunicação. Para isso, foram criadas frentes de atuação diversas, entre elas uma assessoria de comunicação responsável por fortalecer, a partir da comunicação, as iniciativas locais. A frente de assessoria produziu, só em 2020, materiais comunicativos e campanhas, criadas colaborativamente, junto a quinze iniciativas comunitárias de enfrentamento à pandemia em Minas Gerais. A equipe de tal frente, em 2020, envolveu integrantes da AIC e voluntários estudantes e profissionais de Comunicação participantes do projeto de extensão Comunicação Solidária Covid-19, do Departamento de Comunicação Social da UFMG.

Muitos dos coletivos que participaram da assessoria surgiram justamente em decorrência da pandemia. Os que já existiam precisaram repensar inteiramente seu escopo de ações para dar uma resposta imediata à emergência sanitária e ao agravamento da pobreza e da fome que se impuseram nas comunidades onde atuavam. Dessa maneira, nenhum deles estava num contexto em que seria possível um processo mais aprofundado de planejamento estratégico, como o apresentado na seção anterior do presente artigo. Mas, paradoxalmente, era extremamente necessária uma ação comunicativa estratégica, organizada e muito assertiva que gerasse expressivos resultados, especialmente no fortalecimento de processos de mobilização de recursos. As campanhas surgiram, assim, como um caminho para gerar o máximo possível de visibilidade e de engajamento às ações imediatas que a emergência da ameaça à vida exigia.

Com essa perspectiva, que conjugava a resposta à emergência à preocupação com a construção estratégica, o Periferia Viva construiu uma rede muito ampla e articulou um leque significativo de parcerias, com o objetivo de viabilizar ações comunicativas e potentes processos de mobilização. Desse modo, teve os seguintes resultados em seu primeiro ano de realização:

- Apoio e articulação de ações de mobilização social em cem territórios periféricos do estado de Minas Gerais, com um público aproximado de 130 mil pessoas beneficiadas.
- Promoção de um projeto específico de segurança alimentar, articulado pelas entidades e grupos da rede Periferia Viva, chamado Comunidade Viva Sem Fome. Tal projeto promoveu a doação de cestas básicas a 1.200 famílias por mês, de abril de 2020 a maio de 2021, e passou a atender sete mil famílias por mês em junho de 2021.
- Mais de 21 mil visualizações à plataforma on-line.
- Mais de 4,3 mil seguidores no Instagram (perfis @periferiaviva e @comunidadevivasemfome).
- Elaboração, com os grupos comunitários, de 15 campanhas de comunicação e de 45 ações e projetos locais, que em seu conjunto geraram recursos diretos para iniciativas culturais e sociais nas comunidades, com um montante de mais de R$ 600 mil arrecadados.

Para além de uma visada aos resultados gerais acima indicados – que indicam que foram construídas respostas efetivas para a emergência sanitária e seus impactos –, vale dirigir o olhar aos desafios, aos frutos e aos desdobramentos das campanhas construídas, posto que, em nossa avaliação, elas foram processos de caráter estruturante para a ação comunicativa estratégica dos grupos. A seguir, exploraremos tais aspectos a partir da descrição e da análise de uma experiência específica articuladas a considerações mais gerais acerca dos desdobramentos das campanhas do Periferia Viva.

A campanha Juntos com o Norte de Minas pela vida

I – *Contexto*

A campanha foi construída pela Associação Trupe, coletivo cultural da cidade de Brasília de Minas, Minas Gerais, que trabalha pela manutenção e pela difusão da cultura norte-mineira por meio de ações socioculturais e de colaborações artísticas com movimentos da região. Durante a pandemia, a associação enfrentou desafios a sua própria sustentabilidade, precisou oferecer auxílio aos artistas locais de sua rede (que se viram sem nenhuma fonte de sustento no período) e, ainda, enfrentar o agravamento da situação de vulnerabilidade das comunidades tradicionais da região: comunidades quilombolas, comunidades rurais da cultura catrumana; cancioneiros, artesãos; barranqueiros do Vale do São Francisco; rezadeiras e raizeiros. Devido à crise sanitária, esses artistas e povos tradicionais lidaram com uma drástica redução de turistas e compradores; além disso, ficaram impossibilitados de participar das feiras livres e das feiras de arte.

É importante destacar que, para o Norte de Minas, o contexto pandêmico foi especialmente devastador. Em função de a região ser afastada de grandes centros urbanos, a pandemia gerou, para aquele território, riscos muito mais graves, já que o acesso a recursos financeiros, a unidades de tratamento médico intensivo – e, em alguns casos, até à internet e a dispositivos móveis de comunicação – é reduzido se comparado a outras regiões do estado.

Para enfrentar essa situação tão adversa, a Trupe empreendeu uma série de esforços locais, como a realização de *lives* solidárias, campanhas de doação de alimentos, além de outras mobilizações. Entretanto, passou a perceber um esgotamento dos recursos de sua rede local de apoiadores. Apresentou-se, então, uma grande demanda de fomento a novas parcerias, envolvendo novas redes de apoio.

II – *Desafios*
O grande desafio era mobilizar públicos de outros territórios a se engajarem e contribuírem financeiramente, mesmo estando distantes fisicamente, a partir da identificação e da sensibilização com a causa. Mas, anteriormente a esse desafio, foi preciso definir qual seria a especificação da causa para a campanha. Neste caso, considerando a diversidade de públicos e de demandas da associação, optou-se por fazer uma seleção de cem famílias, dos diferentes segmentos atendidos pela Trupe, que estivessem em situação mais crítica de insegurança alimentar.

III – *Objetivo*

Sensibilizar apoiadores de outras regiões do estado a se engajarem na luta contra a fome no Norte de Minas, agravada em decorrência da pandemia da covid-19, arrecadando cestas básicas para cem famílias em situação de altíssimo risco alimentar e trazendo à tona as particularidades dessa região.

IV – *Argumentos criativos*

A premissa era convocar a mobilização coletiva apresentando um dado contundente e apontando que a busca era por garantir a sobrevivência daquelas pessoas, que estavam em situação de penúria alimentar. Como forma de gerar identificação com a causa, definiu-se como foco contrastar a fome com o amplo e rico repertório sociocultural que compõe a diversidade do Norte de Minas, construído cotidianamente exatamente pelas pessoas que estavam com suas vidas ameaçadas pela falta de comida.

Desse modo, foram buscados elementos associados aos artesanatos, festejos e ofícios populares. Referências à música regional e à xilogravura também foram acionadas para fortalecer a identificação das pessoas com elementos sensíveis compartilhados naquele território. A partir de tais referências, e com foco em destacar que a ação coletiva proposta era em prol da sobrevivência das pessoas do território, chegou-se ao mote: "Juntos com o Norte de Minas pela vida".

V – *Ações comunicativas*

A primeira ação realizada foi a mobilização da própria comunidade local pela campanha. Foram realizados vídeos, levantadas fotografias da região e compartilhadas ideias para a construção da campanha. Com essa mobilização, as comunidades propuseram a oferta de seus artesanatos e produtos como recompensas aos doadores, como estímulo às doações e como maneira de agradecimento. Após essa mobilização, foi feito um mapeamento das redes de apoio e dos potenciais novos públicos apoiadores, levantando, por exemplo, grupos de ex-moradores da região que hoje residem em grandes centros urbanos, mas que ainda mantêm afeto por tal território, bem como ex-voluntários de outros países que já atuaram na associação.

JUNTOS COM O NORTE DE MINAS PELA VIDA

Campanha destinada a arrecadar recursos para destinar cestas básicas com itens de Alimentação, Higiene Pessoal e Limpeza para 100 famílias de comunidades quilombolas do Norte de Minas.

POR QUE PRECISAMOS DE AJUDA?

A renda destas pessoas vem da venda de itens artesanais em feiras e outros espaços. Porém, com a pandemia e situação de isolamento social, tais atividades não estão sendo mais possíveis.

CAMPANHA FINALIZADA!

Juntos arrecadamos
R$7.485,00

Como forma de agradecimento, as comunidades cederam peças artesanais como forma de incentivo às doações:

Para doações acima de R$60,00: Miniatura de bilha

Dimensões aproximadas: 10 cm x 22cm de diâmetro.
Produção comunidade Quilombola de Buriti do Meio São Francisco/MG.

Coleção "Comunicação e Mobilização Social"

Figuras 6-10: Peças de divulgação da campanha Juntos com o Norte de Minas pela Vida.
Fonte: Agência de Iniciativas Cidadãs (AIC) – Acervo.

A partir disso, foi construído um amplo escopo de peças de comunicação (vídeo oficial, vídeos de artistas locais, peças gráficas para redes sociais) e realizadas variadas ações para a disseminação da campanha entre a rede mapeada, utilizando diferentes canais e redes sociais. Por fim, houve um importante esforço de compartilhamento dos resultados, com muito cuidado em levar os agradecimentos e distribuir as recompensas aos doadores.

VI – *Desdobramentos*

Além dos recursos mobilizados pela campanha e da distribuição de cestas básicas e de materiais de proteção às famílias beneficiadas, os resultados da campanha foram, segundo Ricardo Simões (coordenador de projetos da Associação Comunitária Trupe), muito significativos para o grupo. "Nunca tínhamos feito algo assim. Não sei nem dizer o quanto essa campanha foi positiva e inovadora dentro de nossas ações enquanto associação. Foi um aprendizado enorme e um divisor de águas para futuras perspectivas de ação de mobilização", conta.

Segundo o coordenador, a campanha representou para a comunidade local a prova de que ela tem condições de ser protagonista na construção de ações amplas e bem estruturadas, a partir de um processo planejado e organizado de mobilização das pessoas. Ele conta que, com a visibilidade proporcionada pela ação, as comunidades perceberam ainda um aumento nas vendas de seus produtos, advindas de novas redes que antes não as conheciam. Outro aspecto inesperado foi que, a partir da contribuição de novos apoiadores vindos de fora da região e de toda a visibilidade e argumentos construídos pela campanha, houve um aumento inclusive de apoiadores também da própria região.

Nessa e em outras campanhas do Periferia Viva, pudemos perceber que os processos de construção colaborativa das campanhas e de mobilização social a partir delas geraram desdobramentos muito positivos, que foram muito além dos objetivos inicialmente buscados. Grupos de voluntários, que se organizaram para dar vida a algumas das campanhas, acabaram se mobilizando tanto que passaram a se tornar integrantes dos coletivos que originalmente apoiavam. Além disso, novas e mesmo inesperadas parcerias surgiram ao longo das experiências.

Esses ganhos à mobilização, que extrapolam as propostas originais e acabam tendo um caráter organizador, articulador e empoderador dos coletivos, evidenciaram-se fortemente em diversas das campanhas do Periferia Viva. Foi o caso da campanha "Rede Quilombola em Ação", de arrecadação de cestas básicas e produtos de higiene para famílias do Quilombo de Pontinha, de Paraopeba (cidade da Região Metropolitana de Belo Horizonte – RMBH).

Segundo Miriam Aprigio, da Rede Quilombola da RMBH, o processo de construção da campanha foi importante para aprofundar o relacionamento da rede com tal comunidade e deu destaque aos desafios da comunidade junto à própria prefeitura local. Ela chamou a atenção, ainda, para um dos desdobramentos da mobilização: a articulação dos integrantes do quilombo para a elaboração de um projeto para um edital, que acabou gerando o direcionamento de recursos à comunidade para a reforma de um espaço cultural local. "Essa experiência foi fundamental para nos estimular e nos motivar a perseverar nessa luta em prol de justiça e equidade e de luta contra os processos de invisibilidade que sofremos, entendendo que vai ser sempre nós por nós mesmos!", conta Miriam.

Considerações finais

A partir das experiências acima descritas e discutidas, fica evidente o papel que as campanhas podem representar na mobilização em torno das causas, dos coletivos e dos grupos socioculturais. Mais ou menos estruturadas, temporalmente dilatadas ou com recortes mais pontuais, elas são uma experiência muito importante de organização coletiva de ações comunicativas estruturadas.

Uma experiência formativa ímpar se constitui ao longo da vivência do processo de construção de uma campanha colaborativa, que conjuga a identificação de públicos, a reflexão sobre o diálogo em curso com cada público, a definição de objetivos e de estratégias, a criação coletiva de uma "cara" para a campanha e, por fim, a implantação das ações. Trata-se de um processo que pode, enfim, inspirar, fomentar e apontar caminhos para outras ações estratégicas. Afinal, as campanhas, no entendimento da ACS, são embasadas numa compreensão ampliada da comunicação, posto que o foco é colocado no incremento das relações comunicativas e não em peças de comunicação.

Destacamos, ainda, que as campanhas da ACS têm demonstrado grande potencial para o empoderamento dos grupos, que se reconhecem e são reconhecidos como atores sociais relevantes, e ainda de fortalecimento dos vínculos entre os membros dos coletivos, deles com as comunidades que atendem e entre eles e uma ampla diversidade de outros públicos. Percebemos inclusive que, em muitos processos, são identificados novos públicos, que até então não eram tidos como estratégicos e/ou acessáveis, e com os quais são inaugurados diálogos e colaborações. Desse modo, novos legitimadores e novos geradores se somam à mobilização social, ampliando a coletivização e dando maior solidez e sustentação às ações.

Assim, compreendemos as experiências de criação de campanhas colaborativas empreendidas pela ACS como processos organizados (ainda que os percursos de atividades sejam configurados de acordo com o contexto de cada coletivo ou rede participante) e organizadores da ação comunicativa dos públicos em processos de mobilização social.

Seja em situações planejadas (como é o caso da #FAZDIFERENÇA), em situações voltadas a atender a emergências (como é o caso das iniciativas da rede Periferia Viva) ou a atender demandas específicas, as campanhas, na perspectiva aqui proposta, são experiências que desafiam os coletivos a uma ação que, por ser problematizadora, reflexiva e calcada num pensamento que se volta aos públicos em interação, gera aprendizados e aponta caminhos para a atuação estratégica.

Referências

CERQUEIRA, Daniel (Org). *Atlas da Violência 2021*. São Paulo: Fórum Brasileiro de Segurança Pública, 2021.

LIMA, Rafaela Pereira; XAVIER, Eveline; VARGENS, Nathália. Propósitos, princípios e desafios da Agência de Comunicação Solidária. In: HENRIQUES, Márcio Simeone; SILVA, Daniel Reis (Orgs.). *Públicos em movimento: comunicação, colaboração e influência na formação de públicos*. Belo Horizonte: Autêntica, 2022. p. 25-48.

KANER, Sam. *Facilitator's Guide to Participatory Decision-Making*. 3. ed. São Francisco: Jossey-Bass, 2014.

CAPÍTULO XIV

Design participativo para o fortalecimento da sociedade civil

Brenda Leite
Bruna Lubambo
Camila Barone
Jéssica Kawaguiski
Marco Chagas
Priscila Justina

Breve histórico

O design participativo na Agência de Iniciativas Cidadãs (AIC) apareceu pela primeira vez em 2012, no contato com o Ervanário São Francisco de Assis, grupo que propunha o cuidado com o corpo a partir de chás e ervas disponíveis no quintal de casa. Havia um desejo do Ervanário de mudar sua marca antiga, que tinha pouca legibilidade e dificuldade de aplicação. Num primeiro momento, a AIC mostrou ao casal Fernando e Tantinha, raizeiros à frente do Ervanário, algumas de suas produções, e o casal fez o mesmo. Depois, houve uma sensibilização para marcas ligadas ao universo deles. Só aí é que se iniciou a conceituação do projeto, a adjetivação do grupo.

"Um dia, perguntamos: 'se o Ervanário fosse uma receita, quais seriam os ingredientes, como seria o preparo?'. Esse é um jeito de parar para pensar de outra forma",[1] explica Débora Amaral, coordenadora

---

[1] Relato originalmente publicado no livro *Imagem comunitária e transformação cultural: 20 anos da Associação Imagem Comunitária* (AIC, 2015, p. 123).

do projeto Agência de Comunicação Solidária (ACS)[2] no biênio 2012-2013. A metodologia, que é o que chamaremos aqui de design participativo, envolveu, no último daqueles encontros, um momento de desenho. Já familiarizados com noções como cor, leitura e aplicação de uma marca, Tantinha e Fernando fizeram desenhos com raízes eleitas por eles como elementos que os representava. A escolha delas se deu no decorrer do processo. Débora relata que "eles começaram a escrever o nome Ervanário com raiz e disseram: 'achamos que isso é a gente'. O que o Ronei [Sampaio, diretor de criação da AIC à época] fez depois foi adaptação técnica. Foi um processo em que eles puderam falar sobre si, reforçar e repensar quem são eles" (AIC, 2015, p. 123).

O caso do Ervanário São Francisco de Assis foi apresentado na III Conferência Sul-Americana de Mídia Cidadã, em agosto de 2012, e se tornou ponto de partida para outros semelhantes. Na ocasião, o então chamado núcleo de criação da AIC ainda não tinha um papel estruturante nos projetos da ACS. Foi no projeto de construção da marca do Ervanário que o núcleo começou a tatear o que seria sua atuação na agência nos anos seguintes: fazer com que a criação visual também se pautasse pela formação e pela participação dos grupos durante o desenvolvimento dos projetos.

Em 2009, no projeto Rede Juventude de Atitude, o núcleo de criação teve a oportunidade de fazer uma segunda inserção no design participativo, através de atividades formativas que incentivaram adolescentes e jovens ao desenvolvimento de ações de mobilização social, artística e cultural nas comunidades.[3] Entre 2013 e 2015, a ACS uniu o diagnóstico de comunicação ao design participativo em experiências

---

[2] A Agência de Comunicação Solidária, fruto de atividades realizadas desde as origens da AIC nos anos 1990 e formalizada como projeto em 2006, é uma iniciativa que presta gratuitamente apoio em desenvolvimento institucional e comunicação a grupos, coletivos e movimentos sociais e populares.

[3] O Rede Juventude de Atitude foi um programa de formação de agentes culturais juvenis em Minas Gerais e no Espírito Santo, com os propósitos de valorizar os jovens como sujeitos capazes de gerar transformações em suas comunidades e fomentar a atuação em rede. Realizada entre 2009 e 2011, a rede investiu no protagonismo juvenil por meio da construção de projetos de intervenções positivas nas comunidades, sensibilizando-as para a valorização do jovem como um sujeito decisivo na construção da cidadania.

com grupos do interior de Minas. Naquela fase, houve um amadurecimento dos processos de design como ferramenta de diálogo; um amadurecimento do entendimento do "problema" do design nas iniciativas populares a partir de situações concretas, relacionadas a contextos específicos; um amadurecimento da compreensão das possibilidades e dos limites do design participativo; um amadurecimento, ainda, do formato dos encontros, de modo que as atividades fizessem sentido para cada grupo em questão.

De 2015 a 2017, a ACS expandiu suas experiências gráficas participativas. Sua equipe apoiou processos de concepção de espaços comunitários (como o da Creche Leonardo Franco, em Santa Luzia), planejou campanhas (um exemplo é o Plano de Desenvolvimento para o Vale do Jequitinhonha), criou produtos institucionais (Cio da Terra – Coletivo de Mulheres Migrantes e Projeto Realizando Sonhos foram duas das iniciativas atendidas). Além disso, projetou eventos e intervenções e auxiliou no desenho de causas com os grupos.

Nessa fase, a facilitação gráfica – a mediação, com a utilização de recursos gráficos, de processos de criação coletiva e de debates – se tornou muito presente nos processos de design participativo, não só para processos de criação de identidade visual, mas também nas oficinas e no planejamento de campanhas. Até então, a ACS sempre dava um jeito de fazer algo visual no diálogo com grupos – por meio de *post-its*, faixas de papel colorido, kraft, enfim, qualquer material e espaço disponíveis são ferramentas de registro, mas, para além disso, de organização e articulação de processos. Naquele momento, houve uma preocupação em tornar esse jeito de fazer mais sistemático e, assim, mais sólido.

Fluxo metodológico

Com o amadurecimento das experiências ao longo dos anos, foi possível, entre 2018 e 2020, sistematizar os fluxos de design participativo na ACS. Essa sistematização começou pela busca de uma definição: para que serve o design participativo que a ACS faz? A partir dessa pergunta, foi possível refletir, criar consensos e sistematizar os processos. Apresentamos, a seguir, nossas formulações principais.

O design participativo se pretende: *formativo*, na medida em que busca apresentar ao grupo modos, factíveis no cotidiano, de trabalhar comunicação e design de maneira estratégica para a sua causa; *mobilizador*, na medida em que propõe encontros, alinhamento da causa, aparar arestas, pensar o coletivo como um grupo de pessoas com uma causa em comum; *validador criativo*, pois busca diversificar as referências, trazendo a diversidade de modos de representação para os espaços de criação visual; e *gerador de visibilidade* para as iniciativas, a partir de um trabalho de comunicação e design bem feito.

Já o fluxo do design participativo passa por cinco etapas principais – identificar, brifar, criar, compartilhar – intercaladas por etapas de validação. O fluxo metodológico é resumido na imagem a seguir.

Figura 1: Fluxo de design participativo na ACS. Fonte: Elaboração própria.

Na etapa 1, de *identificação*, os objetivos são: a) identificar o perfil e qualificar a demanda do grupo; e b) firmar um termo de responsabilidade entre ele e a AIC. Nessa etapa, é usado como ferramenta um fluxograma para qualificar em que ponto do atendimento o grupo se enquadra melhor.

Na etapa 2, de *briefing*, o grupo: a) chega a uma síntese do que é a causa e discute públicos; b) cria um painel semântico e morfológico (quadro de referências visuais e de possibilidades de combinação de elementos visuais); e c) alinha valores (o que é caro ao grupo na relação com a causa). Durante o *briefing*, que dura de um a dois encontros, são usados como ferramentas um cardápio de atividades para discussão da causa e dos públicos com o grupo, uma descrição dos itens que podem compor os painéis e um cardápio de atividades para pensar os valores do grupo.

Terminado o *briefing*, o grupo e a equipe da ACS fazem uma síntese sobre o que foi levantado e decidido até então, de forma que todos estejam seguros sobre as escolhas até essa etapa. Se estiver tudo certo, o grupo parte para a próxima fase. Se não, retorna aos pontos divergentes para solução em conjunto.

O caso Descubra

O Programa Descubra de Incentivo à Aprendizagem de Minas Gerais é resultado de uma cooperação interinstitucional entre onze órgãos públicos municipais, estaduais e federais. A iniciativa nasceu em 2018, quando integrantes da Rede de Proteção da Criança e do Adolescente em Belo Horizonte se uniram em prol da ampliação dos programas de aprendizagem profissional para contemplar também adolescentes egressos de medidas socioeducativas, em acolhimento institucional ou resgatados de situação de trabalho infantil.

Quando o Descubra chegou à ACS, ele ainda não existia com tal nome – a nomeação fez parte do pacote criado com o grupo. O projeto tinha objetivos já muito bem desenhados, porém ainda sem *branding* – ou seja, não contava com uma estratégia de construção de marca. Os jovens participantes não eram a frente institucional do projeto, mas haviam acumulado experiência como aprendizes após passar pelo sistema socioeducativo, e por isso se tornaram os protagonistas da etapa de *briefing*. Tanto nessa etapa quanto na seguinte, de criação, os gestores não participaram, porque entenderam que sua presença poderia inibir a participação dos jovens. Em vez disso, deram liberdade para que o processo seguisse de acordo com o que os jovens levassem para as conversas, já que eles tinham muita propriedade para falar sobre o que estava proposto. Foram três encontros seguidos, e todo o processo de criação de marca foi feito em um mês.

Proposta de Identidade Visual para o
Descubra | Programa de Incentivo
à Aprendizagem de Minas Gerais

A criação do nome e da identidade visual do programa **Descubra** é fruto de um processo colaborativo, em que aliamos exercícios de produção artística e reflexão social para conhecer um pouco mais a fundo as realidades de adolescentes em cumprimento de medidas socioeducativas, os desafios e riscos que enfrentam diariamente, seus gostos, desejos, vida familiar e comunitária e, por fim, seus sonhos.

Vejo o sol nascer quadrado e
**a luz da lua ser retangular
ao passar pelas grades
da ventana.**

recortes feitos para representar a luz passando pelo gradil formando um círculo, um sol.

Para compor as letras, também usamos recortes de papel.

DESCUBRA
Programa de Incentivo à Aprendizagem de Minas Gerais

Ao observarmos com mais atenção, **descobrimos** que 4 desses retângulos formam uma pessoa.

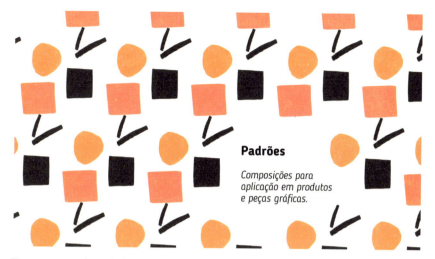

Figuras 2-5: Identidade visual Descubra.
Fonte: Agência de Iniciativas Cidadãs (AIC) – Acervo.

Na etapa 3, de *criação*, os objetivos são: a) criar cenários (conjuntos de elementos relacionados a um conceito) a partir dos valores alinhados na etapa anterior; b) trocar repertórios gráficos a partir de referências visuais levadas pela AIC e pelo grupo; c) fazer uma proposição criativa para criação do símbolo da marca; e d) sistematizar a identidade visual. Nessa etapa, a equipe utiliza como ferramentas perguntas disparadoras; um catálogo de fontes, cores, formas e produtos; e um cardápio de possibilidades de proposições criativas. Para os de dois a quatro encontros que dura essa etapa, o grupo também leva suas referências gráficas para compor a mesa de criação. No momento de delinear uma proposição criativa, ele pode trabalhar desenho, montagem, fotografia, vídeo ou outras linguagens. Mas acontece de essa "mão na massa" não fazer sentido para as pessoas envolvidas na criação, e não acontecer. E isso não é um problema. A participação delas no processo criativo segue sem prejuízo e se dá pela interação do grupo com as ferramentas de diálogo propostas.

Até a proposição criativa da etapa 3, todas as ações de criação são realizadas de forma conjunta entre a equipe da ACS e o grupo participante. Já na sistematização da identidade visual, a equipe da ACS trabalha sem o grupo. Essa ação envolve pensar nos aspectos técnicos para impressão, publicação digital, produção e aplicação da marca nos contextos que foram identificados como necessários ou desejáveis para o grupo e é feita pela equipe de designers da AIC. Fechada a sistematização, a equipe retorna ao grupo para validação.

O caso FDDCA

A Frente de Defesa dos Direitos da Criança e do Adolescente de Minas Gerais (FDDCA/MG) é um coletivo que, desde 1988, compromete-se com a luta pela garantia de cidadania a crianças e adolescentes. Atua de forma conjunta com a sociedade civil do Estado de Minas Gerais, e é composta por membros de entidades não governamentais, frentes e fóruns municipais e regionais mobilizados pela defesa dos direitos humanos de crianças e adolescentes.

O atendimento da ACS à FDDCA foi realizado em meio à pandemia iniciada em 2020. Tendo o espaço físico impossibilitado para o encontro presencial, todas as etapas de construção participativa foram realizadas virtualmente por aplicativos de conversa em vídeo. Para além disso, havia no grupo, que era composto por pessoas entre 35 a 70 anos, integrantes que não estavam habituados ao uso cotidiano da internet e de programas de conversa on-line. Assim, o processo participativo se pautou pelos diálogos simples, diretos e convidativos sobre assuntos que cercavam a identidade visual no projeto. De forma estratégica, a equipe procurou dinamizar e simplificar as conversas e também propor, ao final de cada encontro, pequenas atividades, a fim provocar e estimular o grupo a retomar os assuntos discutidos nos encontros on-line durante seus fazeres cotidianos de trabalho, para então trazerem o registro dessas reflexões entre encontros. Foram feitos virtualmente um painel semântico coletivo e o conceito criativo para a identidade visual.

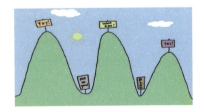

Figuras 6-10: Imagens do painel semântico.
Fonte: FDDCA – Acervo.

Conforme as imagens do painel semântico acima indicam, o conceito criativo para a identidade visual reuniu alguns eixos centrais: a criança como agente ativo na construção da luta por direitos; a defesa de aspectos fundamentais da infância, como o direito à brincadeira (remetendo a imagens lúdicas); a construção coletiva e participativa da mobilização social pelos direitos infantojuvenis; o convite à interação, a dar as mãos e fazer juntos, à participação cada vez maior da sociedade civil na Frente; a ideia de um trabalho integral e integrado, com fortes raízes na mobilização social. Tais elementos podem ser percebidos na identidade visual criada e nas aplicações que foram desenvolvidas.

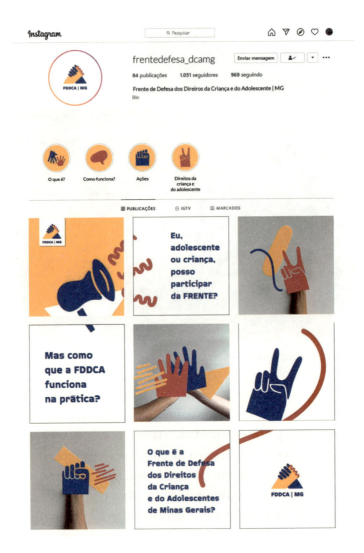

Figuras 11-15: Imagens da identidade visual com aplicações em peças gráficas. Fonte: Agência de Iniciativas Cidadãs (AIC) – Acervo.

A etapa 4, de *compartilhamento*, consiste em: a) lançar a marca; e b) avaliar e acompanhar o uso da marca pelo grupo. Esta última ação é realizada pela equipe da AIC. Na etapa 4, são usados como ferramentas um cardápio de possibilidades para lançamento e uma planilha de avaliação e acompanhamento dos grupos atendidos pela ACS.

O caso Pocim

A demanda do Pocim veio pelo projeto "Diálogos Comunitários", do Ministério Público de Minas Gerais. O grupo já existia há algum tempo e contava com o forte apoio da entidade Arquitetos Sem Fronteiras. O objetivo era restaurar e ocupar uma área verde na região do Aglomerado da Serra que havia sido desapropriada para a construção de um parque pela prefeitura que nunca chegou a acontecer.

O processo com o grupo foi desenvolvido em cinco encontros, que contemplaram: alinhamento sobre o desafio do grupo; exploração da história, públicos, valores e atuação do Pocim; compartilhamento de referências visuais; construção de conceitos criativos; e proposição de criação visual. O grupo não havia feito um planejamento extenso de comunicação, mas experimentou partes dele que faziam sentido para seu contexto. Participaram de todo o processo os gestores do projeto, e, nos momentos de criação, as crianças atendidas se somaram à equipe para criar a proposição criativa. Todos os participantes tinham muito clara e compartilhada a identidade do grupo, o que tornou muito positivo o processo de pensar uma proposição criativa que se alinhasse ao que foi definido nas etapas de identificação e *briefing*.

Para o lançamento da identidade visual desenvolvida, o Pocim promoveu um camisetaço[4] na Vila Marçola, fazendo a primeira impressão da nova marca ao vivo, nas camisas e nos papagaios de quem passasse pelo local.

---

[4] Camisetaço é um termo utilizado pela AIC para nomear um mutirão de serigrafia no qual um grupo se reúne para estampar as camisas de seus integrantes com a marca ou outro elemento visual importante para seus membros – imagem que usualmente também é fruto de uma construção coletiva anterior. É um momento precioso no qual, de forma lúdica e com muita interação, o grupo se apropria da marca e/ou de outros elementos visuais importantes para a construção coletiva de sua identidade visual e de sua comunicação, de modo geral.

Design participativo para o fortalecimento da sociedade civil

Figuras 16-20: Imagens do lançamento da identidade visual do Pocim.
Fonte: Agência de Iniciativas Cidadãs (AIC) – Acervo.

Aprendizados processuais

A partir das experiências da ACS, foi possível definir alguns elementos essenciais para que um processo de design participativo seja participativo de verdade no contexto de atendimento a grupos. É preciso incluir os participantes no momento de definição de quais são os problemas a serem trabalhados, de geração de ideias e de tomada de decisão; mediar relações desiguais de poder no grupo, garantindo diversidade de participantes em termos de perspectivas e lugar de fala; e ser facilitador, e não "tradutor" do que o grupo leva aos processos de criação.

A equipe multidisciplinar é outro elemento definidor de como o processo irá caminhar. Os processos de design participativo na ACS nunca são mediados apenas por um designer, mas no mínimo por uma dupla composta por um designer e um outro profissional da comunicação. Para além disso, acreditamos que é importante que a equipe de designers seja diversa em suas formação, afinidades, referências teóricas e trajetórias. Em uma equipe diversa, é possível encontrar pessoas que se identificarão melhor com um ou outro grupo, de forma a criar laços genuínos com ele e a tornar o processo formativo, que é do grupo e também do designer, mais aprofundado.

No aspecto formativo, discutir a produção de imagens é sempre importante. Estamos em contato ininterrupto com imagens produzidas por outras pessoas, e estar no espaço de produção de imagem é entender que esse processo é construído e que por trás de uma imagem existem pessoas, instituições, conflitos, interesses. A construção não é apenas sobre círculos cromáticos, princípios e elementos da criação visual é uma construção política.

Por fim, apesar de o fluxo de criação ser sistematizado de forma linear e com algumas ferramentas definidas, a maior parte do processo criativo no design participativo é definida de acordo com o rumo das conversas, com as contribuições levadas pelo grupo, com as reações deste a esse ou aquele estímulo criativo e até com as tensões existentes nas relações internas do grupo. É onde entra a invenção, as notas inseridas durante a execução da música que a diferem da partitura original. Para estar pronto para a invenção, é preciso estar pronto para lidar imediatamente com as descobertas processuais e entender o improviso como inerente ao processo participativo.

Referências

AGÊNCIA DE INICIATIVAS CIDADÁS. *Apresentação de projetos, áreas de atuação e publicações da instituição.* Disponível em: <https://aic.org.br>. Acesso em: 20 fev. 2021.

ASSOCIAÇÃO IMAGEM COMUNITÁRIA. *Imagem comunitária e transformação cultural: 20 anos de Associação Imagem Comunitária.* Belo Horizonte: AIC, 2015.

Sobre os organizadores, os autores e as autoras

Márcio Simeone Henriques

Professor do Departamento de Comunicação Social da Faculdade de Filosofia e Ciências Humanas da Universidade Federal de Minas Gerais (FAFICH-UFMG). Doutor em Comunicação Social pela UFMG, com pós-doutorado na Universidade Nova de Lisboa (Portugal), é líder do Grupo de Pesquisa em Comunicação, Mobilização Social e Opinião Pública – Mobiliza.

Daniel Reis Silva

Professor do Departamento de Comunicação Social da Faculdade de Filosofia e Ciências Humanas da Universidade Federal de Minas Gerais (FAFICH-UFMG). Doutor e mestre em Comunicação Social, foi ganhador do Prêmio CAPES de Teses 2018 (Categoria Comunicação e Informação), do Grande Prêmio UFMG de Teses

2018 (categoria Ciências Humanas, Ciências Social Aplicadas e Linguística, Letras e Artes) e do Prêmio Abrapcorp na categoria Tese (2018) e Dissertação (2014).

***

Ana Cláudia de Souza Inez

Graduada em Relações Públicas pela Universidade Federal de Minas Gerais e mestra pelo Programa de Pós-Graduação em Comunicação Social (PPGCOM-UFMG) da mesma instituição, na linha de pesquisa Processos Comunicativos e Práticas Sociais. Na graduação, foi bolsista dos projetos de extensão Polos de Cidadania e MeuDeputado.org, e o tema central de sua monografia foi o discurso de mobilização social sobre a Ocupação Dandara, em Belo Horizonte. No mestrado, sua pesquisa focou na apresentação pública do Movimento Føra Lacerda com suas marchas na capital mineira. Hoje atua com planejamento estratégico e engajamento com ênfase em marketing digital.

Angélica Almeida

Angélica Almeida é comunicadora popular no movimento agroecológico e atualmente faz parte da equipe da Agenda de Saúde e Agroecologia da Fiocruz. Em 2019, concluiu mestrado no Programa de Pós-Graduação em Comunicação Social da Universidade Federal de Minas Gerais (PPGCOM-UFMG), tendo, em 2014, graduado-se em Jornalismo pela Universidade Federal de Viçosa (UFV).

Brenda Leite

Designer formada pela Universidade Federal de Minas Gerais (UFMG). Aprecia e trabalha em projetos culturais sobre memória, narrativas e saberes localizados. Realizou mobilidade acadêmica na Universidade de Pernambuco (2017/2018), e desde então atua como designer na AIC – Agência de Iniciativas Cidadãs.

Bruna Lubambo

Bruna Lubambo estudou Comunicação Social na Universidade Federal de Minas Gerais com formação complementar em Ciências

Sociais. Dedicou boa parte da graduação aos projetos de extensão junto ao programa Polo Jequitinhonha, tanto como integrante da equipe de comunicação do programa quanto como mediadora de processos formativos em comunicação e design. Há dez anos, é parceira da AIC como designer e educadora. Atualmente, ela tem se dedicado à literatura ilustrada. Foi finalista do Prêmio Jabuti por dois anos consecutivos (2020 e 2021), além de ter recebido o Prêmio Cátedra UNESCO PUC – Rio de Literatura Ilustrada.

Camila Barone

Designer gráfica e ilustradora graduada em Design Gráfico pelo Centro Universitário UNA. Atuou como monitora do Laboratório de Artes Gráficas da Oi Kabum! Escola de Arte e Tecnologia, com pesquisas e experimentações em livro de artista, publicações independentes e risografia. Desde 2015, atua como designer e arte-educadora na AIC – Agência de Iniciativas Cidadãs, em projetos de design participativo, educomunicação e educação patrimonial com diferentes públicos escolares e agentes culturais. É idealizadora da Entrelinha – Papelaria Artesanal, com atuação em Belo Horizonte desde 2012 e busca, por meio dos saberes manuais, se expressar e criar novos percursos criativos.

Clara Soares Braga

Clara Soares Braga é graduada em Relações Públicas, especialista em Marketing e mestra em Comunicação pela Universidade Federal de Minas Gerais (UFMG), com atuação em organizações públicas, privadas, do terceiro setor e como autônoma. Reúne experiências, desde 2002, como autora, pesquisadora, docente, consultora e palestrante na área de Comunicação e Mobilização Social.

Emanuela de Avelar São Pedro

Relações Públicas e jornalista pela Universidade Federal de Minas Gerais (UFMG) e especialista em Gestão Estratégica pela mesma universidade, integrou o Mobiliza – Grupo de Pesquisa e Extensão de Comunicação para Mobilização Social da UFMG e o Programa

Polo de Integração da UFMG no Vale do Jequitinhonha. Atuou na Fundação de Desenvolvimento da Pesquisa (Fundep) na área de Negócios, Relações Institucionais, Captação de Recursos e Comunicação. Foi diretora de comunicação da Cria! Cultura Produções Culturais e coordenadora do Programa Viva o Vale! (Programa de Desenvolvimento Sociocultural do Vale do Jequitinhonha, uma iniciativa da Avon). Sua trajetória reúne diversas experiências em comunicação e mobilização social e comunicação comunitária. Atualmente, é gestora de projetos na AIC – Agência de Iniciativas Cidadãs, coordenando projetos como a Agência de Comunicação Solidária (ACS), a Comunidade Viva Sem Fome e a Periferia Viva. É uma das coordenadoras do ACS Lab, laboratório de planejamento de comunicação que integra o currículo de ensino do Departamento de Comunicação Social da UFMG.

Eveline Xavier

Jornalista pela Universidade Federal de Minas Gerais, especialista em Metodologias, Tendências e Foco no Aluno pela Pontifícia Universidade Católica do Rio Grande do Sul (PUC-RS), é pós-graduanda em Educação e Cultura pela Faculdade Latino-Americana de Ciências Sociais. Tem experiência em produção literária e cultural, projetos de acompanhamento da gestão escolar na rede pública de ensino, educomunicação e educação patrimonial com diferentes públicos escolares e agentes culturais, além de em projetos de mobilização social e desenvolvimento comunitário em dezenas de cidades do Brasil.

Iasminny Cruz

Jornalista pela Faculdade de Comunicação da Universidade de Brasília (FAC-UnB), mestra e doutoranda em Comunicação e Sociabilidade Contemporânea pela Universidade Federal de Minas Gerais (PPGCOM-UFMG), dedica sua pesquisa aos estudos das condições e temporalidades dos boatos, riscos e dinâmicas de opinião pública. Trabalha com monitoramento digital e gestão de comunidades on-line. Ao longo da carreira, trabalhou com monitoramento de marcas e gestão de comunidades e crises de clientes como a Caixa Econômica Federal, a Petrobras, o Ministério da Defesa, a prefeitura do Rio de Janeiro, o Hermes Pardini, as Cozinhas Itatiaia e a Fundação Renova.

Isabelle Chagas

É jornalista, mestre em Comunicação Social pela Universidade Federal de Minas Gerais (UFMG) e doutoranda em Ciências Sociais pela Universidade Estadual de Campinas (Unicamp). Autora do livro-reportagem *Não tenho pai, mas sou herdeiro: histórias e registros de paternidade ausentes* (2020) e idealizadora do projeto "Ora-pro-nóbis: cultivando alimentação saudável na periferia", contemplado no Fundo de Resposta Rápida para Meios de Comunicação e Comunicadores na América Latina e no Caribe de 2021, tem experiência em mobilização e pesquisa em gênero, periferia e juventudes.

Jessica Antunes Caldeira

Mestre em Comunicação pela Universidade Federal de Minas Gerais na linha de pesquisa Processos Comunicativos e Práticas Sociais (PPGCOM-UFMG, 2017) e bacharel em Relações Públicas pela mesma universidade (2011), integra o Grupo de Pesquisa em Comunicação, Mobilização Social e Opinião Pública – Mobiliza. Apaixonada pela transformação social, atua há mais de dez anos com empresas de grande porte, institutos sociais e organizações não governamentais. Possui larga experiência na mobilização comunitária e na implantação de projetos sociais. Entre as principais funções por ela desenvolvidas, estão a coordenação técnica de projetos socioculturais e de responsabilidade social, o diálogo social, a comunicação institucional e a geração de conteúdo para publicações relacionadas a direitos humanos e cidadania. De 2017 a 2021, atuou como analista de projetos na Associação Imagem Comunitária – AIC.

Jéssica Kawaguiski

É filha e neta de costureiras. Formada em Design pela Universidade Federal de Minas Gerais (UFMG), cultiva saberes no coletivo Flores do Morro e atua como designer e arte-educadora na AIC – Agência de Iniciativas Cidadãs em projetos ligados ao patrimônio cultural de diferentes regiões do país. Ela utiliza das técnicas de bordado, desenho e fotografia para expressar sua visão de mundo e, através do seu trabalho, sente que possibilita que outras pessoas também contem suas histórias, sejam elas histórias de pescadores, de bordadeiras, de catadoras de mangaba ou de crianças espalhadas pelo Brasil afora.

Laura Nayara Pimenta

É doutora em Comunicação e Sociabilidade pelo Programa de Pós-Graduação em Comunicação da Universidade Federal de Minas Gerais (PPGCOM-UFMG), mestra pela mesma instituição e bacharel em Relações Públicas pelo Centro Universitário Newton Paiva. Realizou doutorado sanduíche na Faculdade de Ciências da Comunicação da Universidade Nacional de Córdoba, na Argentina, sob supervisão da professora Dra. Susana Morales. Está como supervisora de educação do Instituto Cultural Inhotim e como pesquisadora dos grupos de pesquisa Mobiliza e Dialorg. Possui interesse de pesquisa nas áreas de comunicação pública, desenhos institucionais, mobilização social, opinião pública, políticas públicas, interações, educação e arte.

Leandro Augusto Borges Lima

Doutor em Media and Game Studies pela King's College London (CNPq), é mestre e bacharel em Comunicação/Jornalismo pela Universidade Federal de Minas Gerais (UFMG). É pesquisador associado ao ERMECC Cluster Gaming Matters na Erasmus University Rotterdam e pesquisador de pós-doutorado vinculado ao Laboratório de Artefatos Digitais/LAD na Universidade Federal do Rio Grande do Sul (CAPES/PRINT), sendo atuante na pesquisa em jogos digitais, com foco nos seus aspectos políticos e experienciais nos âmbitos da produção, conteúdo e consumo de games.

Marco Chagas

É artista gráfico e designer. Bacharel em Artes Visuais com habilitação em Artes Gráficas pela Escola de Belas Artes da Universidade

Federal de Minas Gerais (2019), trabalhou entre 2015 e 2021 na AIC (Agência de Iniciativas Comunitárias) em projetos e processos colaborativos de arte-educação, oficinas e imersões gráficas, e ainda no desenho e no desenvolvimento colaborativo e participativo de identidades visuais para grupos atendidos dentro das ações da Agência de Comunicação Solidária (ACS). Participa de exposições e feiras de autopublicação e artes gráficas em Belo Horizonte e em outros estados do Brasil.

Martha Nogueira Domingues

Com formação em Relações Públicas, é mestre pelo Programa de Pós-Graduação em Comunicação Social da Universidade Federal de Minas Gerais e pelo Programa de Pós-Graduação em Políticas Públicas e Gestão da Universidade Carnegie Mellon, nos Estados Unidos. Iniciou a carreira no Instituto Inhotim, onde implementou a estratégia de digital da organização. De 2011 a 2015, trabalhou na Agência Ideal, onde fundou a área de Business Intelligence, desenvolvendo métricas e metodologias para mensuração de performance de clientes como GE, L'Occitane, Alelo, Smirnoff, entre outros. Atualmente, trabalha como Gerente de Projetos na Microsoft, atuando junto a equipes de Engenharia para desenvolvimento de soluções de software para os mais diversos públicos.

Nathália Vargens

Relações Públicas pela Universidade Federal de Minas Gerais (UFMG) e mestranda em Comunicação na linha de pesquisa em Comunicação, Territorialidades e Vulnerabilidades do Programa de Pós-Graduação em Comunicação (PPGCOM) da mesma instituição, integra o Mobiliza – Grupo de Pesquisa e Extensão de Comunicação para Mobilização Social da UFMG. No presente momento, atua na AIC – Agência de Iniciativas Cidadãs, no projeto ACS – Agência de Comunicação Solidária, no qual realiza processos colaborativos de comunicação voltados para a mobilização social junto a coletivos que atuam por causas de interesse público, além de participar do desenvolvimento de tecnologias sociais voltadas à promoção da cidadania. Integra a equipe do ACS Lab, um laboratório de planejamento de comunicação que é parte do currículo do Departamento de Comunicação Social da UFMG.

Priscila Justina

Formou-se pela Escola de Design da Universidade do Estado de Minas Gerais (UEMG) e é mestranda em Design pelo Instituto de Artes da Universidade de Brasília (IDA-UnB). Atua na AIC – Agência de Iniciativas Cidadãs desde 2017, desenvolvendo projetos de design participativo, metodologias ativas e protagonismo juvenil.

Rafaela Pereira Lima

É jornalista, mestre em Ciência da Informação e doutoranda em Comunicação Social pela Universidade Federal de Minas Gerais (UFMG). Foi uma das integrantes e atuou na coordenação da TV Sala de Espera, projeto de extensão que foi realizado pela UFMG nos anos 1990 e deu origem à organização da sociedade civil AIC – Agência de Iniciativas Cidadãs. É uma das fundadoras e diretora executiva da AIC, que acumula dezenas de prêmios nacionais e internacionais conferidos por instituições como UNESCO, UNICEF e ONU-Cidades. Tem experiência em docência do terceiro grau e pós-graduação (Faculdades Integradas de Caratinga, Faculdade Senac) e é autora de livros e materiais didáticos sobre metodologias educacionais e de comunicação participativa para a cidadania. Faz parte do Mobiliza UFMG e tem vínculo de afeto e colaboração com diversas iniciativas cidadãs, tais como a TV Pinel e o Puxando Conversa (Rio de Janeiro), o Fórum das Juventudes da Grande BH, a Rede Mães de Luta e a SABIC – Associação dos Amigos das Bibliotecas Comunitárias.

Raissa Fernandes Faria

Relações Públicas pela Universidade Federal de Minas Gerais (UFMG), é mestranda em Comunicação e Temporalidades pela Universidade Federal de Ouro Preto (UFOP). Integrou o Mobiliza – Grupo de Pesquisa e Extensão de Comunicação para Mobilização Social da UFMG e o Programa Polo de Integração da UFMG no Vale do Jequitinhonha. Atua na Agência de Iniciativas Cidadãs – AIC, de 2016 até o presente momento, tendo exercido diversas funções: arte-educadora, mobilizadora, facilitadora de processos educativos e colaborativos, analista de comunicação para a produção de diagnósticos de comunicação e peças comunicativas diversas junto a grupos socioculturais. Hoje atua na instituição como coordenadora de projetos, focada especialmente na área de Patrimônio Cultural.

Este livro foi composto com tipografia Adobe Garamond Pro
e impresso em papel Off-White 80 g/m² na Formato Artes Gráficas.